"十四五"职业教育国家规划教材

汽车发动机构造与维修

AR版　　附微课视频

第五版

新世纪高职高专教材编审委员会　组编
主　编　邱宗敏　邢世凯
副主编　潘　文　郭宏伟　李聚霞

大连理工大学出版社

图书在版编目(CIP)数据

汽车发动机构造与维修 / 邱宗敏，邢世凯主编. --
5版. -- 大连：大连理工大学出版社，2021.1(2023.12重印)
新世纪高职高专汽车运用与维修类课程规划教材
ISBN 978-7-5685-2783-5

Ⅰ．①汽… Ⅱ．①邱… ②邢… Ⅲ．①汽车－发动机
－构造－高等职业教育－教材②汽车－发动机－车辆修理
－高等职业教育－教材 Ⅳ．①U472.43

中国版本图书馆CIP数据核字(2020)第241647号

大连理工大学出版社出版

地址：大连市软件园路80号　邮政编码：116023
发行：0411-84708842　邮购：0411-84708943　传真：0411-84701466
E-mail：dutp@dutp.cn　URL：https://www.dutp.cn
大连市东晟印刷有限公司印刷　大连理工大学出版社发行

幅面尺寸：185mm×260mm	印张：19.25	字数：491千字
2007年5月第1版		2021年1月第5版
2023年12月第8次印刷		

责任编辑：吴媛媛　　　　　　　　　　　责任校对：陈星源
　　　　　　　　　封面设计：张　莹

ISBN 978-7-5685-2783-5　　　　　　　　　　　定　价：59.80元

本书如有印装质量问题，请与我社发行部联系更换。

前言 Preface

《汽车发动机构造与维修》(第五版)是"十四五"职业教育国家规划教材、"十三五"职业教育国家规划教材、"十二五"职业教育国家规划教材,也是新世纪高职高专教材编审委员会组编的汽车运用与维修类课程规划教材之一。

《汽车发动机构造与维修》教材自2007年出版以来,历经多次改版、印刷,得到了很多用书单位的肯定和好评。

本书遵循职业教育国家规划教材建设工作的指导思想和原则,根据近年来汽车专业技能人才的市场需求、高职高专院校汽车发动机构造与维修课程教学改革的经验及《汽车发动机构造与维修》(第四版)教材的使用反馈意见进行修订,力求使本教材的内容及形式与时俱进,更符合培养高素质实用型技术人才的高职教育目标要求。

本次修订全面贯彻落实党的二十大精神,主要完成了以下工作:

1. 对第四版教材内容进行了整合,使知识体系更加合理、完整。删减了部分内容,同时增加了燃油双喷射系统的相关知识。

2. 对相关单元后面的强化练习题进行了补充与完善,更有助于学生理解和掌握相关知识。

3. 体现互联网+新型教材理念,我们建设了丰富的立体化、数字化教学资源,包括AR、微课、课件、习题答案等,使教材、课堂、资源三者融合。其中AR资源需先用移动设备在应用商店里下载"大工职教学生版"APP,安装后点击"教材AR扫描入口"按钮,扫描书中带有 标识的图片,即可体验增强现实技术带来的学习乐趣。

本教材共分9个单元,分别为:发动机基本工作原理与总体构造;曲柄连杆机构的构造与维修;配气机构的构造与维修;汽油喷射式燃料供给系的构造与维修;发动机辅助控制系统的构造与维修;柴油机燃料供给系的构造与维修;润滑系的构造与维修;冷却系的构造与维修;发动机装配、磨合与发动机特性。附

录为发动机故障诊断及检修常用工量具、仪器的使用。

  本教材由浙江交通职业技术学院邱宗敏、河北师范大学职业技术学院邢世凯担任主编；浙江元通龙通丰田汽车销售服务有限公司技术总监潘文、浙江交通职业技术学院郭宏伟、石家庄信息工程职业学院李聚霞担任副主编；浙江交通职业技术学院徐为人、龙亚，杭州汽车高级技工学校王启文等任参编。编写分工为：邱宗敏编写单元3；邢世凯编写单元1、单元2；潘文编写单元7；郭宏伟编写单元4；李聚霞编写单元5和附录；徐为人编写单元6；龙亚编写单元8；王启文编写单元9。河南工学院杜潜、太原大学巩利平、北京农业职业技术学院王琳静参与了部分内容的编写工作。全书由邱宗敏负责统稿。

  在编写本教材的过程中，我们参考、引用和改编了国内外出版物中的相关资料以及网络资源，在此对这些资料的作者表示深深的谢意。请相关著作权人看到本教材后与出版社联系，出版社将按照相关法律的规定支付稿酬。

  由于时间仓促，书中仍可能有不妥之处，恳请使用本教材的广大读者批评指正，以便及时改进。

编 者

所有意见和建议请发往：dutpgz@163.com
欢迎访问职教数字化服务平台：https://www.dutp.cn/sve/
联系电话：0411-84707424　84708979

目录 Contents

单元 1　发动机基本工作原理与总体构造 …………………………………………………… 1
1.1　发动机的基本工作原理 ………………………………………………………………… 1
1.2　发动机总体构造与型号 ………………………………………………………………… 6
1.3　发动机性能评价指标 …………………………………………………………………… 9
1.4　汽车维修基础知识 ……………………………………………………………………… 10

单元 2　曲柄连杆机构的构造与维修 …………………………………………………………… 15
2.1　机体组的构造与维修 …………………………………………………………………… 15
2.2　活塞连杆组的构造与维修 ……………………………………………………………… 25
2.3　曲轴飞轮组的构造与维修 ……………………………………………………………… 40
2.4　曲柄连杆机构常见故障诊断与排除 …………………………………………………… 49

单元 3　配气机构的构造与维修 ………………………………………………………………… 55
3.1　配气机构的组成、工作原理及分类 …………………………………………………… 55
3.2　配气机构气门组的构造与维修 ………………………………………………………… 60
3.3　配气机构气门传动组的构造与维修 …………………………………………………… 69
3.4　配气相位与可变配气相位机构 ………………………………………………………… 80
3.5　气门间隙的调整 ………………………………………………………………………… 87
3.6　配气机构常见故障诊断与排除 ………………………………………………………… 92

单元 4　汽油喷射式燃料供给系的构造与维修 ………………………………………………… 97
4.1　汽油机的燃烧过程及可燃混合气浓度对发动机性能的影响 ………………………… 97
4.2　汽油机电控燃油喷射系统的组成及工作原理 ………………………………………… 102
4.3　空气供给系统的构造与维修 …………………………………………………………… 105
4.4　燃油供给系统的构造与维修 …………………………………………………………… 113
4.5　电子控制系统的构造与维修 …………………………………………………………… 126
4.6　排气系统的构造与维修 ………………………………………………………………… 136
4.7　汽油机缸内直喷技术 …………………………………………………………………… 138
4.8　电控燃油喷射系统故障诊断与排除 …………………………………………………… 145

单元 5　发动机辅助控制系统的构造与维修 ……………………………………… 162
5.1　怠速控制系统的构造与维修 …………………………………………… 162
5.2　排放控制系统的构造与维修 …………………………………………… 169
5.3　进气控制系统的构造与维修 …………………………………………… 181
5.4　失效保护与应急备用系统 ……………………………………………… 187

单元 6　柴油机燃料供给系的构造与维修 ………………………………………… 191
6.1　柴油机燃料供给系的功用和组成及柴油机可燃混合气的燃烧 ……… 191
6.2　喷油器的构造与维修 …………………………………………………… 195
6.3　喷油泵的构造与维修 …………………………………………………… 199
6.4　调速器的构造与维修 …………………………………………………… 213
6.5　柴油机燃料供给系辅助装置的构造与维修 …………………………… 220
6.6　共轨式电控柴油喷射系统 ……………………………………………… 225
6.7　柴油机燃料供给系常见故障诊断与排除 ……………………………… 230

单元 7　润滑系的构造与维修 ……………………………………………………… 237
7.1　润滑系的组成与工作原理 ……………………………………………… 237
7.2　润滑系主要部件的构造与维修 ………………………………………… 241
7.3　润滑系常见故障诊断与排除 …………………………………………… 248

单元 8　冷却系的构造与维修 ……………………………………………………… 254
8.1　冷却系的组成与工作原理 ……………………………………………… 254
8.2　冷却系主要部件的构造与维修 ………………………………………… 257
8.3　冷却系常见故障诊断与排除 …………………………………………… 269

单元 9　发动机装配、磨合与发动机特性 ………………………………………… 274
9.1　发动机的装配与磨合 …………………………………………………… 274
9.2　发动机特性 ……………………………………………………………… 280

参考文献 …………………………………………………………………………… 285

附录　发动机故障诊断及检修常用工量具、仪器的使用 ……………………… 286

本书数字资源列表

序号	内容	资源形式	页码
1	单缸四冲程汽油机的工作原理演示	AR	2
2	单缸四冲程柴油机的工作原理演示	AR	5
3	发动机气缸体的结构展示与装配关系	AR	16
4	活塞连杆组的结构展示与运动关系	AR	26
5	曲轴飞轮组的结构展示与运动关系	AR	40
6	配气机构气门组的结构展示与运动关系	AR	60
7	电控燃油喷射系统的结构展示与运动关系	AR	104
8	上海桑塔纳轿车润滑系的结构展示与运动关系	AR	238
9	汽车发动机水冷系的结构展示与运动关系	AR	255
10	气缸磨损状况的测量与计算	微课	22
11	活塞环三隙的检验	微课	37
12	曲轴的拆装与检查	微课	48
13	曲轴轴向间隙与弯曲度的检测	微课	48
14	曲轴主轴承间隙的测量与维修方案的确定	微课	48
15	发动机润滑油、机油滤清器的检查与更换	微课	247
16	冷却系检查与冷却液更换	微课	263
17	举升机的操作规范	微课	292
18	游标卡尺的使用方法	微课	293
19	千分尺的使用方法	微课	294
20	万用表的操作规范	微课	296
21	蓄电池的检查	微课	296
22	KT600汽车故障诊断仪的操作规范	微课	300

单元 1
发动机基本工作原理与总体构造

1.1 发动机的基本工作原理

| 认知目标 | 掌握发动机的分类、基本名词术语和工作原理。 |
| 能力目标 | 能对照实物说出发动机的类型和工作过程。 |

发动机是一种将其他形式的能量转变为机械能的机械装置,汽车上常用的发动机是内燃机。内燃机是燃料在发动机内部燃烧的一种热力机。内燃机每实现一次热功转换,都要经历一系列连续的工作过程,构成一个工作循环。现代汽车发动机主要采用四冲程往复活塞式内燃机。它具有功率大、热效率高、体积小、重量轻、操作简单、便于移动、启动性好等优点。

通过对发动机工作原理的学习,我们应加深对发动机结构与工作过程的理解,为以后学习打下扎实的基础。

一、发动机的分类

汽车发动机按分类标准不同,可以分为以下几种,见表1-1。

表1-1 发动机的分类

分类方法	类别	含义
按冲程数目分类	二冲程发动机	活塞经过两个行程完成一个工作循环的发动机
	四冲程发动机	活塞经过四个行程完成一个工作循环的发动机

续表

分类方法	类别	含义
按冷却方式分类	水冷式发动机	用水冷却气缸体和气缸盖等零件的发动机
	风冷式发动机	用空气冷却气缸体和气缸盖等零件的发动机
按进气状态分类	非增压发动机	进入气缸前的空气或可燃混合气未经压气机压缩的发动机,对于四冲程发动机亦称自吸式发动机
	增压发动机	进入气缸前的空气或可燃混合气先经过压气机压缩,以增大充气密度的发动机
按着火方式分类	点燃式发动机	压缩气缸内的可燃混合气,并用外源点火燃烧的发动机
	压燃式发动机	压缩气缸内的空气或可燃混合气,产生高温,引起燃料自燃的发动机
按气缸数目分类	单缸发动机	只有一个气缸的发动机
	多缸发动机	具有两个或两个以上气缸的发动机
按所用燃料分类	液体燃料发动机	燃烧液体燃料(汽油、柴油、醇类等)的发动机
	气体燃料发动机	燃烧气体燃料(液化石油气、压缩天然气等)的发动机
	多种燃料发动机	能够使用着火性能差异较大的两种或两种以上燃料的发动机
按气缸布置分类	直列式发动机	具有两个或两个以上气缸,并成一列布置的发动机
	V形发动机	具有两列气缸,其中心线夹角呈V形,并共用一根曲轴输出功率的发动机
	对置式发动机	两个或两列气缸分别排列在同一曲轴的两边,其中心线夹角为180°的发动机

二、汽车发动机的基本术语

汽车发动机构造复杂,零部件有成千上万个,但其基本结构均由多个单缸机组成。图1-1所示为单缸四冲程汽油机(汽油发动机的简称)。

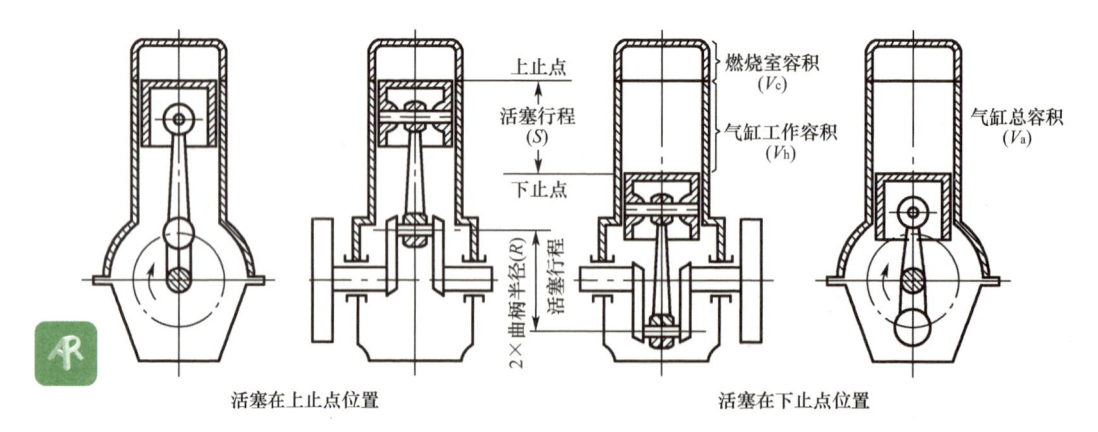

图1-1 单缸四冲程汽油机

1.止点与活塞行程

①上止点:活塞顶距离曲轴旋转中心最远的位置。
②下止点:活塞顶距离曲轴旋转中心最近的位置。
③活塞行程:上、下止点间的距离,用 S 表示。

单元 1　发动机基本工作原理与总体构造

曲轴每转动半周(180°),相当于一个活塞行程,若用 R 表示曲柄半径(由曲轴旋转中心到曲柄销中心的距离),则

$$S=2R$$

即曲轴每转动一周,活塞完成两个行程。

2. 气缸容积

①燃烧室容积:活塞在气缸内做往复直线运动,当活塞位于上止点时,活塞顶以上气缸盖底面以下的空间,用 V_c 表示,单位为升(L)。

②气缸工作容积:活塞从一个止点运动到另一个止点所扫过的容积称为气缸工作容积或气缸排量,一般用 V_h 表示(单位为 L),即

$$V_h = \frac{\pi D^2 S}{4} \times 10^{-6}$$

式中　D——气缸直径,mm;
　　　S——活塞行程,mm。

③气缸总容积:燃烧室容积与气缸工作容积之和,用 V_a 表示(单位为 L),即

$$V_a = V_c + V_h$$

④发动机工作容积:多缸发动机所有气缸工作容积之和,也称为发动机排量,用 V_L 表示(单位为 L),即

$$V_L = i V_h$$

式中　i——发动机的气缸数目。

3. 压缩比

气缸总容积与燃烧室容积之比称为压缩比,用 ε 表示,即

$$\varepsilon = \frac{V_a}{V_c} = \frac{V_c + V_h}{V_c} = 1 + \frac{V_h}{V_c}$$

压缩比反映了活塞从下止点运动到上止点时,气缸内气体被压缩的程度。现代汽车发动机中,汽油机压缩比一般为 6~9(有的可达 9~11),柴油机(柴油发动机的简称)压缩比一般为 16~22。

4. 工作循环

对于往复活塞式发动机,每进行一次能量转换所经历的一系列连续过程,称为发动机的一个工作循环。

三、单缸四冲程汽油机的基本工作原理

为使发动机产生动力,必须先将燃料和空气供入气缸,经压缩后使之燃烧产生热能,以气体为工作介质,通过推动活塞和连杆旋转曲轴,从而使热能转变为机械能,最后再将燃烧后的废气排出气缸。至此,发动机完成了一个工作循环。该循环周而复始地进行,发动机便产生连续的动力。

汽车发动机主要以四冲程发动机为主。四冲程发动机是指活塞在气缸内往复四个行程(相当于曲轴旋转两周)完成一个工作循环的发动机。四冲程发动机每个工作循环中的四个活塞行程依次为:进气行程→压缩行程→做功行程→排气行程。单缸四冲程汽油机的基本工作原理见表 1-2。

3

表 1-2　　　　　　　　　　　　　　单缸四冲程汽油机的基本工作原理

行程名称	活塞运动方向及曲轴转角	工作过程	进气门	排气门	气缸内压力及温度	图示
进气行程	活塞从上止点向下止点运动 0°～180°	活塞上方气缸容积增大，产生真空，将空气与汽油的混合气吸入气缸	活塞在上止点时开启，活塞在下止点时关闭	关闭	进气行程终了时气缸内压力低于大气压，为0.075～0.09 MPa，温度为370～400 K	
压缩行程	活塞从下止点向上止点运动 180°～360°	活塞上方气体被压缩，温度、压力升高，为可燃混合气燃烧做准备	关闭	关闭	压缩行程终了时气缸内压力可达0.6～1.2 MPa，温度可达600～700 K	
做功行程	活塞从上止点向下止点运动 360°～540°	压缩行程末期，火花塞点火，可燃混合气迅速燃烧，气缸内压力急剧升高，推动活塞下行，通过连杆旋转曲轴，将机械能输出	关闭	关闭	气缸内最高压力可达3～5 MPa，最高温度可达2 200～2 800 K，做功行程终了时，气缸内压力降为0.3～0.5 MPa，温度降为1 300～1 600 K	
排气行程	活塞从下止点向上止点运动 540°～720°	活塞上行，将燃烧后的废气压出	关闭	活塞在下止点时开启，活塞在上止点时关闭	排气行程终了时，气缸内压力为0.105～0.115 MPa，温度为900～1 200 K	

单元1 发动机基本工作原理与总体构造

在发动机运转的第一个工作循环时,必须有外力使曲轴旋转完成进气、压缩行程,着火后,完成做功行程,并依靠曲轴和飞轮储存的能量自行完成后续行程。

四、单缸四冲程柴油机的基本工作原理

四冲程柴油机活塞、曲轴的运动与汽油机相同,但工作循环有所不同。单缸四冲程柴油机的基本工作原理如图1-2所示。

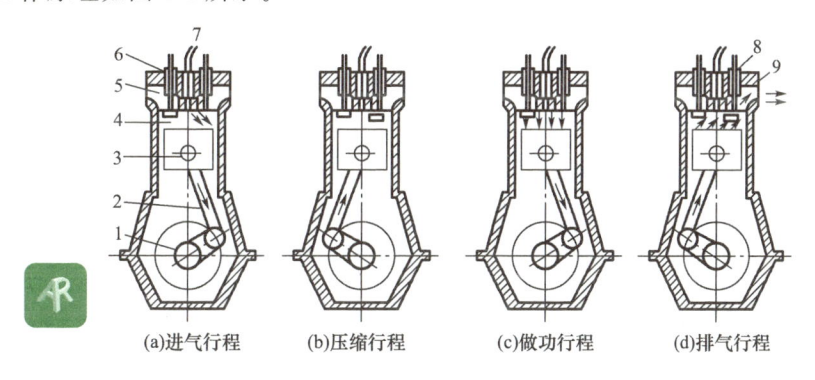

(a)进气行程 (b)压缩行程 (c)做功行程 (d)排气行程

图1-2 单缸四冲程柴油机的基本工作原理

1—曲轴;2—连杆;3—活塞;4—气缸;5—进气道;6—进气门;7—喷油器;8—排气门;9—排气道

1.进气行程

柴油机进气行程不同于汽油机的是进入气缸的不是可燃混合气,而是纯空气。

2.压缩行程

柴油机压缩行程与汽油机不同的是压缩的是纯空气,且因柴油机压缩比高,故压缩行程终了时的温度和压力都比汽油机高。

3.做功行程

柴油机做功行程与汽油机有很大不同,在压缩行程末,喷油泵将高压柴油经喷油器呈雾状喷入气缸内的高温空气中,柴油迅速汽化并与空气形成可燃混合气,此时气缸内的温度远高于柴油的自燃温度(约500 K),柴油便立即自燃,且此后一段时间内边喷油、边燃烧,气缸内压力、温度急剧升高,推动活塞下行做功。

在此行程中,最高压力可达6~9 MPa,最高温度可达2 000~2 500 K;做功行程终了时压力为0.2~0.4 MPa,温度为1 200~1 500 K。

4.排气行程

柴油机排气行程和汽油机基本相同。排气行程终了时气缸内压力为0.105~0.125 MPa,温度为800~1 000 K。

由此可见,柴油机着火方式为压燃式,没有火花塞,其燃料供给系与汽油机也有较大区别。

五、多缸四冲程发动机的基本工作原理

单缸四冲程发动机的每个工作循环虽有四个活塞行程,但只有做功行程为有效行程,其余三个行程均为消耗功的辅助行程。因此,单缸四冲程发动机工作时,曲轴在做功行程的转速比其余三个行程要快,即在一个工作循环内,曲轴的转速是不均匀的,因此单缸发动机存在工作不稳定、振动大的缺陷。为使发动机运转平稳,现代汽车发动机都采用多缸四冲程发动机,用得最多的是四缸、六缸和八缸发动机。

多缸四冲程发动机每一个气缸的工作循环都与单缸四冲程发动机相同,但各缸的做功行程并不同时进行,而是按一定顺序进行。不论是几缸四冲程发动机,曲轴每转两周,均为各缸轮流做功一次,且各缸做功行程间隔的曲轴转角均匀一致。多缸四冲程发动机各缸的做功间隔角(曲轴转角)为 $720°/i$(i 为气缸数目)。

1.2 发动机总体构造与型号

认知目标 / 掌握发动机的总体构造,了解发动机型号编制规则。

能力目标 / 能正确识读发动机各部件的名称,能识读不同类型的发动机型号代表的含义。

发动机是一台由许多机构和系统组成的复杂机器。现代汽车发动机的结构类型很多,即使是同一类型的发动机,其具体构造也是各种各样的。

通过对发动机总体构造的学习,我们应初步了解发动机的基本结构及汽油机和柴油机在结构上的区别;通过对发动机型号编制规则的学习,我们应能够识读不同类型的发动机型号代表的含义。

一、汽车发动机的组成

就其总体功能而言,四冲程汽油机基本上由安装在机体上的两大机构、五大系统组成,而四冲程柴油机则由安装在机体上的两大机构、四大系统组成,即无点火系。发动机的各个机构及系统相互配合、协调工作,源源不断地输出机械能。

以克莱斯勒 2.2 L 发动机为例,现代汽油发动机的结构如图 1-3 所示,其总体结构见表 1-3。

表 1-3　　　　　　　　　　　　汽油机总体结构

名　称	功　能	主要部件
曲柄连杆机构	将燃料燃烧时产生的热量转变为活塞往复运动的机械能,再通过连杆将活塞的往复运动转变为曲轴的旋转运动而对外输出动力	气缸体、曲轴箱、气缸盖、气缸垫、油底壳、活塞、连杆、曲轴、飞轮等
配气机构	定时开、闭气门,使可燃混合气或空气及时充入气缸并及时从气缸排出废气	进气门、排气门、气门弹簧、挺柱、推杆、摇臂、凸轮轴、凸轮轴正时齿轮等
燃料供给系	按照发动机要求,定时、定量供给所需要的燃料,并将燃烧后的废气排向大气	空气滤清器、汽油箱、电动汽油泵、汽油滤清器、压力调节器、各种传感器、电控喷油器、电控单元(ECU)、进气歧管、排气歧管、排气消声器等
点火系	按规定的时刻,准时点燃汽油机气缸内的可燃混合气	蓄电池、点火开关、点火线圈组件、传感器、电控装置、火花塞等
润滑系	润滑、减摩、延长零部件使用寿命,同时具有密封、清洁、冷却等作用	机油泵、机油滤清器、机油压力表、机油道等
冷却系	保持发动机在适宜温度范围内工作	水泵、风扇、节温器、散热器、冷却水套等
启动系	启动发动机	蓄电池、启动开关、启动机等

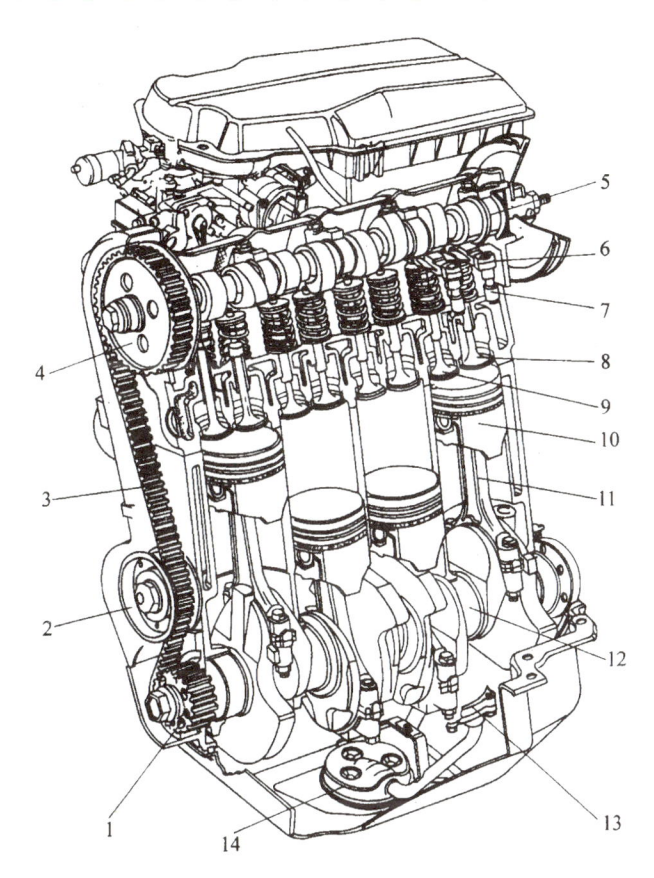

单元1　发动机基本工作原理与总体构造

图 1-3　现代汽油发动机(克莱斯勒 2.2 L 发动机)的结构

1—曲轴同步齿形带轮；2—同步齿形带张紧轮；3—同步齿形带；4—凸轮轴同步齿形带轮；5—凸轮轴；
6—摇臂；7—液压挺柱；8—进气门；9—排气门；10—活塞；11—连杆；12—曲轴；13—机油泵；14—机油集滤器

汽车用汽油机一般都由上述两个机构和五个系统组成，对于汽车用柴油机，由于其可燃混合气是自行着火燃烧的，因此没有点火系，由两个机构和四个系统组成。

二、发动机型号

国内发动机型号编制大多按现行国家标准《内燃机产品名称和型号编制规则》(GB/T 725—2008)来执行，下面介绍相关规定。

1. 名称

内燃机名称均按所使用的主要燃料命名，例如汽油机、柴油机、煤气机等。

2. 型号编制

内燃机型号由阿拉伯数字(以下简称数字)、汉语拼音字母或国际通用的英文缩略字母(以下简称字母)组成。

内燃机型号由四部分组成，如图 1-4 所示。

①第一部分：由制造商代号或系列符号组成。由制造商根据需要自选相应 1～3 个字母表示。

②第二部分：由气缸数、气缸布置形式符号、冲程形式符号和缸径符号组成。

③第三部分：由结构特征符号和用途特征符号组成。

7

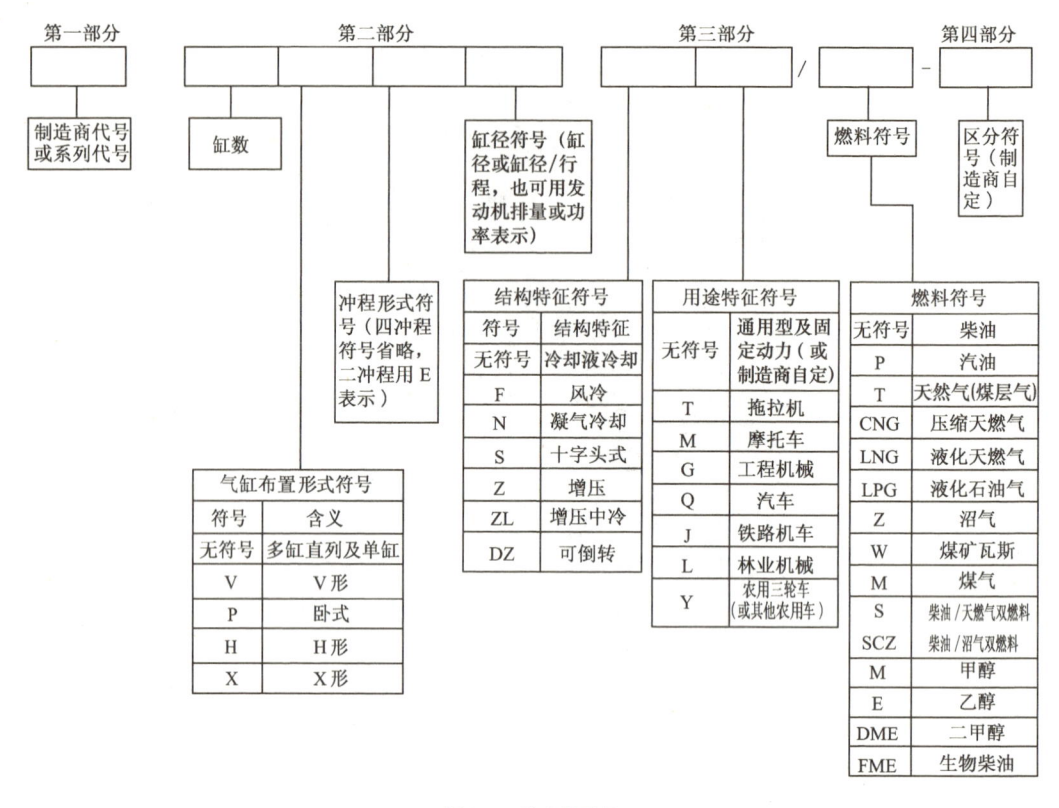

图 1-4 发动机型号

④第四部分：区分符号。同一系列产品需要区分时，允许制造商选用适当符号表示。第三部分与第四部分可用"-"分隔。

3.型号编制举例

（1）汽油机

1E65F/P：表示单缸、二冲程、缸径为 65 mm、风冷、通用型。

492Q/P-A：表示四缸、直列、四冲程、缸径为 92 mm、冷却液冷却、汽车用（A 为区分符号）。

（2）柴油机

YZ6102Q：表示六缸、直列、四冲程、缸径为 102 mm、冷却液冷却、车用（YZ 为扬州柴油机厂代号）。

6135Q：表示六缸、直列、四冲程、缸径为 135 mm、冷却液冷却、车用。

技能训练

实训　汽车发动机的总体拆装

一、实训内容

1.汽车发动机的总体拆装。

2.发动机基本结构与工作原理的认识。

二、实训目的与要求

1.学会汽车发动机的总体拆装方法。

2.学会汽车发动机常用拆装工具的正确使用方法。

3.了解汽车发动机基本结构与工作原理。

1.3 发动机性能评价指标

认知目标 / 掌握发动机的主要性能评价指标。

能力目标 / 能正确识读发动机主要性能评价指标代表的含义。

发动机性能的好坏需要通过一系列评价指标来衡量，常见的性能评价指标有动力性指标、经济性指标、排放性指标、可靠性与耐久性指标等。为了能根据发动机的基本参数初步判断发动机的基本性能，我们必须掌握发动机的基本性能评价指标。

一、动力性指标

1. 有效转矩

发动机曲轴输出的平均转矩称为有效转矩，以 T_e 表示，单位为 N·m。有效转矩与外界施加于发动机曲轴上的阻力矩相平衡，可以用发动机台架试验方法测得。

2. 平均有效压力

平均有效压力是指单位气缸工作容积所输出的有效功，以 P_{me} 表示，单位为 kPa。平均有效压力越大，动力性越好。

3. 有效功率

发动机曲轴输出的功率称为有效功率，以 P_e 表示，单位为 kW。

发动机的有效功率可以通过台架试验测定，也可用测功器测定有效转矩和发动机转速，然后用如下公式计算：

$$P_e = T_e \frac{2\pi n}{60} \times 10^{-3} = \frac{T_e n}{9\,550}$$

式中 T_e——发动机的有效转矩，N·m；

n——发动机转速，r/min。

发动机制造厂按国家规定标定的有效功率，称为标定功率。在以标定功率运行时的发动机转速称为标定转速，发动机铭牌上标示的功率即标定功率。

标定功率是根据发动机用途、使用特点以及连续运转时间来确定的，各个国家有所不同，我国内燃机功率标定分为四级，见表1-4。

表 1-4　　我国内燃机功率标定

分级	含义	应用
15 min 功率	在标准环境条件下，内燃机能连续稳定运转 15 min 时的最大有效功率	汽车等
1 h 功率	在标准环境条件下，内燃机能连续稳定运转 1 h 时的最大有效功率	工程机械、拖拉机等
12 h 功率	在标准环境条件下，内燃机能连续稳定运转 12 h 时的最大有效功率	部分拖拉机和电站等
持续功率	在标准环境条件下，内燃机能长期连续稳定运转的最大有效功率	铁路机车、船舶和发电机组等

4.升功率

升功率是指发动机在标定工况下每升气缸工作容积所发出的有效功率,以 P_L 表示,单位为 kW/L。升功率越大,发动机动力性越好。

二、经济性指标

1.有效燃油消耗率

每小时单位有效功率消耗的燃油量称为有效燃油消耗率,以 g_e 表示,单位为 g/(kW·h)。其值越小,发动机经济性越好。通常发动机铭牌上给出的有效燃油消耗率 g_e 值是最小值。一般汽油机为 270～410 g/(kW·h),柴油机为 215～285 g/(kW·h)。

2.有效热效率

燃料中所含的热量转变为有效功的比例称为有效热效率,用 η_e 表示。显然,为获得一定数量的有效功所消耗的热量越少,有效热效率越高,发动机经济性越好。现代汽车汽油机的 η_e 值一般为 0.30,柴油机约为 0.40。

三、排放性指标

发动机的排放性指标包括排放烟度、有害气体(CO、HC、NO_x)排放量、噪声等。

四、可靠性与耐久性指标

1.可靠性

可靠性是指发动机在规定的运转条件下持续工作,不致因为故障而影响正常运转的能力。一般以保证期内的停车故障数、更换主要零件和重要零件数等指标来衡量。按照汽车发动机可靠性试验方法的规定,我国汽车发动机应能在标定工况下连续运行 300～1 000 h。

2.耐久性

耐久性是指发动机在规定的运转条件下长期工作而不大修的性能。一般以发动机从开始使用到第一次大修前累计运转的时间表示。

1.4 汽车维修基础知识

认知目标 / 熟悉汽车维护、修理及故障诊断的基本概念和基本方法。

能力目标 / 能够说出汽车维护作业的基本工作内容。

发动机是汽车的动力装置,其技术状况的好坏,直接影响整车技术性能的发挥。为了保持发动机良好的技术状况,延长发动机的使用寿命,在使用过程中,必须进行必要的维护和修理。发动机维修与整车维修的基本要求和基本方法是相同的。

汽车维修是汽车维护和汽车修理的简称,汽车维护与汽车修理是两种性质不同的技术措施。汽车维护的基本任务是采用相应的技术措施减少零件磨损,预防故障的发生,延长汽车使用寿命。汽车修理的基本任务是排除汽车已发生的故障,更换或修复已损坏的零件,恢复汽车的使用性能。

一、汽车维护基础知识

1.汽车维护的分类

汽车维护是对汽车采取的预防性技术措施,其目的是预防故障发生和维持汽车的工作能力。2016年3月1日起施行的《道路运输车辆技术管理规定》规定,道路运输经营者应当依据国家有关标准和车辆维修手册、使用说明书等,结合车辆类别、车辆运行状况、行驶里程、道路条件、使用年限等因素,自行确定车辆维护周期,确保车辆正常维护。车辆维护分为日常维护、一级维护和二级维护。日常维护由驾驶员实施,一级维护和二级维护由道路运输经营者组织实施,并做好记录。

2.汽车维护作业的基本内容

(1)清洁作业

清洁作业主要是清除汽车和挂车外表的泥污,打扫、清洗和擦拭载货汽车车厢、驾驶室、客车车身的内外表面和各类附件。

(2)检查与紧固作业

检查与紧固作业主要是检查汽车外露的各零部件连接或安装情况,必要时紧固已松动的部位,并更换个别丢失或损坏的螺栓、螺母、螺钉、锁止销和喷油器等。

(3)检查与调整作业

检查与调整作业主要是检查汽车各机构、仪表和总成的技术状况,必要时按技术要求或使用条件进行调整。

(4)电气作业

电气作业主要是清洁、检查和调整电器和仪表,润滑其运动机构,配换个别已损坏或不适用的零件及导线,检查和维护蓄电池。

(5)润滑作业

润滑作业主要是清洗发动机润滑系和机油滤清器,更换或加注润滑油,更换机油滤芯或滤清器,加注润滑脂,更换或加注制动液。

(6)轮胎作业

轮胎作业主要是检查轮胎气压并根据需要充气,检查外胎状况并清除轮胎花纹中的嵌入物,进行轮胎换位,根据需要修补或更换内、外胎。

(7)加注作业

加注作业主要是检查燃油箱(汽油箱和柴油箱的统称,简称油箱)状况和存油量,按需加注燃料;检查水箱状况及冷却液数量,必要时加注冷却液。

二、汽车修理基础知识

1.汽车修理的分类

汽车修理按作业范围可分为汽车大修、总成大修、汽车小修和零件修理四类。

(1)汽车大修

汽车在行驶一定里程后,经过检测诊断和技术鉴定,多数总成已达到使用极限时,对汽车进行的一次全面恢复性修理称为汽车大修。

对于载货汽车,以发动机总成为主,结合车架总成或两个以上其他总成需要送修时考虑大修;对于轿车,以车身为主,结合发动机总成符合送修条件时即可进行大修。

(2)总成大修

为恢复总成的技术状况,修理或更换总成任何零部件(包括基础件)的修理作业称为总成大修。

(3)汽车小修

根据需要,修理或更换汽车个别零部件的修理作业称为汽车小修。

(4)零件修理

对因磨损、变形、损伤而不能继续使用的零件,利用适当的加工方法进行修理以恢复其使用性能的作业称为零件修理。

2.汽车零件的清洗

在汽车修理中,经常需要清洁零件表面的泥土、油污、积炭、水垢和锈蚀物等。由于各种污物的性质不同,其清除方法也不一样。

(1)油污清洗

零件表面的油污沉积较厚时应先刮除。一般应在热的清洗液中清洗零件表面油污,常用的清洗液有碱性清洗液和合成洗涤剂。使用碱性清洗液进行热清洗时,加热至70~90 ℃,将零件浸入10~15 min,然后取出并用清水冲洗干净,再用压缩空气吹干。

注意:使用汽油清洗存在安全隐患;铝合金零件不能在强碱性清洗液中清洗;非金属类橡胶零件应使用酒精或制动液进行清洗。

(2)积炭清除

清除积炭可使用简单的机械清除法,即用金属刷子或刮刀等进行清除,但此方法不易将积炭清除干净,而且易损伤零件表面。最好采用化学方法清除积炭,即先使用退炭剂(化学溶液)加热至80~90 ℃,将零件上的积炭膨胀软化,然后再用毛刷等进行清除。

(3)水垢的清除

水垢一般采用化学清除法,将清除水垢的化学溶液加入冷却液中,发动机工作一定时间后,再更换冷却液。常用清除水垢的化学溶液有:苛性钠溶液或盐酸溶液、氟化钠盐酸除垢剂和磷酸除垢剂,磷酸除垢剂适合用于清除铝合金零件上的水垢。

3.汽车零件的修复方法

汽车零件的修复方法有很多种,可根据零件缺陷的特征和修复成本核算选用相应的修复方法。常用的零件修复方法有机械加工修复法、压力加工修复法、焊接修复法和粘接修复法。

(1)机械加工修复法

通过机械加工的方法使已磨损的零件恢复正确的几何形状和配合特性的修复方法称为机械加工修复法。常用的有修理尺寸法和镶套修理法。修理尺寸法是对配合副已磨损的零件按规定的修理尺寸加大或减小,再选配具有相同修理尺寸的另一零件与之配合,以恢复配合副配合性质的修理方法。镶套修理法是对零件磨损部位进行机械加工整形后,再按过盈配合镶入一金属套以恢复零件基本尺寸的修理方法。

(2)压力加工修复法

通过对零件施加外力,利用材料的塑性变形恢复零件损伤部位的尺寸和形状的修复方法称为压力加工修复法。

(3)焊接修复法

利用电弧或气体燃烧产生的热量将零件损伤部位局部和焊条熔化并熔合,以填补零件磨损部位或连接断裂零件的修复方法称为焊接修复法。

(4)粘接修复法

使用黏合剂粘补或连接断裂零件的修复方法称为粘接修复法。

三、汽车故障诊断基础知识

1.汽车故障的定义

汽车故障是指汽车部分或完全丧失工作能力的现象。按丧失工作能力的程度,汽车故障可分为局部故障和完全故障。局部故障是指汽车部分丧失工作能力,即仅导致汽车性能降低但仍能行驶的故障,如发动机冒黑烟、加速不良等故障。完全故障是指汽车完全丧失工作能力,导致汽车不能行驶的故障,如发动机不能启动、转向或制动失灵等故障。

2.汽车故障产生的原因

不同部位、不同性质的故障,其产生的原因千差万别,但归纳起来主要有:零件产生磨损、零件被有害物腐蚀、零件在外力或内应力作用下变形、零件因意外事故造成损伤或损坏、零件疲劳损坏、非金属零件或电气元件老化、紧固件松动、使用或调整不当等。导致汽车发生故障的具体原因可能是一种或多种,涉及的零部件可能是一个或多个。

3.汽车故障诊断的方法和特点

汽车故障诊断是由检查、分析、判断等一系列活动完成的。从完成这些活动的方式看,汽车故障诊断主要有两种基本方法,其一是传统的人工经验诊断法,其二是现代仪器设备诊断法。

(1)人工经验诊断法

人工经验诊断法是通过路试和对汽车或总成工作情况的观察,凭借诊断人员丰富的实践经验和一定的理论知识,利用简单的工具以及眼看、手摸、耳听等手段,边检查、边试验、边分析,进而对汽车技术状况进行定性分析或对故障部位和原因进行判断的诊断方法。该诊断方法的优点是不需要专用仪器设备,可随时随地应用;缺点是诊断速度慢,准确性差,要求诊断者具有丰富的实践经验和较高的技术水平。

(2)现代仪器设备诊断法

现代仪器设备诊断法是在人工经验诊断法的基础上发展起来的诊断方法。该法可在不解体汽车情况下,利用建立在机械、电子、流体、振动、声学、光学等技术基础上的专用仪器设备,对汽车、总成或机构进行测试,并通过对诊断参数测试值、变化特性曲线、波形等的分析判断,定量确定汽车的技术状况。采用微机控制的专用仪器设备能够自动分析、判断、打印诊断结果。现代仪器设备诊断法的优点是诊断速度快、准确性高、能定量分析;缺点是投资大、占用固定厂房等。

强化练习

一、填空题

1.四冲程汽油机每完成一个工作循环,需要经过_____、_____、_____、_____四个行程。

2.按完成一个工作循环所需冲程数,发动机可以分为_____和_____两种。

3.按冷却方式,发动机可以分为_____和_____两种。

4.按进气状态,发动机可以分为_____和_____两种。

5.按着火方式,发动机可以分为_____和_____两种。

6.按气缸数目,发动机可以分为_____和_____两种。

7.四冲程汽油机由_____机构、_____机构、_____系、_____系、_____系、_____系和_____系等组成。

8.发动机的动力性指标包括_____、_____、_____和_____。

9.发动机的经济性指标包括_____和_____。

二、判断题

1.柴油机进气行程进入气缸的不是可燃混合气,而是纯空气。　　　　　(　　)

2.汽油机着火方式为点燃式,柴油机着火方式为压燃式。　　　　　　　(　　)

3.柴油机压缩比大,压缩行程终了时气缸内的压力和温度均比汽油机低。(　　)

4.直列六缸四冲程发动机的做功间隔角为60°。　　　　　　　　　　　(　　)

5.柴油机有点火系,汽油机无点火系。　　　　　　　　　　　　　　　(　　)

三、问答题

1.汽油机由哪几部分组成?柴油机和汽油机在结构上有什么区别?

2.简述单缸四冲程汽油机的工作原理。

3.发动机性能的评价指标有哪些?

四、名词解释

1.上止点

2.下止点

3.活塞行程

4.曲柄半径

5.燃烧室容积

6.气缸工作容积

7.气缸总容积

8.发动机排量

9.压缩比

10.工作循环

单元 2 曲柄连杆机构的构造与维修

曲柄连杆机构是发动机实现热能与机械能相互转换的主要机构，其功能是将气缸内燃气作用在活塞顶上的气体压力转变为曲轴的旋转力矩并输出动力。

发动机在做功行程工作时，燃料燃烧产生的气体压力作用在活塞的顶部，推动活塞做往复直线运动。经过活塞销、连杆和曲轴，将活塞的直线运动转换成曲轴的旋转运动，向外输出动力，从而实现了由热能向机械能的转换。

发动机产生的动力大部分由曲轴后端的飞轮传给传动系，其余部分通过曲轴前端的齿轮和带轮驱动其他机构和系统。

发动机工作时，曲柄连杆机构是在高温、高压、高速及化学腐蚀条件下工作的，同时其受力情况复杂，主要有气体作用力、惯性力、离心力、摩擦力等。这些力会使各传动部件受到拉伸、压缩、弯扭等不同形式的载荷。为保证发动机工作可靠、减少磨损、减轻振动，在结构和选材上要采取必要的措施。

曲柄连杆机构分为机体组、活塞连杆组和曲轴飞轮组三部分。

2.1 机体组的构造与维修

认知目标
1. 掌握机体组的功用、组成。
2. 熟悉机体组部件的结构特点。

能力目标
1. 能对照实物正确说出机体组各组成部件的名称。
2. 能正确对机体组部件进行拆装及检修。

机体组是发动机各个机构、系统及附件的安装基体，并由此保持发动机各运动件相互之间的正确位置关系。机体组部件出现故障不能正常工作，将导致发动机功率下降、排放恶化、油耗增加、产生异响、磨损加剧等现象，甚至使发动机不能运转。为了能够对机体组部件进行检修、排除故障，我们需要掌握机体组的构造及主要部件的检修方法。

一、机体组的构造

机体组主要由气缸体、曲轴箱、气缸盖、气缸垫等组成。

气缸体与曲轴箱常铸成一体，简称气缸体，如图 2-1 所示。气缸体上半部有若干个为活塞在其中运动导向的圆柱形空腔，称为气缸。下半部为支承曲轴的曲轴箱，其内腔为曲轴运动的空间。气缸体结构较复杂，一般采用铸铁或铝合金材料铸造而成。

气缸体承受较大的机械负荷和复杂的热负荷。因此，要求气缸体具有足够的强度、刚度和良好的耐腐蚀性能等。

气缸体的上、下两个平面分别安装气缸盖和油底壳，它们也是气缸加工、维修的基准。

油底壳的结构如图 2-2 所示，其主要功能是储存机油并密封曲轴箱。油底壳内部有稳油挡板。同时，为防止发动机倾斜时吸不到机油，油底壳后部或前部做得较深，并装有放油塞。放油塞有的有磁性，可吸附机油中的金属屑。油底壳受力很小，一般用薄钢板冲压而成或用铝合金铸造。为了防止漏油，在气缸体和油底壳之间装有密封垫或涂密封胶。

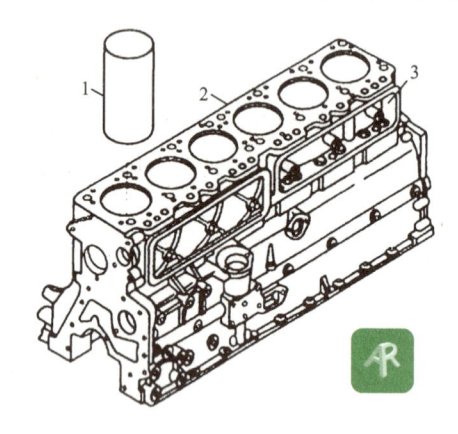

图 2-1 发动机气缸体
1—气缸套；2—气缸体；3—挺杆室

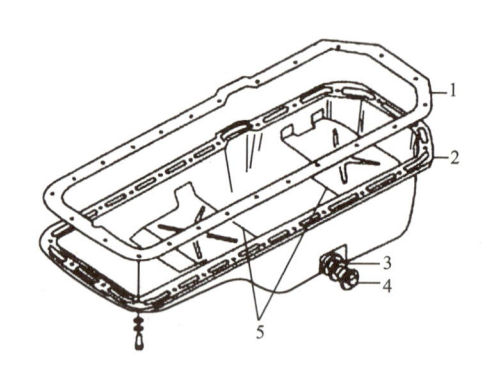

图 2-2 油底壳的结构
1—密封垫；2—油底壳；3—垫圈；4—放油塞；5—稳油挡板

1. 气缸的排列形式

（1）直列式

多用于六缸以下的发动机，如图 2-3(a)所示。

（2）V 形式

它缩短了发动机的长度和高度，多用于八缸以上的发动机，如图 2-3(b)所示。

（3）对置式

两列气缸呈 180°布置，如图 2-3(c)所示。

2. 曲轴箱的形式

（1）平分式

主轴承承孔中心线位于曲轴箱分开面上，如图 2-4(a)所示。其特点是刚度小，前、后端呈半圆形，与油底壳接合面的密封较困难。主要应用于中小型发动机。

（2）龙门式

主轴承承孔中心线高于曲轴箱分开面，如图 2-4(b)所示。其特点是刚度较大，油底壳前、后端处于同一平面，密封简单可靠。主要应用于大中型发动机。

(a)直列式　　(b)V形式　　(c)对置式

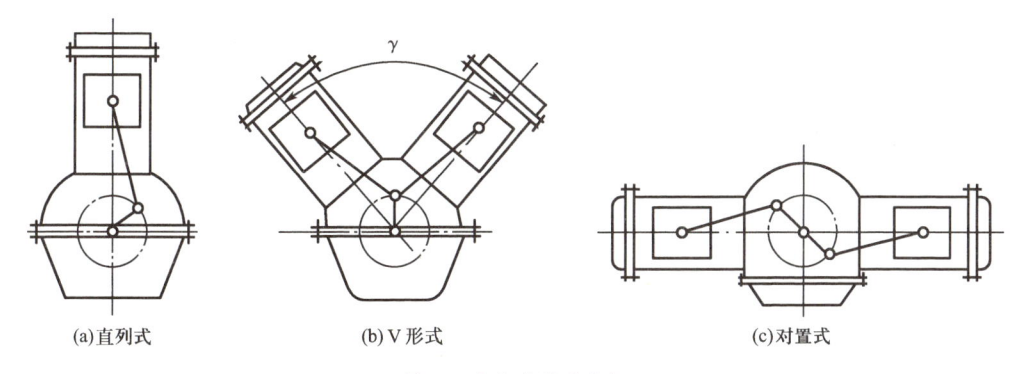

图 2-3　气缸的排列形式

(3)隧道式

主轴承承孔不分开,如图 2-4(c)所示。其特点是刚度大,主轴承同轴度易保证,主轴承用滚动轴承。主要应用于负荷较大的柴油机。

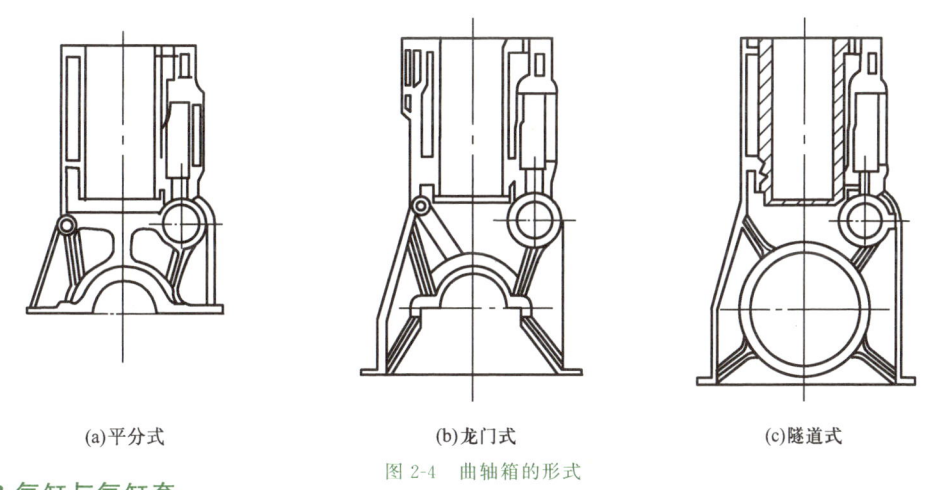

(a)平分式　　(b)龙门式　　(c)隧道式

图 2-4　曲轴箱的形式

3.气缸与气缸套

气缸为圆柱形空腔,活塞在其内部做往复直线运动。

气缸工作表面除承受燃气的高温、高压外,活塞在气缸内做高速往复运动,故气缸表面必须耐磨、耐高温、耐高压、耐腐蚀。如气缸体全部用优质材料制造,成本较高。为此,一般大、中型发动机气缸内镶有气缸套,气缸套用高级并且耐磨的合金铸铁或合金钢制成,形成气缸工作表面,而气缸体用价格较低的普通铸铁或铝合金制造,这样,既延长了使用寿命,又节省了材料。

气缸套有干式和湿式两种,如图 2-5 所示。

干式气缸套外表面不直接与冷却水接触,如图 2-5(a)所示,其壁厚一般为 1～3 mm,冷却效果较差,但加工和安装比较方便,与刚体承孔过盈配合,不易漏水、漏气。

湿式气缸套外表面直接与冷却水接触,如图 2-5(b)所示,其壁厚一般为 5～9 mm,散热效果好,制造容易,便于维修更换,但气缸体的刚性差,易漏水、漏气,易穴蚀。湿式气缸套靠上支撑定位带和下支撑定位带保证径向定位,轴向定位利用气缸套上部凸缘与气缸体相应的台阶。下部密封靠 1～3 个耐热、耐油的橡胶密封圈。此外,大多数湿式气缸套压入气缸体后,气缸套顶面高出气缸体 0.05～0.15 mm,这样,气缸盖螺栓拧紧后,气缸套与气缸体凸台接合处、气缸套与气缸垫接合处,承受较大的压紧力,具有防止水套漏水、气缸漏气和保证气缸套定位的作用。

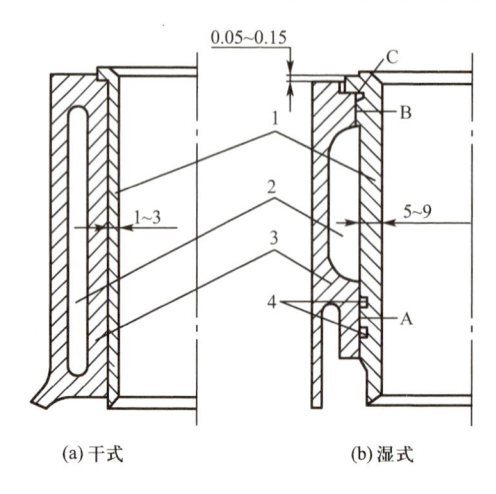

图 2-5 气缸套

1—气缸套；2—水套；3—气缸体；4—橡胶密封圈；
A—下支撑定位带；B—上支撑定位带；C—定位凸缘

4. 气缸盖与气缸垫

（1）气缸盖

气缸盖有整体式和分开式两种。整体式为多个气缸共用一个气缸盖，分开式则一个、两个或三个气缸共用一个气缸盖。气缸盖的主要功能是封闭气缸上部并与气缸和活塞顶部共同构成燃烧室。气缸盖结构复杂，一般用铸铁或铝合金材料铸造而成。不同的发动机，气缸盖结构各异。如图 2-6 所示为一种常见的气缸盖结构。

在气缸盖上加工有气门座、气门导管孔、气道、凸轮轴或摇臂轴安装座、火花塞座孔（汽油机）、喷油器座孔以及润滑油道。

在水冷式发动机的气缸盖内有冷却水套，其中的冷却水和气缸体内的冷却水相通，以冷却燃烧室等高温部分。

气缸盖上相应的凹形空间与活塞顶部组成了汽油机燃烧室。燃烧室的形状对发动机的性能影响很大。燃烧室应尽量紧凑，减少热能损失，同时要保证在压缩行程终了时，使可燃混合气具有一定的涡流运动，提高可燃混合气的燃烧速度，确保其及时、充分燃烧。

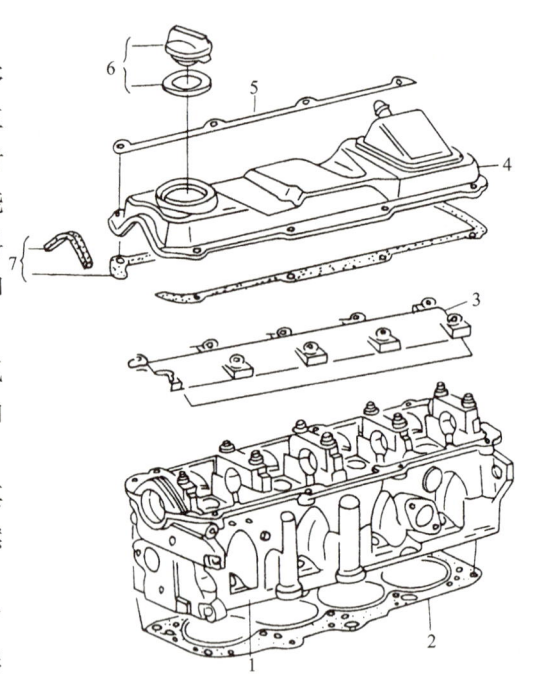

图 2-6 气缸盖结构

1—气缸盖；2—气缸垫；3—机油反射罩；
4—气缸盖罩；5—压条；6—加机油盖；7—气缸盖罩垫

常见的汽油机燃烧室有以下几种形状，如图 2-7 所示。

①楔形燃烧室：结构简单、紧凑；气门斜置，气流导流较好，充气效率高；能形成挤气涡流，因而燃烧速度较快，燃烧质量较好。如图 2-7(a) 所示。

②盆形燃烧室：结构简单、紧凑；可形成挤气涡流，气门平行于气缸轴线，盆的形状狭窄，气门尺寸受限，换气质量较差；燃烧速度较低，燃烧质量较差。如图 2-7(b) 所示。

③半球形燃烧室:结构更紧凑;气门呈横向V形排列,因此气门头部直径可以做得较大,换气好;火花塞位于燃烧室的中部,火焰行程短,燃烧速度最高,动力性、经济性最好,是高速发动机常用的燃烧室。如图2-7(c)所示。

(a)楔形燃烧室　(b)盆形燃烧室　(c)半球形燃烧室

图2-7　燃烧室的形状

(2)气缸垫

气缸垫安装在气缸盖和气缸体之间。其主要功能是保证气缸体与气缸盖间的密封,防止漏水、漏气。其结构如图2-8所示。

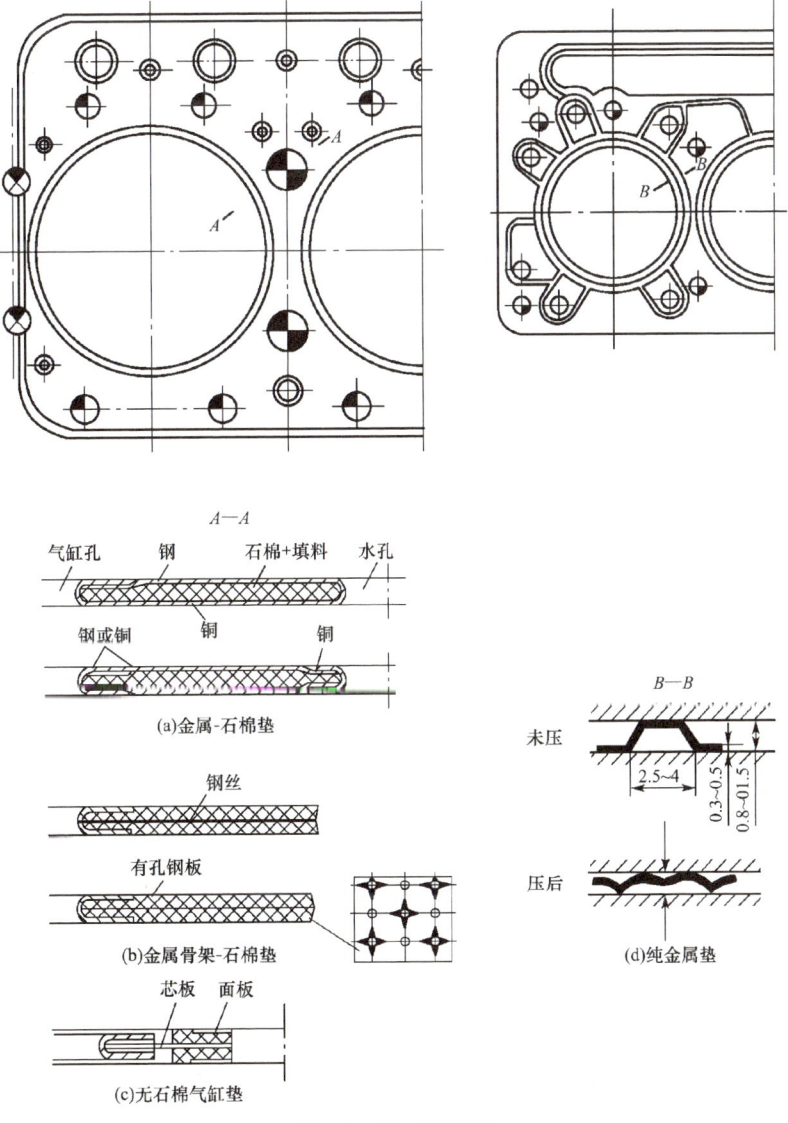

(a)金属-石棉垫

(b)金属骨架-石棉垫

(c)无石棉气缸垫

(d)纯金属垫

图2-8　气缸垫的结构

①金属-石棉垫:外包铜皮和钢片,且在缸口、水孔、油道口周围卷边加强,内填石棉(常掺入铜屑或钢丝,以加强导热)。如图 2-8(a)所示。

②金属骨架-石棉垫:以编织的钢丝网或有孔钢板为骨架,外覆石棉,只在缸口、水孔、油道口处用金属片包边。如图 2-8(b)所示。

③无石棉气缸垫:气缸口密封部位由 5 层薄钢板组成,并设计成正圆形,没有石棉夹层,从而消除了气囊的产生。其在油孔和水孔处均包有钢护圈,以提高密封性。如图 2-8(c)所示。

④纯金属垫:由单层或多层金属片(铜、铝或低碳钢)制成,用于某些强化发动机。如图 2-8(d)所示。

气缸垫在安装时,应注意以下事项:金属皮的金属-石棉垫,缸口金属卷边一面应朝向易修整的接触面或硬平面,因卷边一面会对与其接触的平面造成压痕变形;若发动机气缸垫标明了安装方向(OPEN、TOP 向上),则必须按要求安装。

5.发动机的支撑

发动机一般通过缸体和飞轮壳或变速器壳上的支撑点支撑在车架上。支撑方式一般有三点式支撑和四点式支撑两种。三点式支撑如图 2-9(a)所示,前端两点通过曲轴箱支撑在车架上,后端一点通过变速器壳支撑在车架上。四点式支撑如图 2-9(b)所示,前端两点与三点式支撑相同,后端两点通过飞轮壳支撑在车架上。

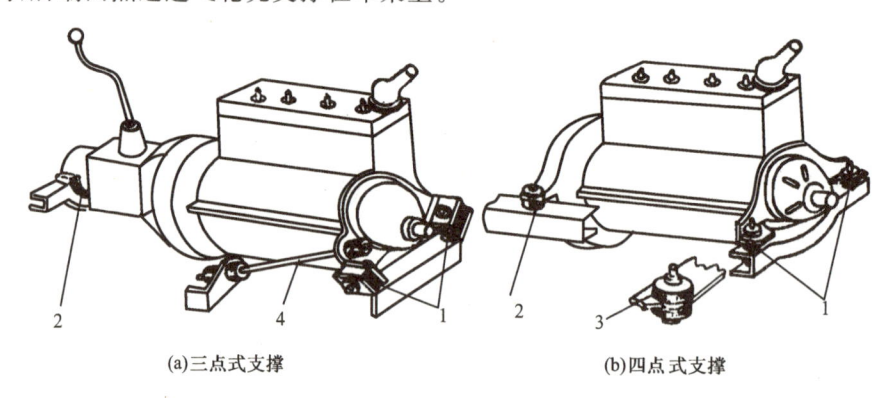

(a)三点式支撑 (b)四点式支撑

图 2-9 发动机的支撑

1—前支撑;2—后支撑;3—橡胶垫圈;4—拉杆

与发动机连接的各种管、杆等在发动机振动时必须保证其正常工作,多采用铰接、软管等弹性连接。为防止汽车制动或加速时由于弹性元件的变形而产生发动机纵向位移,某些汽车采用专门拉杆,其一端与发动机相连,一端与车架相连,两端连接处均有橡胶垫块。

二、机体组的检修

1.气缸体裂纹的检查与维修

在发动机使用过程中,若发现冷却水异常耗损或润滑油中有水,则表明气缸体、气缸盖和气缸垫可能有裂纹。气缸体裂纹会导致漏气、漏水、漏油,影响发动机的正常工作。

气缸体裂纹一般发生在冷却水套或其他壁薄的部位。明显的裂纹可用目视法或放大镜检查出来,细小的裂纹检查一般采用水压试验法。试验时,用专用盖板封住气缸体水道口,用水压机将水压入气缸体水道中,在 0.3~0.4 MPa 的压力下保持 5 min,应没有任何渗漏现象。

当需要更换气缸套时,应在换好后再进行一次水压试验。气缸体在焊接维修后,也应进行水压试验。

气缸体裂纹的维修方法有黏结法、焊接法、螺钉填补处理法等。在维修中,应根据裂纹的大小、部位、损伤程度以及技术能力、设备条件等灵活选择。

2.气缸体上平面变形的检查与维修

气缸体上平面变形是由于发动机长期过热等原因引起的,会影响与气缸盖接合的密封性。

检查气缸体上平面平面度时,按图 2-10(a)所示的七个方向放置直尺,如图 2-10(b)所示。用塞尺测量直尺与气缸体上平面的间隙,测得的最大值即气缸体上平面的平面度误差。其中铝合金材料平面度误差超过 0.25 mm、铸铁材料平面度误差超过 0.10 mm,需进行磨削或铣削加工,总加工量一般不超过 0.30 mm。

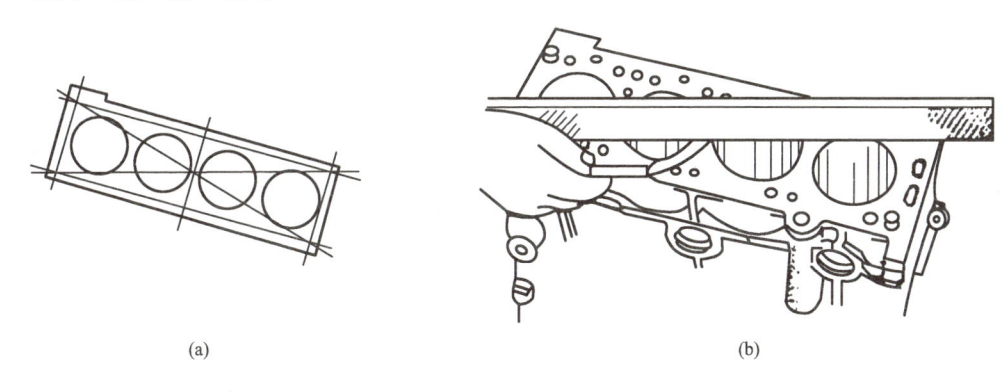

(a)   (b)

图 2-10　气缸体上平面平面度的检查

3.气缸磨损的检查及维修

(1)气缸的磨损规律

气缸的磨损是有规律的。由于气缸上部润滑条件差,气缸内燃烧的高压产生在活塞上止点附近,因此气缸的磨损属于不均匀磨损,呈上大下小的圆锥形,如图 2-11 所示。磨损的最大部位是活塞在上止点位置时第一道活塞环相对应的气缸壁,活塞环接触不到的上口几乎没有磨损。由于活塞在上、下止点间运动时,其侧压力使活塞紧压气缸的两侧(横向),因此气缸在该两侧方向磨损严重,沿曲轴轴线方向磨损较轻。

(2)气缸磨损的测量

气缸的磨损程度是确定发动机技术状况的重要手段,是确定发动机是否大修的重要指标。通过磨损程度的检查,可以确定气缸磨损后的圆度、圆柱度,确定发动机是否需要大修以及确定修理尺寸。

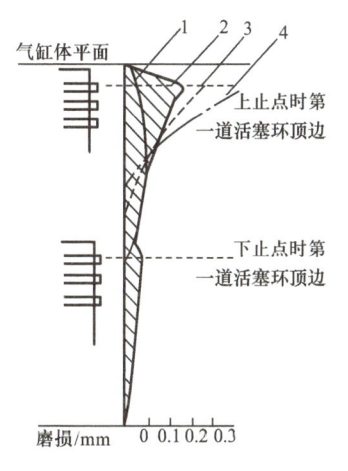

图 2-11　气缸的磨损
1—金属屑磨料磨损;2—正常磨损;
3—灰尘磨损;4—酸性腐蚀磨损

气缸磨损的测量通常使用内径百分表(量缸表),具体操作步骤如下:

①清洁气缸壁上的油污和积炭。

②根据气缸的直径,选择合适的接杆,装入量缸表的下端。

③校表。将外径千分尺校准到被测气缸的标准尺寸,再将量缸表校准到外径千分尺的尺寸,使活动测头有 1~2 mm 的压缩量,旋转刻度盘使表针对准"0"位。

④在气缸的上、中、下三个不同的平面,每个平面在纵向和横向分别测量气缸的直径。

⑤用量缸表测量时,应使测杆与气缸轴线垂直。当摆动量缸表,其指针读数最小时,表明测杆与气缸轴线垂直。

⑥根据测量结果计算出气缸的圆度、圆柱度。

圆度误差表明同一横截面上的磨损程度。其数值是同一横截面上不同方向测得的最大与最小直径差值的一半。气缸圆度公差：汽油机为 0.05 mm，柴油机为 0.065 mm。

圆柱度误差表明沿气缸轴向截面上的磨损程度。其数值是被测气缸任一方向所测得的最大与最小直径差值的一半。气缸圆柱度公差：汽油机为 0.20 mm，柴油机为 0.25 mm。

微课 1
气缸磨损状况的测量与计算

(3)气缸修理尺寸的确定

修理尺寸是指零件表面通过维修，形成符合技术文件规定的大于或小于原设计基本尺寸的新的基本尺寸。

根据主要零部件的结构、强度等情况，结合每个大修间隔之间零件的磨损量，国家标准规定了各种配合件的修理尺寸等级和级差，任何维修企业不得自行确定修理尺寸的等级和级差。

发动机气缸与活塞的修理尺寸：汽油机为四级，柴油机为八级，级差为 0.25 mm。

气缸磨损超过允许限度后，应将气缸按维修级别镗削加工。在镗削前应确定气缸的修理尺寸，然后根据气缸的修理尺寸选配好相应修理尺寸的活塞及活塞环。气缸修理尺寸的计算公式为

$$修理尺寸 = 气缸最大磨损直径 + 镗、磨余量$$

镗、磨余量通常取 0.10～0.20 mm。

计算出的修理尺寸应与修理级数对照、靠合。

例如：某汽车使用东风 EQ6100 型发动机，测量后气缸最大磨损直径为 100.38 mm，加工余量为 0.10 mm，则气缸恢复到原正确几何形状的尺寸为 100.48 mm，对照气缸的标准修理尺寸，应选取第二级修理尺寸(100.50 mm)。

镗、磨后气缸的圆度、圆柱度误差应不大于 0.005 mm。

(4)气缸的维修

气缸的磨损若未超过使用极限，则可在更换活塞环后继续使用。若气缸的磨损超过使用极限，则应进行维修。

气缸维修时一般先进行镗削后进行珩磨。珩磨的目的是使气缸具有合理的表面粗糙度和配合特性，并具有良好的磨合性能。

气缸经多次维修，其直径超过最大修理尺寸，或气缸壁上有特殊损伤时，可对气缸用镶套修复法进行维修，即对气缸进行圆整加工，用过盈配合的方式镶上新的气缸套，使气缸恢复到原来的尺寸。

(5)气缸压缩压力的测量

气缸压缩行程终了时的压力与发动机的压缩比、曲轴的转速、发动机的温度、进气的阻力、机油的黏度及气缸的密封性等因素有关。在其他因素基本不变时，检测气缸压缩压力的大小，可以判断气缸的密封性。

①气缸压力表：气缸压力表是检测气缸压缩压力的一种专用压力表，它一般由压力表头、导管、单向阀和接头等组成。压力表头的驱动元件是一根扁平的弯成圆圈状的管子，一端为固定端，另一端为活动端。活动端通过杠杆、齿轮机构与指针相连。当压力进入弯管时弯管伸直，于是通过杠杆、齿轮机构带动指针动作，在表盘上指示出压力的大小。

气缸压力表还装有能通大气的单向阀。当单向阀处于关闭位置时，可保持压力表指针位

置,以便于读数。当按下单向阀按钮使其处于开启位置时,可使压力表指针回零。

气缸压力表如图 2-12 所示。

②检测方法

a.将发动机运转至正常工作温度(一般冷却液温度为 80～90 ℃)后熄火。

b.汽油机将火花塞全部拆除,将节气门全开;柴油机将全部喷油器拆除。

c.把气缸压力表的锥形橡皮头压紧在火花塞(喷油器)孔上,如图 2-13 所示。启动发动机,使曲轴转动 3～5 s(转速应符合原厂规定)。

d.待压力表指针指示并保持最大压力后,记录压力表指示的读数,同时使发动机停止转动。

e.按下单向阀按钮,使压力表指针回零。

f.对发动机各缸的压缩压力,按上述方法依次进行测量,每缸测量 2～3 次,求出算术平均值。将测量数据与规定标准值比较分析。

若发现某缸压力偏低,则可从火花塞(喷油器)孔中加入 20～30 mL 新机油后再测量,将两次的测量数值进行分析比较。

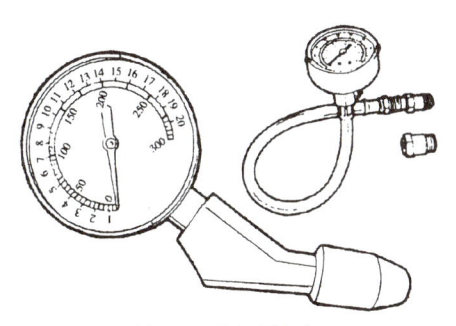

图 2-12　气缸压力表　　　　图 2-13　气缸压缩压力的测量

③诊断标准:以发动机处在海平面为准,汽油机的气缸压缩压力应符合原厂规定的范围或不低于原厂规定的标准值的 90%;柴油机的气缸压缩压力应符合原厂规定的范围或不低于原厂规定的标准值的 80%。为保证发动机运转平稳,各缸的压力差:汽油机应不超过其平均值的 10%;柴油机应不超过其平均值的 8%。部分汽车发动机原厂提供的气缸压缩压力的规定范围或标准值见表 2-1。

表 2-1　　　　部分发动机气缸压缩压力的规定范围或标准值

车　型	压缩比	气缸压力/kPa	检测压力时的转速/(r·min^{-1})
桑塔纳 200AJR	9.5	1 000～1 300	200～250
桑塔纳 2000AFE	9.0	1 000～1 300	200～250
桑塔纳 JV	8.5	1 000～1 300	200～250
捷达	8.5	900～1 200(各缸差<300)	200～250
夏利 TJ7100	9.5	1 029～1 225	350
夏利 8A-FE	9.3	981～1 370	200～250
切诺基	8.6	1 068～1 275(各缸差<206)	200～250
广州本田雅阁	8.9	930～1 230	200～250
上海别克 1.46	9.0	≥689	200～250

④结果分析:当测得的气缸压缩压力不符合标准要求时,可根据测量结果分析其原因。

如果测得的气缸压缩压力超过原厂规定,其原因一般为燃烧室内积炭过多、气缸垫过薄或气缸体与气缸盖接合平面经多次修理磨削过甚所致。

如果测得的气缸压缩压力低于原厂规定,可向该气缸火花塞(喷油器)孔内注入20~30 mL新机油后再测量。

如果第二次测出的气缸压缩压力比第一次高,接近标准压力,表明是气缸、活塞环、活塞磨损过大或活塞环对口、卡死、断裂及缸壁拉伤等原因造成气缸密封不良。

如果第二次测出的气缸压缩压力与第一次基本相同,即仍比标准压力低,表明是进、排气门或气缸垫密封不良。

如果两次检测结果均表明某相邻两缸压力都相当低,表明是两缸相邻处的气缸垫烧损窜气。

4. 气缸盖的检修

(1) 气缸盖的拆装

为避免气缸盖变形,气缸盖拆卸时,气缸盖螺栓应按由四周向中央的顺序,分2~4次逐渐拧松,气缸盖螺栓拆装顺序如图2-14所示。

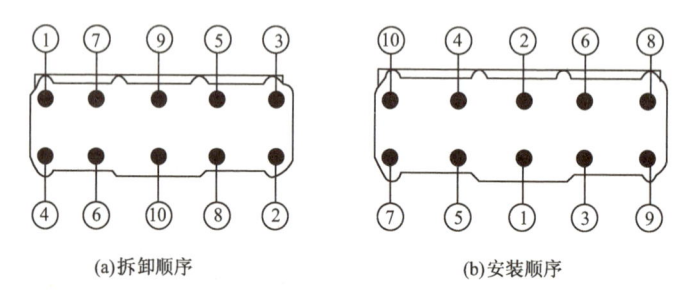

图2-14 气缸盖螺栓拆装顺序图

安装气缸盖时,按与拆卸相反的顺序分次逐步拧紧气缸盖螺栓,拧紧力矩必须符合原厂规定。

如果气缸盖由铝合金制成,则最后必须在发动机冷态下拧紧,这样在发动机热态时会增加密封的可靠性,因为铝制气缸盖的膨胀程度比钢制螺栓的大;铸铁气缸盖则应该在发动机热态时最后拧紧。

(2) 气缸盖平面变形的检查与维修

气缸盖平面变形的检查方法和气缸体上平面变形的检查方法基本相同,平面度误差一般不能超过0.05 mm;否则,应进行维修或更换。

铝合金气缸盖的变形多用压力机校正法维修,具体方法是将气缸盖放在平台上,用压力机在其凸起部位逐渐加压,同时用喷灯加热变形处,使其温度达到300~400 ℃,待变形消除后,保持压力直到冷却。

铸铁气缸盖的变形采用磨削或铣削方法进行维修,切削量应不超过0.5 mm,以免影响发动机压缩比。

5. 气缸垫的检修

气缸垫的常见故障是烧蚀击穿,其部位一般在水孔或燃烧室孔周围,会导致发动机漏气或冷却水进入润滑油。损坏的气缸垫只能更换,不能维修。

单元 2　曲柄连杆机构的构造与维修

技能训练

实训一　曲柄连杆机构的拆装

一、实训内容
1. 发动机曲柄连杆机构的拆卸。
2. 发动机曲柄连杆机构的装配。
二、实训目的与要求
1. 熟悉曲柄连杆机构的组成及其各主要部件的构造、作用与装配关系。
2. 熟悉发动机的工作顺序和连杆轴颈排列方式,掌握曲轴轴向定位和防漏方法。
3. 掌握发动机正确的拆装顺序、要求和方法。

实训二　气缸体、气缸盖的检验

一、实训内容
1. 气缸磨损的检验。
2. 气缸盖平面度的检验。
二、实训目的与要求
1. 掌握机体组主要部件的耗损特点及规律,并能分析其原因。
2. 熟悉常规测量仪器、量具的结构特点,并能正确掌握其使用方法。
3. 掌握机体组主要部件的检验方法和步骤,并能实际操作。
4. 熟悉机体组主要部件的维修技术标准。

实训三　气缸压缩压力的测量

一、实训内容
测量气缸压缩压力。
二、实训目的与要求
1. 掌握气缸压缩压力测量的方法。
2. 学会对气缸压缩压力的测量数据进行分析的方法。

2.2　活塞连杆组的构造与维修

认知目标	1. 掌握活塞连杆组的功用与组成。 2. 熟悉活塞连杆组部件的结构特点。
能力目标	1. 能对照实物正确说出活塞连杆组各组成部件的名称。 2. 能正确对活塞连杆组部件进行拆装及检修。

　　活塞连杆组是实现热功转换的重要组成部分。活塞连杆组的工作是否正常将直接影响发动机的性能。活塞连杆组部件出现故障,将导致发动机功率下降、排放恶化、油耗增加,产生异响、磨损加剧等现象,甚至使发动机不能运转。为了能够对活塞连杆组部件进行检修、排除故

25

障,我们需要掌握活塞连杆组的构造及主要部件的检修方法。

活塞连杆组主要由活塞5、连杆10、活塞环1、2和3、活塞销6、连杆轴承14等组成,如图2-15所示。

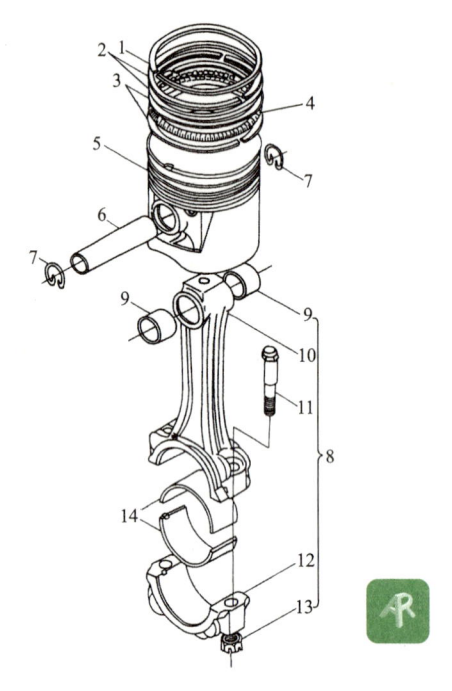

图 2-15 活塞连杆组的构造

1、2—气环;3—油环刮片;4—油环衬簧;5—活塞;6—活塞销;7—活塞销卡环;8—连杆组;
9—连杆衬套;10—连杆;11—连杆螺栓;12—连杆盖;13—连杆螺母;14—连杆轴瓦

一、活塞连杆组的构造

1.活塞

(1)活塞的功能

活塞与气缸盖、气缸壁等共同组成燃烧室,承受气体压力,并通过活塞销和连杆将力传给曲轴,使曲轴旋转。

活塞的顶部是燃烧室,承受高温气体的压力和变速运动的惯性力,要求活塞有足够的强度、刚度、耐热性、耐磨性,且在高温时尺寸变化小。活塞多用铝合金制造,铝合金活塞具有质量小、传热性好的优点,但热膨胀系数较大,高温时,强度和刚度下降较大。有的柴油机上采用合金铸铁或耐热钢制造活塞。

(2)活塞的构造

活塞主要由活塞顶部1、活塞头部4和活塞裙部7三部分组成,如图2-16所示。

①活塞顶部:活塞顶部是燃烧室的组成部分,用来承受气体压力。根据不同的要求,活塞顶部制成各种不同的形状,如图2-17所示。

a.平顶:结构简单,加工方便,受热面积小,在汽油机上广泛采用。如图2-17(a)所示。

b.凸顶:顶部刚度较大,制造时可减少顶部厚度,质量较轻,温度较高,适用于二冲程发动机。如图2-17(b)所示。

c.凹顶:高压缩比发动机为了防止碰撞气门,也可用凹坑的深度来调整压缩比。但顶部热量大,容易形成积炭,加工比较困难。如图2-17(c)所示。

在活塞顶部有箭头、缺口标记的一侧朝向发动机前方,安装时活塞的方向不得装错。此外,拆装时不允许各缸活塞互换,在拆出活塞时,应注意活塞顶部有无缸位标记,如果没有,应做缸位标记。

②活塞头部:活塞头部是活塞环槽以上、活塞顶部以下的部位。活塞头部有若干道用以安装活塞环的环槽,一般有3～4道环槽,最下面一道环槽安装油环,其余安装气环。

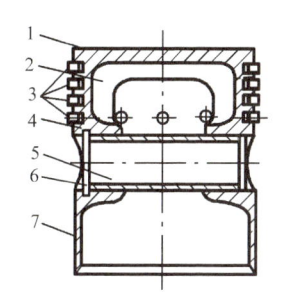

图2-16 活塞的结构
1—活塞顶部;2—加强筋;3—活塞环;4—活塞头部;
5—活塞销;6—活塞销卡环;7—活塞裙部

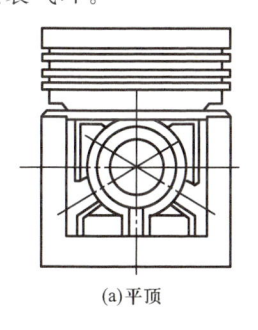

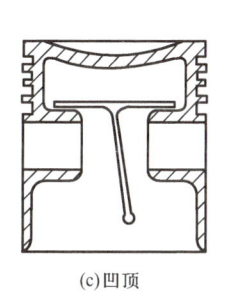

(a)平顶　　(b)凸顶　　(c)凹顶

图2-17 活塞顶部的形状

油环环槽底部一般有回油孔,可使气缸壁上多余的润滑油通过活塞内腔流回油底壳。

③活塞裙部:活塞环槽以下的部分为活塞裙部,其作用是为活塞运动导向和承受侧压力。活塞裙部有如下三种类型:

a.全裙式:活塞裙部为一个薄壁圆筒。

b.半拖板式:将非承压面的活塞裙部去掉一部分,以减轻质量和防止碰撞曲轴,如图2-18(a)所示。

c.拖板式:将非承压面的活塞裙部全部去掉,如图2-18(b)所示。

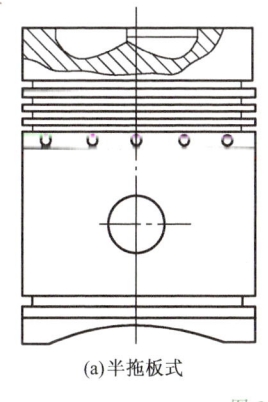

(a)半拖板式　　(b)拖板式

图2-18 活塞裙部的类型

发动机工作时,燃烧气体压力 P 作用在活塞顶上,而活塞销给予的支持反力则作用在活塞裙部的销座处,由此而产生的变形是活塞裙部直径沿活塞销轴线方向增大。气体侧压力和活塞销座处金属热膨胀的综合作用也使活塞裙部直径沿活塞销轴线方向增大。所以,活塞沿裙部断面变成长轴在活塞销方向上的椭圆,如图2-19所示。

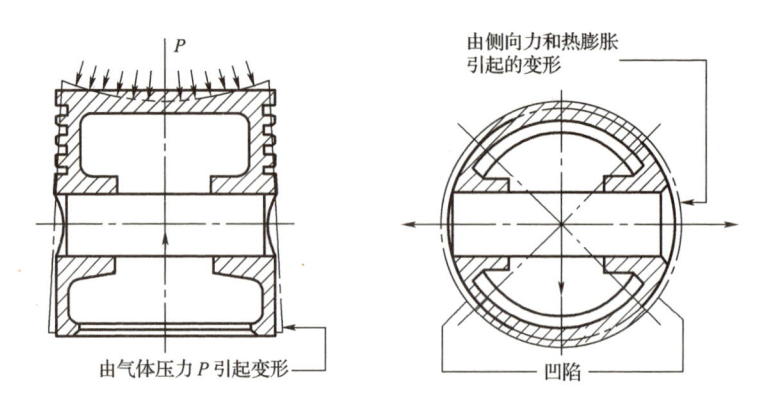

图 2-19　活塞裙部变形

为了使活塞在工作状态(热态)下接近一个圆柱形,与气缸壁间保持有比较均匀的间隙,以免在气缸内卡死或引起局部磨损,必须预先在冷态下把活塞加工成其裙部断面为长轴垂直于活塞销方向的椭圆形,如图 2-20(a)所示。另外,发动机工作中,活塞的温度从上到下逐渐降低,膨胀量逐渐减小,有的活塞(特别是铝合金活塞)将其头部的直径制成上小下大的阶梯形[图 2-20(b)]或截锥形[图 2-20(c)],或将活塞裙部制成上小下大的截锥形[图2-20(d)]。还有的活塞为了更好地适应其热变形,将活塞裙部制成变椭圆,即在裙部的不同部位其圆度不同,圆度由下而上逐渐增大,即裙部横截面越往上越扁。

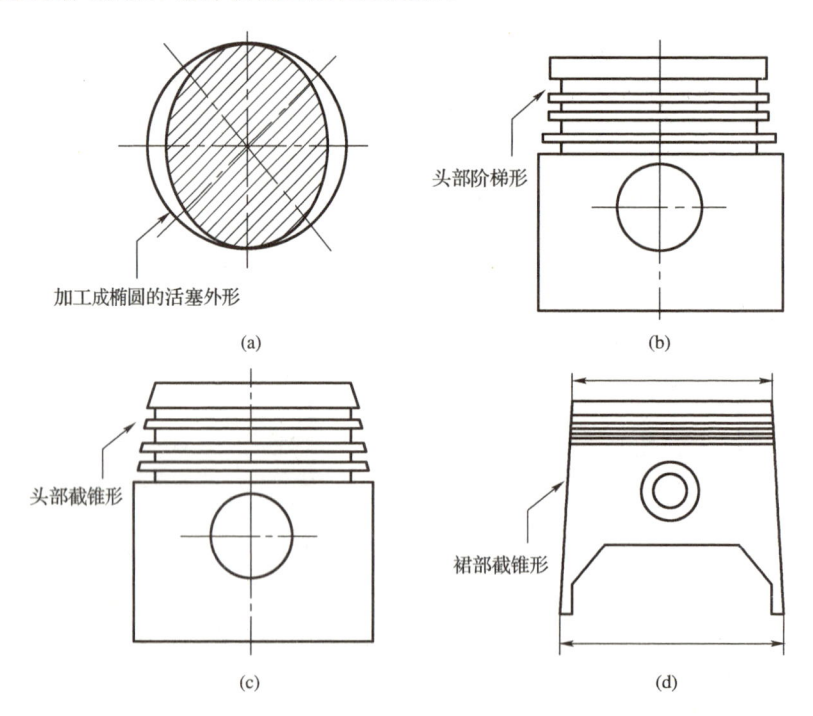

图 2-20　活塞结构

有的活塞在活塞裙部受侧压力小的一面,开有 T 形槽或 Π 形槽,如图 2-21 所示。其作用是使活塞裙部具有一定的弹性,使气缸和活塞在冷态下的装配间隙尽可能小,防止发动机产生冷态"敲缸"现象,在热态下,又因其补偿作用而避免活塞在气缸中被卡死。其中横槽称为隔热槽,竖槽称为膨胀槽。为防止切槽处裂损,在隔热槽和膨胀槽的端部都加工有止裂孔。活塞裙部开槽会降低其强度和刚度,一般只用于负荷较小的发动机。

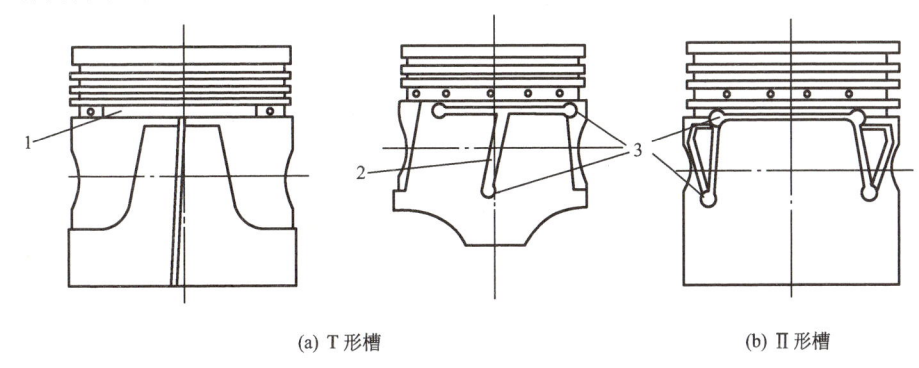

(a) T形槽　　　　(b) Ⅱ形槽

图 2-21　开槽活塞
1—隔热槽;2—膨胀槽;3—止裂孔

有的活塞在其销座中镶铸有热膨胀系数较低的"恒范钢片"(恒范钢是含镍的低碳合金钢,其线膨胀系数为铸铝的 1/10),能减少销座附近的热膨胀量。

活塞裙部应进行表面处理:汽油机的活塞裙部外表面镀锡,柴油机的活塞裙部外表面磷化。

活塞销座位于活塞裙部的上部,加工有座孔,用以安装活塞销,实现活塞与连杆的连接。为了减小销座附近的热变形,有的活塞在销座附近的活塞裙部外表面制成 0.5~1.0 mm 的凹陷,形成"冷却窝"。

为了限制活塞销的轴向窜动,部分活塞在活塞销座孔接近外端处制有槽,用以安装卡环。

2.活塞环

(1)活塞环的功能

活塞环按其功能可分为气环和油环,如图 2-22 所示。

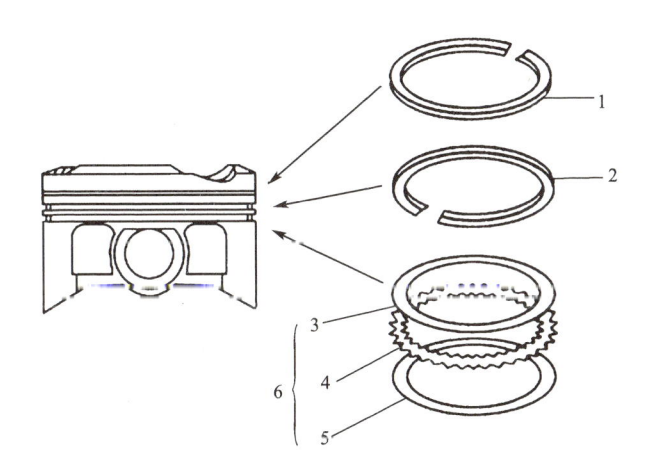

图 2-22　活塞环
1、2—气环;3—油环刮片(上);4—衬簧;5—油环刮片(下);6—油环

气环的作用包括:密封,防止气缸内的气体窜入油底壳;传热,将活塞头部的热量传给气缸壁;辅助刮油、布油。

油环的功能是刮油、布油,即将气缸壁上多余的机油刮下来并在气缸壁表面布上一层均匀的油膜,也兼起密封作用。

一般发动机上装有 2 道气环和 1 道油环。

活塞环在高温、高压、高速和润滑困难的条件下工作,是发动机上使用寿命最短的零件之一。

活塞环的材料多采用优质灰铸铁、球墨铸铁或合金铸铁。组合式油环还采用弹簧钢片制造。

活塞环的工作表面一般进行多孔镀铬或喷钼。多孔镀铬层硬度高,并能储存少量机油,从而减缓活塞环和气缸壁的磨损。喷钼可以提高活塞环的耐磨性。

(2)活塞环的结构及工作原理

①结构:活塞环上有一个切口,称为活塞环开口。活塞环开口不仅便于拆装,还可以使活塞环直径略大于气缸直径,靠其弹性在缸内压紧气缸壁,加强密封性。

活塞环的间隙如图 2-23 所示。

a.端隙 Δ_1:又称开口间隙,是活塞环装入气缸后开口处的间隙,一般为 0.25～0.50 mm。

b.侧隙 Δ_2:又称边隙,是环高方向上与环槽之间的间隙,第一道气环因温度高,一般为 0.04～0.10 mm;其他气环一般为 0.03～0.07 mm;油环侧隙较小,一般为 0.025～0.07 mm。

c.背隙 Δ_3:是活塞环装入气缸后,活塞环背面与环槽底部的间隙,一般为 0.5～1.0 mm。

②气环的密封原理:如图 2-24 所示,活塞环在自由状态时,环外径大于缸径,它随活塞一起装入气缸后产生弹力而紧贴在气缸壁上,形成第一密封面,使燃气不能通过环与气缸接触面之间的间隙。活塞环在燃气压力作用下,压紧在环槽的下端面上,形成第二密封面,于是燃气便绕流到环的背面并发生膨胀,对环背产生作用力 F_2 并使环更紧地贴在气缸壁上,形成对第一密封面的第二次密封。做功时,环的背压力远大于环的弹力,所以密封效果主要取决于第二次密封,但如果环的弹力不够,在环与气缸壁之间就会漏窜气体,削弱第二次密封。因此,活塞环弹力形成的密封,是形成第二次密封的保证。

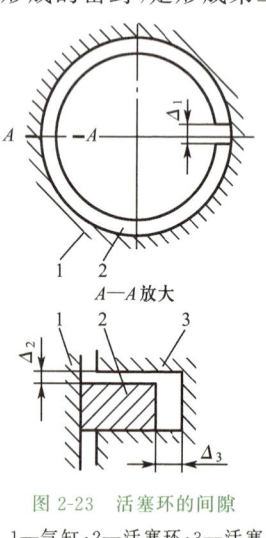

图 2-23 活塞环的间隙

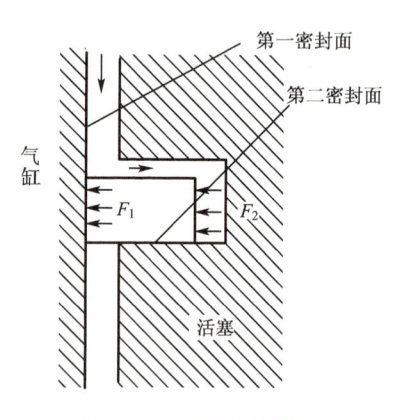

1—气缸;2—活塞环;3—活塞

图 2-24 气环的密封原理

F_1—环的自身弹力;F_2—背压力

③活塞环泵油的作用及危害:活塞环泵油是当活塞带着环下行时,如图 2-25(a)所示,环靠在环槽的上方,环从缸壁上刮下的机油充入环槽下方。当活塞又带着环上行(压缩行程)时,如图 2-25(b)所示,环又靠在环槽的下方,同时将机油挤压到环槽上方,如此反复,将机油泵到活塞顶部。

泵油存在以下几点危害:增加了机油的消耗,使火花塞因沾油而不易跳火;燃烧室积炭增

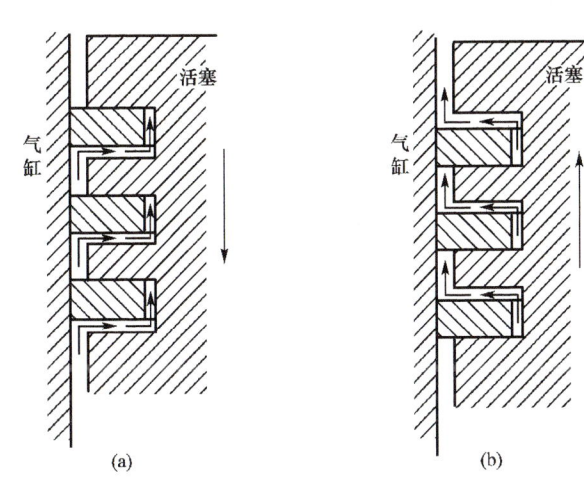

图 2-25 活塞环泵油的过程

多,燃烧性能变坏;环槽内形成积炭,挤压活塞环而失去密封性;加剧气缸的磨损。为减少活塞环泵油的危害,可采用扭曲环或组合式油环。

④气环的断面形状:气环主要有以下几种断面形状。

a.矩形环:结构简单,与缸壁接触面积大,散热好,但易泵油,如图 2-26(a)所示。

b.锥形环:与缸壁线接触,有利于密封和磨合,下行有刮油作用,上行有布油作用,并可形成楔形油膜,如图 2-26(b)所示。

安装时锥角应朝下(在环端有向上或 TOP 等标记),锥形环传热性差,常装到第二、三道环槽上。

c.桶面环:多用于强化发动机上,环的外缘面为凸圆弧形,环面与缸壁圆弧接触,环上下运动时,均能形成楔形间隙,使机油容易进入摩擦面,减少磨损,但加工困难,如图 2-26(c)所示。

d.梯形环:当活塞在侧压力作用下左、右换向时,环的侧隙和背隙将不断变化,使胶状油焦不断从环槽中被挤出。梯形环用于热负荷较大的柴油机的第一道环,如图 2-26(d)所示。

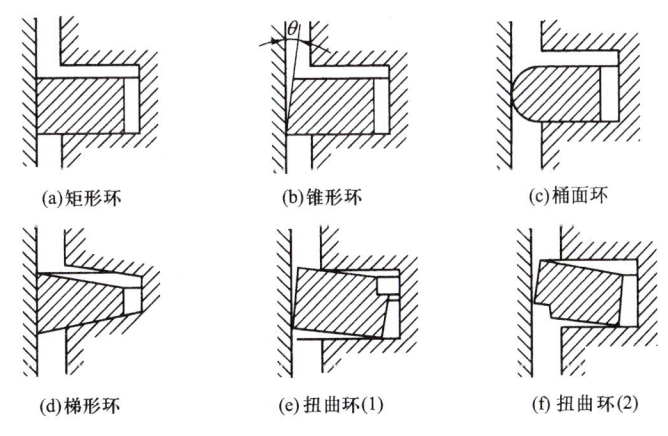

(a)矩形环　(b)锥形环　(c)桶面环
(d)梯形环　(e)扭曲环(1)　(f)扭曲环(2)

图 2-26 气环的断面形状

e.扭曲环:将矩形环内缘上方或外缘下方切成台阶或倒角而成。当活塞环装入气缸后,因环的弹性内力不对称而产生断面倾斜,可防止活塞环在环槽内上下窜动而产生的泵油作用,同时增加了密封性,并具有向下的刮油作用。如图 2-26(e)、图 2-26(f)所示。

安装时,应注意环的断面形状和方向,扭曲环应将其内缘切槽向上,外缘切槽向下,不能

31

装反。

(3) 油环

汽车发动机采用的油环有整体式和组合式两种,如图 2-27 所示。

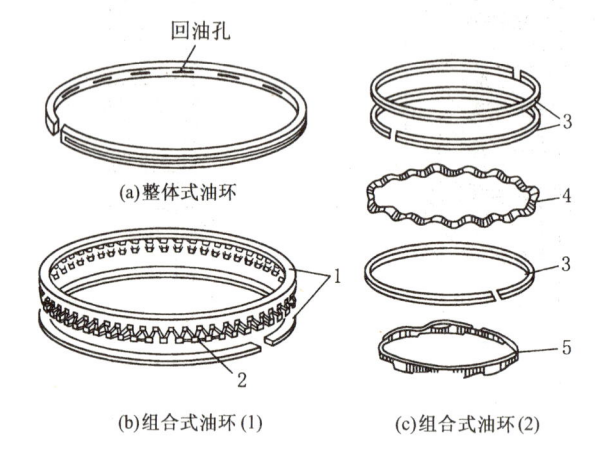

图 2-27 油环
1、3—刮片；2、4、5—衬簧

整体式油环如图 2-27(a)所示,油环没有背压,为提高其对缸壁的压力,增加刮油次数,在其外缘上切有环槽,槽底开有若干回油用的小孔或窄槽。

组合式油环如图 2-27(b)、图 2-27(c)所示,一般由刮片和衬簧组成。这种油环的刮油作用强,对防止机油进入燃烧室更有利。

3. 活塞销

(1) 功能及构造

活塞销的功能是连接活塞与连杆小头,将活塞承受的气体作用力传给连杆。

活塞销在高温下承受很大的周期性冲击负荷,润滑条件差,要求有足够的强度、刚度,表面耐磨,质量轻。因此,活塞销一般用低碳钢或低碳合金钢制造。

活塞销根据形状可分为如下几种：直通圆柱形孔和圆锥形孔的活塞销,如图 2-28(a)、图 2-28(b)所示,其质量较小；内部有塑料芯的钢套销,如图 2-28(c)所示,用于要求不高的汽油机；成型销,如图 2-28(d)所示,用于增压发动机。

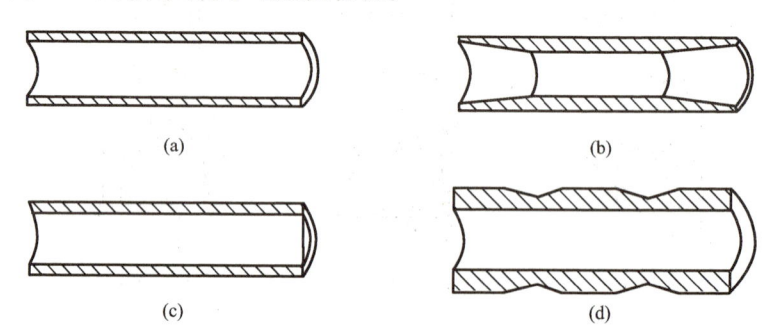

图 2-28 活塞销

(2) 连接方式

活塞销与活塞销座孔的连接方式有全浮式和半浮式两种,如图 2-29 所示。

①全浮式:在发动机正常工作温度下,活塞销在连杆小头孔和活塞销座孔中都能转动。该

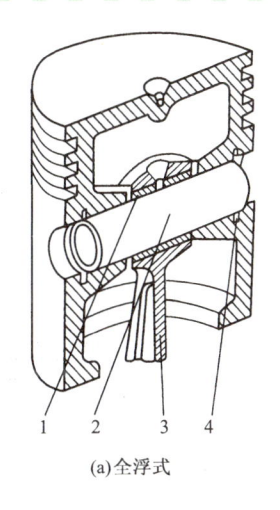

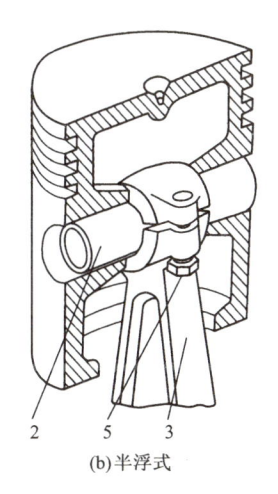

单元 2　曲柄连杆机构的构造与维修

(a)全浮式　　　　(b)半浮式

图 2-29　活塞销与活塞销座孔的连接方式
1—连杆衬套；2—活塞销；3—连杆；4—卡环；5—紧固螺钉

连接方式磨损小且均匀，应用广泛。为防止活塞销的窜动划伤气缸壁，活塞销座两端用卡环固定。如图 2-29(a)所示。

②半浮式：发动机工作时，活塞销与活塞销座孔为间隙配合，活塞销与连杆小头孔为过盈配合。活塞销只能在活塞销座孔中浮动。采用这种连接，连杆小头不必装连杆衬套，但活塞销磨损不均匀。如图 2-29(b)所示。

4. 连杆

(1) 组成与功能

连杆组由连杆体、连杆盖、连杆螺栓和连杆轴瓦等组成，如图 2-30 所示，其功能是将活塞的力传给曲轴，变活塞的往复运动为曲轴的旋转运动。

连杆承受活塞销传来的气体作用力及其本身摆动和活塞组往复运动时的惯性力。这些力的大小和方向周期性变化。为满足使用要求，连杆一般采用中碳钢或中碳合金钢模锻而成，也有一些采用球墨铸铁制造。为提高连杆的疲劳强度，通常采用表面喷丸处理。

(2) 连杆结构

连杆由连杆小头 1、连杆杆身 2 和连杆大头 3(包括连杆盖 6)三部分组成，如图 2-30 所示。

连杆小头用来安装活塞销，以连接活塞。在连杆小头孔内装有连杆衬套。为润滑连杆衬套和活塞销，在连杆小头和连杆衬套上加工有集油孔或集油槽。

连杆杆身通常做成工字形断面，可在保证强度和刚度的前提下，减轻连杆质量。

连杆大头与曲轴的连杆轴颈相连。连杆大头一般做成分开式，即连杆体大头和连杆盖，用连杆螺栓连接。为防止装配错误，在同侧刻有标记。

连杆大头的切口形式分为平切口和斜切口两种。平切口连杆的剖切面垂直于连杆轴线，一般汽油机均采用平切口。柴油机的负荷大，连杆的受力也大，连杆大头尺寸大于气缸直径，为便于拆装，一般采用斜切口，如图 2-31 所示。

(3) 连杆螺栓

连杆螺栓是一个承受很大冲击负荷的重要零件，当发生损坏时，将给发动机带来严重的后果，一般用优质合金钢或优质碳素钢锻制或冷镦成形，安装时必须可靠紧固，并按原厂规定的力矩，分 2~3 次均匀拧紧，并可靠锁止。

33

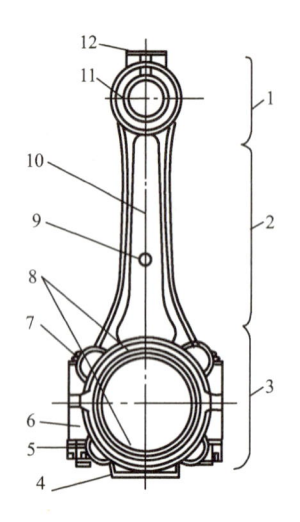

图 2-30　连杆组

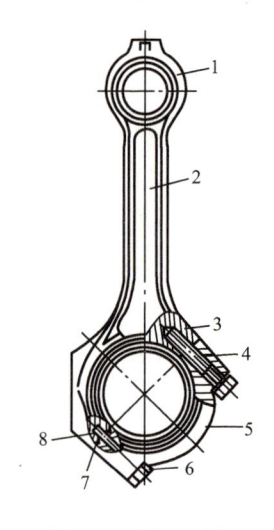

1—连杆小头；2—连杆杆身；3—连杆大头；
4、9—装配标记(朝前)；5—螺母；6—连杆盖；7—连杆螺栓；
8—连杆轴承；10—连杆体；11—连杆衬套；12—集油孔

图 2-31　斜切口连杆

1—连杆小头；2—连杆杆身；3—连杆大头；
4—连杆螺栓；5—连杆盖；6—连杆螺栓锁止铁丝；
7—锯齿；8—定位销

(4) 连杆轴承

连杆轴承俗称小瓦，如图 2-32 所示，连杆轴承装在连杆大头内，保护连杆轴颈及连杆大头孔。连杆轴承要求有足够的强度、良好的减摩性和耐腐蚀性。

现代发动机所用的连杆轴承由钢背和减摩合金层组成。钢背由 1.0～3.0 mm 的低碳钢制成，既有足够的强度，承受冲击负荷，又有合适的刚度，和轴承孔良好贴合。在钢背的内圆面上浇铸 0.3～0.7 mm 的减摩合金层，用于减少摩擦阻力、加速磨合并保持油膜。

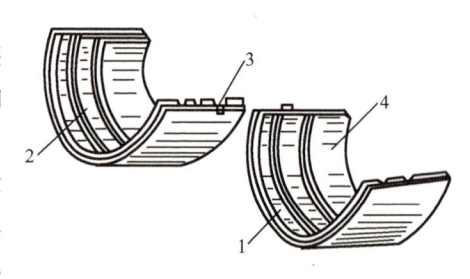

图 2-32　连杆轴承

1—钢背；2—油槽；3—定位凸键；4—减摩合金层

连杆轴承装入连杆大头时应有一定的过盈，以使连杆轴承能均匀地紧贴在连杆大头的孔壁上，具有较好的承载能力和导热能力。

为了防止连杆在工作中发生转动或轴向移动，应在两个轴承的剖分面上分别冲压出高于钢背的定位凸键。装配时，两个凸键分别嵌入连杆大头和连杆盖上相应的凹槽中，在连杆轴承内表面上还加工有油槽，以保证可靠润滑。

二、活塞连杆组的检修

1. 活塞的检查与维修

活塞的常见故障是破损、烧蚀和磨损。活塞是易损件，一般不对其进行维修，但应查明故障原因，予以排除。

(1) 活塞破损和烧蚀的检查和维修

活塞拆出后应检查活塞顶部有无异常，若有撞击造成的明显凹陷或裂损，一般是由气门间隙过小、气门弹簧折断等原因造成活塞与气门相撞，或维修时掉入异物使活塞受撞击所致。对受损的活塞，若无裂纹，则可继续使用；若发现有裂纹或孔洞，则必须更换新件。

活塞烧蚀多表现在活塞顶部,轻者有疏松状麻坑,重者有烧熔现象。活塞烧蚀为气缸温度过高所致,烧蚀较轻的活塞可继续使用,严重时必须更换新件。

(2)活塞环槽磨损的检查与维修

活塞环槽的磨损一般发生在活塞高度方向上,第一道活塞环槽磨损最严重。活塞环槽磨损后会使活塞环侧隙增大,导致发动机工作时烧机油和气缸压力下降。一般活塞环槽磨损到极限时,和活塞环一起更换。

(3)活塞刮伤的检查与维修

活塞刮伤一般有明显的痕迹,轻度刮伤的活塞可以用细纱布研磨后继续使用,刮伤严重的活塞必须更换,同时应查明原因并排除。

(4)活塞的选配

当气缸的磨损超过规定值时,必须修复气缸,同时根据气缸的修理尺寸选配活塞。选配时应注意:

①选用同一修理尺寸和同一分组尺寸的活塞。

②同一发动机必须选用同一厂牌的活塞。

③在选配的成套活塞中,尺寸差和质量差应符合要求:尺寸差为 0.02～0.025 mm,质量差为 4～8 g,销座孔的涂色标记应相同。

2.活塞环的检测与选配

(1)活塞环的拆装

拆装活塞环应使用专用卡钳,应先用洁净的软布擦拭活塞环开口端部,然后用两手拇指使活塞环开口张大,不要使活塞环开口两端上下错开,以免损坏活塞环。

新型发动机活塞环的端部、侧面都制有装配标记,活塞环有标记的一面应朝上安装,同时应注意每一道环的装配位置。活塞环开口方向按原车要求进行。一般活塞环开口不应与活塞销对正,同时开口应尽量避开做功时活塞与气缸壁接触的一侧。为了提高气缸的密封性,避免高压气体的泄漏,要求活塞环的开口应交错布置。通常以第一道活塞环的开口位置为起始点,其他环(包括油环)依次间隔 90°～180°,各环的开口应布置成迷宫状走向。

常见活塞环开口方向布置如图 2-33 所示。

(2)活塞环的选配

发动机修理时,活塞环是作为易损件更换的。活塞环设有修理尺寸,不因气缸和活塞的分组而分组。

活塞环选配时,以气缸的修理尺寸为依据,同一台发动机应选用与气缸和活塞修理尺寸等级相同的活塞环。发动机气缸磨损不大时,应选配与气缸同一级别的活塞环。气缸磨损较大尚未达到大修时,严禁选择加大一级修理尺寸的活塞环锉削端隙使用。进口汽车发动机活塞环的更换,按原厂规定进行。

对活塞环的要求是:与气缸、活塞的修理尺寸一致;具有规定的弹力以保证气缸的密封性;环的漏光度、开口间隙、侧隙、背隙应符合原厂设计规定。

(3)活塞环的检测

①活塞环弹力的检测:活塞环的弹力是指使活塞环端隙为规定值时作用在活塞环上的径向力。活塞环的弹力是建立背压的首要条件,也是保证气缸密封性的必要条件,弹力过大,会加剧活塞环的磨损;弹力过小,会使气缸密封性变差,影响发动机的性能。

活塞环的弹力检测在活塞环弹力检测仪上进行,如图 2-34 所示。

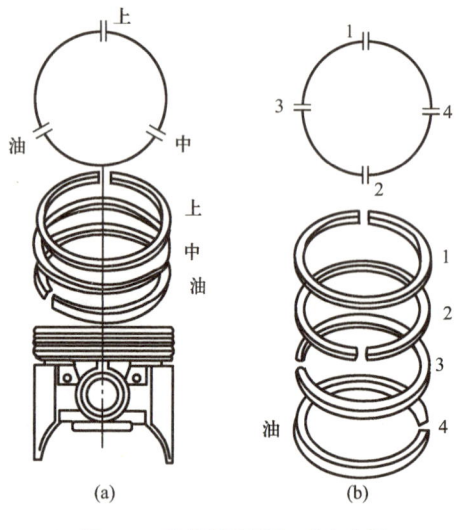

图 2-33 常见活塞环开口方向布置
1—第一道压缩环；2—第二道压缩环；
3—第三道压缩环；4—油环

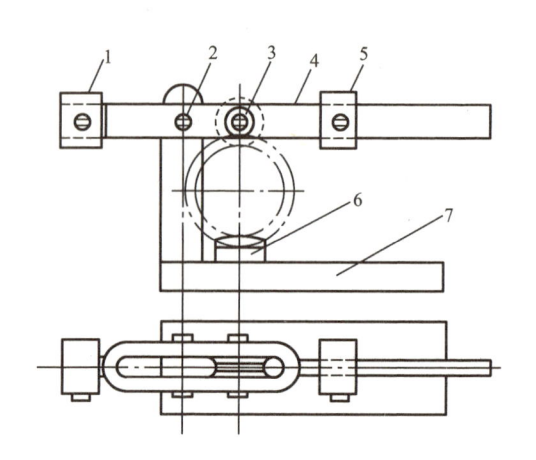

图 2-34 活塞环弹力检测仪
1—重锤；2—支承销；3—滚轮；
4—秤杆；5—活动量块；6—底座；7—底板

将活塞环置于滚轮和底座之间，沿秤杆移动活动量块，使环的端隙达到规定的间隙值。由活动量块的位置读出作用在活塞环上的力，即活塞环的弹力。

②活塞环漏光度的检验：活塞环漏光度的检验目的是检测环的外圆表面与缸壁的接触和密封程度，即活塞环与气缸的接触面积，以免造成漏气和窜机油。

常用的活塞环漏光度的检验方法是：将活塞环置于气缸内，用倒置的活塞将其推平，用直径略小于活塞环外径的盖板放在环的上面，在气缸下部放置灯光，从气缸上部观察漏光情况，如图2-35所示。

对活塞环漏光度的要求是：在活塞环端口左右30°范围内，不应有漏光；在同一活塞环上的漏光点不得多于两处，每处漏光弧长对应的圆心角不得超过25°，在同一环上的漏光弧长对应的圆心角之和不得超过45°；漏光点的缝隙不大于0.03 mm。

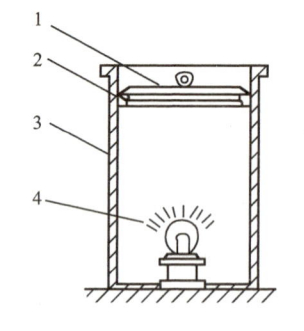

图 2-35 活塞环漏光度的检验
1—盖板；2—活塞环；3—气缸；4—灯光

③活塞环"三隙"的检验：活塞环的"三隙"是指端隙、侧隙和背隙。一般情况下，活塞环的上环大于下环、柴油机环大于汽油机环、气缸直径大的环大于气缸直径小的环、压缩比大的环大于压缩比小的环，几种常见发动机活塞环的端隙及侧隙见表2-2。

表2-2 几种常见发动机活塞环的端隙及侧隙　　　　　　　　　　　　　　　　　mm

发动机型号	活塞环端隙			活塞环侧隙		
	第一道气环	第二道气环	油　环	第一道气环	第二道气环	油　环
桑塔纳	0.30～0.45	0.25～0.40	0.25～0.50	0.02～0.05	0.02～0.05	0.03～0.08
捷达	0.30～0.45	0.25～0.40	0.25～0.50	0.03～0.07	0.02～0.06	0.02～0.06
富康	0.30～0.50	0.25～0.50	0.25～0.50	0.03～0.07	0.02～0.06	0.02～0.05
奥迪	0.30～0.45	0.25～0.40	0.25～0.50	0.02～0.05	0.02～0.05	0.02～0.05
切诺基2131	0.15～0.35	0.15～0.35	0.15～0.35	0.043～0.081	0.043～0.081	0.03～0.20

活塞环三隙的检查方法如下:

a.端隙检验:将活塞环置于气缸内,用倒置的活塞将其推平至气缸内相应活塞上止点处,用塞尺测量,如图2-36(a)所示。若间隙大于规定值,应重新选配活塞环;若间隙小于规定值,应用细平锉刀对环的端口进行锉修,只锉修平整一端环口,锉修后应去除毛刺。

b.侧隙检验:将活塞环放入槽内,围绕环槽滚动一周,应可自如滚动,既不松旷、又不卡阻,用塞尺测量,应符合要求,如图2-36(b)所示。

c.背隙检验:通常将活塞环装入活塞内,以环槽深度与活塞环径向厚度的差值来衡量。测量时,将环落入环槽底,再用深度游标卡尺测出环外圆柱面沉入环岸的数值,该数值一般为0～0.35 mm。若背隙过小,则应更换活塞环。

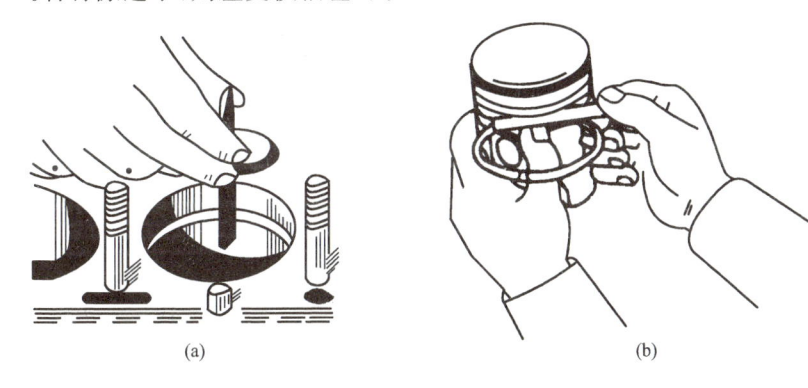

图2-36 活塞环三隙的检验

3.活塞销的选配

发动机工作时,活塞销承受较大的冲击负荷,活塞销与活塞销座和连杆衬套的配合间隙超过一定数值时,将发生异响。活塞销座更容易磨损,但因维修成本较高,故多在更换活塞的同时,更换活塞销和活塞环。

活塞销设有四级修理尺寸,选配活塞销的原则是:同一台发动机应选用同一厂牌、同一修理尺寸的成组活塞销;活塞销表面应无锈蚀和斑点,质量差为±10 g。

活塞销与活塞销座孔和连杆小头衬套的连接配合,多采用"全浮式"。因铝合金活塞销座的热膨胀量大于钢活塞销,故为了保证发动机正常工作时有适当的工作间隙(0.01～0.02 mm),在冷态装配时活塞销与活塞销座孔应为过渡配合。装配时,应先将活塞放在温度为343～363 K的水或油中加热,然后用手掌心将涂有润滑油的活塞销推入活塞销座孔。

4.连杆的检测与校正

(1)连杆变形的检测

连杆变形的检测在连杆校验仪上进行,如图2-37所示。检测时,首先将连杆盖装好,不安装连杆轴承,并按规定的力矩将连杆螺栓拧紧,同时将芯轴装入连杆衬套的承孔中,然后将连杆大头套装在支承轴上,通过调整螺钉扩张支承轴,将连杆固定在校验仪上。测量工具是一个带有V形槽的三点规。三点规上的三个点构成的平面与V形槽的对称平面垂直,下面两个测点的距离为100 mm,上测点与两个下测点连线的距离也是100 mm。

测量时,将三点规的V形槽靠在芯轴上并推向校验平板。如三点规的三个测点都与校验平板接触,则说明连杆不变形。若上测点与校验平板接触,两个下测点不接触且与校验平板的间隙一致,或两个下测点与校验平板接触,而上测点不接触,则表明连杆弯曲,可用塞尺测出测点与校验平板之间的间隙,即连杆在 100 mm 长度上的弯曲度,如图 2-38(a)所示。若只有一个下测点与校验平板接触,另一下测点与校验平板不接触,且间隙为上测点与校验平板间隙的两倍,则此时下测点与校验平板的间隙,即连杆在 100 mm 长度上的扭曲度,如图 2-38(b)所示。

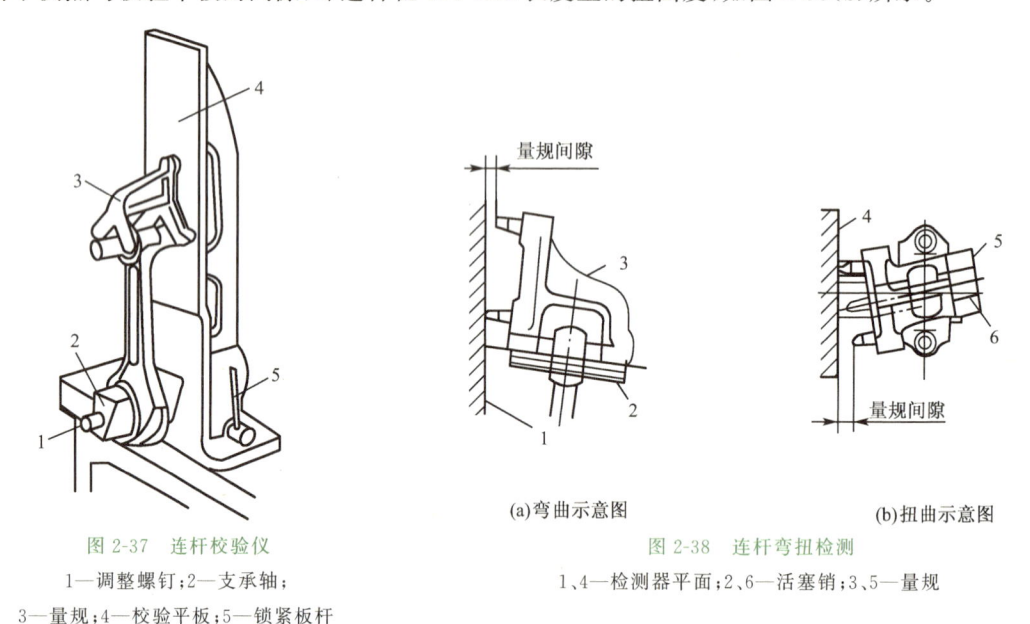

图 2-37　连杆校验仪
1—调整螺钉;2—支承轴;
3—量规;4—校验平板;5—锁紧板杆

图 2-38　连杆弯扭检测
1、4—检测器平面;2、6—活塞销;3、5—量规

在测量连杆变形时,有时会同时存在弯曲和扭曲,即一个下测点与校验平板接触,另一个下测点的间隙不等于上测点间隙的两倍,这时下测点与校验平板的间隙为连杆扭曲度,而上测点间隙与下测点间隙一半的差值为连杆弯曲度。

(2)连杆变形的校正

在汽车维修技术标准中,对连杆变形有如下规定:连杆小头轴线与大头轴线应在同一平面,在该平面上的平行度公差为 100∶0.03 mm,该平面的法向平面上的平行度公差为 100∶0.06 mm。当连杆的弯曲度和扭曲度超过公差值时,应进行校正。

校正连杆变形时,应记录连杆弯曲和扭曲的方向和数值,用连杆校正器进行校正。通常先校正扭曲,后校正弯曲。校正时,应避免反复过校正。

校正扭曲时,将连杆盖按规定装配和拧紧,用台钳(垫软金属片)夹紧连杆大头侧面,用专用扳钳装卡在连杆杆身的上、下部位,校正变形,如图 2-39 所示。

校正弯曲时,将连杆置入专用的压器,如图 2-40 所示。将弯曲的凸起朝上,转动丝杠,并停留一段时间,再卸下,反复校正,直到合格为止。

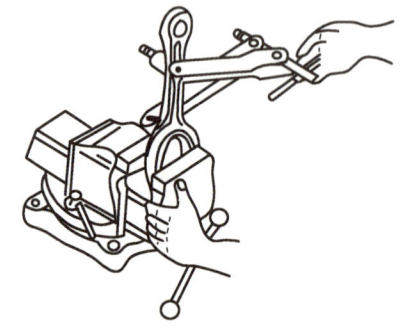

图 2-39　连杆扭曲的校正

图 2-40　连杆弯曲的校正

单元 2　曲柄连杆机构的构造与维修

校正变形较小的连杆时,只需在校正负荷下保持一定时间;校正变形较大的连杆时,校正后,必须进行时效处理。方法是将连杆加热至 573 K,保温一定时间即可。

5.连杆衬套的选配与维修

(1)连杆衬套的选配

发动机大修时,在更换活塞、活塞销的同时,必须更换连杆衬套。连杆衬套外径与连杆小头承孔有 0.10～0.20 mm 的过盈量。

新衬套的压入在台虎钳上进行。压入前,应检查连杆小头有无毛刺,以免划伤衬套外缘。压入时,将衬套倒角一端朝向连杆小头倒角一端,连杆衬套油孔对正连杆小头油孔,缓缓压入,如图2-41 所示。

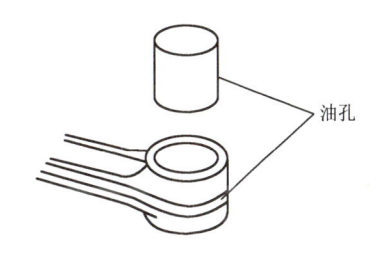

图 2-41　连杆衬套油孔对正连杆小头油孔

(2)连杆衬套的维修

活塞销与连杆衬套的配合,在常温下应有 0.005～0.010 mm 的间隙,接触面积在 75% 以上。若配合间隙过小,可将连杆装夹到内圆磨床上进行磨削,并留有研磨余量。再将活塞销插入连杆衬套内配对研磨,研磨时加少许机油,将活塞销装夹在台虎钳上,沿活塞销轴线方向扳动连杆,应感觉无间隙,加入机油扳动时应无气泡产生,把连杆置于 75°时应能停住,轻拍连杆可缓缓下降,此时配合间隙合适,如图 2-42 所示。

经过加工维修的连杆衬套,应能用大拇指把活塞销推入连杆衬套内,且感觉无间隙和卡阻,如图 2-43 所示。

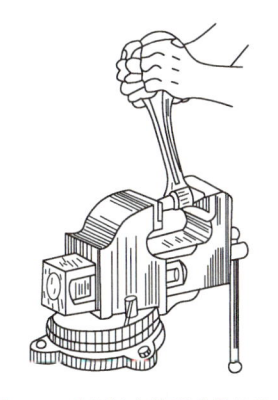

图 2-42　连杆衬套修配间隙的检验　　图 2-43　检查活塞销与连杆衬套的配合

技能训练

实训一　连杆的检验与校正

一、实训内容

1.连杆变形的检验。

2.连杆变形的校正。

二、实训目的与要求

1.掌握连杆弯扭变形的检验、校正方法和仪器的使用方法。

2.熟悉连杆变形的原因和检验技术要求。

39

> 实训二 活塞环选配与检验

一、实训内容

活塞环选配与检验。

二、实训目的与要求

掌握活塞环选配的方法和技术要求,并能实际操作。

2.3 曲轴飞轮组的构造与维修

认知目标	1.掌握曲轴飞轮组的功用与组成。 2.熟悉曲轴飞轮组部件的结构特点。
能力目标	1.能对照实物正确说出曲轴飞轮组各组成部件的名称。 2.能正确对曲轴飞轮组部件进行拆装及检修。

曲轴飞轮组的功用是把活塞连杆组传来的气体压力转变成转矩对外输出,将发动机的动力传给底盘,还用来驱动发动机的配气机构和其他辅助装置。曲轴飞轮组安装不正确或工作出现异常会使发动机产生运转不稳、工作错乱、相关机件磨损加剧等后果,直接影响发动机的工作性能,甚至不能启动。为了能够对曲轴飞轮组部件进行检修、排除故障,我们需要掌握曲轴飞轮组的构造及主要部件的检修方法。

曲轴飞轮组由曲轴、飞轮、带轮、正时齿轮(或链轮)等组成,如图2-44所示。

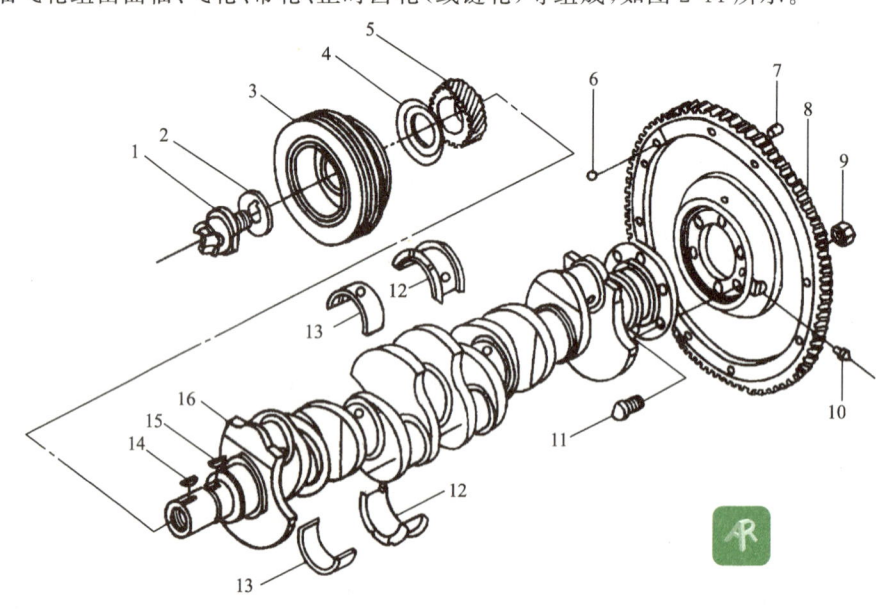

图2-44 曲轴飞轮组

1—启动爪;2—启动爪锁紧垫片;3—扭转减振器、带轮;4—挡油片;5—正时齿轮;6—上止点标记;7—圆柱销;8—齿圈;9—螺母;10—润滑脂嘴;11—连接螺栓;12—翻边轴承;13—主轴承;14、15—半圆键;16—曲轴

一、曲轴飞轮组的功能与构造

1.曲轴

(1)功能

曲轴的主要功能是把活塞连杆组传来的气体压力转变成转矩对外输出,并驱动发动机的配气机构和其他辅助装置。为确保工作可靠,要求曲轴有足够的刚度和强度,各工作表面要耐磨且润滑良好。曲轴大多采用优质中碳钢或中碳合金钢制造,也有采用球墨铸铁制造的。

(2)曲轴构造

曲轴包括前端轴、主轴颈、连杆轴颈、曲柄、平衡重、后端凸缘等,一个连杆轴颈及其两端的曲柄与主轴颈构成一个曲拐,如图 2-45 所示。

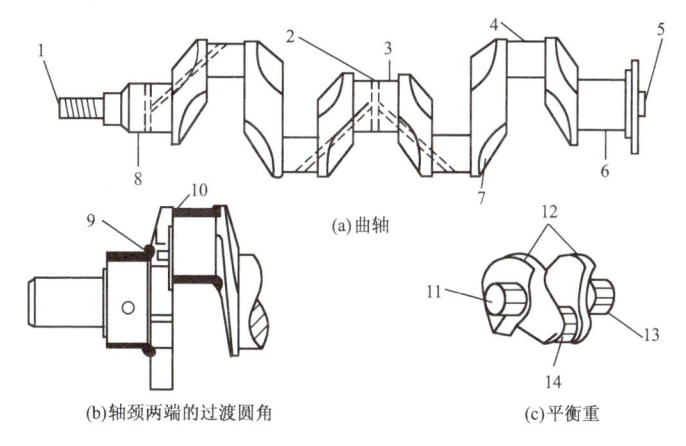

图 2-45 曲轴的构造

1—前端轴;2—油道;3、6、8、11、13—主轴颈;4、14—连杆轴颈;
5—后端凸缘;7—曲柄;9—主轴颈圆角;10—连杆轴颈圆角;12—平衡重

主轴颈是曲轴的支承部分。每个连杆轴颈两边都有一个主轴颈的曲轴称为全支承曲轴,如图 2-46(a)所示;主轴颈数等于或少于连杆轴颈数的曲轴称为非全支承曲轴,如图 2-46(b)所示。全支承曲轴的优点是曲轴刚性好,主轴承负荷小,在汽油机和柴油机中应用广泛。

图 2-46 曲轴的支承形式

曲轴上有贯穿主轴颈、曲柄和连杆轴颈的油道,以便润滑主轴颈和连杆轴颈。

曲柄是用来连接主轴颈和连杆轴颈的。平衡重的作用是平衡各机件产生的离心惯性力及其力矩。

(3)曲轴前、后端的密封和轴向定位

曲轴前端轴用来安装正时齿轮、带轮及启动爪等,如图 2-47 所示。

为防止机油沿曲轴轴颈外漏,曲轴前端装有甩油盘。被齿轮挤出或甩出的机油,由于离心力的作用,被甩油盘甩至曲轴齿轮室盖的壁面,沿壁面流回到油底壳。少量落到甩油盘前端曲轴上的机油,被压装在齿轮室盖上的油封挡住。

曲轴的后端有安装飞轮用的凸缘。为防止机油漏出,采用甩油盘、填料油封和回油螺纹等封油装置,如图 2-48 所示。

41

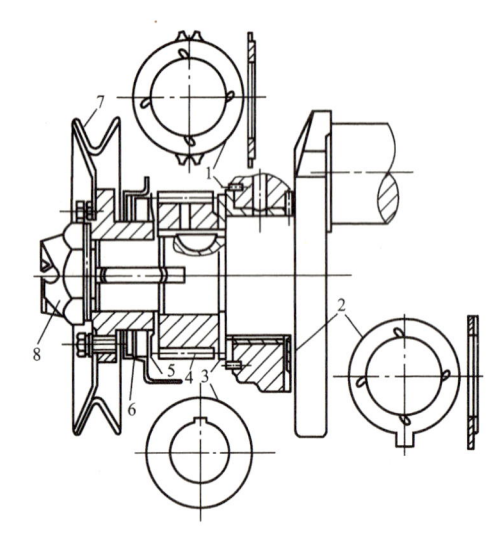

图 2-47 曲轴前端的结构

1、2—推力轴承；3—止推垫片；4—正时齿轮；
5—甩油盘；6—油封；7—带轮；8—启动爪

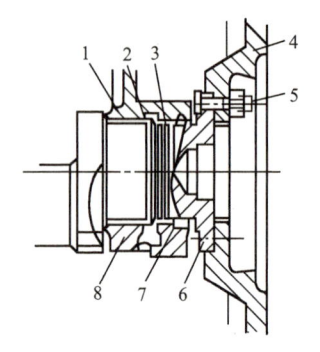

图 2-48 曲轴后端的结构

1—轴承座；2—甩油盘；3—回油螺纹；4—飞轮；
5—飞轮螺栓；6—曲轴凸缘盘；7—填料油封；8—轴承盖

发动机工作时，曲轴作为转动件，与固定件之间应有一定的轴向间隙，而曲轴因受轴向作用力而有轴向窜动的趋势，故必须有止推定位装置。为使曲轴受热膨胀时能自由伸长，曲轴上只能有一个地方设置轴向止推定位装置。

止推定位装置有两种：一种是翻边轴承的翻边部分（图 2-44 中的件 12）；一种是单面制有减摩层的止推垫片（图 2-47 中的件 3）。止推垫片安装时，有减摩层的一面朝向转动件。

曲轴的轴向间隙是指翻边轴承（止推垫片）承推端面与轴颈定位肩之间的间隙，如图 2-49 所示。需要调整曲轴的轴向间隙时，更换不同厚度的止推垫片即可。

(4) 主轴承

主轴承俗称大瓦，其基本结构和连杆轴承相同。一般都是滑动式，主要由钢背和减摩层组成。钢背是其基体，在钢背的内圆表面制有耐磨的减摩层。为可靠润滑，主轴承内表面制有油槽储油，还制有油孔以便润滑油进入曲轴内的油道，如图 2-50 所示。

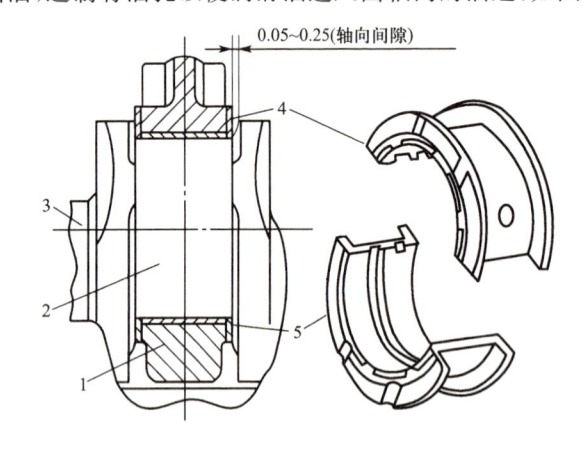

图 2-49 曲轴的轴向间隙

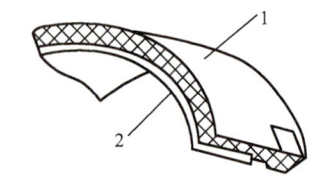

1—主轴承盖；2—主轴颈；3—连杆轴颈；4、5—止推垫片

图 2-50 主轴承的组成

1—钢背；2—减摩层

有的发动机为了不降低负荷较重的下轴瓦的强度，只在上轴瓦开油槽，因而在装配时，上、下轴瓦不能装反。

为防止发动机工作时，主轴颈发生轴向窜动，在主轴承的钢背上制有定位凸键或定位销孔，以便安装后定位，如图 2-51 所示。

主轴承多经过选配，在发动机维修时，应注意其安装位置不得装错。

(5) 连杆轴颈

多缸发动机的连杆轴颈布置因气缸数、气缸排列形式和做功顺序而异。多缸发动机连杆轴颈布置，应使连续做功的两缸相隔尽量远，减少主轴颈连续负荷和避免相邻两缸进气门同时开启的抢气现象，且各缸做功间隔角应尽量均匀。常见的发动机连杆轴颈布置和做功顺序如下。

① 直列四缸发动机：直列四缸发动机的连杆轴颈夹角为 180°，其布置如图 2-52 所示，做功间隔角为 180°，做功顺序为 1—3—4—2 或 1—2—4—3，工作循环见表 2-3。

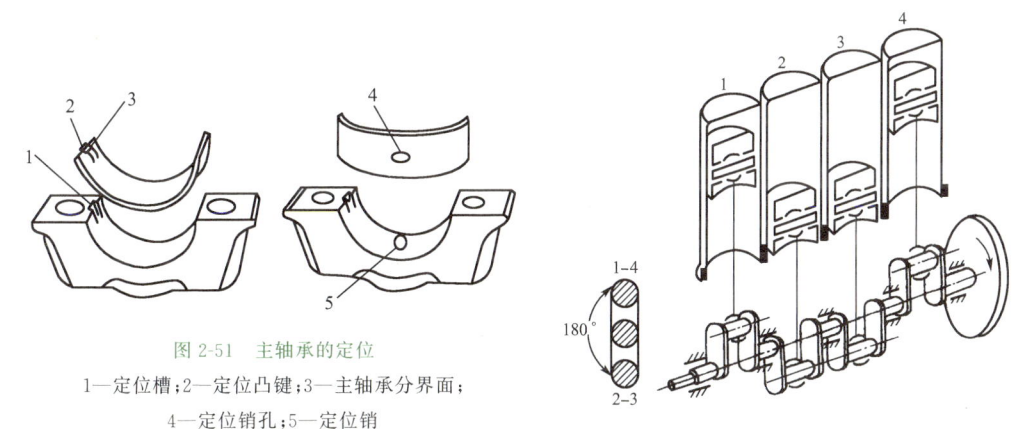

图 2-51 主轴承的定位

1—定位槽；2—定位凸键；3—主轴承分界面；
4—定位销孔；5—定位销

图 2-52 直列四缸发动机连杆轴颈的布置

表 2-3　　　直列四缸发动机工作循环表（做功顺序 1—3—4—2）

曲轴转角/(°)	第 1 缸	第 2 缸	第 3 缸	第 4 缸
0～180	做功	排气	压缩	进气
180～360	排气	进气	做功	压缩
360～540	进气	压缩	排气	做功
540～720	压缩	做功	进气	排气

② 直列六缸发动机：直列六缸发动机的连杆轴颈夹角为 120°，其布置如图 2-53 所示，做功间隔角为 120°，做功顺序为 1—5—3—6—2—4，工作循环见表 2-4。

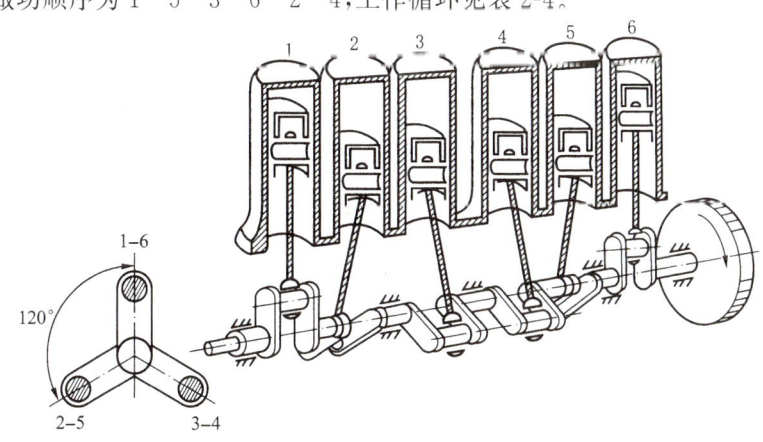

图 2-53 直列六缸发动机连杆轴颈的布置

表 2-4　　　　　　　　　直列六缸发动机工作循环表

曲轴转角/(°)	第1缸	第2缸	第3缸	第4缸	第5缸	第6缸
0~60	做功	排气	进气	做功	压缩	进气
60~120	做功	排气	进气	做功	压缩	进气
120~180	做功	进气	压缩	排气	做功	压缩
180~240	排气	进气	压缩	排气	做功	压缩
240~300	排气	进气	压缩	排气	做功	压缩
300~360	排气	压缩	做功	进气	排气	做功
360~420	进气	压缩	做功	进气	排气	做功
420~480	进气	压缩	做功	进气	排气	做功
480~540	进气	做功	排气	压缩	进气	排气
540~600	压缩	做功	排气	压缩	进气	排气
600~660	压缩	做功	排气	压缩	进气	排气
660~720	压缩	排气	进气	做功	压缩	进气

③V形八缸发动机：V形八缸发动机只有四个曲拐，其连杆轴颈的布置如图2-54所示，做功间隔角为90°，做功顺序为1—8—4—3—6—5—7—2，工作循环见表2-5。

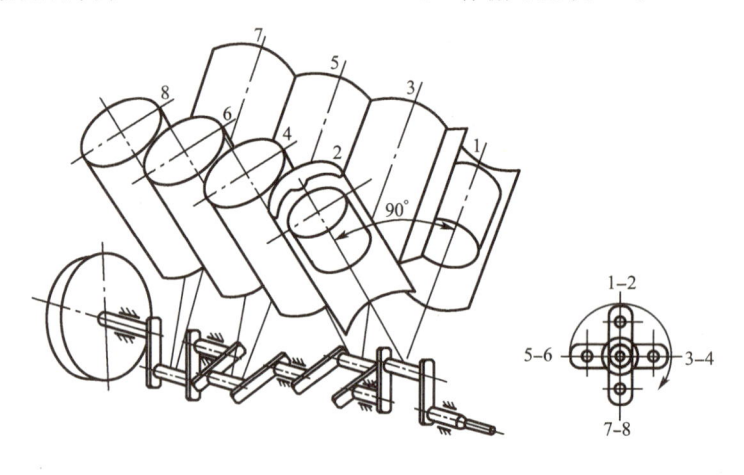

图 2-54　V形八缸发动机连杆轴颈的布置

表 2-5　　　　　　　　　V形八缸发动机工作循环表

曲轴转角/(°)	第1缸	第2缸	第3缸	第4缸	第5缸	第6缸	第7缸	第8缸
0~90	做功	做功	进气	压缩	排气	进气	排气	压缩
90~180	排气	排气	压缩	压缩	进气	进气	排气	做功
180~270	排气	排气	压缩	做功	进气	压缩	进气	做功
270~360	排气	进气	做功	做功	排气	压缩	进气	排气
360~450	进气	进气	做功	排气	排气	做功	压缩	排气
450~540	进气	压缩	排气	排气	做功	做功	压缩	进气
540~630	压缩	压缩	排气	进气	做功	排气	做功	进气
630~720	压缩	做功	进气	进气	压缩	排气	做功	压缩

(6)扭转减振器

扭转减振器应安装在发动机前端,以消减曲轴在工作中的扭转振动。

扭转减振器有橡胶式、摩擦式、硅油式等多种形式,常用的是橡胶式扭转减振器。

橡胶式扭转减振器如图 2-55 所示,惯性盘通过橡胶层与减振器圆盘粘接在一起,当曲轴发生扭转振动时,通过带轮毂带动减振器圆盘一起振动,而惯性盘的转动惯量较大,瞬时角速度较均匀,所以橡胶层发生扭转变形,从而消耗曲轴扭转振动的能量,消减扭振。

目前,轿车发动机使用的扭转减振器一般不单独设惯性盘,而是利用曲轴带轮兼作惯性盘,带轮和减振器制成一体,如图 2-56 所示。带轮通过内层的橡胶层与固定盘粘接在一起,曲轴产生扭转振动时,固定盘随曲轴一起振动,因带轮转动惯量较大,故夹在带轮与固定盘之间的橡胶层发生变形,从而消耗曲轴扭转振动的能量,减轻了曲轴的扭转振动。

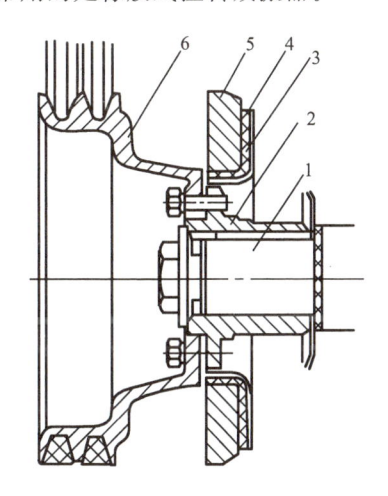

图 2-55 橡胶式扭转减振器
1—曲轴前端;2—带轮毂;3—减振器圆盘;
4—橡胶层;5—惯性盘;6—带轮

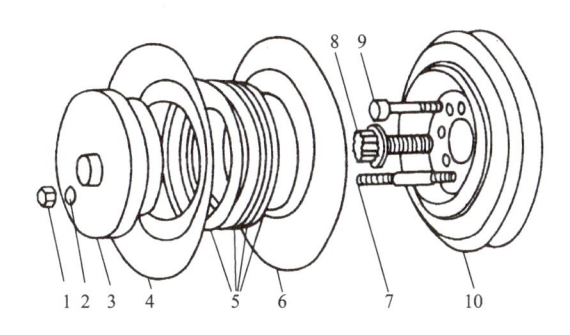

图 2-56 无惯性盘扭转减振器
1—螺母;2—垫片;3—带轮固定盘;4、6—带轮;5—调节垫片;
7—双头螺栓;8—大螺栓;9—螺栓;10—带轮总成

2.飞轮

(1)飞轮的功能

飞轮的主要功能是:储存做功行程中的部分能量,以便在其他行程带动曲柄连杆机构工作;保证曲轴运转均匀,克服短时间的超负荷;通过飞轮齿圈与启动机小齿轮啮合,启动发动机,将发动机的动力传给底盘。

(2)飞轮的构造

飞轮是一个转动惯量较大的金属圆盘,其外缘一般较厚,应在保证有足够转动惯量的前提下,尽可能减小飞轮的质量(参见图 2-44)。飞轮外缘压装有启动用的齿圈,当发动机启动时,启动机齿轮与之啮合,带动曲轴转动。各种发动机的飞轮上刻有不同的点火正时标记,以便校准点火时刻,如图 2-57 所示。

飞轮通过螺栓与曲轴后端凸缘连接,装配后应进行动平衡试验,一般用定位销或不对称的螺栓孔来保证飞轮与曲轴的正确安装位置。

45

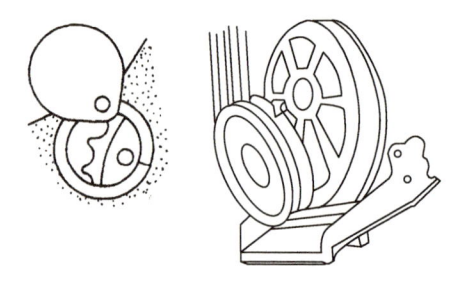

(a) 解放 CA6102 型发动机点火正时标记　　　　　(b) 东风 EQ6100-1 型发动机点火正时标记

图 2-57　发动机飞轮点火正时标记

二、曲轴飞轮组的检修

1. 曲轴的检修

(1) 曲轴裂纹的检查与维修

曲轴的裂纹一般发生在轴颈两端过渡圆角或油孔处,裂纹严重时,可通过观察或用锤子轻轻敲击平衡重所发出的声音来判断。检查裂纹的最好方法是在专业的磁力探伤仪上进行磁力探伤。

曲轴裂纹可以进行焊接修复,但一般是更换新件。

(2) 曲轴弯曲的检查与校正

①曲轴弯曲的检查:将曲轴两端的主轴颈分别放置在检验平台的 V 形铁上,将百分表触头垂直抵在中间主轴颈上,如图 2-58 所示。慢慢转动曲轴一圈,百分表指针所指示的最大摆差,即中间主轴颈的径向圆跳动误差。若该值大于 0.15 mm,则应进行压力校正;若低于此限值,则可结合磨削主轴颈予以修正。

②曲轴弯曲的校正:曲轴弯曲的校正一般可采用冷压法,如图 2-59 所示。

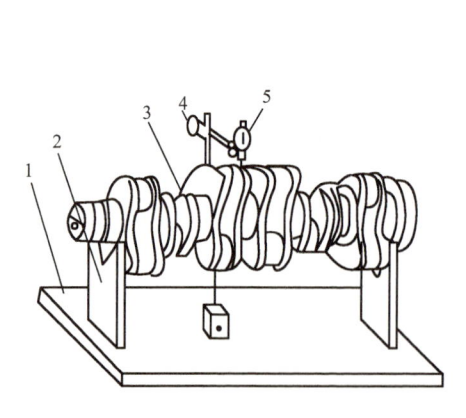

图 2-58　曲轴弯曲的检验
1—检验平台;2—V 形铁;3—曲轴;4—百分表架;5—百分表

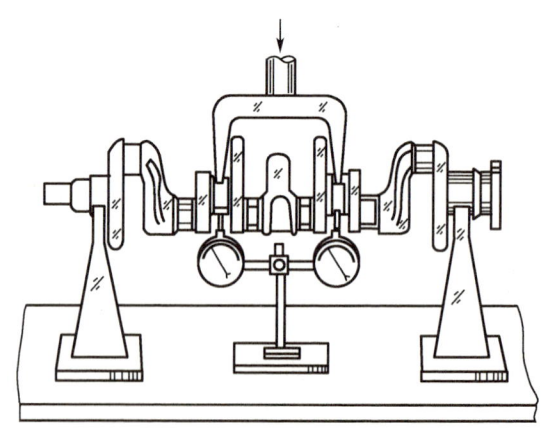

图 2-59　曲轴弯曲的校正

冷压校正是将曲轴用 V 形铁架住两端主轴颈,用油压机沿曲轴弯曲的相反方向加压,加压要均匀,加压变形量视曲轴材料而定,一般压弯量应为曲轴弯曲变形量的 10~15 倍,并保持 2~4 min,为防止变形反弹,可进行回火处理。

(3)曲轴磨损的检查与维修

曲轴主轴颈和连杆轴颈的磨损是不均匀的,且磨损部位有一定的规律性。通常,各主轴颈的最大磨损部位在靠近连杆轴颈一侧,而连杆轴颈的最大磨损部位在靠近主轴颈一侧。曲轴轴颈的磨损量可用外径千分尺测量其直径来确定,先检视轴颈有无磨痕和损伤,再测量主轴颈和连杆轴颈的圆度误差和圆柱度误差。发动机曲轴圆度、圆柱度误差超过0.012 5 mm时,可用修理尺寸法进行磨削修理,其修理尺寸查阅相关车型维修手册。轴颈直径达到极限尺寸时应更换曲轴。

曲轴的各道主轴颈和连杆轴颈分别磨成同级修理尺寸,以便选择统一的轴承。曲轴磨削后,轴颈圆度和圆柱度应小于0.005 mm,尺寸公差应不大于0.02 mm。

曲轴轴颈的磨削应在校正弯扭变形以后进行,加工设备选用专用曲轴磨床。

(4)曲轴轴向间隙的检查与调整

用百分表检查曲轴轴向间隙的方法如图2-60所示,将百分表触头顶在曲轴的平衡铁上,再用撬棒将曲轴前后撬动,观察表针摆动数值。另一种方法是用撬棒将曲轴撬向一端,再用塞尺在止推轴承承推面与轴颈定位肩之间进行测量,如图2-61所示。曲轴轴向间隙一般为0.05～0.20 mm,使用极限为0.35 mm。曲轴轴向间隙可通过更换不同厚度的止推垫片来调整。部分车型曲轴轴向间隙见表2-6。

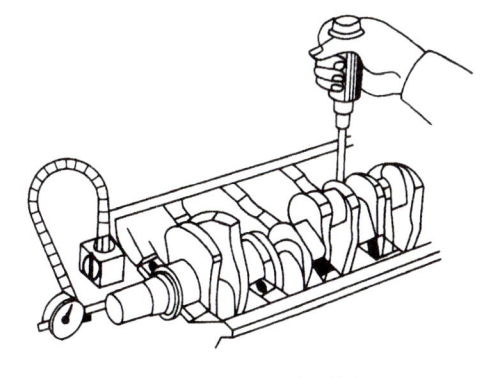

图2-60 曲轴轴向间隙的检查(1) 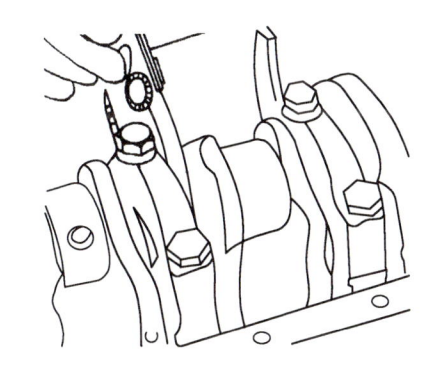　　　　图2-61 曲轴轴向间隙的检查(2)

表2-6　　　　　　　　　部分车型曲轴轴向间隙　　　　　　　　　　mm

车型	数值	车型	数值
桑塔纳	0.07～0.17	丰田Y系	0.02～0.22
捷达	0.07～0.17	丰田M系	0.05～0.25
富康	0.07～0.27	日产VG30	0.05～0.17
奥迪100	0.07～0.17	三菱4G33	0.05～0.18
切诺基	0.038～0.165	三菱4G32	0.05～0.18
夏利	0.15～0.38	马自达FE	0.03～0.13
解放CA1091	0.15～0.35	马自达F8	0.03～0.13
东风EQ1090E	0.07～0.27	五十铃	0.06～0.24

2.飞轮的检修

飞轮的主要故障是工作面磨损、齿圈磨损或断齿。

在装有手动变速器的汽车上,飞轮与离合器接触的一面会有沟槽磨损,磨损较轻时允许继续使用,磨损严重(沟槽深度超过 0.5 mm,槽纹较多)时,应磨削飞轮工作表面,必要时更换飞轮。

飞轮工作表面的磨削总量不得超过 1 mm,更换新的飞轮时应刻上正时标记,新飞轮与曲轴安装后,应进行动平衡试验。

飞轮齿圈若有损坏,则必须更换。更换时,先将旧的齿圈拆下,安装新的齿圈时,应先将其加热(不超过 400 ℃),再用手锤打入。

3. 曲轴轴承的修配

(1) 曲轴轴承的选配

①根据曲轴轴承的直径和规定的径向间隙选择适当内径的轴承。

②检验轴承钢背质量,要求定位凸点完整,钢背光洁无损。

③确保轴承的弹性合适。新轴承的曲率半径应大于轴承承孔的曲率半径,以保证轴承压入承孔后,可借轴承自身的弹力与承孔平顺贴合。

④保证合金表面无裂缝和砂眼。

⑤保证轴承的圆弧长度符合要求。新的轴承装入承孔后,上、下两片的各端均应高出承孔平面 0.03～0.05 mm,以保证轴承与承孔的紧密配合,保证散热效果。

(2) 曲轴轴承的维修

发动机的曲轴轴承已按直接选配的要求设计制造,无须再进行刮削。目前,由于配件市场的不完善,因此仍有一定数量的有刮削余量的轴承,其刮削余量一般为 0.03～0.06 mm。刮削时应注意:刀锋要锋利,一次刮削面积要小,要边刮边试配,经刮削后轴承的径向间隙应符合要求,轴承上的接触印痕应不小于 75%。

(3) 轴承径向间隙的检验

检验轴承径向间隙时应使用专用塑料线规。检验时,把线规放入轴承中,如图 2-62 所示。

按规定的拧紧力矩紧固轴承盖,在拧紧过程中,注意防止轴承转动。然后拆下轴承盖,取出已压展的线规,与附带有不同宽度色标的量规对比,与线规压展宽度相等的刻线所标示的值即轴承的间隙值。部分汽车轴承的径向间隙见表 2-7。

技术熟练的工人多用手感法来检视轴承的径向间隙。将轴承盖螺栓按规定顺序和力矩拧紧后,用适当的扭力转动曲轴,试其松紧度。

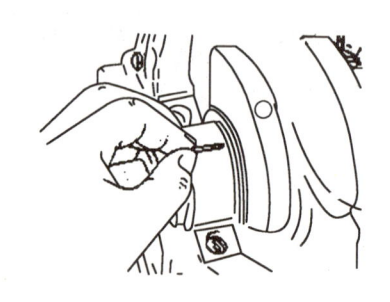

图 2-62 专用塑料线规的放置

连杆轴承的检查与曲轴轴承的相似。若采用经验法,则应将连杆按规定安装在轴颈上,然后用力甩动连杆小头,以其能转动 1.25～1.75 转为宜。

表 2-7　　　　　　　部分汽车轴承的径向间隙　　　　　　　　　mm

车　型	主轴承		连杆轴承	
	标准间隙	极限值	标准间隙	极限值
桑塔纳	0.030～0.080	0.17	0.030～0.080	0.12
捷　达	0.030～0.080	0.17	0.030～0.080	0.12
富　康	0.030～0.090	0.20	0.025～0.050	0.08

(续表)

车 型	主轴承		连杆轴承	
	标准间隙	极限值	标准间隙	极限值
奥迪 100	0.030～0.080	0.12	0.030～0.080	0.12
切诺基	0.030～0.060	0.10	0.030～0.080	0.12
依维柯	0.043～0.094	0.20	0.028～0.075	0.15
夏 利	0.020～0.070	0.10	0.020～0.070	0.10
丰田 2Y、3Y	0.020～0.051	0.10	0.020～0.051	0.10
解放 CA6102	0.046～0.109	0.20	0.036～0.088	0.15
东风 EQ6100E	0.040～0.110	0.20	0.026～0.084	0.15

技能训练

实训 曲柄连杆机构的检查与调整

一、实训内容
1.曲轴轴承径向间隙的检查与调整。
2.曲轴轴向间隙的检查与调整。
二、实训目的与要求
1.理解曲柄连杆机构检查与调整的重要性。
2.掌握曲柄连杆机构检查与调整的内容、方法、步骤和要求。

2.4 曲柄连杆机构常见故障诊断与排除

能力目标 能对曲柄连杆机构常见故障进行分析、判断,并能排除。

曲柄连杆机构主要配合副在使用过程中,由于磨损、装配不当、紧固件松动而导致配合间隙增大,使得发动机在工作中产生超过技术文件规定的不正常金属敲击声,称之为异响。曲柄连杆机构的异响,往往反映着发动机不同性质和不同程度的故障。学会故障判断和排除的方法至关重要。

曲柄连杆机构异响一般包括发动机敲缸、活塞销异响、连杆轴承异响、主轴承异响等。

一、发动机敲缸

1.故障现象
①发动机怠速时,在气缸的上部发出有节奏的"铛、铛、铛"的敲击声。
②冷车时异响明显,热车时异响减弱或消失。
③该缸断火后,异响减弱或消失。

2.原因分析
①活塞与气缸壁的间隙过大,活塞在气缸内摆动,撞击气缸壁发出异响。

②活塞销与连杆衬套装配过紧。
③活塞顶部碰到气缸垫。
④连杆变形。

3.故障诊断与排除

①用听诊器在气缸上部听诊,异响明显。
②异响在冷车时明显,热车时异响减弱或消失。
③该缸断火后,异响减弱或消失。
④向怀疑发响的气缸内注入少量机油,使机油附于气缸壁和活塞之间,再启动发动机察听,若异响减弱或消失,但运转短时间后又出现,则判断异响是该缸活塞敲击气缸所致,原因是活塞与气缸的间隙过大。
⑤如果是连杆变形和连杆衬套与活塞销装配过紧而产生的异响,应重新校正连杆或修刮连杆衬套;活塞与气缸间隙过大时,若因活塞磨损过大而产生异响,可更换同一修理尺寸的新活塞;气缸磨损过大时,则应镗磨气缸并配以相应维修级别的活塞。

二、活塞销异响

1.故障现象

①发动机怠速和中速时,异响比较明显、清脆,为有节奏的"嗒、嗒"声。
②发动机转速变化时,异响的周期也随之变化。
③发动机温度升高后,异响不减弱。
④该缸断火后,异响减弱或消失;恢复工作的瞬间,会出现明显的"双响"声。

2.原因分析

①活塞销与连杆衬套配合过松。
②活塞销与活塞销座孔配合过松。

3.故障诊断与排除

①当发动机转速变化时,将听诊器触及气缸体上部,可听出清脆、连续的响声。
②该缸断火后,异响减弱或消失。在开始工作瞬间,异响突然恢复并出现双响。
③若活塞销与连杆衬套配合间隙过大,应更换新的活塞销和连杆衬套,并重新铰削;若活塞销与活塞销座孔配合松旷,应更换新的活塞销和活塞。

三、连杆轴承异响

1.故障现象

①在突然加速时,有明显、连续的"铛、铛"敲击声。
②异响在怠速时较小,中速时较为明显,发动机温度升高后,异响增大。
③单缸断火后,异响明显减弱或消失。

2.原因分析

①连杆轴承盖螺栓松动。
②连杆轴承与轴颈磨损严重,导致径向间隙过大。
③轴承润滑不良,造成轴承合金层烧毁、脱落。
④连杆轴承与承孔配合松动。

3.故障诊断与排除

①在机油加油口处听诊，当发动机由低速加速时，可听出明显、连续的敲击声。当发动机温度升高时，异响增大。

②该缸断火后，异响减弱或消失。在开始工作瞬间，异响恢复，说明该缸连杆轴承异响。

③若异响严重，伴随机油压力下降，则说明轴承与轴颈间隙较大。

④若连杆轴承盖螺栓松动，则按规定的拧紧力矩拧紧；若因连杆轴承磨损而导致与轴颈的配合间隙过大或连杆轴承合金层烧蚀、脱落，可更换同一修理尺寸的连杆轴承；当连杆轴颈磨损或圆度误差过大时，应修磨连杆轴颈并配以相应维修级别的连杆轴承。

四、主轴承异响

1.故障现象

①发动机转速突然变化时，发出低沉而连续的"镗、镗"声，严重时发动机机体发生振动。

②异响随发动机转速的提高而增大，随负荷的增大而增大，产生异响的部位在气缸的下部。

③单缸断火后，异响无明显变化，相邻两缸断火时，异响明显减弱或消失。

④观察机油压力表，机油压力明显降低。

2.原因分析

①轴承与轴颈磨损导致配合间隙过大。

②主轴承盖螺栓松动。

③轴承润滑不良，造成轴承合金层烧蚀、脱落。

④主轴承与承孔配合松动。

3.故障诊断与排除

①在气缸体下部听诊，或在机油加油口处察听，并反复改变发动机转速，突然加速或减速，如有明显的沉重响声，则可判断为主轴承异响。

②发动机在正常工作温度下，当转速由低到高时，出现有节奏而沉重的响声，发动机温度越高，异响越明显。

③单缸断火后，异响无变化，相邻两缸断火时，异响明显减弱或消失。

④若主轴承盖螺栓松动，则按规定的拧紧力矩拧紧；若因主轴承磨损而导致与轴颈的配合间隙过大或主轴承合金层烧蚀、脱落，可更换同一修理尺寸的主轴承；当主轴颈磨损时，应修磨主轴颈并配以相应维修级别的主轴承。

技能训练

实训　曲柄连杆机构常见故障诊断与排除

一、实训内容

曲柄连杆机构常见故障诊断与排除。

二、实训目的与要求

1.熟悉曲柄连杆机构的常见故障现象。

2.掌握曲柄连杆机构常见故障诊断与排除的方法和步骤。

强化练习

一、填空题

1. 气缸体一般由_____或_____制造。
2. 气缸盖螺栓拆卸时,应由_____向_____逐渐拧松。
3. 活塞裙部膨胀槽一般开在_____的一面,活塞裙部常温下横截面呈_____形。
4. 活塞的结构按其作用可分为_____、_____和_____三部分,其中引导活塞运动和承受侧压力的是_____。
5. 四缸四冲程发动机的做功顺序一般是_____或_____;六缸四冲程发动机的做功顺序一般是_____,其做功间隔角为_____。
6. 有些活塞在活塞裙部开槽,其中横槽称为_____,竖槽称为_____。
7. 油环的结构形式有_____和_____两种。
8. 连杆一般先校正_____变形,再校正_____变形。
9. 一般汽油机连杆大头的切口为_____。
10. 连杆杆身断面的形状为_____。
11. 曲轴的基本组成包括_____、_____、_____、_____、_____及后端凸缘等。
12. 飞轮的主要功能是_____、_____、_____、_____等。
13. 气环的主要作用是_____、_____,辅助_____、_____。
14. 油环的主要作用是_____、_____,辅助_____。
15. 做功顺序为 1—5—3—6—2—4 的直列四冲程六缸发动机,当第 1 缸处在做功行程上止点时,第 2 缸处于_____行程,第 3 缸处于_____行程,第 4 缸处于_____行程,第 5 缸处于_____行程。
16. 活塞环装入气缸后,其开口处的间隙称为_____,在环高方向上与环槽之间的间隙称为_____,活塞环背面与环槽底部之间的间隙称为_____。

二、判断题

1. 龙门式气缸体密封可靠,但工艺性较差。( )
2. 干式气缸套、湿式气缸套的顶面均高出气缸体平面 0.05～0.15 mm。( )
3. 气缸的最大磨损部位在其中部。( )
4. 气缸的磨损程度不同,镗磨后的修理尺寸应不同。( )
5. 气缸垫安装时,应将卷边朝向易维修的平面。( )
6. 气缸盖的平面度误差一般不能超过 0.05 mm。( )
7. 扭曲环安装时,应将内缘切槽向上,外缘切槽向下。( )
8. 曲轴只能设置一处轴向定位装置。( )
9. 连杆衬套和活塞销的接触印痕不得小于 50%。( )
10. 组装活塞环时,其开口应对正。( )
11. 全浮式活塞销在冷态下,应可用手掌推入销座孔。( )
12. 曲轴的曲拐数和气缸数相等。( )
13. 飞轮与曲轴的相互位置不可随意改变。( )

14. 主轴承盖螺栓松动可导致曲轴主轴承异响。 (   )
15. 连杆轴承异响的原因之一是连杆轴承与承孔配合太紧。 (   )
16. 发动机工作时,活塞顶部碰到气缸垫可导致发动机敲缸。 (   )
17. 发动机敲缸,将该缸断火,异响会减弱或消失。 (   )

三、单项选择题

1. 发动机气缸磨损的检验,主要测量(   )误差。
   A. 平行度和平面度　　　　　B. 圆度和圆柱度
   C. 直线度和同轴度　　　　　D. 垂直度和圆跳动

2. 测量气缸直径时,当量缸表指示到(   )时,即表示测杆直径垂直于气缸轴线。
   A. 最大读数　　　　　　　　B. 最小读数
   C. 中间值读数　　　　　　　D. 任一读数

3. 气缸盖螺栓的拧紧顺序为(   )。
   A. 从左到右　　　　　　　　B. 从右到左
   C. 由中间到两端逐个对称拧紧　D. 由两端到中间逐个对称拧紧

4. 气缸磨损的测量,应测量(   )。
   A. 第一道环的上止点位置　　B. 气缸的上、中、下三个位置
   C. 油环的下止点位置　　　　D. 中间位置

5. 气缸套用(   )材料制成。
   A. 普通铸铁　　　　　　　　B. 铝合金
   C. 碳素钢　　　　　　　　　D. 高级耐磨的合金铸铁或合金钢

6. 中小型发动机上的曲轴箱多采用(   )。
   A. 平分式　　B. 龙门式　　C. 隧道式　　D. 前述都可以

7. 湿式气缸套装入座孔后,(   )。
   A. 顶面应高出气缸体 0.05～0.15 mm
   B. 顶面应低于气缸体
   C. 应和气缸体平齐
   D. 以上都可以

8. 气缸盖裂纹的维修方法是(   )。
   A. 焊接　　　B. 粘接　　　C. 更换　　　D. 铆接

9. 活塞制造时,将其头部制成一定锥度的原因是(   )。
   A. 减少惯性力　　　　　　　B. 润滑可靠
   C. 工作中受热不均　　　　　D. 节省材料

10. 若连杆校验仪量规的上测点与校验平板接触,两个下测点与校验平板存在相等的间隙,则表明连杆发生了(   )。
    A. 弯曲　　　　　　　　　　B. 扭曲
    C. 弯曲与扭曲　　　　　　　D. 拉伸

11. 采用双金属活塞的主要优点是(   )。
    A. 增加强度　　　　　　　　B. 减少往复惯性力
    C. 节省材料　　　　　　　　D. 限制裙部膨胀

53

12.扭曲环之所以扭曲,是因为( )。
A.加工工艺的要求 B.弹性内力不对称
C.气体压力的作用 D.惯性力的作用
13.活塞裙部的断面形状在常温下呈( )。
A.圆形 B.长轴垂直于活塞销方向的椭圆形
C.长轴沿活塞销方向的椭圆形 D.上大下小的锥形
14.活塞环选配时,( )。
A.应选用和气缸、活塞修理尺寸等级相同的活塞环
B.可用大一级的活塞环,适当锉削使用
C.可通过测量选用
D.可用小一级的活塞环
15.曲轴轴承的刮伤是由于( )。
A.杂质进入 B.冲击负荷 C.干摩擦 D.疲劳
16.曲轴主轴承异响的原因是( )。
A.轴承与轴颈配合间隙大 B.连杆盖螺栓松动
C.气缸磨损 D.活塞销磨损
17.消除发动机敲缸的方法有( )。
A.紧固主轴承盖螺栓
B.更换连杆轴承
C.镗磨气缸并配以相应修理尺寸的活塞
D.更换主轴承
18.下列现象中,属于连杆轴承异响的是( )。
A.单缸断火,异响无变化 B.单缸断火,异响减弱或消失
C.怠速时异响大 D.热车时异响减弱
19.若测得气缸压缩压力较低,往气缸内注入少量机油后重测,压力明显上升,则说明( )。
A.活塞与气缸磨损过大 B.燃烧室积炭过多
C.气门密封不严 D.气缸垫密封不良

四、问答题

1.简述曲柄连杆机构的组成和功能。
2.如何检验气缸的磨损?如何确定气缸的修理尺寸?
3.简述气环的密封原理。
4.活塞环装配的注意事项是什么?
5.曲轴的磨损如何测量?
6.如何诊断并排除发动机敲缸故障?
7.如何诊断并排除连杆轴承异响故障?
8.如何诊断并排除曲轴主轴承异响故障?
9.如何对气缸压缩压力的测量数据进行分析?

单元 3

配气机构的构造与维修

3.1 配气机构的组成、工作原理及分类

认知目标	掌握配气机构的组成、工作原理及分类。
能力目标	能正确拆装发动机配气机构，能对照实物正确说出配气机构各组成部件的名称。

配气机构的功用是按照发动机每一气缸内所进行的工作循环或点火次序的要求，定时开启和关闭各缸进、排气门，使新鲜可燃混合气或空气得以及时进入气缸，废气得以及时从气缸排出。配气机构工作是否正常，直接影响发动机热功循环的质量。为了正确分析配气机构对发动机工作性能的影响，我们必须掌握配气机构的组成、工作原理等知识。

一、配气机构的组成及工作原理

汽车发动机所采用的配气机构均为气门式配气机构，由气门组零件和气门传动组零件组成。气门组零件用于封闭进、排气通道。气门传动组零件可按照发动机的工况要求，控制气门的开启和关闭时刻及规律。

凸轮轴下置、气门顶置式配气机构如图3-1所示，其气门组零件主要由气门、气门座、气门导管、气门弹簧、气门弹簧座和气门锁片等组成；气门传动组零件则由摇臂轴、摇臂、推杆、挺柱、凸轮轴和调整螺钉等组成。

发动机工作时，曲轴通过正时齿轮驱动凸轮轴旋转。当凸轮轴转到凸轮的凸起部分顶起挺柱时,挺柱通过推杆使摇臂绕摇臂轴摆动,压缩气门弹簧,使气门离座,气门即开启。

当凸轮的凸起部分滑过挺柱后,挺柱在自身重力作用下下落,气门便在气门弹簧力的作用下上升而落座,气门即关闭。

由上述工作过程可知:传动组的运转使气门开启,气门弹簧伸张使气门关闭;凸轮的轮廓曲线决定了气门的开闭时刻与规律;每次开启气门时摇臂压缩气门弹簧,为关闭气门积蓄力量。

四冲程发动机每完成一个工作循环,曲轴旋转两周,各缸的进、排气门各开启一次,凸轮轴只旋转一周,因此,曲轴与凸轮轴的转速之比为 2:1。

二、配气机构的分类

配气机构按气门的布置形式可分为气门顶置式和气门侧置式。气门顶置式配气机构的优点是进气阻力小,充气效率高,燃烧室结构紧凑,故被广泛采用。气门侧置式配气机构现已被淘汰。

气门顶置式配气机构按凸轮轴的布置位置,可分为凸轮轴下置式、凸轮轴中置式和凸轮轴上置式;按曲轴和凸轮轴之间的传动方式,可分为齿轮传动式、链传动式和齿形带传动式;按每缸气门数,则可分为二气门式、三气门式、四气门式和五气门式等。

1.按凸轮轴的布置位置分类

(1)凸轮轴下置式

如图 3-1 所示,凸轮轴位于曲轴箱的中部,平行于曲轴位置偏上。因曲轴距离凸轮轴近,故一般只需采用一对正时齿轮传动,两者间的传动比较简单。大多数货车和大中型客车发动机采用这种形式。

(2)凸轮轴中置式

如图 3-2 所示,凸轮轴位于气缸体的上部,由凸轮轴通过挺柱直接驱动摇臂,省去推杆,减小气门传动机构的往复运动惯量。由于凸轮轴的中心线距离曲轴的中心线较远,故一般要在一对传动齿轮中增加中间齿轮(惰轮)进行传动。

(3)凸轮轴上置式

在凸轮轴上置式配气机构中,凸轮轴布置在气缸盖上,凸轮轴通过挺柱、摇臂驱动气门或凸轮直接驱动气门,往复运动惯量大为减小,因此适用于高速发动机。但其凸轮轴中心线距离曲轴中心线更远,使得正时传动机构较为复杂,而且拆装气缸盖也比较困难。

图 3-3 所示为凸轮轴上置、摇臂驱动式配气机构。图 3-3(a)所示为单凸轮轴上置式,由一根凸轮轴驱动进气摇臂和排气摇臂,进气摇臂控制进气门开闭,排气摇臂控制排气门开闭。图 3-3(b)所示为双凸轮轴上置式,两根凸轮轴分别驱动进气摇臂和排气摇臂,分别控制进、排气门的开闭。

单元 3 配气机构的构造与维修

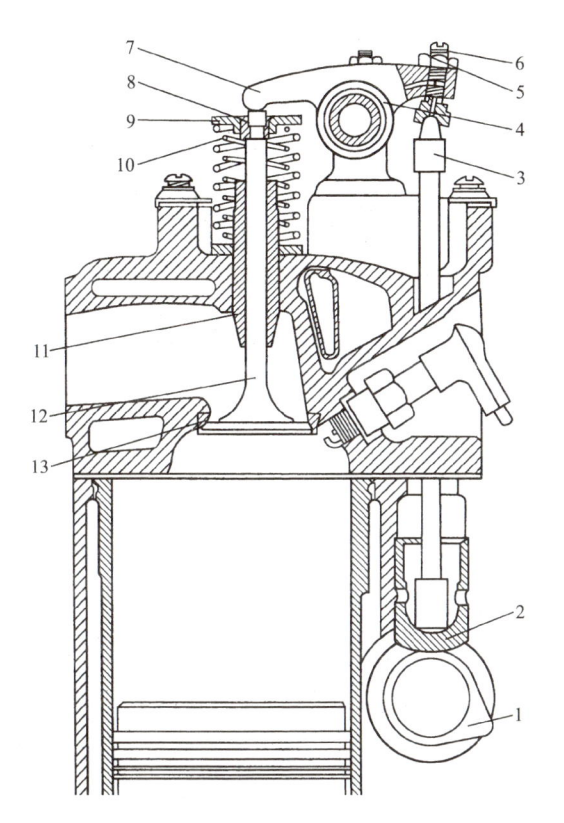

图 3-1 凸轮轴下置、气门顶置式配气机构
1—凸轮轴；2—挺柱；3—推杆；4—摇臂轴；5—锁紧螺母；6—调整螺钉；7—摇臂；8—气门锁片；9—气门弹簧座；10—气门弹簧；11—气门导管；12—气门；13—气门座

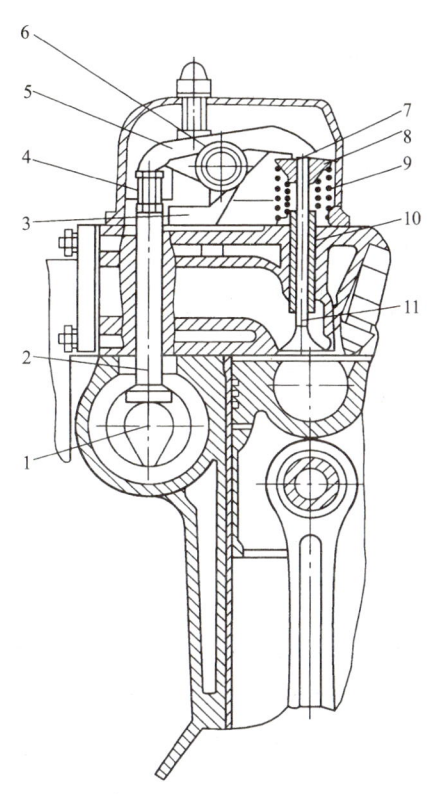

图 3-2 凸轮轴中置式配气机构
1—凸轮轴；2—挺柱；3—支架；4—调整螺钉；5—摇臂；6—摇臂轴；7—气门锁片；8—气门弹簧座；9—气门弹簧；10—气门导管；11—气门

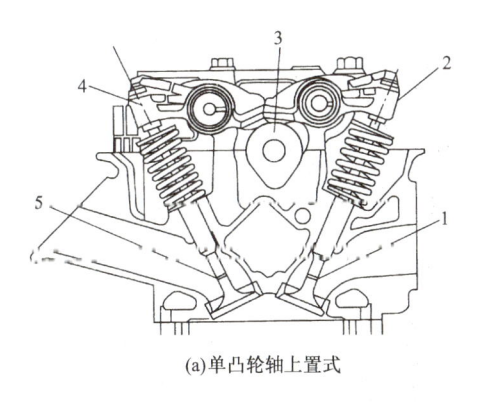

(a) 单凸轮轴上置式

(b) 双凸轮轴上置式

图 3-3 凸轮轴上置、摇臂驱动式配气机构
1—排气门；2—排气摇臂；3—凸轮轴；4—进气摇臂；5—进气门；6—排气凸轮轴；7—进气凸轮轴

图 3-4 所示为凸轮轴上置、液压挺柱驱动式配气机构，图 3-5 所示为凸轮轴上置、吊杯式挺柱驱动式配气机构。

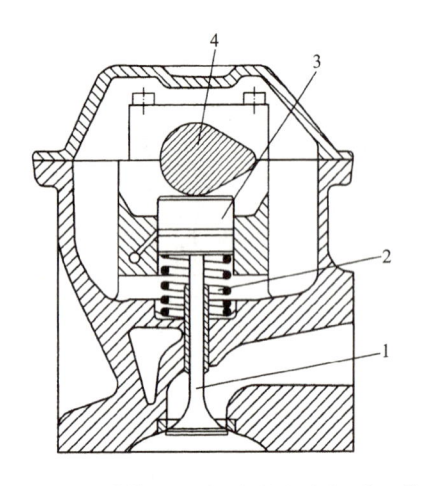

图 3-4　凸轮轴上置、液压挺柱驱动式配气机构
1—气门；2—气门弹簧；3—液压挺柱；4—凸轮轴

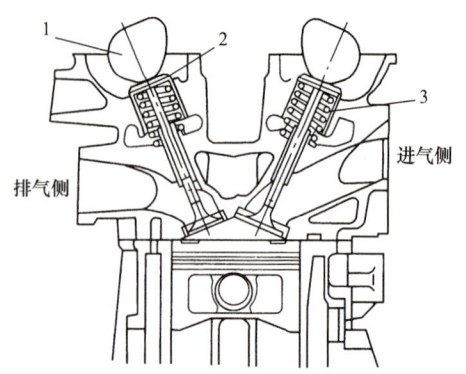

图 3-5　凸轮轴上置、吊杯式挺柱驱动式配气机构
1—凸轮轴；2—吊杯式挺柱；3—气门弹簧

2. 按曲轴和凸轮轴之间的传动方式分类

（1）齿轮传动式

凸轮轴下置式和中置式配气机构大多采用圆柱形正时齿轮传动，必要时可加装中间齿轮，如图 3-6 所示。安装时应注意对准装配标记。为使正时齿轮啮合平稳，减小传动噪声，多采用斜齿轮。在中、小功率发动机上，曲轴正时齿轮是钢制的，凸轮轴正时齿轮则用铸铁或夹布胶木制造。

（2）链传动式

凸轮轴上置式配气机构，因为凸轮轴中心线距离曲轴中心线较远，所以特别适于采用链条与链轮传动方式，如图 3-7 所示。为使链条在工作时具有一定的张力而不致脱链，装有链条张紧器和导链板等。

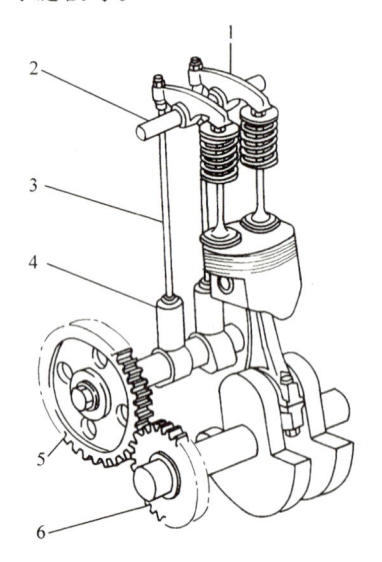

图 3-6　凸轮轴的齿轮传动机构
1—摇臂；2—摇臂轴；3—推杆；4—挺柱；
5—凸轮轴正时齿轮；6—曲轴正时齿轮

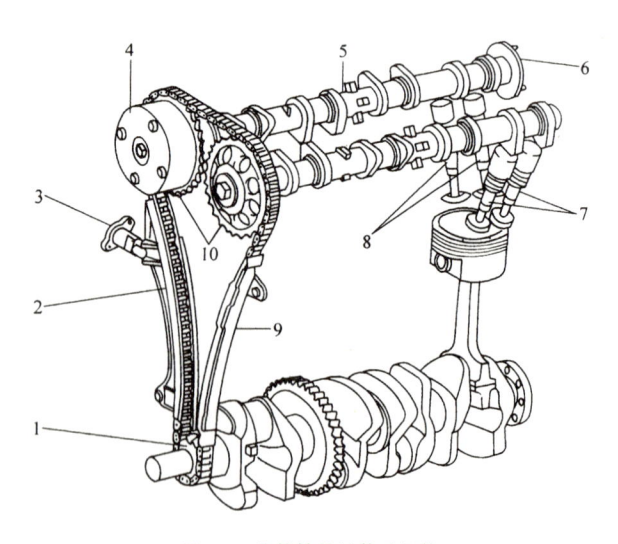

图 3-7　凸轮轴的链传动机构
1—曲轴正时链轮；2—张紧器导板；3—链条张紧器；
4—可变配气正时控制器；5—进气凸轮轴；6—正时转子；
7—排气门；8—进气门；9—导链板；10—凸轮轴正时链轮

（3）齿形带传动式

齿形带传动式配气机构的结构形式，与齿轮传动式和链传动式配气机构相比，具有精确保证配气正时、传动平稳可靠、噪声小、结构简单及不需要润滑等优点，因此越来越多的汽车发动机特别是轿车发动机的配气机构都采用了齿形带传动式，如图3-8所示。为保证正确安装与配气正时，在曲轴正时带轮、凸轮轴正时带轮和齿形带上都有装配标记。

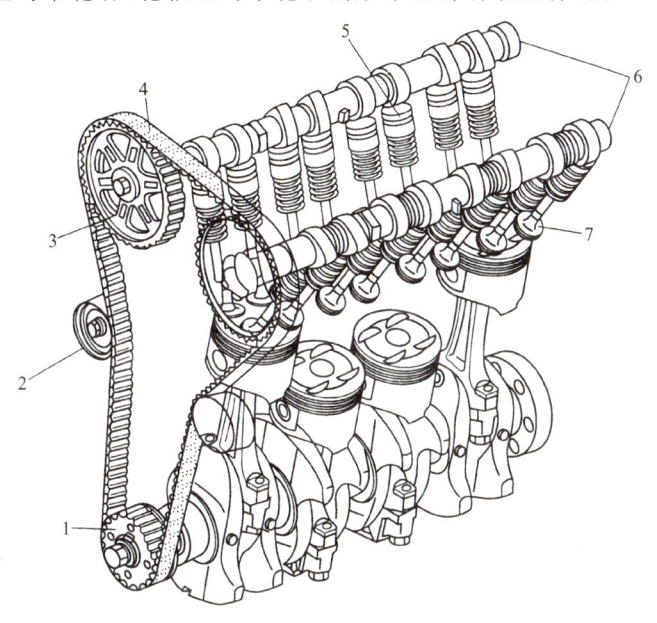

图3-8 齿形带传动式配气机构

1—曲轴正时带轮；2—张紧轮；3—凸轮轴正时带轮；4—齿形带；5—液压挺柱；6—凸轮轴；7—气门

3. 按每缸气门数分类

很多新型汽车发动机上的配气机构采用四气门式或五气门式的结构，即每缸2～3个进气门和2个排气门，以达到进气充分、排气彻底的目的，进一步降低燃油消耗和排放污染，提高动力性。

图3-9所示为多气门式配气机构的结构。

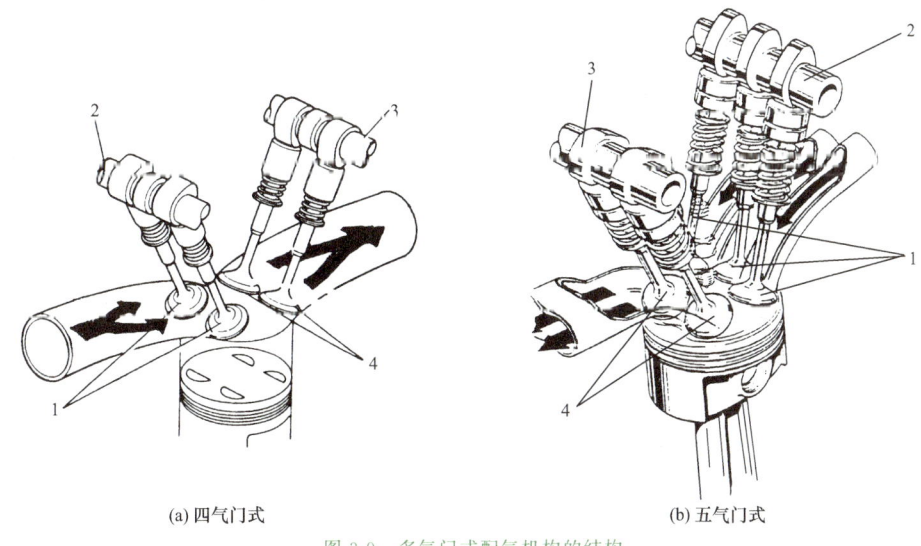

(a) 四气门式　　(b) 五气门式

图3-9 多气门式配气机构的结构

1—进气门；2—进气凸轮轴；3—排气凸轮轴；4—排气门

技能训练

实训　配气机构的拆装

一、实训内容

拆装发动机气门顶置式配气机构。

二、实训目的与要求

1.熟悉气门顶置式配气机构的组成,气门组和气门传动组各主要部件的构造、作用与装配关系。

2.掌握正确的拆装步骤、方法和要求。

3.2　配气机构气门组的构造与维修

认知目标／掌握配气机构气门组的组成及主要部件的结构及工作原理。

能力目标／掌握气门及气门座的检修方法。

气门组功用是封闭进、排气道。在发动机的工作过程中,气门组部件的磨损和各种损伤,会导致发动机功率下降、油耗增加、启动困难、异响等故障,甚至导致发动机无法正常工作。为了正确判断和排除气门组的故障,我们必须掌握气门组主要部件的结构、工作原理及检修方法。

一、气门组的构造

气门组包括气门 7、气门导管 6、气门座 8、气门弹簧 3、气门弹簧座 2 和 5 及气门锁片 1 等,如图 3-10 所示。有的气门组还设有气门旋转机构,使气门磨损均匀。

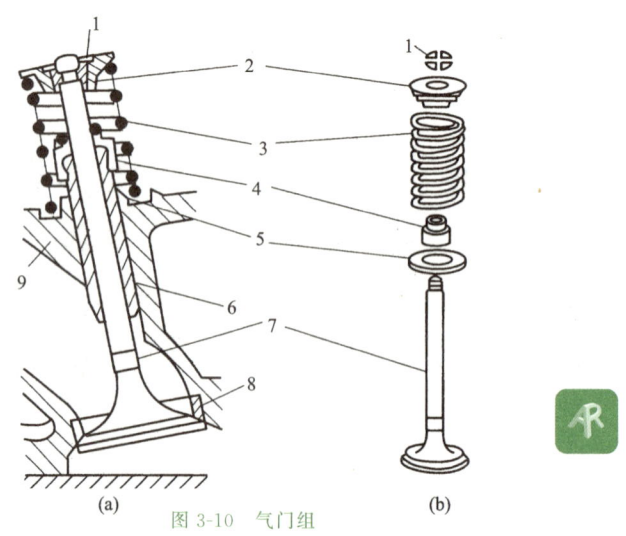

图 3-10　气门组

1—气门锁片;2—上气门弹簧座;3—气门弹簧;4—气门油封;5—下气门弹簧座;
6—气门导管;7—气门;8—气门座;9—气缸盖

气门组应保证气门能够实现对气缸的密封,因此要求:
①气门头部与气门座贴合严密。
②气门导管对气门杆的上下运动有良好的导向作用。
③气门弹簧的两端面与气门杆的中心线垂直,以保证气门头在气门座上不偏斜。
④气门弹簧的弹力足以克服气门及其传动件的惯性力,使气门能及时关闭,并保证气门紧压在气门座上。

1. 气门

气门分为进气门和排气门,由头部和杆部两部分组成,头部用来封闭气缸的进、排气通道,杆部则主要为气门的运动导向,其结构如图 3-11 所示。

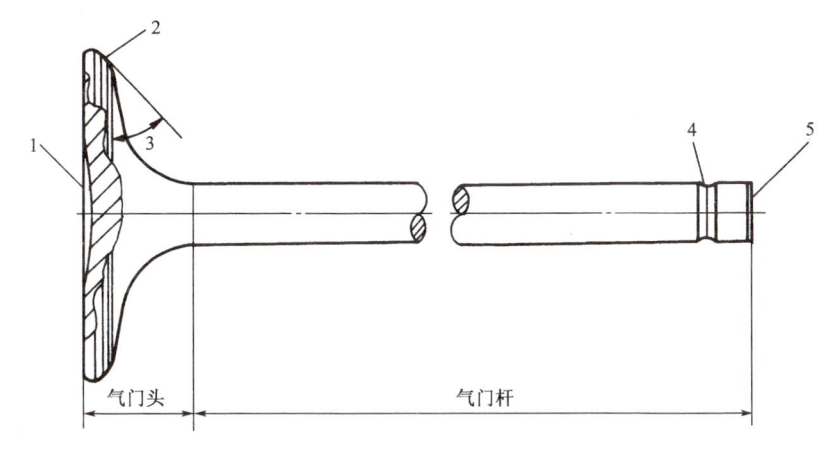

图 3-11 气门的结构
1—气门顶面;2—气门锥面;3—气门锥角;4—气门锁片槽;5—气门尾端面

气门头部工作时温度很高(进气门的温度可达 300～400 ℃,排气门温度更高,可达 700～900 ℃),还要承受气体压力、气门弹簧力以及传动组零件惯性力的作用,其冷却和润滑条件也比较差,因此气门必须具有足够的强度、刚度及耐热和耐磨能力。进气门的材料通常为中碳合金钢(如铬钢、镍铬钢、铬钼钢等),热负荷较大的进气门也采用耐热合金钢(如硅铬钢)。排气门因为热负荷大,所以一般采用耐热合金钢(如硅铬钢、硅铬钼钢、硅铬锰钢等)。

有的发动机气门采用了充钠排气门,即将排气门做成空心的形式,气门的封闭内腔的一半充注熔点为 97.8 ℃的钠,发动机工作时,气门空腔中的钠处于液态,当气门往复运动时,液态钠剧烈晃动,热量很快从气门头部传到杆部,可使排气门头部温度降低 150～200 ℃,在一定程度上提高了气门的使用寿命。

气门头部的形状有平顶、喇叭形顶和球面顶等,如图 3-12 所示。

目前使用最多的气门是平顶气门,其结构简单,制造方便,吸热面积小,质量也较小,进、排气门均可采用。

喇叭形顶气门头部与杆部的过渡部分具有一定的流线型,可以减小进气阻力,但其顶部受热面积大,故适用于进气门。

球面顶气门头部因其强度高,排气阻力小,废气的清除效果好,故适用于排气门。

气门头部与气门座接触的工作面是与杆部同心的圆锥面,称为密封锥面,气门密封锥面与气门顶面的夹角称为气门锥角,如图 3-13 所示。气门锥角一般做成 45°,其气流通道面积大,加工也较容易。有的发动机的进气门的锥角做成 30°,以减小进气阻力,但其头部边缘较小、

61

较薄,刚度较小,工作可靠性较差。

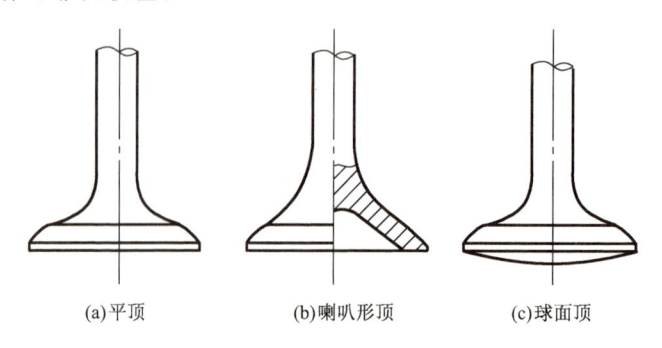

(a)平顶　　　(b)喇叭形顶　　　(c)球面顶

图 3-12　气门头部的形状

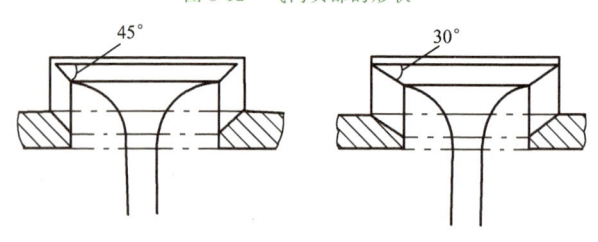

图 3-13　气门锥角

气门头部边缘圆柱部分应保持一定厚度,一般为 1～3 mm,以防止工作过程中由于气门与气门座之间的冲击而损坏或被高温气体烧蚀。

为了减小进气阻力,提高气缸的充气效率,多数发动机进气门头部的直径比排气门的大,以使气缸进气充分,这也是进、排气门的一个明显区别。

气门杆呈圆柱形,在气门导管中做往复运动。其表面须经过热处理及磨光,具有较高的加工精度和较低的粗糙度,以保证其耐磨性及与气门导管间的配合精度,并具有良好的导向和散热作用。

气门杆端部固定有气门弹簧座,其形状取决于气门弹簧座的固定方式。常用的固定方式有锥形锁环式和锁销式,如图 3-14 所示。锥形锁环式如图 3-14(a)所示,用剖分成两半的锥形锁片来固定气门弹簧座。锁销式如图 3-14(b)所示,气门杆端部有一个用来安装圆柱销的径向孔,其气门弹簧座用圆柱销固定。

气门杆上安装的气门油封可防止气门室中的机油通过气门杆与气门导管之间的间隙被吸入进气道和气缸。

2.气门导管

气门导管主要起导向作用,保证气门做直线往复运动,使气门与气门座能正确贴合。气门导管还在气门杆与气缸盖之间起导热作用,如图 3-15 所示。

气门导管的工作温度较高,约为 200 ℃。气门杆在气门导管中运动时,仅靠配气机构飞溅出来的机油进行润滑,因此气门导管容易磨损。气门导管多用灰铸铁、球墨铸铁或铁基粉末冶金制造。

气门导管的内、外圆柱面经加工后压装到气缸盖或气缸体的气门导管座孔中,然后再精铰内孔。在气门导管上开有卡环槽,用卡环进行定位,防止气门导管在使用过程中松落,并保证气门导管伸入进、排气歧管的深度合适。气门杆与气门导管之间一般留有 0.05～0.12 mm 的间隙,使气门杆能在气门导管中自由运动。

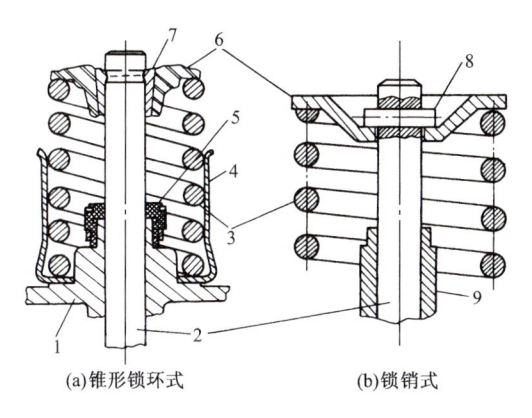

图 3-14 气门弹簧座的固定方式
1—气缸盖;2—气门杆;3—气门弹簧;4—气门弹簧振动阻尼器;5—气门油封;6—气门弹簧座;7—气门锁片;8—圆柱销;9—气门导管

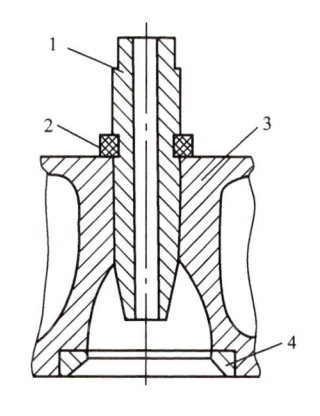

图 3-15 气门导管和气门座
1—气门导管;2—卡环;3—气缸盖;4—气门座

3.气门座

气门座是与气门头部锥面配合的环形座,与气门头部共同对气缸起密封作用,同时接受气门传来的热量。

气门座有两种形式,一种是直接在气缸盖上镗出,其散热效果好,但不耐磨;另一种是用合金铸铁、奥氏体钢等材料单独制成气门座(图 3-15 中的件 4),然后镶嵌到气缸盖上。镶嵌式气门座的缺点是导热性差,加工精度要求较高。气门座的公差若配合不当,工作时镶嵌式气门座容易脱落,导致重大事故。因此当直接在气缸盖上加工出来的气门座能满足工作要求时,最好不用镶嵌式气门座。

汽油机的进气门座可以直接在气缸盖上镗出,但排气门多用镶嵌式结构。采用铝合金气缸盖的发动机,因铝合金材质较软,故进、排气门座均为镶嵌式。

柴油机中,有的进、排气门座均为镶嵌式,有的只镶嵌进气门座。

气门座也有与气门相适应的锥角,以保证二者紧密贴合、可靠密封。其锥面由三部分组成,如图 3-16 所示。其中 45°(或 30°)的锥面与气门密封锥面贴合,其接合面的宽度要求为 1~3 mm,既密封可靠,又有一定的散热面积;15°和 75°锥角用来修正工作锥面的宽度和上下位置,使其达到规定的要求。

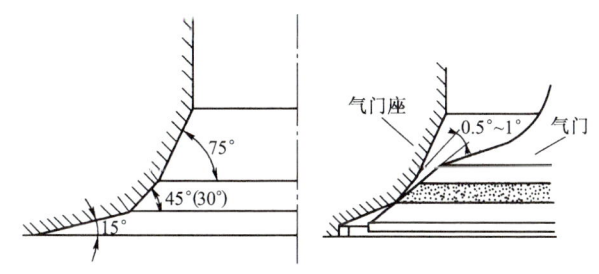

图 3-16 气门座锥角

某些发动机的气门锥角比气门座锥角小 0.5°~1°,称为密封干涉角。发动机磨合期结束后,密封干涉角逐渐消失,恢复全锥面接触。

为保证气门头部与气门座之间的良好配合,装配前应将气门头部与气门座的密封锥面互相研磨，研磨好的零件不能互换。

4.气门弹簧

气门弹簧的功能是保证气门及时落座、紧紧贴合，并克服在气门关闭过程中气门及传动件的惯性力，防止气门在发动机振动时发生跳动，破坏其密封性。因此，气门弹簧应具有足够的刚度和安装预紧力，如图3-17所示。

气门弹簧多为等螺距圆柱形气门弹簧，如图3-17(a)所示，其材料为高碳锰钢、铬钒钢等冷拔钢丝，加工后要进行热处理，以提高疲劳强度，增强弹簧的工作可靠性。

气门弹簧的一端支承在气缸盖上，另一端压靠在气门杆部的弹簧座上。为了防止气门弹簧在工作时发生共振，有的发动机采用变螺距气门弹簧，如图3-17(b)所示。这种弹簧在工作时，螺距小的一端逐渐叠合，有效圈数逐渐减小，固有频率逐渐提高，从而避免共振发生，例如，红旗轿车的8V100型发动机气门弹簧。

大多数高速发动机通常采用双气门弹簧，如图3-17(c)所示，即在每一个气门上都同心安装两根直径不同、旋向相反的内、外弹簧，这样既可以提高气门弹簧工作的可靠性，又可以防止共振，而且当一根弹簧折断时，另一根还可保持工作，使气门不致落入气缸中。采用双气门弹簧还可减小弹簧的高度，减小安装空间。

(a)等螺距圆柱形气门弹簧　　(b)变螺距气门弹簧　　(c)双气门弹簧

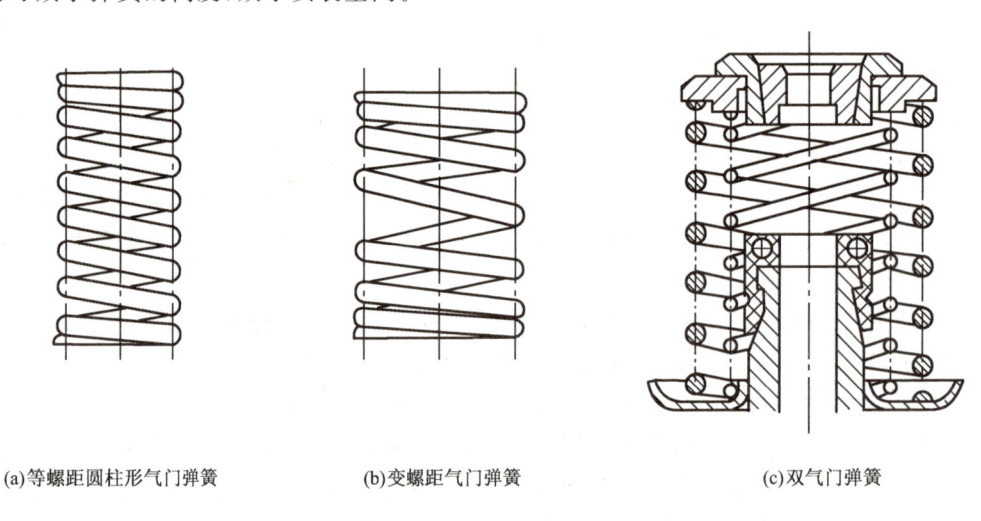

图3-17　气门弹簧

二、气门组的检修

1.气门与气门座的配合要求

气门与气门座配合良好与否是决定配气机构能否正常工作的重要环节，它直接影响气缸的密封性，对发动机的动力性和经济性影响极大。

对气门与气门座的配合要求是：

①气门与气门座工作锥面角度应一致。

②气门与气门座的密封带位置在气门工作锥面中部稍靠向气门杆部。若过于靠向气门顶面，则会降低气门的强度；若过于靠向气门杆部，则会造成与气门座接触不良。

③气门与气门座的密封带宽度应符合原设计规定，一般为1.2～2.5 mm。排气门的宽度应大于进气门的，柴油机的应大于汽油机的。密封带宽度过小，将使气门磨损加剧，形成凹陷；密封带宽度过大，将影响密封性，并易引起气门烧蚀。

单元 3　配气机构的构造与维修

④气门工作锥面与气门杆部的同轴度误差及气门座与气门导管的同轴度误差应小于或等于0.05 mm。

⑤气门杆与气门导管的配合间隙应符合原厂规定。

2.气门的耗损与检修

(1)气门的常见耗损

气门的常见耗损形式有气门杆部及尾端磨损、气门工作锥面磨损与烧蚀、气门杆的弯曲变形等。

气门出现下列耗损之一时,应予换新:

①轿车气门杆磨损量大于 0.05 mm,载货汽车气门杆磨损量大于 0.10 mm,或出现明显的台阶形磨损。

②气门头部圆柱部分的厚度小于 1.0 mm。

③气门杆尾端磨损量大于 0.5 mm(有不平或起槽)。

④当气门杆的直线度误差和气门工作锥面的径向圆跳动误差大于 0.05 mm 时,应予更换或校直,校直后的直线度误差应小于或等于 0.02 mm。气门杆的直线度误差和气门工作锥面的径向圆跳动误差按图 3-18 所示方法检验。将气门杆部支承在两个 V 形块上,用百分表检验气门杆中部,检验时将百分表触头与气门杆接触,将气门杆转动一周,百分表摆差的一半即气门杆的直线度误差。同理,在气门头部工作锥面用百分表测量,转动气门头部一圈,百分表摆差的一半即气门工作锥面的径向圆跳动误差。

(2)气门工作锥面的修理

当气门头部的工作锥面起槽、接触面变宽、烧蚀氧化出现斑点和凹陷等不很严重时,可在气门光磨机上进行修磨后继续使用,如图 3-19 所示。

气门的光磨工艺是:

①光磨前先将气门杆进行校直。

②将气门杆紧固在夹架上,气门头部伸出长度为 30～40 mm,按规定的气门工作锥面角度调整夹架的位置。

③查看砂轮工作面是否平整。

④试磨。开动夹架电动机,先观察气门夹持有无偏斜现象,然后进行试磨。试磨时,先使砂轮轻轻接触气门,查看砂轮与气门锥面的接触情况是否良好。

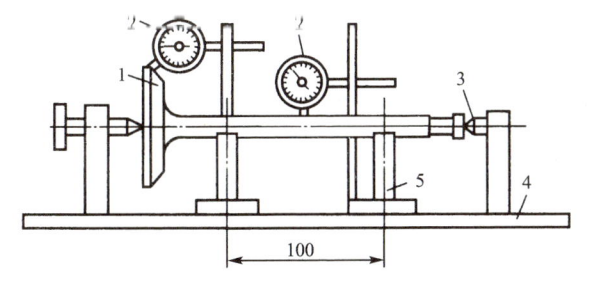

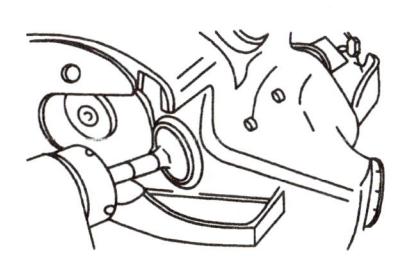

图 3-18　气门杆弯曲的检验
1—气门;2—百分表;3—顶尖;4—检验平板;5—V 形块

图 3-19　使用气门光磨机修磨气门工作锥面

⑤光磨。光磨进刀时,要缓慢移动夹架,先横向进给,再纵向进给。进刀量要小,冷却液要充足,以提高工作锥面的加工精度和降低表面粗糙度,直至磨损痕迹磨光为止。光磨后气门头

部圆柱部分的厚度不得低于 1 mm。若边缘过薄,则工作时易变形或烧蚀。

光磨后,气门工作锥面的径向圆跳动误差应小于或等于 0.01 mm,表面粗糙度应小于 0.25 μm,对气门杆部的同轴度误差应小于或等于 0.05 mm。

一些发动机的气门磨损后不允许修磨,只能更换。例如奥迪轿车发动机的气门等。

3. 气门座的修理

由于工作条件恶劣,因此气门座在工作中极易磨损。气门座磨损后会导致气门关闭不严,气缸密封性降低。当气门的下陷量(气门落座后,其大端平面低于气缸盖燃烧室平面的量)大于 2 mm,或发生座圈松动、裂纹、烧蚀及严重磨损时,应镶换新的气门座圈。当密封带变宽超过 3 mm 或密封带表面出现凹陷、斑点时,一般可通过铰削和磨削加工修复。

(1)气门座的镶换

①拉出旧气门座。拆卸旧气门座时,注意不得损伤气门座承孔。

②选择新气门座。用外径千分尺测量气门座外径,用内径量表测量气门座承孔内径,根据气门座和气门座承孔的材质选择合适过盈量,一般为 0.07～0.17 mm。

③镶换气门座。将检验合格的新气门座用干冰或液态氮冷却,时间不少于 10 min。同时将气缸盖上的气门座承孔用汽油喷灯或在箱式炉中加热至 100～150 ℃,冷缩的气门座外涂一层密封胶,将气门座压入气门座承孔中。

④铰削气门座。对镶入的新气门座圈进行铰削加工。

(2)气门座的铰削

气门座的铰削通常是用成套的气门座铰刀进行手工操作的,如图 3-20 所示。

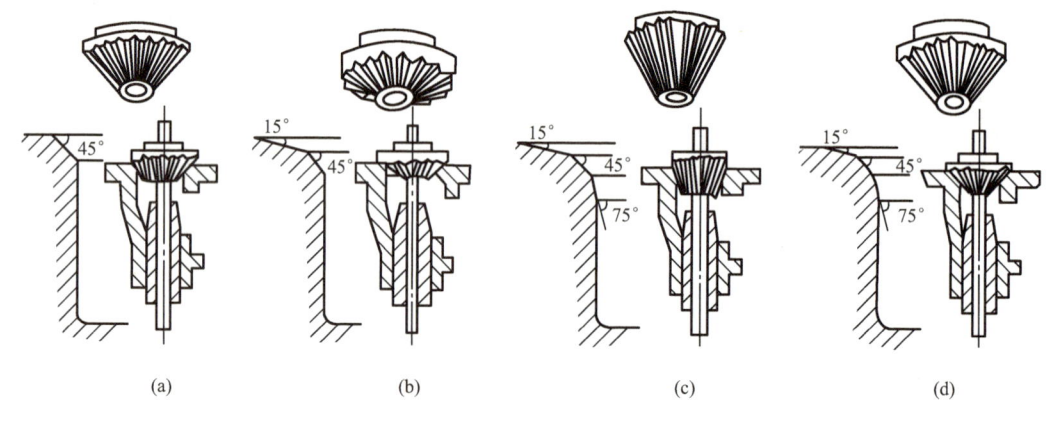

图 3-20 气门座的铰削

气门座的铰削工艺是:

①选择铰刀导杆。铰刀导杆根据气门导管内径选择,一般以导杆插入气门导管内可滑动自如且无旷动量为宜,应保证铰削的气门座与气门导管中心线重合。

②去除座口硬化层(旧气门座)。把砂布垫在铰刀下面,按逆时针方向转动铰刀进行砂磨,以磨除硬化层,防止铰刀打滑,延长铰刀使用寿命。

③粗铰工作锥面。用与气门锥角相同的粗铰刀铰削工作锥面,直到凹陷、斑点全部去除并形成 2.5 mm 以上的完整锥面为止,如图 3-20(a)所示。铰削时两手用力要均匀,并保持按顺时针方向转动,以免起棱。

④气门座和气门试配。用相配的气门进行涂色试配,察看接触面的位置和宽度是否合适。接触环带应在气门锥面的中部稍靠向气门杆部位置。若过于靠向气门顶面,则用 75°锥角的

铰刀铰削气门座上口进行修整,如图 3-20(b)所示;若过于靠向气门杆部,则用 15°锥角的铰刀铰削气门座下口进行修整,如图 3-20(c)所示。若接触环带过宽,用 15°和 75°两种铰刀分别铰削。

接触面宽度应符合原厂规定,一般进气门的为 1.0～2.2 mm,排气门的为 1.5～2.5 mm。

⑤精铰工作锥面。用与工作锥面角度相同的细刃铰刀进行精铰,并在铰刀下垫细砂布磨修,以降低气门座口表面粗糙度,同时可缩短下一工序的研磨时间,如图 3-20(d)所示。

(3)气门座的磨削

有些气门座的材质十分坚硬,不易铰削,可用气门座光磨机进行磨削。其磨削工艺是:

①根据气门工作锥面角度和尺寸选用砂轮。一般砂轮直径比气门头部直径长 3～5 mm。

②修磨砂轮工作面达到平整,且它与轴孔同轴度误差小于 0.025 mm。

③选择合适的定心导杆,将其卡紧在气门导管内,磨削时导杆应不转动。

④光磨时应保证光磨机处于竖直位置,并轻轻施加压力,光磨时间不宜太长,要边磨边检查。

(4)气门的研磨

若气门和气门座仅有轻微磨损和烧蚀,则可通过研磨气门和气门座来恢复其密封性。此外,气门工作锥面经光磨或更换新件,气门座经铰削加工后,为了使它们密合,也应相互研磨。气门研磨可手工操作或用气门研磨机进行。

①手工研磨。研磨前应先用汽油清洗气门、气门座和气门导管,将气门按顺序排列或在气门头部按缸别做好标记,以免错乱。然后在气门工作锥面上涂一薄层粗研磨砂[图 3-21(a)],同时在气门杆上涂稀机油,插入气门导管内(严禁研磨砂进入气门导管),然后利用橡皮捻子使气门做往复和旋转运动,使之与气门座进行研磨,如图 3-21(b)所示。注意旋转角度不宜过大,并不时提起和转动气门,变换气门与气门座的相对位置,以保证研磨均匀。研磨中,不应过分用力,也不要提起气门在气门座上用力拍击,否则会将气门工作锥面磨宽或磨成凹槽。

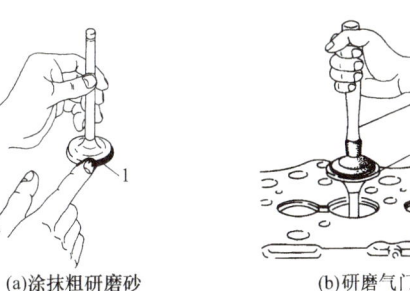

(a)涂抹粗研磨砂　　(b)研磨气门

图 3-21　气门的手工研磨

1—研磨砂;2—研磨工具;3—气门

当气门工作锥面与气门座工作锥面磨出一条较完整且无斑痕的接触环带时,将粗研磨砂洗去,换用细研磨砂,继续研磨。当工作锥面出现一条整齐、清晰的灰色环带时,再洗去细研磨砂,涂上机油,继续研磨几分钟即可。

研磨完所有气门后用汽油清洗气门、气门座、气门导管,并擦吹干净。

②机器研磨。将气缸盖清洗干净,置于气门研磨机工作台上,在已试配好的气门工作锥面涂上一层研磨砂,将气门杆部涂上机油并装入气门导管内,调整各转轴,对正气门座孔,连接好研磨装置,调整气门升程,进行研磨。一般研磨 10～15 min 即可。研磨后的工作锥面应出现一条光泽良好的圆环。

(5)气门的密封性检验

气门和气门座经过维修后,通常要进行气门的密封性检验,常用的方法包括:

①画线法。检验前将气门及气门座清洗干净,在气门锥面上用软铅笔沿径向均匀地画上若干条线,每线相隔 4 mm,然后与相配气门座接触,略压紧并转动气门 45°～90°,取出气门,察

看铅笔线条,如铅笔线条均被切断,则表示密封良好,如图3-22所示。否则,应重新研磨。

②拍击法。将气门与相配气门座轻轻敲击几次,察看接触带,如有明亮的连续光环,即为合格。

③涂红丹法。在气门工作锥面上涂抹一薄层红丹,然后用橡皮捻子吸住气门,在气门座上旋转1/4周,再将气门提起,若红丹整齐、均匀地布满气门座工作锥面一周且无间断,则表示密封良好。

④渗油法。将煤油或汽油倒入装好气门的燃烧室,观察气道处是否有渗漏现象。如5 min内无渗漏,即表示密封良好。

⑤气压试验法。气门密封性检验器由气压表、空气容筒及橡皮球等组成。试验时,先用一只手将空气容筒紧贴在气门头部周围,再用另一只手反复捏动橡皮球,使空气室内具有一定压力(68.6 kPa左右)。如果在30 s内,气压表的读数不下降,则表示气门与气门座的密封良好,如图3-23所示。

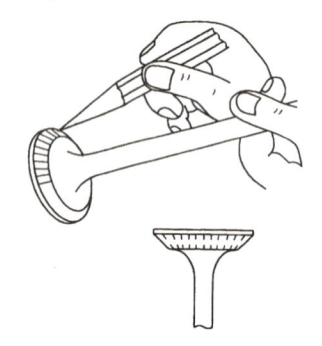

图3-22 用画线法检验气门的密封性

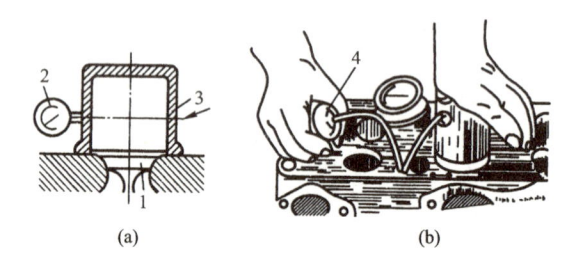

图3-23 用气门密封性检验器检验气门的密封性
1—气门;2—气压表;3—空气容筒;4—橡皮球

4.气门导管的修配

发动机工作时,气门杆在气门导管中滑动,气门导管起着导向作用,使气门头部与气门座同心。若气门导管与气缸盖承孔过盈量过小,或气门导管磨损严重,会使气门杆与气门导管的配合间隙超过限度,此时应予以更换。其更换步骤是:

①用外径略小于气门导管内径的阶梯轴铣出气门导管。

②选择外径尺寸符合要求的新气门导管。

③安装气门导管。用细砂布打磨气门导管承孔,在承孔内壁与导管外表面上涂少许机油,并放正气门导管,垫上铜质阶梯轴用压力机或手锤将气门导管装入承孔内。

④气门导管的铰削。气门导管装入后应检查气门杆与气门导管的间隙是否符合技术要求。若在运动中有阻滞感,可采用专用气门导管铰刀铰削。铰削时,进刀量要小,边铰边试,直至间隙合适。

此外,还可用经验法判断配合质量。将气门杆和气门导管洗净,在气门杆上涂一薄层机油,把气门放入气门导管,上下拉动数次后将气门提起一段后松手,若气门能在自重下徐徐下落,则表明间隙适当。

5.气门弹簧的检验

气门弹簧的常见耗损形式有断裂、歪斜和弹力减弱。这些耗损会使气门关闭不严,并可能出现异响,影响发动机的正常工作。

(1)垂直度的检验

气门弹簧的外圆柱面在全长上对底面的垂直度误差应小于或等于1.5 mm。

单元 3　配气机构的构造与维修

（2）弹力检验

气门弹簧的弹力应在气门弹簧检验仪上检验,如图 3-24 所示。

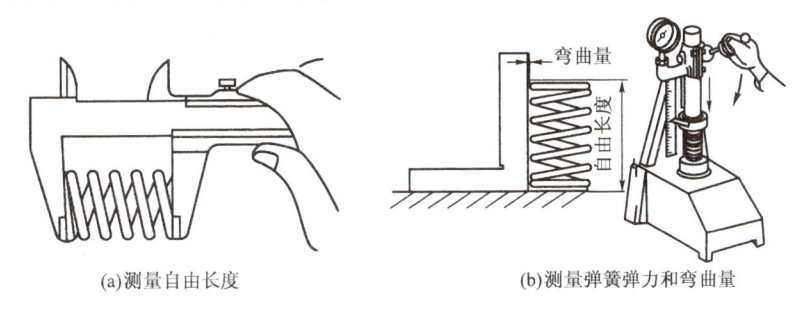

(a) 测量自由长度　　(b) 测量弹簧弹力和弯曲量

图 3-24　气门弹簧弹力的检验

将气门弹簧压缩到气门开启和关闭时规定的长度,观察相应的弹力值,应符合原厂规定。当气门弹簧弹力的减小值大于原厂规定的 10% 时,应予以更换。在无气门弹簧的原厂数据时,一般可采用新、旧气门弹簧对比或测量气门弹簧的自由长度减少量来判断,当其自由长度减小量超过 2 mm 时,应予更换。

技能训练

实训　气门与气门座的修理

一、实训内容

1. 气门座的铰削。
2. 气门的光磨。
3. 气门与气门座的手工研磨。
4. 气门与气门座的密封性检验。

二、实训目的与要求

1. 熟悉气门、气门座修理设备、仪具的使用。
2. 熟悉气门光磨,气门座铰削的操作工艺和方法。
3. 掌握气门密封性检查的方法和修理技术要求。

3.3　配气机构气门传动组的构造与维修

认知目标／掌握配气机构气门传动组的组成及主要部件的结构及工作原理。

能力目标／掌握凸轮轴、液压挺柱等主要部件的检修方法。

气门传动组功用是按照发动机的工况要求,控制气门的开启和关闭时刻及规律。在发动机的工作过程中,气门传动组部件的磨损和各种损伤,会使发动机的配气正时和气门间隙发生变化,导致发动机充气效率下降、功率下降、异响等故障,从而影响发动机的动力性、经济性和排放性。为了正确判断和排除气门传动组的故障,我们必须掌握气门传动组主要部件的结构、工作原理及检修方法。

69

一、气门传动组的构造

气门传动组的主要作用是控制进、排气门定时开启和关闭,且保证气门有足够的开度。气门传动组主要由凸轮轴、正时齿轮、挺柱、推杆、摇臂及摇臂组等组成。

1. 凸轮轴

凸轮轴由发动机曲轴驱动旋转,按照发动机的工作顺序、配气相位及气门开度的变化规律驱动和控制气门的开启和关闭。此外,有些汽油机还利用凸轮轴来驱动分电器、机油泵和汽油泵。

下置式六缸四冲程汽油机凸轮轴的结构如图 3-25 所示。凸轮轴主要由各缸凸轮和轴颈组成。凸轮分为进气凸轮和排气凸轮两种,分别驱动进气门和排气门,使其按一定的工作顺序和配气相位及时开闭,并具有足够的气门升程。为便于拆装,凸轮轴的轴颈一般都大于凸轮的轮廓,并从前向后依次减小。凸轮轴的前端装有正时齿轮或齿形带轮(链轮)等,凸轮轴中部的偏心轮用于驱动汽油泵,螺旋齿轮用于驱动分电器及机油泵。

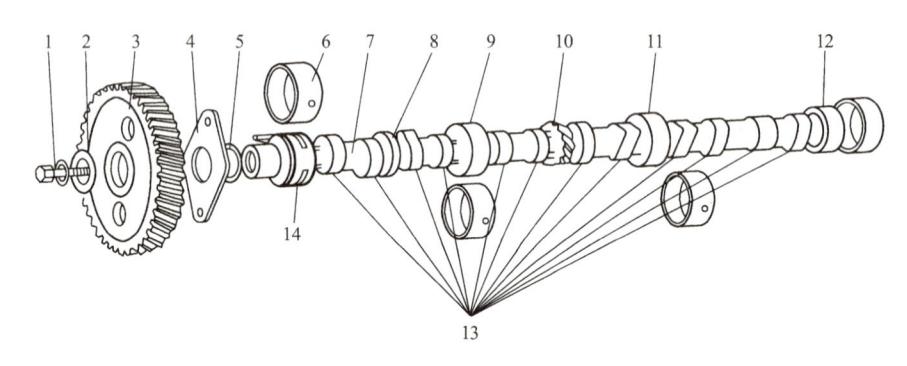

图 3-25 下置式六缸四冲程汽油机凸轮轴
1—螺栓;2—垫圈;3—正时齿轮;4—止推垫片;5—隔圈;6—衬套;7—凸轮轴;
8—驱动汽油泵的偏心轮;9、11、12、14—凸轮轴轴颈;10—驱动分电器等的螺旋齿轮;13—凸轮

凸轮轴安装在气缸盖上(上置式)或气缸体一侧(上置式或下置式)的座孔中或剖分式轴承的承孔中,在轴承承孔中镶有巴氏合金或青铜薄壁衬套作为轴承。

凸轮受到气门间歇性开启产生的周期性冲击负荷作用,因此要求凸轮表面耐磨,凸轮轴有足够的韧性和刚度。

凸轮轴一般用优质钢模锻而成,也可采用合金铸铁或球墨铸铁铸造。凸轮和轴颈的工作表面一般经热处理后精磨,以改善其耐磨性。

凸轮的轮廓决定了气门开启和关闭过程的运动规律。每种发动机的凸轮轮廓形状都不尽相同,但多采用函数凸轮,其轮廓线是对称的。凸轮轮廓由基圆和凸起两部分组成,形状如图 3-26 所示。O 点为凸轮旋转中心,$\overset{\frown}{EA}$ 是以 O 点为圆心的基圆圆弧。

在凸轮旋转过程中,当基圆与挺柱接触时,挺柱不动,气门处于关闭状态。

当凸轮按图 3-26 所示箭头方向转到 A 点与挺柱接触时,挺柱(液压挺柱除外)开始上移,但因为存在气门间隙,所以气门仍不能开启。

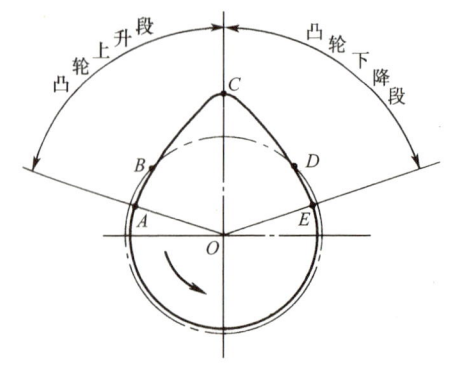

图 3-26 凸轮轮廓

当凸轮转到 B 点与挺柱接触时,气门间隙已消除,气门开始开启。

当凸轮转到 C 点与挺柱接触时,气门开度达到最大。

凸轮继续转动,挺柱开始下移,气门在气门弹簧弹力作用下开始关闭。当凸轮转到 D 点与挺柱接触时,气门完全关闭。

当凸轮转到 E 点时,挺柱停止下行,气门间隙恢复。

凸轮轴上各缸的进气凸轮或排气凸轮称为同名凸轮。从凸轮轴的前端看,各缸同名凸轮的相对角位置按发动机各缸的做功顺序逆凸轮轴转动方向排列,夹角为点火间隔角的 1/2。因此,根据凸轮轴的旋转方向以及各进气(或排气)凸轮的工作顺序,就可以判定发动机的其他次序。

四缸四冲程发动机各缸进(排)气凸轮彼此间的夹角均为 360°/4＝90°,如图 3-27(a)所示。该发动机的做功顺序为 1—3—4—2(凸轮轴旋转方向,从前端向后看,如箭头所示)。做功顺序为 1—5—3—6—2—4 的六缸四冲程发动机凸轮轴的凸轮排列及相对角位置,如图 3-27(b)所示。任何两个相继做功的气缸进(排)气凸轮间的夹角为 360°/6＝60°。

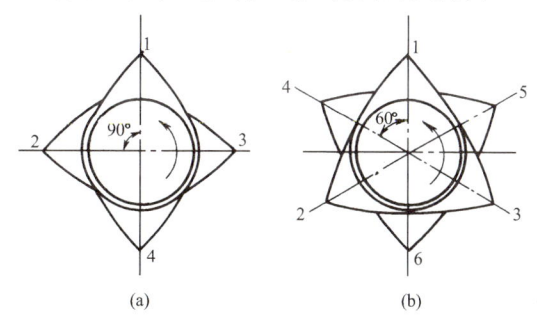

图 3-27 同名凸轮的相对角位置

为防止凸轮轴在工作中产生轴向窜动,必须对其进行轴向定位。常见的凸轮轴轴向定位装置有以下两种。

(1)止推轴承定位

上置式凸轮轴通常利用凸轮轴的第一轴承为止推轴承,控制凸轮轴承盖两个端面和凸轮轴轴颈两侧凸肩之间的间隙,进行轴向定位,如图 3-28(a)所示。其间的间隙 $\Delta＝0.10\sim0.20$ mm,即凸轮轴的最大许用轴向移动量。

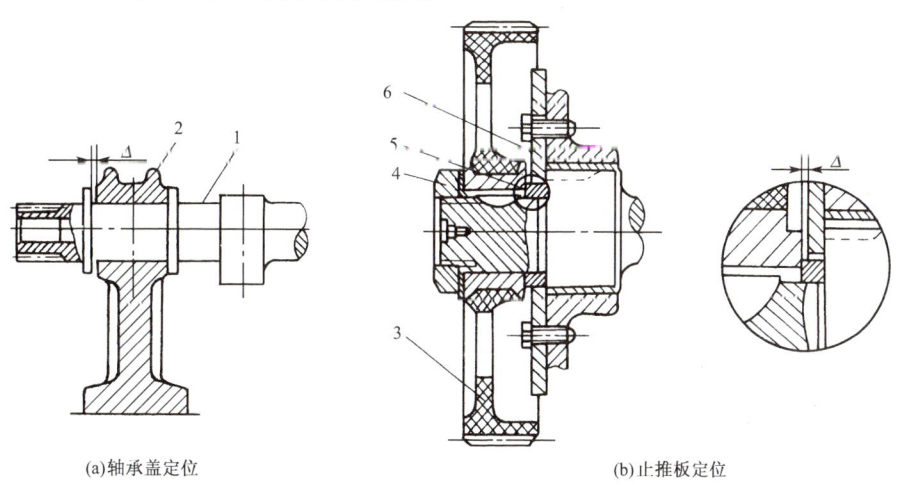

(a)轴承盖定位　　　　　　　　(b)止推板定位

图 3-28　凸轮轴轴向定位方式

1—凸轮轴;2—凸轮轴承盖;3—凸轮轴正时齿轮;4—螺母;5—调整环;6—止推板

（2）止推板定位

凸轮轴止推板轴向定位结构如图3-28（b）所示。在正时齿轮与第一道凸轮轴轴颈之间装有调整环，同时在正时齿轮与第一道凸轮轴轴颈端面之间装有钢制止推板，松套在调整环上，并用螺栓固定在气缸体前端面上。因调整环比止推板厚，故止推板与正时齿轮后端面有0.08～0.20 mm的间隙。该间隙即凸轮轴的最大许用轴向移动量。止推板磨损后可以更换。

为保证配气相位和发动机工作顺序与工作过程的准确配合，在装配曲轴和凸轮轴时应将相应的正时装配标记对正。采用下置式凸轮轴的发动机，凸轮轴与曲轴之间常采用一对正时齿轮传动，其正时齿轮副及其啮合标记如图3-29所示。装配时应将啮合标记对正。采用上置式凸轮轴的发动机，凸轮轴与曲轴之间常采用齿形带或链条传动。齿形带传动的曲轴齿形带轮与凸轮轴齿形带轮的装配标记如图3-30所示。曲轴齿形带轮外缘上标记与齿形带下护罩上标记对正，如图3-30(a)所示，凸轮轴齿形带轮上标记与齿形带上护罩上标记对正，如图3-30(b)所示。

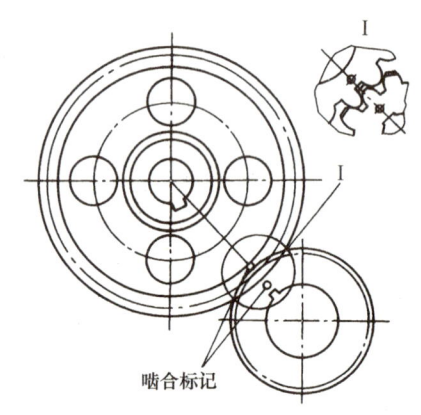

图3-29 正时齿轮副及其啮合标记

(a)曲轴齿形带轮标记　　　　　　(b)凸轮轴齿形带轮标记

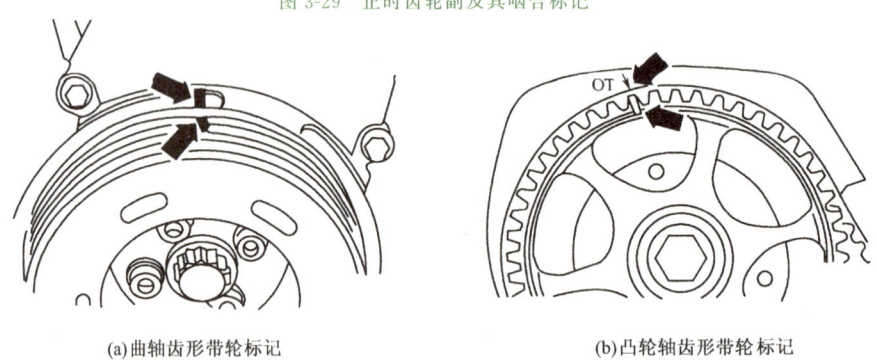

图3-30 齿形带传动的曲轴齿形带轮与凸轮轴齿形带轮的装配标记

2.挺柱

挺柱的功能是将凸轮的推力传给推杆或气门，并承受凸轮轴旋转时所施加的侧向力。

挺柱根据其工作原理的不同，分为机械挺柱和液压挺柱两大类。

（1）机械挺柱

机械挺柱常见的形式有筒式、滚轮式和吊杯式等。

很多发动机采用筒式挺柱，以减轻质量，如图3-31(a)所示。某些大缸径柴油机采用滚轮式挺柱，如图3-31(b)所示，其优点是可以显著减小摩擦力和侧向力，但结构复杂，质量较大。

吊杯式挺柱如图 3-31(c)所示,一般用于凸轮轴上置式配气机构,凸轮通过其直接驱动气门开启,参见图 3-5。

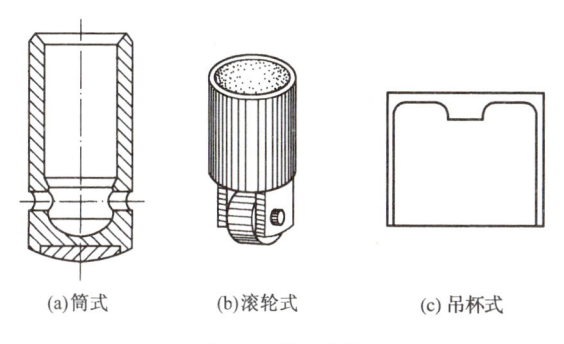

(a)筒式　　(b)滚轮式　　(c)吊杯式

图 3-31　机械挺柱

挺柱位于导向孔内,有些导向孔直接在气缸体或气缸盖上镗出,也有些发动机采用可拆式挺柱导向体,导向体固定在气缸体上。

(2)液压挺柱

液压挺柱的作用是使凸轮和气门间实现无间隙传动,以解决配气机构在工作中由于气门间隙的存在所产生的冲击和噪声。越来越多的发动机,特别是轿车发动机采用了液压挺柱。

图 3-32 所示为大众车系发动机上采用的液压挺柱结构。其凸轮可经液压挺柱直接推动气门开启,取消了推杆。

挺柱体由圆筒和上端盖焊接而成,下端封闭的油缸外圆柱面与挺柱导向孔配合。内孔与柱塞配合,两对配合副都有相对运动。油缸底部装有补偿弹簧,把球阀压靠在柱塞的阀座上,同时,补偿弹簧使挺柱顶面和凸轮轮廓线保持紧密接触,以消除气门间隙。当球阀关闭柱塞中间孔时,可将挺柱分为两个油腔(上部的低压油腔和下部的高压油腔)。当球阀开启后,两个油腔则成为一个通腔。

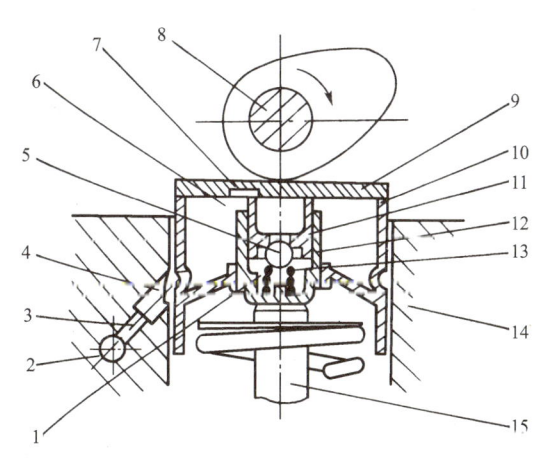

图 3-32　大众车系发动机上采用的液压挺柱结构

1—高压油腔;2—气缸盖油道;3—量油孔;4—斜油孔;5—球阀;6—低压油腔;7—键形槽;
8—凸轮轴;9—挺柱体;10—柱塞焊缝;11—柱塞;12—油缸;13—补偿弹簧;14—气缸盖;15—气门杆

在挺柱体的外圆柱面上有一道环形油槽,油槽内有一个进油孔与低压油腔相通。挺柱体顶的背面上有一个键形槽将低压油腔与柱塞的上部连通。挺柱体上的环形槽与气缸盖上的斜油孔对齐时,气缸盖油道内的机油通过量油孔、斜油孔和环形槽进入低压油腔,再经键形槽进

73

入柱塞上部。

液压挺柱的工作原理见表3-1。

表3-1　　　　　　　　　　　　液压挺柱的工作原理

工作过程	工作原理	图示
气门打开过程	凸轮推动挺柱体和柱塞下移，高压油腔的油液被压缩，油压升高，加上补偿弹簧的推力使阀紧压在柱塞的阀座上，高、低压油腔被球阀隔开。液体的不可压缩性使整个挺柱如同一个形状不变的刚体一样，下移推开气门并保证气门升程。在此期间，高压油腔中会有少量机油从柱塞与油缸之间的间隙漏入低压油腔，使凸轮和气门杆间的挺柱长度有所缩短，但不会影响气门的正常打开。此时，挺柱上的环形槽与气缸盖上的斜油孔错开，低压油腔进油道被切断，停止进油	
气门关闭过程	气门弹簧推动气门杆及挺柱体上行，由于仍受到凸轮和气门杆上、下两方面的顶压，因此高压油腔仍保持高压，球阀仍处于关闭状态，液压挺柱仍相当于一个刚体，直至气门落座关闭为止	
气门关闭以后	凸轮对挺柱的推力解除，与此同时，挺柱体上的环形槽与气缸盖上的斜油孔对齐，补偿弹簧推动柱塞上行，高压油腔油压下降，球阀打开，机油经低压油腔进入高压油腔，补偿气门开启过程中高压油腔中泄漏掉的油液，并和补偿弹簧一起将柱塞和挺柱体继续向上推动一个微小的行程，使挺柱顶面与凸轮紧密接触，保证配气机构的无间隙传动	

注：1—球阀；2—补偿弹簧；3—气门杆；4—高压油腔；5—挺柱体；6—柱塞；7—低压油腔。

气门受热膨胀伸长时，会向上挤压油缸，高压油腔中的油液通过柱塞与油缸中的间隙向低压油腔泄漏一部分，油缸相对于柱塞上移，从而使挺柱自动缩短，保证气门关闭严密。因此，采用液压挺柱时，气门不预留间隙，当其受热膨胀时仍能与气门座紧密配合。当气门冷却收缩时，补偿弹簧将油缸向下推动，高压油腔油压下降，出现真空，吸开球阀，低压油腔向高压油腔补油，挺柱自动伸长，保证不出现气门间隙。

在发动机刚启动时，由于高压油腔还没得到机油的补充，在凸轮与液压挺柱间还有间隙，因此会有轻微的噪声，这是正常现象。当发动机运转一定时间，高压油腔得到机油的补充后，噪声即应停止。

采用液压挺柱，消除了配气机构中的间隙，减小了各零件的冲击负荷和噪声，同时凸轮轮廓可设计得比较陡，这样气门开启和关闭的速度更快，可以减小进、排气阻力，改善发动机的换气质量，提高发动机的性能，特别是高速性能。

3.推杆

采用下置式和中置式凸轮轴的配气机构，利用推杆将挺柱传来的推力传给摇臂。推杆下端与挺柱接触，上端与摇臂上的气门间隙调整螺钉接触。为防止发生运动干涉，推杆的下端一般制成凸球形，以便与挺柱的凹球形支座相适应；上端一般制成凹球形，以便与摇臂上的气门间隙调整螺钉的凸球形头部相适应。

推杆是气门机构中最易弯曲的零件，除要求有很高的刚度外，还应尽量做得短些。推杆有实心的，如图 3-33(a)、图 3-33(b)所示，也有空心的，如图3-33(c)、图 3-33(d)所示。气缸体和气缸盖都是铸铁制造的发动机，推杆用钢制造，钢制实心推杆同两端的凸球形或凹球形支座锻成一个整体。气缸体与气缸盖都是铝合金制造的发动机，推杆最好用硬铝制造。铝制实心推杆在两端配以钢制的支座，空心推杆大都采用冷拔无缝钢管，两端配以钢制的支座。无论是实心结构还是空心结构，两端的支座必须经淬火和磨光处理，以保证其耐磨性。

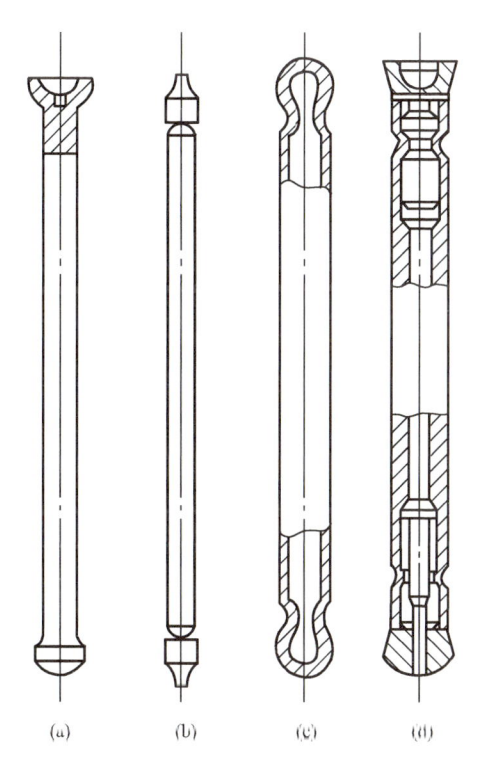

图 3-33 推杆

4.摇臂及摇臂组

摇臂的功能是将推杆和凸轮传来的力改变方向，作用到气门杆端以推开气门。摇臂组零件结构如图 3-34 所示。摇臂空套在摇臂轴上。摇臂轴支承在支架上，为空心管状结构，机油从支架的油道经摇臂轴内腔和摇臂中的油道流向摇臂两端进行润滑。为了防止摇臂的窜动，在摇臂轴上每两个摇臂之间都装有定位弹簧。

摇臂的结构如图 3-35 所示。摇臂实际上是一个不等长的双臂杠杆，其长臂一端推动气门，这样可利用小的凸轮升程获得大的气门开度。摇臂的短臂一端装有调节气门间隙的调整螺钉及锁紧螺母，调整螺钉的凸球形头部与推杆上端的凹球形支座相接触，如图 3-35(a)所示。

摇臂与液压挺柱联合使用时,摇臂上不安装调整螺钉,如图 3-35(b)所示。

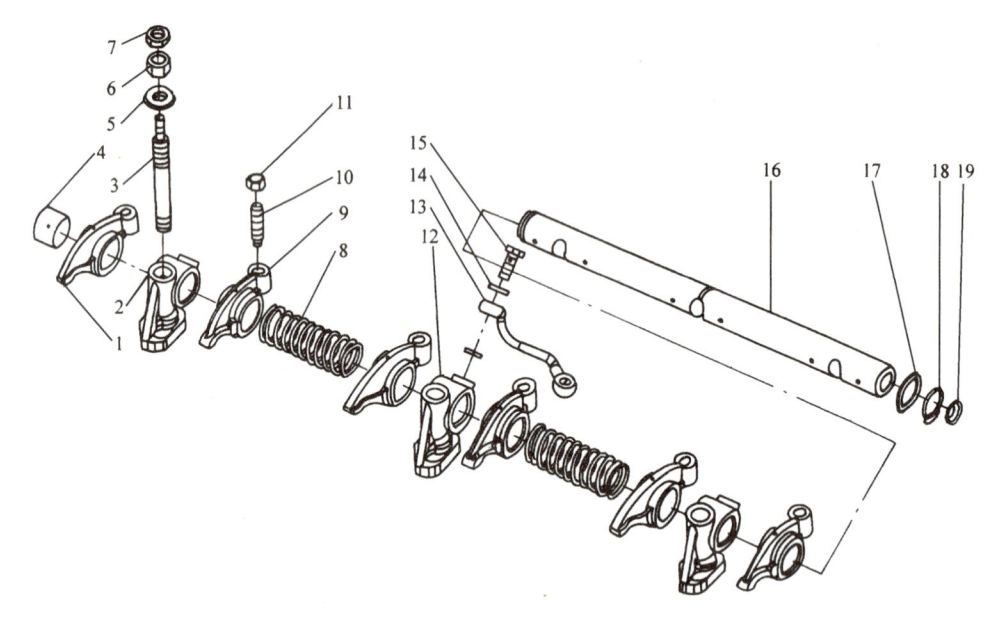

图 3-34 摇臂组零件

1—进气门摇臂;2、12—摇臂轴支架;3—摇臂轴支架固定螺柱;4—摇臂衬套;5—垫圈;
6、7—定位螺母;8—定位弹簧;9—排气门摇臂;10—调整螺钉;11—锁紧螺母;13—通油管;
14—组合密封垫圈;15—接头螺栓;16—摇臂轴;17—摇臂轴垫圈;18—挡圈;19—碗形塞片

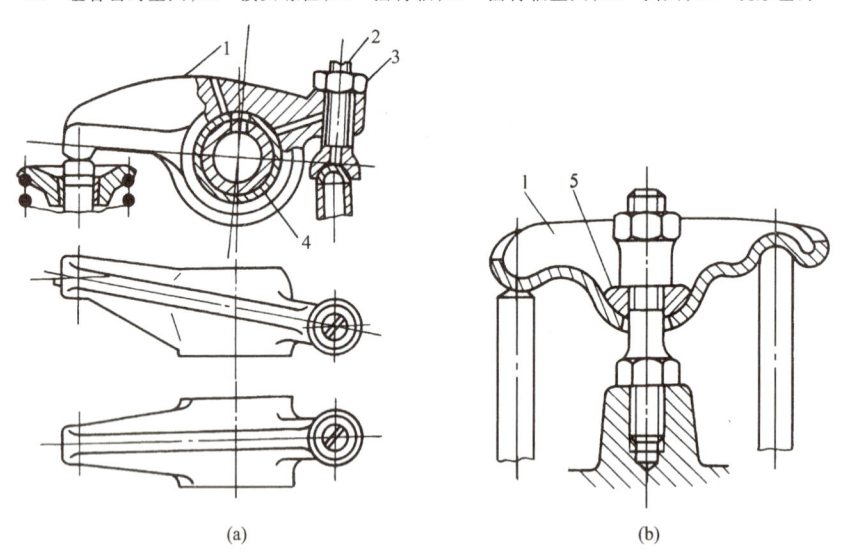

(a)　　　　(b)

图 3-35 摇臂的结构

1—摇臂;2—调整螺钉;3—锁紧螺母;4—摇臂衬套;5—摇臂轴支点球座

二、气门传动组检修

1.凸轮轴及轴承的检修

（1）凸轮轴的耗损与检修

凸轮轴的主要耗损形式是凸轮轮廓磨损、支承轴颈表面的磨损等。

①凸轮磨损的检修。凸轮的磨损使气门的升程规律改变和最大升程减小，因此凸轮的最大升程减小值是凸轮检验分类的主要依据。现代发动机的配气凸轮均为组合线型，加工精度要求极高，需在专用设备上加工。目前在汽车维修企业中对凸轮极少修复，一般更换凸轮轴。当凸轮最大升程减小值大于 0.40 mm 时需更换凸轮轴。

②凸轮轴轴颈的磨削。凸轮轴轴颈的圆度误差大于 0.015 mm 或各轴颈的同轴度误差大于 0.05 mm 时，应按修理尺寸法进行校正并修磨。修磨后轴颈的圆柱度公差为 0.005 mm，以两端轴颈公共轴线为基准，中间任一轴颈的径向圆跳动公差为 0.025 mm。

(2) 凸轮轴轴承的修配

凸轮轴轴承的配合间隙超过使用限度（轿车为 0.15 mm，载货汽车为 0.20 mm）时，应更换新轴承。更换轴承时应注意：

①轴承与承孔的过盈量，剖分式轴承为 0.07～0.19 mm；整体式轴承为 0.05～0.13 mm；铝合金气缸体为 0.03～0.07 mm。

②轴承内径应与其承孔的位置顺序相适应。

③安装时，应使用专用的压装工具压入。

④轴承压装后，其与轴颈之间的配合间隙应为 0.05～0.10 mm。若配合间隙过小，则可用拉削、铰削和镗削等方法对轴承内孔进行加工，直至配合间隙符合要求。

(3) 凸轮轴轴向间隙的调整

以一种利用止推板进行定位的凸轮轴为例，其凸轮轴轴向间隙是通过增减固定在气缸体前端面上、位于凸轮轴第一道轴颈端面与正时齿轮（或链轮）之间的止推板的厚度来调整的。

检查时，沿轴向将凸轮轴撬向一端，将塞尺片塞入止推板与凸轮轴第一轴颈端面之间进行测量，如图 3-36 所示，也可用百分表的触头垂直顶压到凸轮轴的一端，然后轴向撬动凸轮轴，观察表针摆动数值进行测量，如图 3-37 所示。测得的间隙应为 0.10 mm 左右。轴向间隙的使用限度一般为 0.25 mm，轴向间隙过大，易引起凸轮与挺柱底部的异常磨损，此时应更换加厚的止推板。安装时，止推板有止推凸台一侧应面向正时齿轮（链轮）。

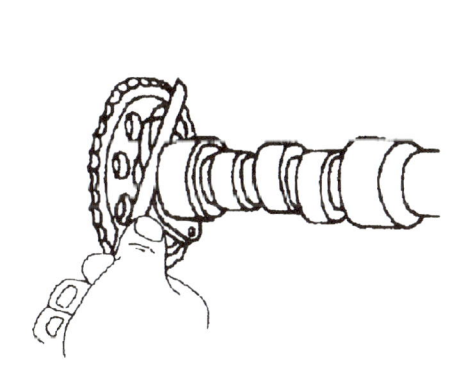

图 3-36 凸轮轴轴向间隙的检查 1 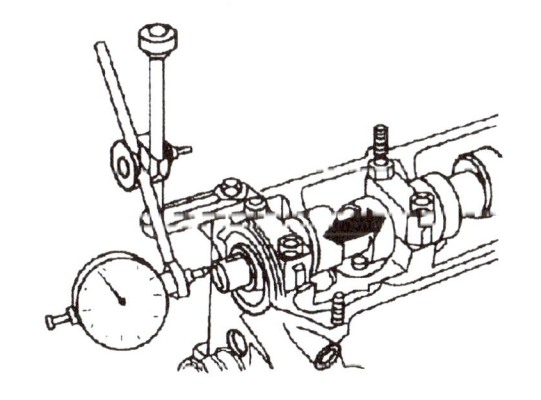　　　　图 3-37 凸轮轴轴向间隙检查 2

2.挺柱的检修

当出现下列情况之一时，应更换挺柱或修换挺柱承孔。

①底部出现疲劳剥落。

②底部出现凹槽或裂纹。

③底部出现擦伤划痕。

④挺柱圆柱部分与气门导孔的配合间隙,一般为 0.03～0.10 mm。当超过 0.12 mm 时,应酌情更换挺柱或气门导孔支架。装有衬套的结构可更换衬套。

在更换挺柱后应检查挺柱与承孔的配合状况,操作方法是:用食指和拇指捏住挺柱,转动挺柱应灵活自如、无阻滞,摆动挺柱应无晃动感。

3.液压挺柱的检修

检修液压挺柱时应注意:

①检查液压挺柱与承孔的配合间隙,一般为 0.01～0.04 mm,使用限度为 0.10 mm。逾限后应更换液压挺柱。

②检查各部件有无损坏时,应特别注意检查挺柱体外侧面及底部有无过度磨损。可将直钢板尺放在挺柱底面上检查底面有无凹损,如果底面呈凹形,则除应更换磨损的液压挺柱外,还应更换凸轮轴。

③发动机总成修理时,如气门开启高度不足,应更换液压挺柱。

液压挺柱工作性能可应用如图 3-38 所示的液压挺柱回降测试仪检测各个液压挺柱的泄漏回降时间是否在规定范围内来测定。

进行测试时,将原厂规定的压力施加在液压挺柱上方的球座上,检查液压挺柱柱塞向下滑移规定距离所需的时间是否在规定范围内。如果回降时间不在规定范围内,则可认为挺柱内部间隙过大或卡滞,应更换。

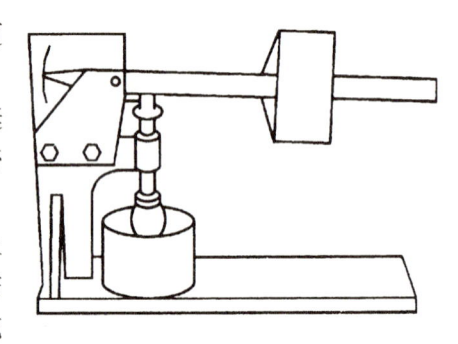

图 3-38 液压挺柱回降测试仪

检查液压挺柱是否失效还可以用以下方法:

拆下气缸盖罩,旋转曲轴,将待查的液压挺柱的驱动凸轮向上,用楔形木棒或塑料棒向下压液压挺柱,并用塞尺测量,如果在气门开启前液压挺柱自由行程超过 0.1 mm,则应更换液压挺柱。

发动机维护时,当发现是液压挺柱渗入空气导致气门开度不足时,可用专用的工具排除液压挺柱渗入的空气,恢复气门的最大升程。

4.推杆的检修

气门推杆一般都是空心细长杆,工作时易发生弯曲,其直线度误差应小于或等于 0.30 mm。杆身应平直,不得有锈蚀和裂纹。上端凹球面和下端凸球面半径磨损应控制在 -0.01～+0.03 mm。推杆弯曲,应进行校直。

5.摇臂轴和摇臂的检修

摇臂的损伤主要是摇臂头的磨损。检查时,摇臂头部应光洁无损,凹陷量应不大于 0.50 mm。如果超过规定则应维修,可用堆焊修磨方法。摇臂与摇臂轴的配合间隙如果超过规定,则应更换衬套,并按轴的尺寸进行铰削或镗削维修。镶套时,要使衬套油孔与摇臂上的油孔重合,以免影响润滑。

摇臂上调整螺钉的螺纹孔损坏时,一般应更换。

摇臂轴轴颈的磨损量大于 0.02 mm 或摇臂轴与摇臂承孔的配合间隙超过规定时,可刷镀修复或更换。摇臂轴弯曲应冷压校直,使其直线度误差在 100 mm 长度应小于或等于 0.03 mm。

6.正时链条和正时链轮的检查

采用上置式凸轮轴配气机构的发动机在工作中,正时传动机构会因正时链条和正时链轮的磨损,造成节距变长,噪声增大,严重时会使配气正时失准。因此,在维修中应认真检查。

单元3 配气机构的构造与维修

(1)正时链条的检查

检查正时链条时,应测量全链长。测量链条长度时,对链条施以一定的拉力拉紧后测量其长度,如图3-39(a)所示。测量时的拉力可定为50 N,例如丰田2Y、3Y型发动机的链条长度应不超过291.4 mm,当长度超过此值时,应更换新链条。

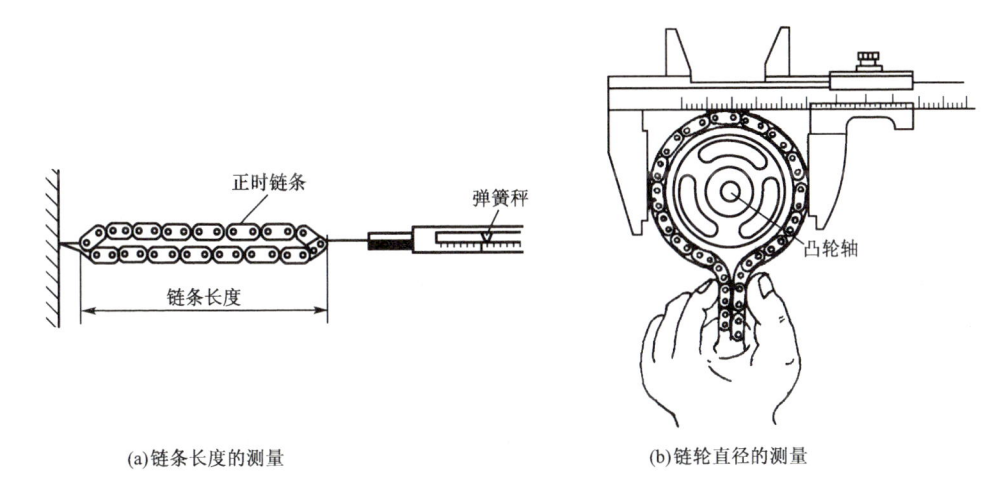

(a)链条长度的测量　　(b)链轮直径的测量

图3-39　正时链条和正时链轮的检查

(2)正时链轮的检查

检查正时链轮时,应测量链轮直径。将正时链条分别包住凸轮轴正时链轮和曲轴正时齿轮,用游标卡尺测量其直径,如图3-39(b)所示,其直径不得小于允许值。例如,丰田2Y、3Y型发动机允许的最小值:凸轮轴正时链轮为114 mm;曲轴正时链轮为59 mm。若小于该值,则应更换正时链条和正时链轮。

7.正时齿形带的检查

曲轴带轮和正时带轮上都有装配标记,装配时要将相应装配标记对正,以保证配气相位的正确性。齿形带应不开裂,齿形、齿数不残缺。装配后还应检查正时齿形带的张紧度:用拇指和食指捏住两带轮之间齿形带的中间部位,用力翻转,以刚好能翻转90°为宜,如图3-40所示。否则,应松开张紧轮紧固螺母并调整张紧轮位置,使张紧轮压紧齿形带,保持适当张紧力后拧紧张紧轮紧固螺母。将曲轴转动2~3圈后复查,确保合乎要求。

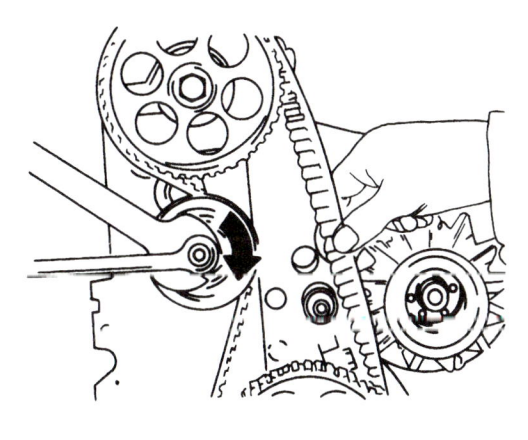

图3-40　正时齿形带张紧度的检查

技能训练　　**实训　气门传动组主要部件检修**

一、实训内容

凸轮轴、液压挺柱、正时链轮和正时链条等气门组主要部件的检查、维修。

二、实训目的与要求

熟悉凸轮轴、液压挺柱、正时链轮和正时链条等气门组主要部件的检查、维修方法。

79

3.4 配气相位与可变配气相位机构

认知目标
1. 掌握配气机构配气相位的概念。
2. 熟悉可变配气相位机构的功用、组成及工作原理。

能力目标 能在发动机中找出可变配气相位机构的部件。

配气正时是配气机构的核心。配气相位是用曲轴转角表示每个气缸的进、排气门实际开启和关闭的时刻及开启的持续时间。配气相位角合理与否，直接影响发动机的工作性能。要理解配气正时如何与发动机工况匹配才能使发动机性能发挥到最佳，我们就必须学习配气相位的概念及可变配气相位机构的结构及工作原理。

一、配气相位

配气相位是指每个气缸的进、排气门实际开启和关闭的时刻及开启的持续时间。用曲轴转角的环形图来表示配气相位，就称为配气相位图，如图3-41所示。

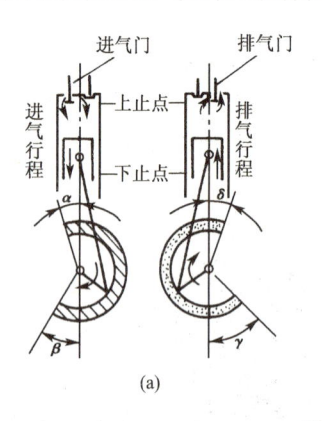

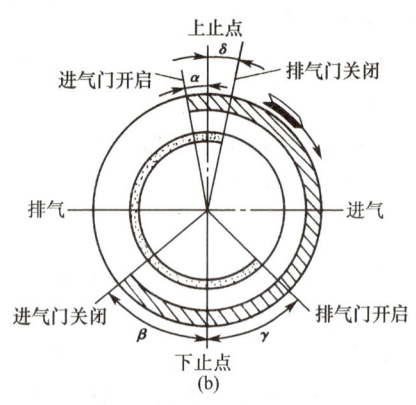

图3-41 发动机的配气相位

理论上四冲程发动机的进气门应当在活塞到达上止点（TDC）时开启，当活塞运动到下止点（BDC）时关闭；排气门则应当在活塞到达下止点时开启，到达上止点时关闭。进气时间和排气时间各占180°曲轴转角。现代发动机的曲轴转速都很高，活塞每一行程经历的时间非常短。在这样短的时间内完成进气和排气过程，很难达到进气充分和排气彻底的目的。因此，现代发动机都采取延长进、排气时间的方法，以改善进、排气状况，从而提高发动机的动力性。即气门的开启和关闭的时刻并不正好是活塞处于上止点和下止点的时刻，而是分别提前或延迟一定曲轴转角。

1. 进气门的配气相位

（1）进气提前角

从进气门开始开启到活塞到达上止点所对应的曲轴转角称为进气提前角，用 α 表示。一般 α 为 10°～30°。进气门早开，可使活塞到达上止点开始向下运动时，进气门已有一定的开度，所以可较快地获得较大的进气通道截面积，减小进气阻力。

(2)进气延迟角

从活塞位于下止点到进气门完全关闭所对应的曲轴转角称为进气延迟角,用 β 表示。一般 β 为 40°～80°。活塞到达下止点时,气缸内的压力仍低于大气压,且气流还有相当大的惯性,适当延迟关闭进气门,可利用压力差和气流惯性继续进气。

进气门开启持续时间内对应的曲轴转角,即进气持续角($\alpha+180°+\beta$)为 230°～290°。

2.排气门的配气相位

(1)排气提前角

在做功行程后期,活塞到达下止点之前,排气门便开始开启。从排气门开始开启到活塞到达下止点所对应的曲轴转角称为排气提前角,用 γ 表示,一般 γ 为 40°～80°。做功行程接近结束时,提前打开排气门,可使高温废气迅速排出,减小活塞上行时的排气阻力,减少排气时的功率损失,同时还可防止发动机过热。

(2)排气延迟角

在排气行程结束活塞到达上止点又下行一段距离后,排气门才关闭。从活塞位于上止点到排气门完全关闭所对应的曲轴转角称为排气延迟角,用 δ 表示,一般 δ 为 10°～30°。活塞到达上止点时,气缸内的压力仍高于大气压,且气流还有一定的惯性,适当延迟关闭排气门,可使废气排得更干净。

排气门开启持续时间内的曲轴转角,即排气持续角($\gamma+180°+\delta$)为 230°～290°。

(3)气门重叠与气门重叠角

由于进气门在排气上止点之前已经开启,而排气门又在排气上止点之后才关闭,这就出现了在同一段时间内,进气门和排气门同时开启的现象,称为气门重叠。气门重叠所对应的曲轴转角称为气门重叠角,即 $\alpha+\delta$。

气门重叠时进入气缸的新鲜气体可增大气缸内的气体压力,有利于废气的排出。但气门重叠角必须选择恰当,否则会出现气体倒流现象。

由于使用中机件磨损、配合间隙增大等原因,配气相位会失准。现代发动机维修时,若发现配气相位变化较大,则可通过更换已磨损零件来恢复配气相位。

二、可变配气相位机构

配气相位角度的大小,对发动机性能有很大影响。传统发动机选择发动机最常用转速并通过试验来确定配气相位,一经确定,则固定不变,气门升程也由凸轮的形状决定而不变。发动机不同工况对配气相位的要求并不相同,为使发动机在各种工况下都具有良好的进、排气效果,在所有工作区域都具有良好的动力性和经济性,越来越多的发动机上采用了可变配气相位机构。

可变配气相位机构有多种方案,下面主要介绍丰田汽车的双智能可变气门正时(Dual VVT-i)机构和本田汽车的可变气门控制(VTEC)机构。前一种机构是根据发动机工况变化改变进、排气门的开闭时刻,后一种机构既可以改变进气门配气相位,也可以同时改变气门升程。

1.发动机双智能可变气门正时(Dual VVT-i)机构

(1)Dual VVT-i 机构的组成及控制原理

现以丰田卡罗拉 1.6 L 车型搭载的丰田 1ZR-FE 发动机的 Dual VVT-i 机构为例,介绍

Dual VVT-i 机构的组成及控制原理。

Dual VVT-i 机构由 ECU、空气流量计、曲轴位置传感器、节气门位置传感器、进气侧凸轮轴位置传感器、排气侧凸轮轴位置传感器、冷却液温度传感器、车速传感器、进气凸轮轴正时机油控制阀、排气凸轮轴正时机油控制阀和进、排气侧 VVT-i 控制器等组成,如图 3-42 所示。

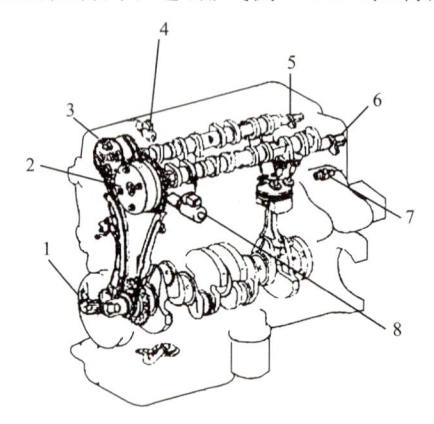

图 3-42　Dual VVT-i 机构结构
1—曲轴位置传感器;2—VVT-i 控制器(进气侧);3—VVT-i 控制器(排气侧);
4—排气凸轮轴正时机油控制阀;5—凸轮轴位置传感器(排气侧);
6—凸轮轴位置传感器(进气侧);7—冷却液温度传感器;8—进气凸轮轴正时机油控制阀

ECU 以曲轴位置传感器、空气流量计和节气门位置传感器提供的信号为基础信号,以发动机冷却液温度传感器和车速传感器信号为修正信号,计算出各行驶条件下的最佳气门正时(目标气门正时),并向相应凸轮轴正时机油控制阀传送目标占空比控制信号,控制凸轮轴正时机油控制阀动作,通过改变机油的流向、流量来驱动凸轮轴前端的 VVT-i 控制器工作,从而实现配气正时的提前、延迟和保持不变。同时,凸轮轴位置传感器检测凸轮轴的实际位置,并把这一位置信号反馈给发动机 ECU,发动机 ECU 根据凸轮轴位置传感器和曲轴位置传感器信号检测实际配气正时,与目标配气正时进行比较,通过反馈控制使凸轮轴的位置精确地处于理想的相位。

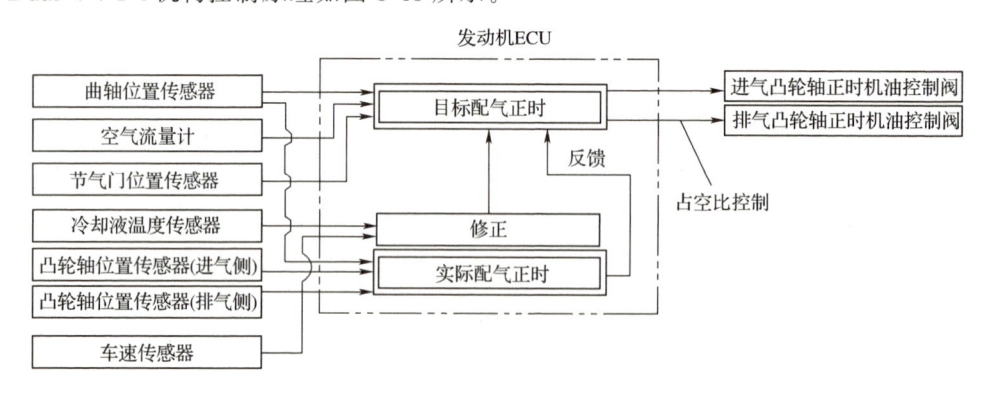

Dual VVT-i 机构控制原理如图 3-43 所示。

图 3-43　Dual VVT-i 机构控制原理

(2) Dual VVT-i 机构的结构

下面主要介绍 Dual VVT-i 控制器和凸轮轴正时机油控制阀的结构。

① Dual VVT-i 控制器:Dual VVT-i 控制器的主要作用是根据发动机的工况变化带动凸

轮轴相对于曲轴超前或滞后转动。丰田卡罗拉汽车采用叶片式 Dual VVT-i 控制器。其基本组成包括壳体、链轮、叶片和锁销组件等，如图 3-44 所示。

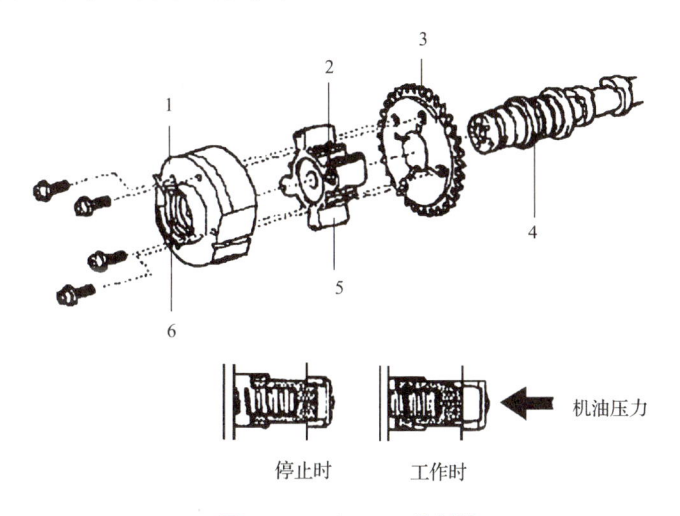

图 3-44 Dual VVT-i 控制器
1—壳体；2—锁销；3—链轮；4—凸轮轴；5—叶片（固定在凸轮轴上）；6—叶片弹簧

　　Dual VVT-i 控制器壳体内加工有四个叶片槽，叶片固定在凸轮轴上嵌装在叶片槽内，叶片的宽度小于壳体内圆上的叶片槽宽度，与壳体装配后叶片可在壳体的叶片槽内来回转动。每个叶片将壳体上的每个槽隔成 2 个工作室，即提前工作室和延迟工作室。链轮与壳体接合端内侧加工有与工作室对应的油槽，一端与相应的工作室连通，另一端通过凸轮轴上的 2 条油道与凸轮轴正时机油控制阀连通。链轮与壳体通过螺栓连接为一个整体，由曲轴正时链轮通过正时链条驱动。由于叶片与凸轮轴是固定的，凸轮轴与曲轴之间不再是直接通过正时链条相连，而叶片与控制器外壳之间可以相对转动，因此凸轮轴可相对于正时链轮转动，即相对于曲轴改变，从而实现对配气正时的智能调节。

　　锁销组件由锁销和弹簧组成，锁销和弹簧装在叶片内，当发动机熄火时，在弹簧力的作用下，锁销的一部分被推入链轮上的锁销孔，将叶片和链轮锁定在一起，避免发动机启动时叶片及外壳之间发生撞击。链轮锁销孔有油道与控制油路相连，发动机工作时，压力油进入链轮锁销孔，锁销压缩弹簧而退入叶片锁销孔，叶片与链轮之间可实现相对转动，Dual VVT-i 控制器投入工作。

　　丰田卡罗拉汽车发动机的进气侧、排气侧各装有一个 Dual VVT-i 控制器，分别控制进气凸轮轴与排气凸轮轴的转动。

　　②凸轮轴正时机油控制阀：凸轮轴正时机油控制阀的作用是根据发动机 ECU 的占空比控制指令控制滑阀位置，从而控制通往控制器提前工作室或延迟工作室的油流方向和流量。

　　图 3-45 所示为进气凸轮轴正时机油控制阀的结构。控制阀由柱塞、电磁线圈、滑阀、回位弹簧及套管等组成，控制阀套管上有一个与发动机润滑系统主油路相连的进油口、一个通往 Dual VVT-i 控制器提前工作室的出油口、一个通往 Dual VVT-i 控制器延迟工作室的出油口及 2 个泄油排放口。压力油在滑阀的控制下有两个方向的流动。图 3-45 所示位置为发动机熄火时，滑阀在回位弹簧作用下处于最右端（最延迟状态），则延迟侧出油口与压力油相通，提前侧出油口与左泄油口相通；发动机工作时，滑阀往左移动，则延迟侧出油口与右泄油口相通，提前侧出油口与压力油相通。滑阀的移动量取决于 ECU 发出的占空比指令。

排气凸轮轴正时机油控制阀的提前侧和延迟侧位置与此相反。

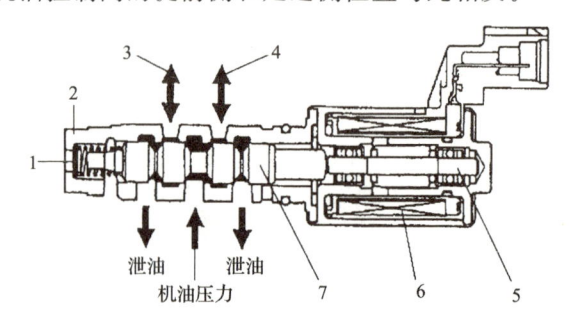

图 3-45 进气凸轮轴正时机油控制阀的结构
1—回位弹簧；2—套管；3—到 Dual VVT-i 控制器（提前侧）；
4—到 Dual VVT-i 控制器（延迟侧）；5—柱塞；6—电磁线圈；7—滑阀

（3）Dual VVT-i 机构的工作原理：下面以进气相位的控制为例，说明 Dual VVT-i 机构的工作原理。

①配气相位提前：当由发动机 ECU 所控制的进气凸轮轴正时机油控制阀处于图 3-46 所示位置时，压力油通过凸轮轴、叶片进入提前工作室，而延迟工作室则泄油，油压推动叶片，叶片带动凸轮轴向配气正时的提前方向旋转，进气相位相应提前。

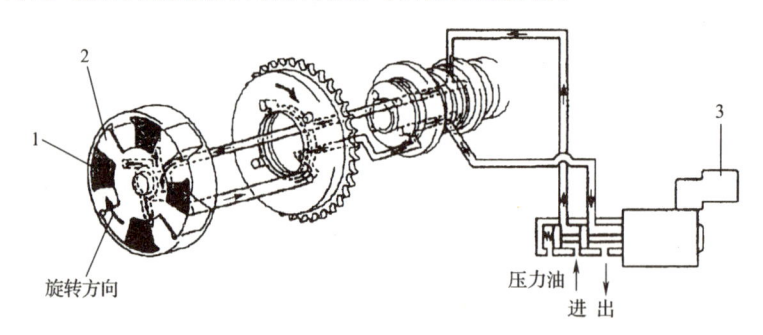

图 3-46 进气凸轮轴正时提前
1—提前工作室；2—叶片；3—发动机 ECU

②配气相位延迟：当由发动机 ECU 所控制的进气凸轮轴正时机油控制阀处于图 3-47 所示位置时，压力油通过凸轮轴、叶片进入延迟工作室，而提前工作室则泄油，油压推动叶片，叶片带动凸轮轴向配气正时的延迟方向旋转，进气相位相应滞后。

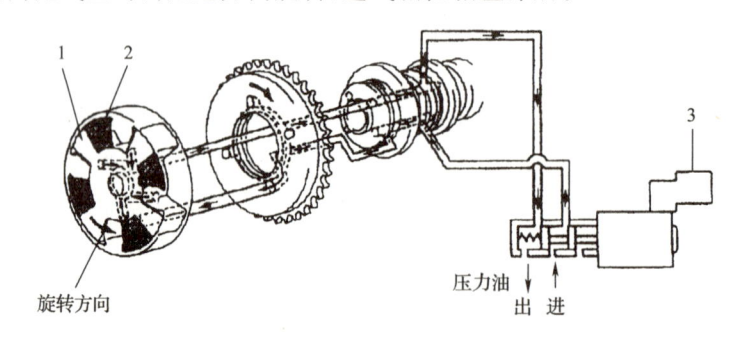

图 3-47 进气凸轮轴正时延迟
1—叶片；2—延迟工作室；3—发动机 ECU

③保持：发动机 ECU 根据发动机工况参数计算出目标气门正时，当达到目标气门正时以

后,进气凸轮轴正时机油控制阀处于中间位置,通过关闭通往两个工作室的油道来保持控制器油压,以保持发动机最佳的气门正时状态,如图3-48所示。

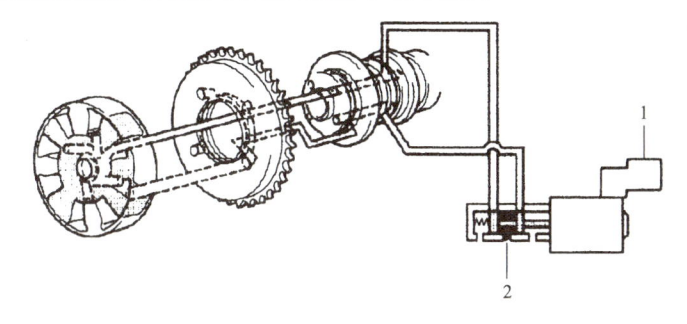

图 3-48　配气相位保持

1—发动机 ECU；2—压力油

（4）Dual VVT-i 机构在不同工作状态下实现的正时功能

丰田卡罗拉汽车发动机 Dual VVT-i 机构在不同工作状态下实现的正时功能见表3-2。

表 3-2　　　　Dual VVT-i 机构在不同工作状态下实现的正时功能

工作状态	图示	气门正时功能的实现	目的与作用
怠速、轻载、低温和启动	减小气门重叠角	进气相位延迟,排气相位提前,使气门重叠角减小	防止出现缸内新鲜充量向进气管的倒流,使可燃混合气稳定燃烧,增大低速转矩,提高燃油经济性和环保性
中等负荷时	增大气门重叠角	进气相位提前,排气相位延迟,使气门重叠角增大	让部分废气倒流入进气管,降低 NO_x 排放,另外能降低发动机泵气损失,提高发动机的动力,改善燃油经济性
高速、重载工况时	增大进气延迟角/增大排气提前角	进气相位延迟,增大进气延迟角;排气相位提前,增大排气提前角	增大进气延迟角,最大限度地利用高转速时的气流惯性,充分进行过后充气,提高充气效率;排气相位提前,满足发动机高速时动力性的要求
中转速、大负荷时	减小进气延迟角/减小排气提前角	排气相位适当延迟,减小排气提前角;进气相位提前,减小进气延迟角	排气相位延迟,充分利用燃烧压力;进气相位提前,提高充气效率,减少发动机泵气损失,使发动机获得最大转矩

85

2. 发动机的可变气门控制(VTEC)机构

(1) VTEC机构的结构

本田汽车的 VTEC 机构的结构如图 3-49 所示。装有 VTEC 机构的发动机每个气缸都配置有 2 个进气门和 2 个排气门。2 个进气门分为主进气门和次进气门,每个进气门均由单独的凸轮通过摇臂驱动。与之对应的凸轮、摇臂分别称为主、次凸轮和主、次摇臂。在主、次摇臂和主、次凸轮之间还设有中间摇臂和中间凸轮,3 个摇臂并列在一起,均可在摇臂轴上转动。中间摇臂不与任何气门直接接触。中间凸轮按发动机双进、双排气门输出最大功率要求设计,升程最大;主凸轮按单进、双排气门开闭,发动机处于低速工况,升程小于中间凸轮;次凸轮按怠速工况设计,升程最小,最高处只稍微高于基圆,通过次摇臂稍微打开次进气门。中间摇臂的一端和中间凸轮接触,另一端在低速时可自由活动。3 个摇臂在靠近气门的一端均有一个油缸。三个油缸内安置有利用油压控制的活塞,分别称为正时活塞、主同步活塞、中间同步活塞和次同步活塞。摇臂组件如图 3-50 所示。

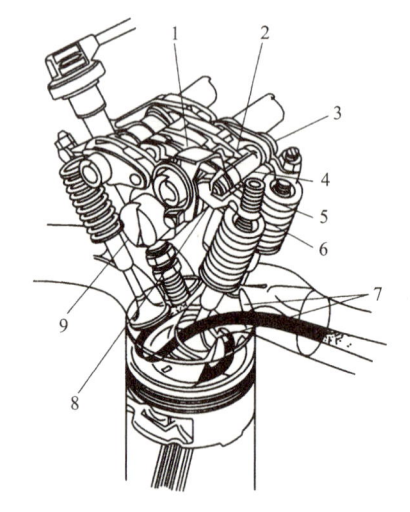

图 3-49 VTEC 机构的结构
1—正时板;2—中间摇臂;3—次摇臂;
4—中间同步活塞;5—主同步活塞;6—正时活塞;
7—进气门;8—主摇臂;9—凸轮轴

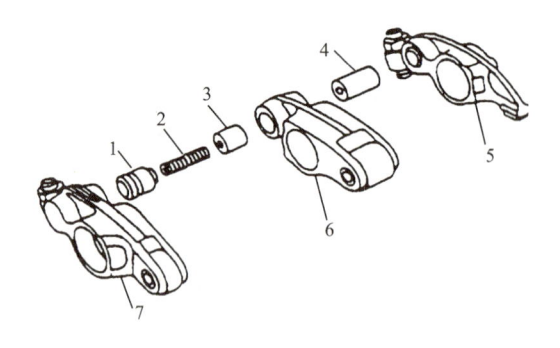

图 3-50 摇臂组件
1—正时活塞;2—正时活塞弹簧;
3—主同步活塞;4—中间同步活塞;
5—次摇臂;6—中间摇臂;7—主摇臂

(2) VTEC 机构的工作原理

VTEC 机构是一种采用一根凸轮轴上设计两种(高速型和低速型)配气正时和气门升程凸轮,利用液压进行切换的装置。ECU 根据传感器提供的发动机转速、发动机负荷、发动机冷却液温度及车速信号,进行分析、计算和处理,向 VTEC 电磁阀输出信号,进而控制油路开闭进行高、低速的切换。其控制原理如图 3-51 所示。

① VTEC 机构不工作时,正时活塞和主同步活塞位于主摇臂油缸内,与中间摇臂等宽的中间同步活塞位于中间摇臂油缸内,次同步活塞则和弹簧一起位于次摇臂油缸内。正时活塞的一端和液压油道相通,油道的开闭由 ECU 通过 VTEC 电磁阀来控制。

② 当发动机处于低速工况时,ECU 无指令,油道内无油压,活塞位于各自的油缸内,各个摇臂均独自做上下运动,如图 3-52 所示。主摇臂紧随主凸轮开闭主进气门,供给发动机在低速工况时所需的可燃混合气;次凸轮迫使次摇臂微微起伏,次进气门微微开闭;中间摇臂虽然随着中间凸轮大幅度运动,但它对任何气门均不起作用。此时发动机处于单进、双排气门工作

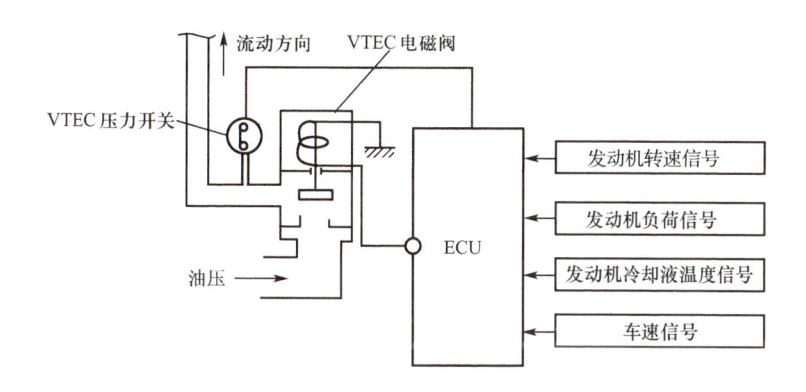

图 3-51 VTEC 机构的控制原理

状态,吸入的可燃混合气不到高速时的一半,发动机的运转十分平稳。

③当发动机高速运行时,即发动机转速为 2 300～3 200 r/min、车速大于 10 km/h、冷却液温度高于 10 ℃,发动机负荷达到一定程度时,ECU 向 VTEC 电磁阀供电以开启工作油道,压力油由工作油道进入油缸,推动活塞,压缩弹簧。主摇臂、中间摇臂和次摇臂被主同步活塞、中间同步活塞和次同步活塞串联为一体,成为一个同步活动的组合摇臂,如图 3-53 所示。因中间凸轮的升程大于另两个凸轮,故组合摇臂随中间摇臂一起受中间凸轮驱动,配气定时提前,主、次气门都大幅度地同步开闭,配气相位处于最佳功率状态,吸入的可燃混合气量增多,可满足发动机高速、大负荷的进气要求。

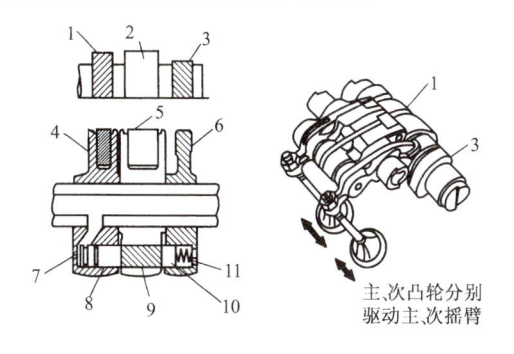

图 3-52 VTEC 机构低速工况
1—主凸轮;2—中间凸轮;3—次凸轮;4—主摇臂;
5—中间摇臂;6—次摇臂;7—正时活塞;8—主同步活塞;
9—中间同步活塞;10—次同步活塞;11—次同步活塞弹簧

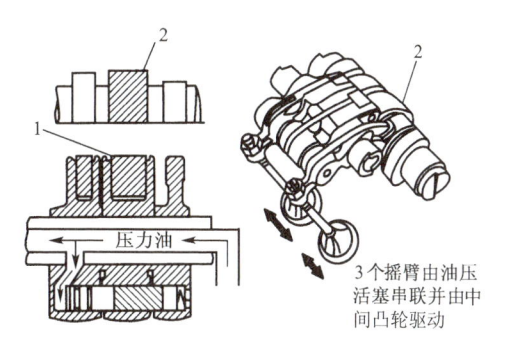

图 3-53 VTEC 机构高速工况
1—中间摇臂;2—中间凸轮

3.5 气门间隙的调整

认知目标 掌握气门间隙的概念及其与发动机工作性能之间的关系。

能力目标 能对气门间隙进行检查与调整。

气门间隙是指发动机冷态装配时在气门与其传动机构之间留有的适当间隙,其值是否符合要求直接影响发动机的工作性能。发动机的气门间隙通常会因配气机构零件的磨损、变形而发生变化。为保证发动机的正常工作,我们必须学会对气门间隙进行检查与调整的方法。

一、气门间隙的概念

发动机的气门间隙是指在冷态装配时预留在气门与其传动机构之间的适当间隙,是为了补偿气门受热后的膨胀量,避免发动机工作时因气门受热膨胀伸长而导致气门关闭不严。气门间隙的类型一般有调整挺柱式、调整垫片式、调整螺钉式,如图3-54所示。

采用液压挺柱的发动机,挺柱的长度能自动变化,随时补偿气门的热膨胀量,因此不需要预留气门间隙。

气门间隙的大小一般由发动机制造厂根据试验确定。通常在冷态时,进气门的间隙为0.25~0.30 mm,排气门的间隙为0.30~0.35 mm。如果间隙过小,发动机在热态下可能发生漏气,导致功率下降,严重时将使气门烧坏。如果间隙过大,则会使传动零件之间以及气门和气门座之间产生撞击而加速磨损,产生异响,同时也会使气门升程减小,气门开启的持续时间缩短,造成进气不充分,排气不彻底。

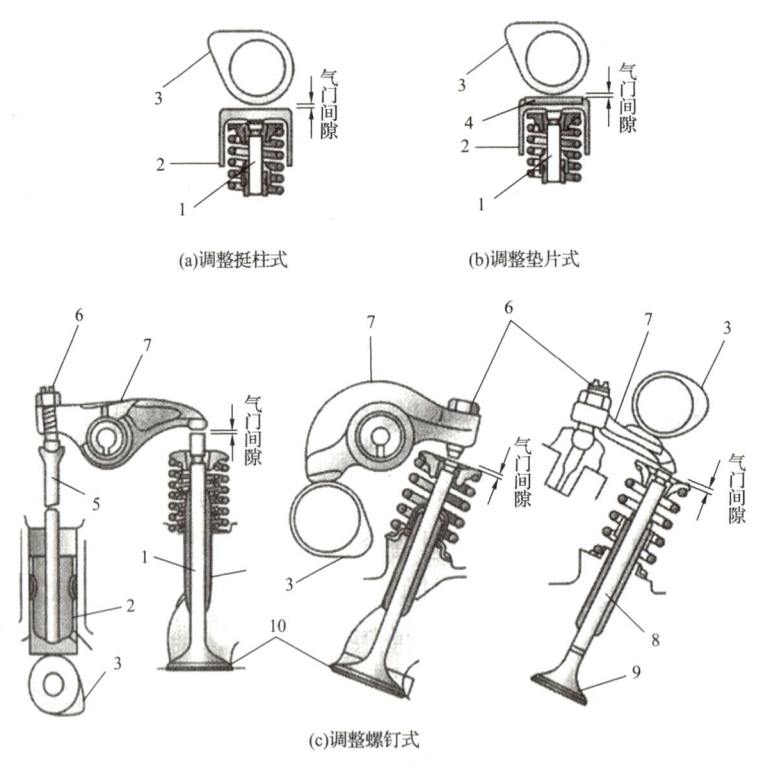

(a)调整挺柱式　　(b)调整垫片式

(c)调整螺钉式

图3-54 气门间隙

1—气门;2—挺柱;3—凸轮;4—调整垫片;5—推杆;6—调整螺钉;
7—气门摇臂;8—气门杆;9—气门锥面;10—气门座

二、气门间隙的调整

气门间隙通常会因配气机构零件的磨损、变形而发生变化。在汽车的使用和维护过程中,应按原厂规定的气门间隙值认真细致地检查和调整气门间隙,以保证发动机的正常工作。部分车型的气门间隙见表3-3。

表3-3　　　　　　　　　　常见汽车发动机的气门间隙　　　　　　　　　　　　mm

发动机型号	进气门		排气门	
	热车	冷车	热车	冷车
南京依维柯		0.50		0.50
天津夏利	0.15		0.15	
天津大发 TJ7100	0.20		0.20	
丰田 M 系列	0.28	0.25	0.35	0.30
三菱 4G33 与 4G32		0.07		0.17
解放 CA6102		0.20～0.30		0.20～0.30
东风 EQ6100-1		0.20～0.25		0.20～0.25
玉柴 YQ6105QC		0.40		0.45

气门间隙的检查与调整应在气门完全关闭、气门挺柱落于凸轮基圆位置时进行。调整时,一般都是采用简单快捷的两次调整法。其调整步骤是:

(1)将第1缸活塞转到压缩行程上止点

通过观察相应正时记号可确定第1缸活塞位于压缩行程上止点位置。

(2)确定进、排气门

①根据气门与所对应的气道、气门大小确定进、排气门,例如,进气门直径大,排气门直径小。

②转动曲轴观察确定进、排气门:当第1缸活塞处于压缩行程上止点时,转动曲轴,观察第1缸的两个气门,先动的为排气门,后动的为进气门,并在同名气门上做标记。然后按做功顺序依次检查各缸,在与第1缸同名的气门上做标记。

(3)将发动机的气缸按做功顺序分组

表3-4～表3-8分别列出了做功顺序不同的发动机的分组情况及可调气门的排列。

表3-4　　　　　　六缸发动机的分组及可调气门的排列

做功顺序	1	5	3	6	2	4
	1	4	2	6	3	5
第1遍(第1缸在压缩行程上止点)	双	排		不	进	
第2遍(第1缸在排气行程上止点)	不	进		双	排	

表3-5　　　　　　四缸发动机的分组及可调气门的排列

做功顺序	1	3	4	2
	1	2	4	3
第1遍(第1缸在压缩行程上止点)	双	排	不	进
第2遍(第1缸在排气行程上止点)	不	进	双	排

表3-6　　　　　　八缸发动机的分组及可调气门的排列

做功顺序	1	5	4	2	6	3	7	8
第1遍(第1缸在压缩行程上止点)	双	排		不		进		
第2遍(第1缸在排气行程上止点)	不	进		双		排		

89

表3-7　　五缸发动机的分组及可调气门的排列

做功顺序	1	2	4	5	3
第1遍（第1缸在压缩行程上止点）	双	排	不	不	进
第2遍（第1缸在排气行程上止点）	不	进	双	双	排

表3-8　　三缸发动机的分组及可调气门的排列

做功顺序	1	2	3
第1遍（第1缸在压缩行程上止点）	双	排	进
第2遍（第1缸在排气行程上止点）	不	进	排

(4) 按照"双排不进"法确定气门间隙的可调性

"双排不进"法的含义是："双"是指气缸的进、排气间隙均可调；"排"是指气缸的排气门间隙可调；"不"是指气缸的进、排气门间隙均不可调；"进"是指气缸的进气门间隙可调。

(5) 分两次检查调整气门间隙

第一次调整：在第1缸活塞压缩行程上止点时，按照"双排不进"法检查调整其可调气门的间隙。

第二次调整：将曲轴转动一周，使第1缸活塞达到排气行程上止点，按照"不进双排"法检查调整余下气门的间隙。

下面以丰田汽车1NZ-FE发动机为例具体介绍气门间隙的检查调整方法。

丰田汽车1NZ-FE发动机是排量为1.5 L的自然吸气、直列四缸、双顶置凸轮轴、全铝合金发动机，该发动机进气侧采用了VVT-i技术。在冷态时，丰田1NZ-FE发动机进气门的间隙为0.15～0.25 mm，排气门的间隙为0.25～0.35 mm。该发动机采用更换挺柱的方法调整气门间隙，具体步骤如下：

① 拆下气门室罩上附件，取下气门室罩。

② 将第1缸活塞转至压缩行程上止点位置。

转动曲轴扭转减振器，将其凹槽对齐链条盖上的正时标记"0"。此时凸轮轴正时链轮和气门正时控制器上的正时标记都朝上，则第1缸活塞处于压缩行程上止点位置，如图3-55所示。

③ 该发动机点火顺序为1—3—4—2，根据表3-5所示，检查第1缸进气门和排气门、第2缸进气门、第3缸排气门的气门间隙，如图3-56所示。

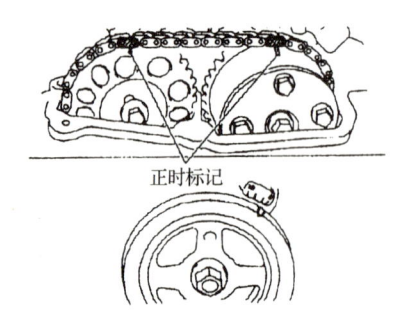

图3-55　曲轴、凸轮轴正时链轮和气门正时控制器正时标记

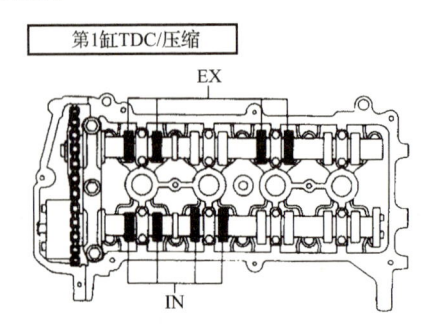

图3-56　第1遍测量气门挺柱与凸轮之间的间隙

该发动机凸轮通过吊杯式挺柱驱动气门。将塞尺插入气门挺柱与凸轮之间[图3-54(a)]，

测量其间隙。如果进气门间隙不符合 0.15~0.25 mm，排气门间隙不符合 0.25~0.35 mm，则需进行记录。它们将用于确定需要更换的挺柱的厚度。

④将第 1 缸活塞转至排气行程上止点位置。

转动曲轴扭转减振器一圈，将其凹槽再次对齐链条盖上的正时标记"0"。如图 3-55 所示，此时第 1 缸活塞处于排气行程上止点位置，第 4 缸活塞处于压缩行程上止点位置。

⑤根据表 3-5 所示，检查图 3-57 所示第 2 缸排气门、第 3 缸进气门、第 4 缸进气门和排气门的气门间隙。记录超出规定的气门间隙测量值。

⑥测量气门间隙不符合规定值的气门挺柱。

按技术规范要求拆下发动机的凸轮轴及正时链条，然后拆下气门间隙不符合规定值的气门挺柱，用千分尺测量拆下的挺柱的厚度，如图 3-58 所示。

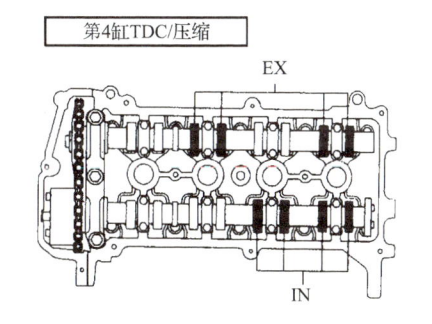

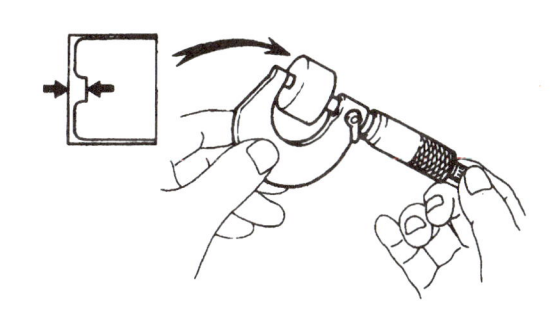

图 3-57　第 2 遍测量气门挺柱与凸轮之间的间隙

图 3-58　挺柱厚度的测量

⑦计算新气门挺柱的厚度，使气门间隙符合规定值。

进气新挺柱厚度＝旧挺柱厚度＋(气门间隙测量值－0.20 mm)

排气新挺柱厚度＝旧挺柱厚度＋(气门间隙测量值－0.30 mm)

⑧选择新气门挺柱，其厚度应尽可能与计算值接近。

丰田汽车 1NZ-FE 发动机挺柱有 35 种尺寸，从 5.06 mm 到 5.74 mm，每种相差 0.02 mm。在挺柱背面标注有挺柱的厚度尺寸。

⑨装上新气门挺柱，装上凸轮轴与正时链条。

装配时注意对正装配标记。

⑩最后，装上气门室罩及其上的附件。

气门间隙的调整还有调整垫片式和调整螺钉式。

调整垫片式[图 3-54(b)]是通过更换不同厚度的调整垫片的方法调整气门间隙。

进气新垫片厚度＝旧垫片厚度＋(气门间隙测量值－进气门规定间隙值)

排气新垫片厚度＝旧垫片厚度＋(气门间隙测量值－排气门规定间隙值)

调整螺钉式[图 3-54(c)]在调整时先用扳手松开调整螺钉的锁紧螺母，将规定厚度的塞尺片插入气门杆端头和摇臂之间，用旋具拧动调整螺钉进行调整，直至拉动塞尺片时感到稍有阻力为止。然后用旋具拧紧调整螺钉，同时用扳手拧紧其锁紧螺母。锁紧螺母锁止后，再用塞尺片对调整后的气门间隙进行复查，确定合格后，按同样方法调整其他气门的气门间隙。

技能训练

实训　气门间隙的检查与调整

一、实训内容

气门间隙检查和调整。

二、实训目的与要求

掌握气门间隙两次调整法。

3.6　配气机构常见故障诊断与排除

能力目标　能对配气机构常见故障进行诊断与排除。

发动机配气机构由于磨损、往复运动频繁、润滑条件差等原因往往容易在工作中产生各种异响。如果出现异响,应注意及时诊断、检查、分析原因直至排除。

一、气门脚异响

1.现象

①发动机怠速时,发出有节奏的"嗒、嗒"声。

②转速增高,异响也随之增高。

③发动机进行断火试验,异响不变。

2.原因

机件磨损或调整不当,使气门间隙过大。

3.诊断与排除

以调整螺钉式气门间隙为例,在气门室一侧听,异响较清晰。为查明是哪一只气门脚异响,可将气门室盖拆下,在怠速时将适当厚度的塞尺片插入可疑的气门脚与调整螺钉间,若异响消失,则为该气门间隙大。

出现该故障后,应对气门间隙重新进行调整。

二、气门漏气

1.现象

发动机启动困难,进气管回火,排气管放炮、冒烟,发动机油耗增加,配气机构出现异响等。

2.原因

①气门与气门座工作锥面磨损、烧蚀或有积炭,气门关闭不良。

②气门与气门导管配合间隙过大,气门杆晃动,导致气门关闭不良。

③气门在气门导管内发涩或卡住,气门不能上下移动。

④气门弹簧折断或弹力不足。

3.诊断与排除

在排除油路、电路故障原因后,可通过测量气缸压缩压力的方法确定该故障。气门漏气的气缸压缩压力偏低。

出现该故障后,应酌情对相关气门组零件进行维修或更换。

三、气门座异响

1.现象

①与气门脚异响相似,但比其声音大,且有忽大忽小的"嚓、嚓"声。

②中速时异响清晰,高速时杂乱。

③单缸断火时,异响不变,有时更明显。

2.原因

①选用材料不当,受热后产生变形而松旷。

②镶配时,选择过盈量不当造成松旷,在工作中因冲击振动而松脱,导致与座孔碰撞。

3.诊断与排除

拆下气门室盖,经检查排除气门脚和气门弹簧异响,可以断定为气门座异响。

出现该故障应重新镶配气门座。

四、气门弹簧异响

1.现象

①发动机怠速时有明显的"嚓、嚓"声。

②各种转速下均有清脆的异响,拆下气门室盖异响更为明显。

2.原因

气门弹簧过软或折断。

3.诊断与排除

拆下气门室盖,用起子撬住怀疑发响的气门弹簧,若该弹簧折断很明显,肉眼观察即可发现;若其过软,异响就会消失。

出现该故障后,应更换气门弹簧。

五、液压挺柱异响

1.现象

①发动机运转时,发出有节奏的"咯、咯"声。

②发动机怠速运转时异响明显,中速以上时减弱或消失。

2.原因

①发动机机油油面过高或过低,致使有气泡的机油进入液压挺柱中,因形成弹性体而产生异响。

②机油压力低。

③液压挺柱失效。

3.诊断与排除

①检查机油油质是否正常。

②检查机油油面,酌情添加或排放,使油量正常。

③检查机油压力是否正常。

④检查液压挺柱是否失效,方法如下:

a.拆下气缸盖罩;

b.旋转曲轴,直到待查的液压挺柱的驱动凸轮向上;

c.用楔形木棒或塑料棒向下压液压挺柱,并用塞尺测量,如果在气门打开前自由行程超过0.1 mm,则应更换液压挺柱。

技能训练

实训　配气机构常见故障诊断与排除

一、实训内容

配气机构常见故障诊断与排除。

二、实训目的与要求

1.熟悉配气机构的常见故障现象。

2.掌握配气机构常见故障诊断与排除的方法和步骤。

强化练习

一、填空题

1.凸轮轴下置式配气机构凸轮轴通过正时齿轮由_____驱动,四冲程发动机一个工作循环凸轮轴转_____周,各气门开启_____次。

2.气门顶置式配气机构凸轮轴的布置有三种形式,分别是_____、_____和_____。

3.气门重叠角是_____和_____之和。

4.气门间隙是指在_____与_____之间的间隙。气门间隙过大,气门开启时刻变_____,关闭时刻变_____。

5.曲轴与凸轮轴之间的传动方式有_____、_____和_____三种。

6.气门弹簧座一般是通过_____或_____固定在气门杆尾端的。

7.检验气门与座圈密封性的方法有_____、_____、_____、_____和_____。

8.凸轮的_____是凸轮检验分类的主要依据。

9.进气门的_____是为了利用气流惯性,增加_____。

10.发动机配气机构中,凸轮的磨损会使气门的_____改变和气门的_____减小。

11.发动机配气机构中,气门与座圈的密封带宽度应符合设计规定,密封带宽度过小,将使气门_____;宽度过大,容易_____。

二、判断题

1.进气门头部直径通常比排气门的大,而气门锥角有时比排气门的小。　　　　(　　)

2.凸轮轴的转速比曲轴的转速快一倍。　　　　(　　)

3.采用液压挺柱的发动机,其气门间隙等于零。　　　　(　　)

4.挺柱在工作时既有上下运动,又有旋转运动。　　　　(　　)

5.气门的最大升程及其在升降过程中的运动规律是由凸轮转速决定的。　　　　(　　)

6.排气持续角是指排气提前角与排气延迟角之和。　　　　(　　)

7.正时齿轮装配时,必须使正时标记对正。　　　　(　　)

8.六缸四冲程发动机的同名凸轮夹角为120°。　　　　　　　　　(　　)

9.一般进气门的气门间隙比排气门的略小。　　　　　　　　　　(　　)

10.在任何时候,发动机同一气缸的进、排气门都不可能同时开启。(　　)

11.凸轮轴的轴向窜动可能会使配气相位发生变化。　　　　　　(　　)

12.气门间隙是指气门与气门座之间的间隙。　　　　　　　　　(　　)

13.进气门关闭不严会引起回火,排气门关闭不严会引起排气管放炮。(　　)

三、单项选择题

1.曲轴与凸轮轴的传动比应为(　　)。

A.1∶1　　　　B.1∶2　　　　C.2∶1　　　　D.2∶2

2.四冲程发动机转速为2 000 r/min时,同一气缸的进气门,在一分钟内开闭的次数应为(　　)。

A.2 000次　　　　　　　　B.1 000次

C.500次　　　　　　　　　D.1 500次

3.若气门间隙过大,则发动机工作时(　　)。

A.气门早开　　　　　　　　B.气门迟开

C.不影响气门开启时刻　　　D.无法确定

4.气门的升程取决于(　　)。

A.凸轮的轮廓　　　　　　　B.凸轮轴的转速

C.配气相位　　　　　　　　D.凸轮轴的安装位置

5.发动机一般排气门的锥角较大,是因为(　　)。

A.排气门热负荷大　　　　　B.排气门头部直径小

C.配气相位的原因　　　　　D.排气门气门间隙大

6.(　　)凸轮轴布置方式最适合于高速发动机。

A.下置式　　　　　　　　　B.上置式

C.中置式　　　　　　　　　D.都可以

7.气门座圈的磨损,将使气门间隙(　　)。

A.增大　　　　B.减小　　　　C.不变　　　　D.无法确定

8.气门传动组零件磨损,配气相位的变化规律是(　　)。

A.晚开晚闭　　　　　　　　B.早开晚闭

C.晚开早闭　　　　　　　　D.早开早闭

9.气门与座圈的密封带应(　　)。

A.位于气门工作锥面的中部位置

B.位于气门工作锥面中间靠气门杆部位置

C.位于气门工作锥面中间靠气门顶面位置

D.与整个工作锥面全接触

10.气门与座圈研磨后的接触环带呈(　　)。

A.白色　　　　B.蓝色　　　　C.灰色　　　　D.黑色

11.气门头部圆柱面的高度不应小于(　　)。

A.0.5 mm　　　B.1.0 mm　　　C.1.5 mm　　　D.2.0 mm

12.发动机工作温度升高后,液压挺柱有效长度(　　)。
  A.变长　　　　　　　　　　　　B.变短
  C.保持不变　　　　　　　　　　D.依机型而定,可能变长也可能变短

13.进、排气门在排气上止点时,(　　)
  A.进气门开、排气门关　　　　　B.排气门开、进气门关
  C.进、排气门同时开启　　　　　D.进、排气门同时关闭

14.做功顺序为 1－3－4－2 的发动机,第 1 缸在压缩行程上止点时,可以检查调整以下气门间隙(　　)
  A.第 3 缸的进、排气门和第 4、2 缸的进气门
  B.第 1、4 缸的进气门和第 2 缸的排气门
  C.第 3 缸的进、排气门和第 4 缸的排气门及第 1 缸的进气门
  D.第 1 缸的进、排气门和第 3 缸的排气门及第 2 缸的进气门

15.双凸轮轴结构不可能出现在下述(　　)结构中。
  A.V 型发动机　　　　　　　　　B.四气门配气方式
  C.侧置气门式　　　　　　　　　D.齿形带传动方式

16.双智能可变气门正时(Dual VVT-i)机构是根据不同的发动机工况来改变(　　)的。
  A.进气门的配气相位　　　　　　B.进、排气门的气门间隙
  C.排气门的配气相位　　　　　　D.进、排气门的配气相位

17.可变气门控制(VTEC)机构在发动机高速运转时(　　)
  A.主、次气门同步开闭　　　　　B.主气门定时开闭,次气门始终关闭
  C.主、次气门异步开闭　　　　　D.次气门定时开闭,主气门始终关闭

四、问答题

1.配气机构的功能是什么?凸轮轴下置、气门顶置式配气机构由哪些零件组成?
2.气门与气门座封闭不良有何后果?
3.气门弹簧起什么作用?为什么在装配气门弹簧时要预先压缩?
4.为什么装有液压挺柱的发动机不需要预留气门间隙?试述液压挺柱的工作过程。
5.在发动机的配气机构中,为什么一般要留气门间隙?气门间隙过大或过小有何危害?
6.如何利用两次调整法调整气门间隙?
7.红旗 CA7560 轿车 8V100 型发动机的配气相位角为:进气提前角 $\alpha=51°$,进气延迟角 $\beta=93°$,排气提前角 $\gamma=90°$,排气延迟角 $\delta=55°$。请回答下列问题:
  (1)何谓配气相位?
  (2)根据题意,画出配气相位图。
  (3)计算进、排气门开启的持续角和气门重叠角。
8.简述本田汽车发动机 VTEC 机构的构造和工作原理。
9.简述丰田汽车发动机 Dual VVT-i 机构的工作过程。
10.试述气门与气门座的配合要求。
11.试分析气门脚、液压挺柱异响等故障的现象、原因、诊断及排除方法。

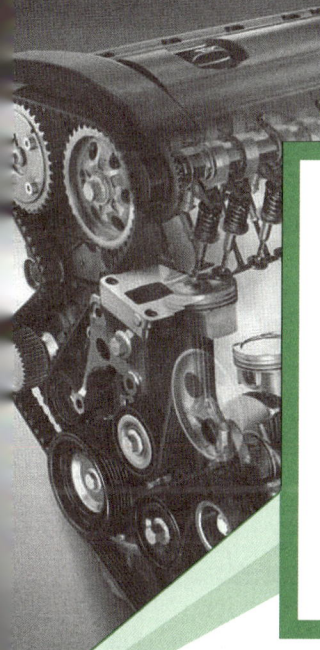

单元 4

汽油喷射式燃料供给系的构造与维修

4.1 汽油机的燃烧过程及可燃混合气浓度对发动机性能的影响

认知目标
1. 了解汽油的性能指标及汽油标号。
2. 掌握可燃混合气浓度的表示方法及其与发动机工况的关系。
3. 了解汽油机的正常燃烧过程与非正常燃烧现象。

能力目标 能判断发动机不同工况对可燃混合气浓度的要求。

汽油机燃料供给系的功能是：根据发动机不同工况的要求，配制出一定数量和浓度的可燃混合气供入气缸，并把燃烧做功后产生的废气排到大气中。

发动机工作时，燃料在气缸中燃烧之前，都要经过雾化和蒸发，并与空气混合形成可燃混合气。可燃混合气的浓度对发动机的动力性、经济性和排放性有很大影响。在深入学习汽油机燃料供给系的构造及维修知识之前，我们必须首先来了解汽油机的燃烧过程及可燃混合气浓度对发动机性能的影响。

一、可燃混合气浓度

可燃混合气中燃料含量的多少称为可燃混合气浓度。可燃混合气浓度通常用空燃比或过量空气系数来表示。

1.空燃比

可燃混合气中的空气质量与燃料质量之比称为空燃比，记作 A/F，即

$$A/F = \frac{可燃混合气中的空气质量}{可燃混合气中的燃料质量}$$

理论上，1 kg 汽油完全燃烧大约需要 14.7 kg 空气，因此称空燃比为 14.7 的可燃混合气为理论可燃混合气（或标准可燃混合气）。若可燃混合气的空燃比小于 14.7，则意味着其中汽油

含量有余,空气含量不足,称之为浓可燃混合气。同理,将空燃比大于14.7的可燃混合气称为稀可燃混合气。

2. 过量空气系数

燃烧1 kg燃料实际供给的空气质量与理论上完全燃烧1 kg燃料所需的空气质量之比称为过量空气系数,记作α,即

$$\alpha = \frac{燃烧1\ kg燃料实际供给的空气质量}{完全燃烧1\ kg燃料所需的理论空气质量}$$

由定义可知:$\alpha=1$的混合气即为理论可燃混合气,$\alpha<1$的混合气为浓可燃混合气,$\alpha>1$的混合气为稀可燃混合气。

二、汽油机的燃烧过程

汽油机的燃烧过程是将燃料的化学能转变成热能的过程,是发动机工作循环中的重要过程。燃烧过程不仅关系到能量转换的效率,还直接影响发动机的动力性、经济性和排放性。

1. 汽油机的正常燃烧

汽油机的正常燃烧过程分为着火延迟期、速燃期、补燃期三个阶段。图4-1为汽油机燃烧过程的示功图,横坐标φ为曲轴转角,纵坐标P为气缸压力。图中粗实线表示点火后气缸压力变化的情况,粗虚线表示不点火时气缸压力变化的情况。

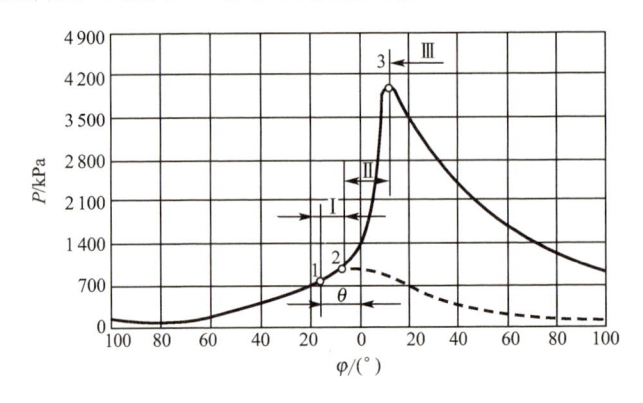

图4-1 汽油机燃烧过程的示功图

Ⅰ—着火延迟期;Ⅱ—速燃期;Ⅲ—补燃期;
1—开始点火;2—形成火焰核心;3—最高压力点

(1)着火延迟期

从开始点火(1点)到形成火焰核心(2点)的时期,称为着火延迟期。这一时期主要进行物理、化学准备,它约占全部燃烧时间的15%。由于可燃混合气存在着火延迟,必须使点火提早到上止点前进行,使气缸内压力在上止点附近达到最大值。火花塞在跳火瞬时到活塞行至上止点时所转过的曲轴转角,称为点火提前角,用θ表示。它对发动机的动力性、经济性和排放性影响极大。

(2)速燃期

从形成火焰核心(2点)开始,到气缸内出现最高压力点(3点)为止,这段时间称为速燃期(又称火焰传播期)。在此时期内,火焰由中心迅速向外传播,直到烧遍整个燃烧室。燃料热能

的绝大部分在此时期放出，气缸中的压力、温度迅速上升，这一时期是燃烧过程的主要阶段。最高压力点(3点)的到达时刻，对发动机的动力性、经济性及压力升高率等都有重大影响。如果过早到达3点，则会使压缩过程负功增大；若过迟到达3点，则膨胀功将减小，同时，燃烧高温时期的传热表面增大。3点的位置可以用点火提前角来调整。

(3)补燃期

从速燃期终了到燃料基本燃烧完的这一段时期称为补燃期(又称后燃期)。部分未来得及燃烧的燃料和燃烧不完全的产物继续燃烧，而燃烧产物中的部分 CO_2 和 H_2O 又会因高温分解成 CO、H_2、O_2 等，并在膨胀过程温度下降时氧化放出热量。

2.汽油机的非正常燃烧现象

汽油机的非正常燃烧现象主要包括爆燃与表面点火。

(1)爆燃

当火花塞点火后，在正常火焰传来之前，燃烧室内离火花塞较远的末端可燃混合气自燃并急速燃烧，产生爆炸性冲击波和尖锐的金属敲击声的现象称为爆燃，爆燃也叫爆震。

汽油机发生爆燃的原因主要是：末端可燃混合气受到不正常的热辐射或压缩等原因，使本身的温度不断升高，出现一个或数个火焰中心，以 100～300 m/s(轻微爆燃)直到 800～1 500 m/s或以上(强烈爆燃)的速度传播火焰，产生高频冲击波撞击燃烧室，发出尖锐金属敲击声，迅速将末端可燃混合气燃烧完毕。

汽油机爆燃时有以下外部特征：

①气缸内有金属敲击声(敲缸)。

②发动机过热(冷却液温度表显示温度过高)。

③在轻微爆燃时，发动机功率略有增加；在强烈爆燃时，发动机不仅功率下降，油耗上升，还会造成机件过载、烧损等危害。

汽油的抗爆性是指汽油在发动机气缸中燃烧时，避免产生爆燃的能力，亦即抗自燃能力，是表示车用汽油品质的一项主要性能指标。发动机选用抗爆性较好的汽油，就可以采用较高的压缩比而不致发生爆燃。抗爆性一般用辛烷值来表示。辛烷值越高，抗爆性越好。国内加油站常见的92号、95号和98号汽油，其标号即为辛烷值。

汽车用户应严格按生产厂家的要求选用相应标号的汽油，才能使发动机发挥出最佳的效能。除说明书以外，汽车生产厂家也会在油箱盖内侧标注推荐使用的燃油标号。

(2)表面点火

由燃烧室内炽热部分(排气门头部、火花塞电极、金属凸出点或积炭等)点燃可燃混合气的现象称为表面点火或炽热点火。

表面点火发生在火花塞点火之前的现象称为早火。由于它提前点火而且热点表面比电火花大，因此燃烧速率加快，气缸压力和温度升高，发动机工作粗暴，并且还会因压缩功增大，向气缸壁传热增加，致使发动机功率下降，火花塞、活塞等零件过热。

表面点火发生在火花塞点火之后的现象称为后火。后火对发动机性能的影响主要体现在其点火时刻的无规律性，破坏燃烧过程的稳定性。

表面点火和爆燃之间也会相互影响。强烈的爆燃，必然增加向气缸壁的传热，从而促成燃烧室炽热点的形成，导致表面点火。表面点火又使气缸压力升高率和最高燃烧压力增大，使未燃的可燃混合气受到较大的压缩和传热,从而促使爆燃发生。

三、可燃混合气浓度对发动机性能的影响

可燃混合气的浓度对发动机的性能影响很大,直接影响发动机的动力性、经济性和排放性。

1. 标准可燃混合气($\alpha=1$)

理论上,标准可燃混合气所含空气量正好可以使燃料完全燃烧。但实际上,由于时间和空间条件的限制,汽油不可能与空气绝对均匀地混合,因此可燃混合气中的汽油是不可能绝对完全燃烧的。

2. 稀可燃混合气($\alpha>1$)

为了保证燃料的充分燃烧,需要供给比理论上稍多一些的空气量,使燃料与空气更容易混合,有助于燃料完全燃烧。对于不同的汽油机,可燃混合气成分一般在 $\alpha=1.05\sim1.15$ 的范围内时,可以获得最好的燃油经济性,这种可燃混合气被称为经济可燃混合气。

可燃混合气过稀时,由于燃烧速度太低,损失热量过多,往往会造成发动机温度过高。严重过稀时,燃烧可延续到下一个循环的进气过程的开始,此时进气门已经开启,火焰将回传到进气管,引起进气管"回火"。当可燃混合气稀到 $\alpha=1.3\sim1.4$ 时,火焰无法传播,导致发动机熄火,此 α 值称为火焰传播下限。

3. 浓可燃混合气($\alpha<1$)

当可燃混合气中汽油含量较多时,汽油分子密集,燃烧速度加快,压力大,热损失少,功率有所增加。对于不同的汽油机,可燃混合气成分一般在 $\alpha=0.85\sim0.95$ 的范围内时,可以获得最好的动力性,这种可燃混合气被称为功率可燃混合气。

功率可燃混合气中空气含量不足,必然有一部分汽油不能完全燃烧,导致发动机的经济性较差。可燃混合气过浓时,由于燃烧很不完全,产生大量的 CO,造成气缸盖、活塞顶和火花塞积炭,排气管冒黑烟,排气污染严重。废气中的 CO 甚至可能在排气管中被高温废气引燃,发生排气管"放炮"现象。当可燃混合气浓到 $\alpha=0.4\sim0.5$ 时,火焰无法传播,导致发动机熄火,此 α 值称为火焰传播上限。

由以上分析可知,为了保证汽油机稳定可靠地运转,汽油机在稳定工况下所用可燃混合气浓度一般应在 $\alpha=0.8\sim1.2$ 的范围内调节。对于特定的汽油机,究竟应照顾动力性的要求,还是照顾经济性的要求,或者二者适当兼顾,要根据发动机的具体工况进行具体分析。

四、发动机各工况对可燃混合气浓度的要求

发动机的工况是其工作情况的简称,它主要包括发动机的转速和负荷情况。作为车用汽油机,工况变化范围很大,例如,超车、刹车、高速行驶、在信号灯下怠速运转或起步、满载爬坡等。发动机不同工况对可燃混合气的浓度有不同要求。

1. 稳定工况对可燃混合气浓度的要求

稳定工况是指发动机已经预热,转入正常运转,并且在一定时间内工况没有突然变化。它可分为怠速、小负荷、中等负荷、大负荷和全负荷等,各种负荷下发动机的转速也不同。

(1)怠速工况

怠速工况是指发动机处于最低稳定转速时的工况,此时发动机不对外输出动力,做功行程产生的动力只用来克服发动机的内部阻力,维持发动机以最低稳定转速运转。汽油机怠速转速一般在 800 r/min 左右。

在怠速工况下,进入气缸内的可燃混合气很少,气缸内残余废气对可燃混合气稀释严重,而且转速低,空气流速小,汽油雾化和蒸发不良,可燃混合气不均匀。因此,要求供给浓而少的可燃混合气,一般 $\alpha=0.6\sim0.8$。

(2)小负荷工况

发动机节气门开度在 25% 以下时称为小负荷工况。由于小负荷时,可燃混合气的数量比怠速时有所提高,废气对可燃混合气的稀释作用也有所减弱,因而可燃混合气浓度可以略微减小,一般 $\alpha=0.7\sim0.9$。

(3)中等负荷工况

发动机节气门开度在 25%~85% 时称为中等负荷工况。由于进入气缸的可燃混合气数量增多,所以燃烧条件较好。汽车发动机大部分的时间处在中等负荷下工作,为提高其经济性,应供给较稀的可燃混合气,一般 $\alpha=0.90\sim1.15$。

(4)大负荷和全负荷工况

发动机节气门开度在 85% 以上时称为大负荷工况,节气门开度为 100% 时称为全负荷工况。此时,为了克服较大的外部阻力,要求发动机发出尽可能大的功率。因此,应供给质浓量多的功率可燃混合气,一般 $\alpha=0.85\sim0.95$。

2.过渡工况对可燃混合气浓度的要求

汽车在运行中常遇到的过渡工况有冷启动、暖机和加速等几种。

(1)冷启动工况

冷启动时,发动机温度低,汽油蒸发困难,只有供给极浓的可燃混合气(一般 $\alpha=0.4\sim0.6$),才能保证进入气缸内的可燃混合气中有足够的汽油蒸气,以利于发动机启动。

(2)暖机工况

暖机一般是指冷启动后,发动机的温度逐渐升高到正常工作温度的过程。在暖机过程中,可燃混合气的浓度应随温度升高而减小,从启动时的极浓减小到稳定怠速运转所要求的浓度为止。

(3)加速工况

急加速(如超车)时,节气门迅速开大,要求发动机的动力迅速提高,然而在急剧开大节气门的瞬间,空气流量大增,使可燃混合气暂时过稀,反而使发动机的动力下降甚至熄火。因此,在急加速时,必须额外增加供油,加浓可燃混合气,以满足发动机急加速的要求。

通过上述分析,可以看出:

①发动机的工况是复杂的,各工况对可燃混合气的浓度要求不同。

②启动、怠速、大负荷和全负荷、加速运转时,要求供给浓可燃混合气。

③小负荷和中等负荷运转时,随着节气门开度由小变大,要求供给由较浓逐渐变稀的可燃混合气。

4.2 汽油机电控燃油喷射系统的组成及工作原理

认知目标 / 熟悉汽油机电控燃油喷射系统的类型、基本组成及工作原理。

能力目标 / 能对照实物说出汽油机电控燃油喷射系统的基本组成及工作原理。

汽油机的燃油喷射是用喷油器将一定数量和压力的汽油直接喷射到气缸或进气歧管中，与进入的空气混合形成可燃混合气。其目的是提高汽油的雾化质量，改进燃烧质量，同时对可燃混合气空燃比进行精确控制，使发动机在任何工况下都处于最佳工作状态，以改善汽油机的性能。汽油机的燃油喷射系统经历了从机械控制型（K型）到机电混合控制型（KE型）再到电控型（E型）的发展，目前电控燃油喷射系统已被世界各国汽车广泛采用。我们必须掌握汽油机电控燃油喷射系统的基本组成及工作原理。

一、电控燃油喷射系统的分类

电控燃油喷射的英文简称为 EFI(Electronic Fuel Injection)，人们也常把电控燃油喷射系统简称为燃油喷射系统。

1. 按喷射位置分类

按喷射位置的不同，电控燃油喷射系统可分为进气管喷射方式和缸内直接喷射方式两种类型。

（1）进气管喷射

目前汽车上应用的电控燃油喷射系统大都是进气管喷射方式。进气管喷射方式也称缸外喷射，其喷油器喷射压力一般为 0.20～0.35 MPa。按喷油器数量的不同，进气管喷射方式可分为单点喷射和多点喷射。

① 单点喷射(SPI)：SPI 在节气门体上装一个中央喷射装置，用一个或两个喷油器集中喷射燃油。

② 多点喷射(MPI)：MPI 将喷油器布置在进气歧管内，即每一个气缸的进气门后方有一个喷油器喷射燃油，因此又称为多气门喷射系统。

（2）缸内直接喷射

汽油机缸内直接喷射技术是指将喷油器直接安装在燃烧室内，把燃油直接喷入气缸内，配合气缸内组织的气体流动形成可燃混合气，容易实现分层燃烧和稀可燃混合气燃烧，可进一步改善汽油机的经济性和排放性。汽油机缸内直喷技术将在本单元 4.7 中介绍。

2. 按喷射方式分类

按喷射方式不同，电控燃油喷射系统可分为连续喷射方式和间歇喷射方式。

连续喷射方式是指在发动机运转期间，汽油连续不断地喷入进气道内，且大部分汽油是在进气门关闭时喷射的，因此大部分汽油在进气道内蒸发。目前，这种方式已被淘汰。

间歇喷射方式是指在发动机运转期间，将汽油间歇地喷入进气道内。在采用间歇喷射方式的多点电控燃油喷射系统中，按各缸喷油器的喷射顺序又可分为同时喷射、分组喷射和顺序喷射。

(1)同时喷射

在发动机运转期间,各缸喷油器同时开启或关闭,由电控装置的同一个喷油指令控制所有的喷油器同时动作。

(2)分组喷射

将各缸喷油器分成几组交替喷射,由电控装置发出多路喷油指令,每路指令控制一组喷油器,通常四缸发动机分为两组,六缸发动机分为三组。

(3)顺序喷射

各喷油器由电控装置分别控制,适时发出各缸的喷油脉冲信号,按发动机各缸的工作顺序依次喷射。

3.按对进气量的计量方式分类

按对进气量的计量方式不同,电控燃油喷射系统可分为D型喷射系统和L型喷射系统。

(1)D型喷射系统

"D"是德语Druck(压力)的首字母。D型喷射系统利用进气歧管绝对压力传感器检测进气管内的绝对压力,电控单元根据进气歧管内的绝对压力和发动机转速推算发动机的进气量,再根据进气量和发动机转速确定基本喷油量。

(2)L型喷射系统

"L"是德语Luft(空气)的首字母。L型喷射系统利用空气流量计直接测量发动机的进气量,电控单元不必进行推算,即可根据空气流量计信号计算相应的喷油量。

从测量发动机进气量的角度来讲,D型喷射系统属于间接测量系统,L型喷射系统属于直接测量系统。由于L型喷射系统消除了推算进气量的误差影响,因此其计算的准确度高于D型喷射系统,对可燃混合气浓度的控制更为准确。

二、电控燃油喷射系统的基本组成与工作原理

电控燃油喷射系统虽然种类较多,但其基本组成与工作原理基本相同,都是由空气供给系统、燃油供给系统、电子控制系统和排气系统组成的,如图4-2所示。

1.空气供给系统

空气供给系统的功能是:向发动机提供与发动机负荷相适应的、清洁的空气,同时对流入发动机气缸的空气量进行直接(L型喷射系统)或间接(D型喷射系统)计量,使它们在系统中与喷油器喷出的燃油形成空燃比符合要求的可燃混合气。空气供给系统的工作原理如图4-3所示。

在图4-3(a)所示的L型喷射系统中,发动机工作时,空气经过空气滤清器的过滤后,通过空气流量计、节气门体进入进气总管,再通过进气歧管分配给各缸。节气门体中设有节气门,用以控制进入发动机的空气量,从而控制发动机的输出功率。在采用旁通式怠速控制系统的发动机上,节气门体的外部或内部设有与主进气道并联的旁通进气通道,由怠速控制阀控制怠速时的进气量。

在图4-3(b)所示的D型喷射系统中,进气歧管绝对压力传感器测量的是进气歧管内的绝对压力。

2.燃油供给系统

燃油供给系统的功能是:供给喷油器一定压力的燃油,喷油器则根据ECU的指令喷油,

103

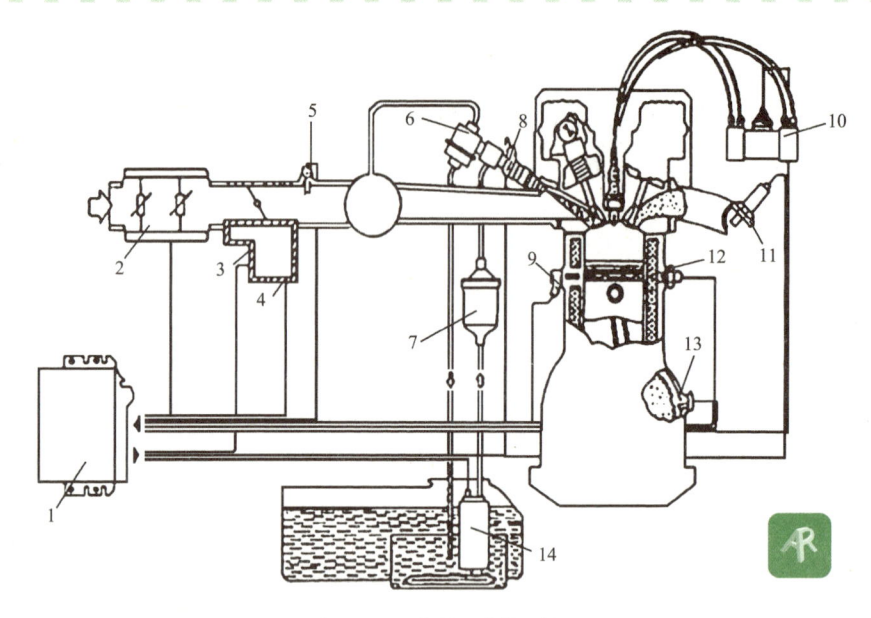

图 4-2 电控燃油喷射系统

1—电子控制单元(ECU)；2—热线式空气流量计；3—怠速控制装置；4—节气门位置传感器；
5—进气温度传感器；6—燃油压力调节器；7—汽油滤清器；8—喷油器；9—爆震传感器；10—点火线圈；
11—氧传感器；12—冷却液温度传感器；13—曲轴位置传感器；14—电动燃油泵

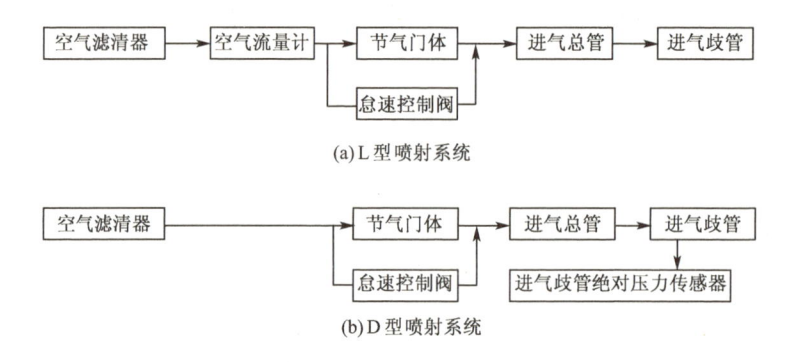

(a) L 型喷射系统

(b) D 型喷射系统

图 4-3 空气供给系统的工作原理

其工作原理如图 4-4 所示。

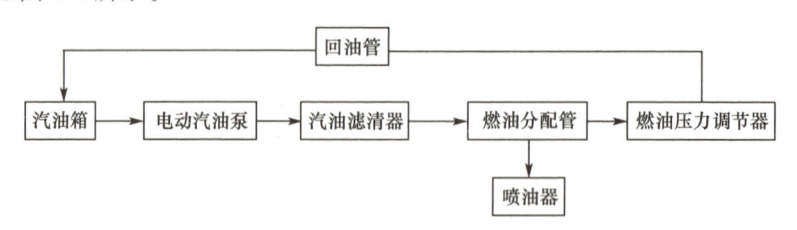

图 4-4 燃油供给系统的工作原理

发动机工作时，电动汽油泵把汽油从汽油箱中泵送出去，经汽油滤清器除去杂质和水分后，流入燃油分配管，然后分送到各个喷油器。燃油分配管上装有燃油压力调节器，对燃油压力进行调节，多余的燃油经燃油压力调节器流回汽油箱。有些发动机在燃油输送通道中还装有燃油压力脉动阻尼器，用以削减燃油的脉动现象。

单元4　汽油喷射式燃料供给系的构造与维修

3.电子控制系统

电子控制(简称电控)系统主要由传感器、电控单元(ECU)和执行元件(执行器)三大部分组成,其主要作用是根据发动机和汽车不同的运行工况,确定发动机的最佳喷油量,检测各传感器的工作,并储存和输出工作参数,其工作原理如图4-5所示。

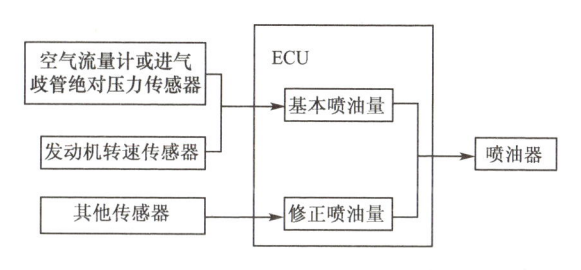

图4-5　电子控制系统的工作原理

ECU根据空气流量信号(或进气歧管绝对压力信号)和发动机转速信号确定基本喷油量,再根据其他传感器(如冷却液温度传感器、节气门位置传感器等)信号对喷油量进行修正,并按最后确定的喷油量向喷油器发出指令,使喷油器喷油(通电)或断油(断电)。

4.排气系统

排气系统根据发动机各缸的工作循环和工作顺序,和配气机构一起配合工作,及时地将废气安全地排入大气。排气系统主要包括排气歧管、排气消声器等。

技能训练

实训　电控燃油喷射系统的总体结构与原理认识

一、实训内容

电控燃油喷射系统的总体布置及结构认识。

二、实训目的与要求

1.了解电控燃油喷射发动机的总体布置及基本组成。

2.理解电控燃油喷射发动机的工作原理。

4.3　空气供给系统的构造与维修

认知目标　掌握空气供给系统主要部件的构造与工作原理。

能力目标　能在汽车上找出空气滤清器、空气计量装置和节气门体等部件,能对这些部件进行检修。

电控发动机的空气供给系统的主要功用是提供并计量进入发动机气缸的空气量。作为汽油机燃料供给系的主要组成部分,其工作是否正常与发动机的工作性能紧密相关。当该系统工作出现异常时发动机会出现动力下降、排放恶化、油耗增加、工作不稳定等现象,甚至使发动机无法运行。为了正确判断和排除故障,我们必须掌握该系统主要部件的工作原理及检修方法。

汽油机电控燃油喷射系统的空气供给系统主要包括空气滤清器、空气计量装置、节气门体、怠速控制阀、进气总管、进气歧管等。怠速控制阀将在单元5中具体介绍。

一、空气滤清器

空气滤清器的功用是滤除流向进气通道的空气中的尘土、砂粒和吸收空气中的水分,以减少气缸、活塞和活塞环的磨损。另外,空气滤清器也有消减进气噪声的作用。对空气滤清器的基本要求是滤清能力强,进气阻力小,维护周期长,价格低廉。

1.常用空气滤清器

纸质干式空气滤清器是目前广泛使用的一种空气滤清器,其结构组成如图4-6所示。

滤芯1是用树脂处理的微孔滤纸做成的,拧紧的蝶形螺母4把滤芯紧固在滤清器上,滤芯的上、下密封面9和8分别与滤清器盖3及滤清器外壳2底部的配合面贴紧,实现密封。打褶滤纸7用于增大滤芯的过滤面积和减小滤芯阻力。滤芯外面是多孔的金属网6,用来保护滤芯在运输和保管过程中不使滤纸破损。发动机工作时,空气由滤芯的周围穿过滤纸进入滤芯中心,经进气管流向气缸。

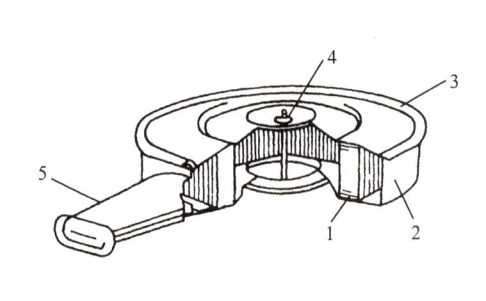

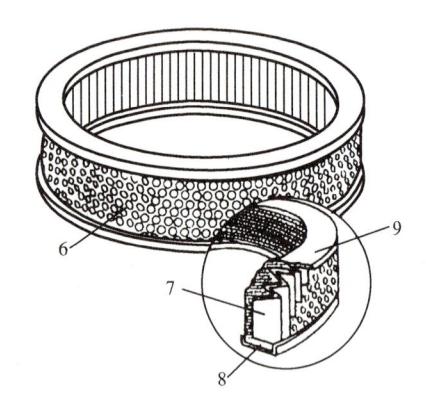

图4-6 纸质干式空气滤清器

1—滤芯;2—滤清器外壳;3—滤清器盖;4—蝶形螺母;
5—进气导流管;6—金属网;7—打褶滤纸;8—滤芯下密封面;9—滤芯上密封面

2.空气滤清器的维护

一般汽车每行驶15 000 km,应对空气滤清器进行一次维护。

维护空气滤清器时,拧下蝶形螺母或掰开锁扣,拆下滤清器盖,然后取出密封圈和滤芯。检查滤芯,若粘有油污或破损,则应更换新的滤芯。对能继续使用的滤芯,可以轻轻磕打将灰尘震掉,也可用压缩空气从里向外吹掉灰尘,如图4-7所示。

安装空气滤清器时,应注意将密封垫正确装在原位,以免不清洁的空气进入气缸。橡胶密封垫容易老化或损坏,老化或损坏的密封垫须更换新件。

图4-7 空气滤清器的清洁

二、空气流量计（MAF）

在 L 型喷射系统中，由空气流量计检测吸入发动机内的空气量。空气流量计的类型主要有旋转翼片式空气流量计、卡门旋涡式空气流量计、热线式空气流量计和热膜式空气流量计。目前普遍采用的是热线式空气流量计和热膜式空气流量计，下面介绍这两种类型的空气流量计。

1.热线式空气流量计

（1）结构

热线式空气流量计的结构如图 4-8 所示。它主要由采样管、热线电阻、温度补偿电阻、控制回路及空气流量计外壳等组成。根据热线电阻在壳体内安装部位的不同，可分为主流测量方式和旁通测量方式。

主流测量方式的热线式空气流量计的采样管置于主空气通道中央，两端装有金属防护网，防护网用卡箍固定在壳体上，采样管由两个塑料护套和一个热线支承环构成。热线电阻为直径 70 μm 的铂金属丝，布置在热线支承环内，其阻值随温度变化，是惠斯顿电桥的一个电阻臂 R_H，如图 4-9 所示。热线支承环前端的塑料护套上安装一个白金薄膜电阻，其阻值随进气温度变化，称为温度补偿电阻，是惠斯顿电桥的另一个电阻臂 R_K。热线支承环后端的塑料护套上安装有一个精密电阻，是惠斯顿电桥的又一个电阻臂 R_A，该电阻上的电压信号就是热线式空气流量计的输出信号。惠斯顿电桥上的另一个电阻臂 R_B 安装在控制回路上，该电阻在最后调试试验中需用激光修整，以便对设定空气流量下的空气流量计的输出特性进行校正。

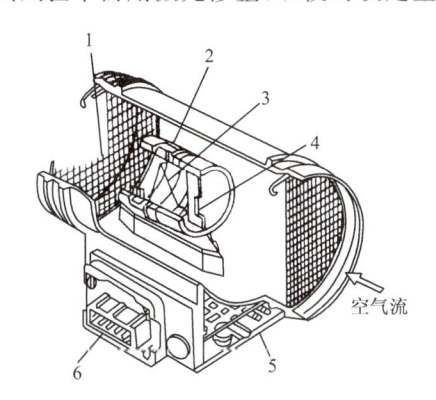

图 4-8 热线式空气流量计的结构
1—防护网；2—采样管；3—热线电阻；
4—温度补偿电阻；5—控制回路；6—线束插接器

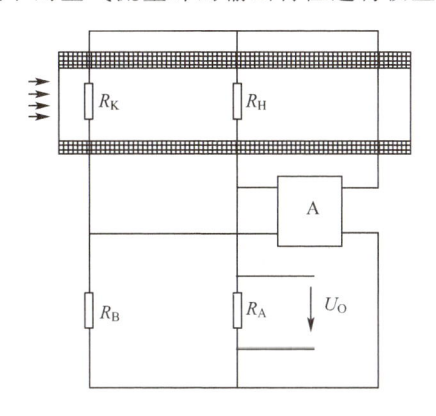

图 4-9 热线式空气流量计的工作原理
A—混合集成电路；R_H—热线电阻；R_K—温度补偿电阻；R_A—精密电阻；R_B—电桥电阻

旁通测量方式的热线式空气流量计与主流测量方式的热线式空气流量计在结构上的主要区别在于：将热线电阻和温度补偿电阻安装在空气旁通道上。

（2）工作原理及检修

热线式空气流量计的工作原理如图 4-9 所示。

假设在空气中放置一个发热体，该发热体因向周围空气放热而冷却。流经该发热体的空气量越多，其传热量越大，热线式空气流量计就是利用发热体和空气的这种传热现象来测量发动机进气量的。

在热线式空气流量计中,控制回路的作用就是利用惠斯顿电桥平衡原理来控制热线电阻温度与进气温度的差值保持在 100 ℃。当发动机的负荷增加时,进气量增加,被带走的热量也随之增加,使热线电阻迅速冷却,其阻值也随之下降,惠斯顿电桥失去平衡。此时,控制回路会自动增加供给热线电阻的电流,使其恢复到原来的温度和阻值,直至惠斯顿电桥恢复平衡。控制回路所增加的电流大小取决于热线电阻被冷却的程度,即进入的空气质量流量的多少。在这个调节过程中,由于流过惠斯顿电桥四个桥臂的电流发生变化,因此电桥的精密电阻 R_A 两端将输出一个与空气流量成比例变化的信号电压 U_0。信号电压 U_0 被输送到发动机 ECU,经分析、比较和计算后,确定气缸的实际进气量。

装用热线式空气流量计的电控燃油喷射系统,可直接测量进入发动机的空气质量流量,一般不需要根据进气温度和大气压力对空气流量进行补偿。

此外,由于这种空气流量计基于热线电阻表面与空气的热传导,热线电阻上的任何污染都会造成测量误差,因此该控制回路具有"自洁"功能:发动机转速超过 1 500 r/min,关闭点火开关使发动机熄火后,控制回路会自动提供自洁电流,使热线电阻迅速升温到 1 000 ℃,并保持约 1 s,以便将黏附在热线电阻表面的污物烧掉。

日产千里马汽车发动机热线式空气流量计的电路如图 4-10 所示。

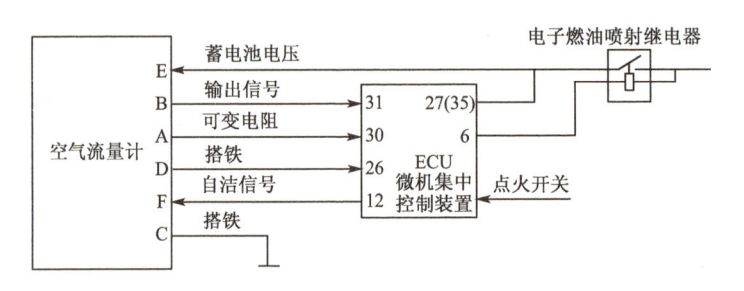

图 4-10 热线式空气流量计的电路图

点火开关接通时,经电子燃油喷射继电器给空气流量计的 E 端子提供蓄电池电压,空气流量信号经 B 端子输送给 ECU,A 端子为调整一氧化碳的可变电阻的输出端子,D 端子提供 ECU 搭铁,C 端子为直接搭铁端子。关闭点火开关时,ECU 通过 F 端子给空气流量计输送自洁信号。在使用中,对热线式空气流量计主要检查相应端子之间的电压:点火开关接通,但不启动发动机时,分别测量 E 端子与 D 端子、E 端子与 C 端子之间的电压,二者均应为蓄电池电压,否则说明电源线路或搭铁线路有故障;测量 B 端子与 C 端子之间的电压,发动机不工作时应为 2~4 V,发动机工作时应为 1.0~1.5 V;发动机达到正常工作温度、转速超过 1 500 r/min 后,测量 F 端子与 D 端子之间的电压,关闭点火开关时,电压应回零并在 5 s 后又跳跃上升,1 s 后再回零,否则说明自洁信号不良。

2.热膜式空气流量计

热膜式空气流量计如图 4-11 所示。其结构和工作原理与热线式空气流量计基本相同。只是将发热体由热线电阻改为热膜。热膜是由发热金属铂固定在薄的树脂膜上构成的,制造成本低。这种结构可使发热体不直接承受空气流所产生的作用力,增加了发热体的强度,提高了空气流量计的使用寿命。

单元 4　汽油喷射式燃料供给系的构造与维修

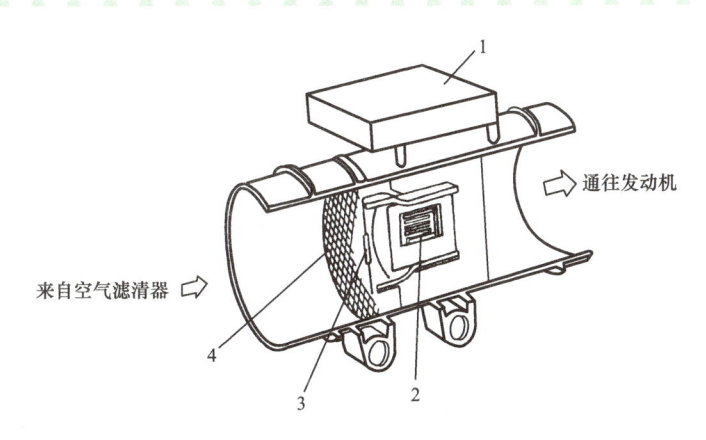

图 4-11　热膜式空气流量计
1—控制回路；2—热膜；3—进气温度传感器；4—金属网

三、进气歧管绝对压力传感器（IMAPS）

在 D 型喷射系统中，由进气歧管绝对压力传感器测量进气歧管压力，并将信号传给 ECU，作为燃油喷射和点火控制的主控信号。进气歧管绝对压力传感器简称进气绝对压力传感器或进气压力传感器。

进气绝对压力传感器种类较多，根据其信号产生的原理可分为半导体压敏电阻式、电容式、膜盒传动的可变电感式和表面弹性波式等，其中半导体压敏电阻式和电容式应用较多。

1. 半导体压敏电阻式进气歧管绝对压力传感器

（1）结构

半导体压敏电阻式进气绝对压力传感器是利用半导体的压电效应来测量进气歧管绝对压力的，由压力转换元件和把转换元件输出信号进行放大的混合集成电路等构成，如图 4-12 所示。

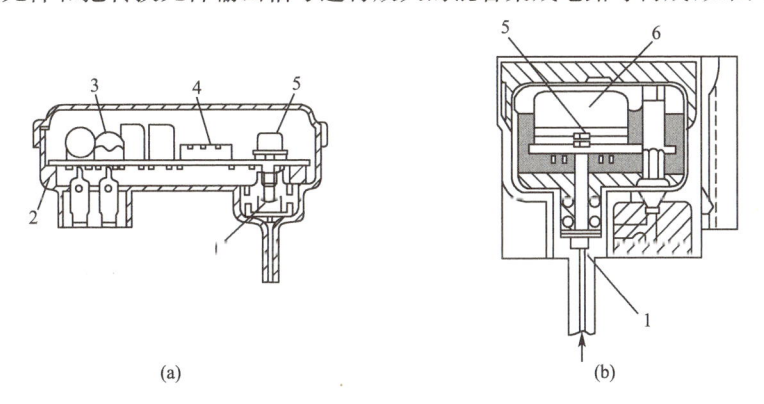

图 4-12　半导体压敏电阻式进气绝对压力传感器的结构
1—滤清器；2—塑料外壳；3—过滤器；4—混合集成电路；5—压力转换元件；6—真空室

压力转换元件是利用半导体的压电效应的硅膜片（3 mm×3 mm 的正方形），其一面是真空室，而另一面则导入进气歧管压力。其中部经光刻腐蚀形成直径约 2 mm、厚约 50 μm 的薄膜，薄膜周围安装有四个应变电阻，且以惠斯顿电桥方式连接而成。

109

（2）工作原理及检修

半导体压敏电阻式进气歧管绝对压力传感器的工作原理如图 4-13 所示。

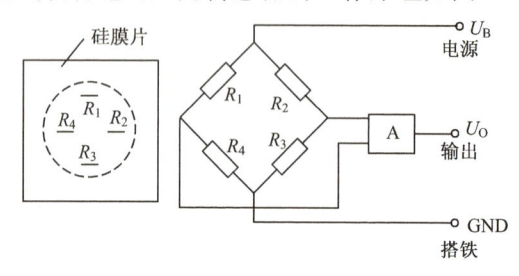

图 4-13　半导体压敏电阻式进气歧管绝对压力传感器的工作原理

封装在真空室内的硅膜片，由于一侧受进气歧管压力的作用，另一侧是真空，因此在进气歧管压力发生变化时，硅膜片产生变形，使附着在其上的应变电阻的阻值改变，导致输出电压发生变化。集成电路将这一电压进行放大处理，作为进气歧管绝对压力信号送给 ECU。ECU 根据进气歧管绝对压力信号和发动机的转速信号，计算出发动机进气量，从而确定基本喷油量。

进气歧管绝对压力越大，硅膜片受力越大，输出的信号越强烈。该传感器的输出信号电压具有随进气歧管绝对压力的增大呈线性增大的特性。由于输出信号较弱，因此需要混合集成电路进行放大后再输出。

半导体压敏电阻式进气歧管绝对压力传感器具有尺寸小、精度高、成本低、响应性好、通用性强和测量范围广等优点。

丰田汽车发动机进气绝对压力传感器电路如图 4-14 所示。ECU 通过 VCC 端子给传感器提供标准 5 V 电压，传感器信号经 PIM 端子输送给 ECU，E_1 为搭铁端子。

在使用中，将点火开关转至"ON"位置，检查传感器电源电压（ECU 的 VCC 端子与 E_2 端子之间的电压），应约为 5 V，否则应检查 ECU 或其连接线路是否有故障。拆开传感器与进气管的连接软管，用手动真空泵给传感器施加真空度，测量传感器输出的信号电压（ECU 的 PIM 端子与 E_2 端子之间的电压），输出的电压应随着真空度的增加（绝对压力下降）而下降，否则应更换传感器。

2. 电容式进气歧管绝对压力传感器

电容式进气歧管绝对压力传感器主要利用传感器的电容效应来测量进气歧管绝对压力，其结构如图 4-15 所示，主要由氧化铝膜片及厚膜电极等构成。

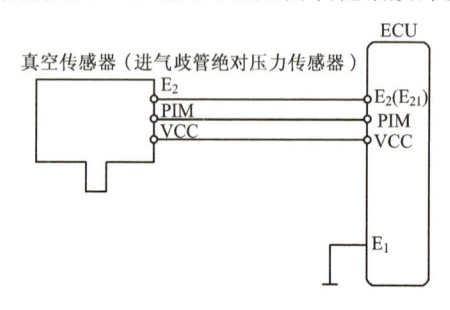

图 4-14　进气歧管绝对压力传感器电路图 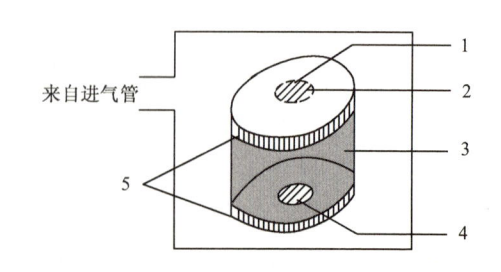　　图 4-15　电容式进气歧管绝对压力传感器的结构

1、4—电极引线；2—厚膜电极；3—绝缘介质；5—氧化铝膜片

压力转换元件由可产生电容效应的厚膜电极构成,它被附在氧化铝膜片上。发动机进气歧管绝对压力的变化,可使氧化铝膜片产生变形,导致传感器电极的电容产生相应变化,引起与其相关的振荡电路的振荡频率发生相应变化。ECU 根据传感器输出信号的频率便可感知进气歧管绝对压力。其信号频率和进气歧管绝对压力值成正比,该频率为 80~120 Hz。

四、节气门体

1.节气门体的构造

节气门体安装在进气管中,用以控制发动机正常工作下的进气量。它包括节气门、怠速空气道以及节气门位置传感器等。

D 型多点燃油喷射系统的节气门体如图 4-16 所示。节气门位置传感器安装在节气门轴上,用来检测节气门的开度。ECU 通过怠速控制阀来控制怠速空气道的流通面积,以根据需要调节发动机怠速时的进气量。节气门限位螺钉用来调节节气门的最小开度。在发动机工作时,冷却液通过加热水管流经节气门体,用于冷机时预热节气门体,以改善低温时的使用性能。

注意:在装有节气门限位螺钉的节气门体上,使用中一般不允许调整节气门限位螺钉,除非怠速控制阀发生故障而又无法及时修复,才可通过

图 4-16 D 型多点燃油喷射系统的节气门体
1—节气门体衬垫;2—节气门限位螺钉;3—螺钉孔护套;
4—节气门体;5—加热水管;6—节气门位置传感器;
7、10—螺钉;8—怠速控制阀;9—密封圈

调整节气门最小开度来保持发动机怠速运转,故障排除后,应将节气门限位螺钉调回原位。

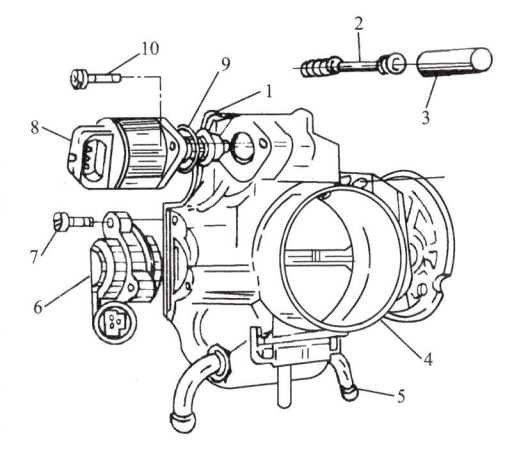

在单点燃油喷射系统中,喷油器和燃油压力调节器等也安装在节气门体上,其结构要比多点燃油喷射系统的节气门体复杂。单点燃油喷射系统的节气门体如图 4-17 所示。其真空管接头和通活性炭罐管接头用于燃油蒸发排放控制系统。

当迅速松开加速踏板时,节气门在回位弹簧作用下会立刻回到关闭位置。这样发动机进气量会迅速减少,将造成减速冲击,甚至熄火。为防止出现这种情况,安装了节气门缓冲器,以使节气门关闭得平稳些。

目前,电控发动机多采用电子节气门控制装置(ETCS),它主要由节气门、加速踏板、加速踏板位置传感器、节气门位置传感器、节气门驱动机构(包括电动机和机械传动机构)等组成,如图 4-18 所示。

驾驶员踩下加速踏板时,加速踏板位置传感器产生相应电压信号输入发动机 ECU,发动机 ECU 判断出基本的节气门开度值,同时根据发动机转速、自动变速器挡位、空调压缩机负载等其他各种传感器信号对基本节气门开度值进行修正,确定最佳节气门开度参数,并向节气门驱动机构发出指令,由节气门驱动机构据此将节气门调整到适当开度。节气门位置传感器随时监测节气门的位置并把节气门开度信号反馈给 ECU,使 ECU 对节气门开度进行反馈控制。

电子节气门取消了传统节气门与加速踏板之间所采用的拉锁或杠杆机构等直接机械连接,在电子控制机构的控制下,通过节气门上的电动机驱动节气门,实现节气门的快速精确控制。

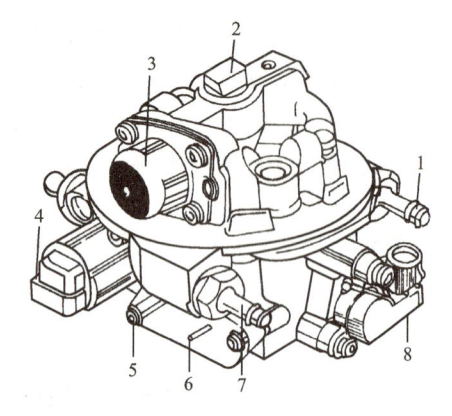

图 4-17　单点燃油喷射系统的节气门体
1—进油管接头；2—喷油器；3—燃油压力调节器；
4—怠速控制阀；5—通活性炭罐管接头；6—真空管接头；
7—回油管接头；8—节气门位置传感器

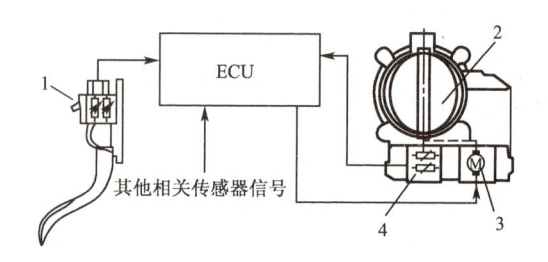

图 4-18　电子节气门控制装置
1—加速踏板位置传感器；2—节气门；
3—电动机；4—节气门位置传感器

2.节气门体的检修

节气门体是空气供给系统的重要部件,在维修时应检查节气门体内是否有积垢或结胶,必要时用专用清洗剂进行清洗。

注意:绝对不允许用砂纸或刮刀等清理积垢或结胶,以免损伤节气门体内腔,导致节气门体关闭不严或改变空气道尺寸,影响发动机正常工作。

五、进气总管

进气总管是指空气滤清器至进气歧管之间的管道。为了提高发动机的充气效率,通常按有效利用进气压力波的原理设计进气管的长度、形状和结构。进气总管上常附有各种形状的气室,以减小节气门开度频繁变化时的进气脉动。

六、进气歧管

进气歧管是指进气总管后向各气缸分配进气的支管,也叫进气支管。图 4-19 为丰田 COROLLA 1ZZ-FE 发动机进气歧管。

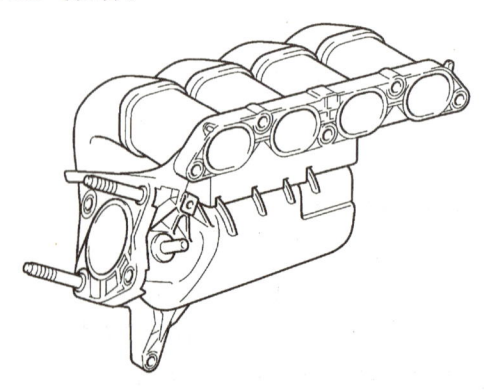

图 4-19　丰田 COROLLA 1ZZ-FE 发动机进气歧管

进气歧管一般由铸铁或铝合金制造。轿车发动机多用铝合金制造,也有些用塑料制造。

单元 4　汽油喷射式燃料供给系的构造与维修

　　进气歧管用螺栓固定在气缸盖一侧，其接合面处装有衬垫，以防止漏气。进气歧管上的各支管分别与气缸盖上的进气道相通。

　　进气歧管的衬垫由钢片包的石棉板或石棉橡胶垫制成，坚固耐用。安装时应尽量使衬垫处于中间位置，先用两颗定位螺栓将衬垫与进气总管定位，然后再将螺栓逐一拧紧，以避免进气孔道被衬垫挡住而减小流通面积。

技能训练

实训　空气供给系统主要部件的检修

一、实训内容
1.空气供给系统的总体布置及组成。
2.空气供给系统主要部件的拆装与检修。
二、实训目的与要求
1.了解空气供给系统主要部件的结构、安装位置和拆装方法。
2.掌握空气供给系统主要部件的检修方法。

4.4　燃油供给系统的构造与维修

认知目标　掌握燃油供给系统主要部件的构造与工作原理。

能力目标
1.能在汽车上找出汽油泵、喷油器、燃油压力调节器等部件，并能对这些部件进行检修。
2.能对燃油供给系统压力进行测试。

　　电控发动机的燃油供给系统的主要功用是向发动机气缸供给一定压力和数量的燃油。作为汽油机燃料供给系的主要组成部分，其工作是否正常与发动机的工作性能紧密相关。当该系统工作出现异常时发动机会出现动力下降、排放恶化、油耗增加、怠速不稳等现象，甚至使发动机无法运行。为了正确判断和排除故障，我们必须掌握该系统主要部件的工作原理及检修方法。

　　燃油供给系统的结构如图4-20所示，主要由汽油箱、电动燃油泵、输油管、汽油滤清器、燃油分配管、燃油压力调节器、喷油器和回油管等组成。

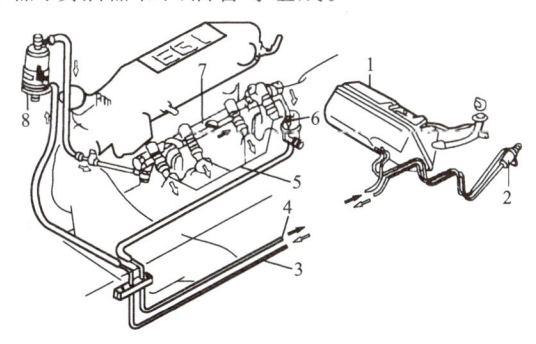

图 4-20　燃油供给系统的结构
1—汽油箱；2—电动汽油泵；3—输油管；4—回油管；5—喷油器；6—燃油压力调节器；7—燃油分配管；8—汽油滤清器

113

一、汽油箱

汽油箱用以贮存汽油。普通汽车只有一个汽油箱,越野车则常有两个汽油箱,以适应特殊要求。一般汽车油箱的续驶里程(一次性加满汽油可连续行驶的里程)为200~600 km。

1.结构

汽油箱的结构如图4-21所示,它常用薄钢板或工程塑料制成,为防止油液面由于行车振荡而外溢,在油箱内部装有隔板10。油箱上表面装有液面传感器4,底部有辅助油箱7,内有粗滤器9。为了便于排除油箱内的杂质,在底部装有放油螺塞8。油箱加油口用带阀门的油箱盖1封闭。

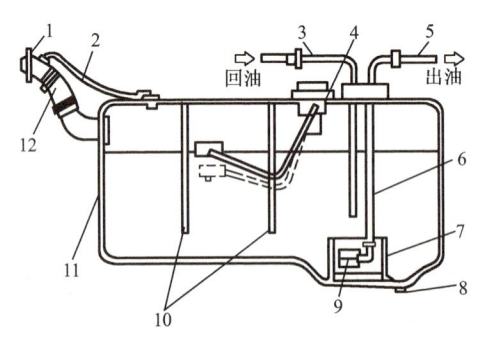

图4-21 汽油箱的结构

1—油箱盖;2—通气软管;3—回油管;4—液面传感器;5—出油管;6—燃油连接管;
7—辅助油箱;8—放油螺塞;9—粗滤器;10—隔板;11—油箱体;12—燃油进口软管

油箱盖用以防止汽油的溅出及减少汽油挥发,其结构如图4-22所示。它由空气阀4和蒸气阀6组成。空气阀用较弱的空气阀弹簧5压住,当油箱内油面下降,压力低于某一数值时,空气阀打开,使空气进入油箱,确保油箱内不致产生真空,避免受到内外空气压力差的作用而损坏。蒸气阀用较硬的蒸气阀弹簧3压住,仅在油箱内因温度过高、压力超过规定值时才开启,因而有利于减少油箱内汽油蒸气挥发。

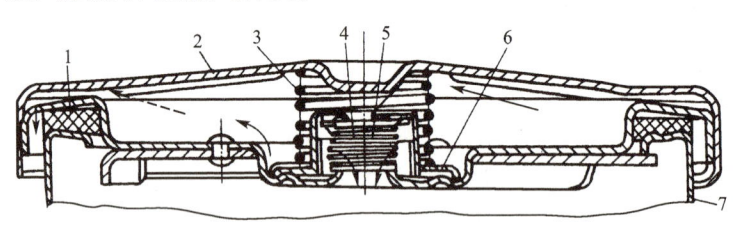

图4-22 闭式汽油箱盖结构

1—密封垫圈;2—盖壳;3—蒸气阀弹簧;4—空气阀;
5—空气阀弹簧;6—蒸气阀;7—油箱加油口

随着全球对环保重视程度的不断提高,人们认识到了汽油蒸气直接排入大气所带来的污染,目前广泛采用的是"单向阀＋活性炭罐"的处理方法。空气阀仍然保留在油箱盖上。

2.检修

(1)检查与拆卸

汽油箱应安装牢固,不应有凹陷变形或裂纹,油管应连接紧固,油箱盖应密封严密,任何部位不应有漏油现象,否则应查明原因,予以排除。空气阀和蒸气阀应工作正常,以保证油箱内压力正常,以免影响供油。油箱内不应有积水和沉积物,否则应对油箱进行清洗。

汽油箱的维修一般是在与车体分离后进行的。首先拆下蓄电池负极导线,放出油箱中的汽油,然后拆开油箱上的出油管和回油管(有些无回油管),断开液面传感器连接线路,最后拆下油箱固定箍带或支架的紧固螺栓或螺母,取下汽油箱。拆卸汽油箱时应注意安全,尤其要注意防火。

当汽油箱出现渗漏现象时,可用压力法检查漏油部位。首先将油箱除加油管口以外的其他管口塞住,加油管口安装上带通气管的油箱盖。然后将油箱浸入水中,并经通气管向油箱内充入压缩空气,当油箱内压力达到一定值时,观察油箱是否有气泡冒出,并在冒气泡的部位做好标记,以待修复。应该特别注意的是,充入油箱内的压缩空气压力不能过高,以免胀裂油箱。

(2)汽油箱的清洗

当汽油箱内有积水、沉积物或其他杂质时,应对油箱内部进行清洗。清洗前,拆下液面传感器等附件,并将油箱内的残油放净。用5%的烧碱沸水溶液冲洗油箱1~2次,再用热水冲洗,或用氨水溶液冲洗,洗净后用自然风或压缩空气将油箱内部吹干。

(3)汽油箱漏油部位的修理

对钢板冲压焊接而成的汽油箱,用压力法确定漏油部位后,可采用锡焊或气焊修复。不与其他物体接触的部位采用锡焊修复,否则应采用气焊修复。焊修前,必须确保油箱已按规定要求清洗过,并使加油管口朝向无人处,先用焊枪对漏油部位慢慢加热,确认油箱内的汽油蒸气放净后再进行焊接。对塑料制成的汽油箱,可采用粘接修复。油箱修复后,应在 30~50 kPa 的压力下进行水压试验,确认不再漏油后,清洗干净,即可投入使用。钢板冲压焊接的汽油箱,修复后应在焊补部位涂防锈漆。

二、汽油滤清器

电控发动机一般采用纸质滤芯汽油滤清器,一次性使用。

汽油滤清器结构由外壳和滤芯组成,如图 4-23 所示。滤芯采用滤纸叠成菊花形或盘簧形,以增大吸附面积。

汽油从入口进入滤清器,经过滤芯后,清洁的汽油从出口流出。安装时注意汽油滤清器壳体上的箭头标记为汽油的流向。

汽油滤清器为一次式使用部件,一般行驶 30 000~40 000 km 需进行更换。

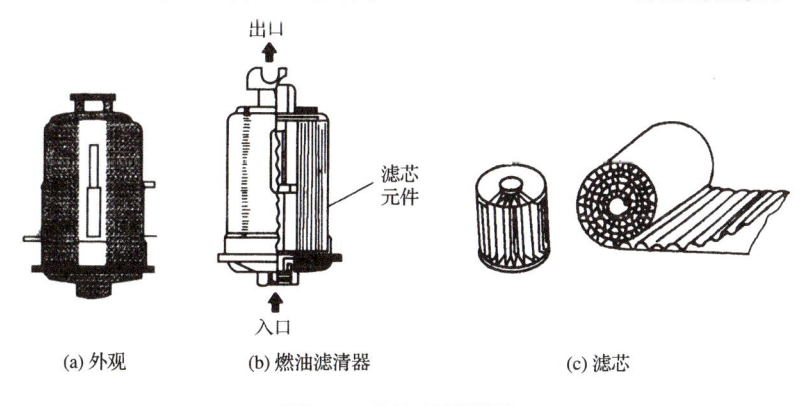

(a) 外观　(b) 燃油滤清器　(c) 滤芯

图 4-23　汽油滤清器结构

三、电动燃油泵

电动燃油泵常被称为燃油泵、油泵,其功能是将汽油从汽油箱中吸出,提供足够的具有规定压力的汽油。电控汽油喷射系统燃油压力一般为:多点喷射,0.25～0.35 MPa;单点喷射,0.1 MPa。

点火开关一旦接通,燃油泵就会工作2～3 s。此时,只有发动机转速高于30 r/min,燃油泵才会连续运转;否则,即使点火开关接通,燃油泵也会停止运转。

燃油泵按其安装位置可分为外装泵和内装泵两种。外装泵是将泵安装在汽油箱之外的输油管路中,内装泵则是将泵安装在汽油箱内。内装泵通常用固定在汽油箱上的油泵支架垂直悬挂在汽油箱内,与外装泵相比,内装泵不易产生气阻和燃油泄漏,且噪声小。目前大多数电控汽油喷射系统采用内装泵。

各车型装用的燃油泵按其结构不同,可分为涡轮式(又称叶片泵)、滚柱式、转子式和侧槽式等。内装泵多采用涡轮式,外装泵多采用滚柱式。

1. 电动燃油泵的结构

(1) 涡轮式燃油泵

涡轮式燃油泵主要由油泵电动机(2、6)、叶轮7、叶片9、出油阀4、卸压阀5、泵壳体8、泵盖等组成,如图4-24所示。油箱内的燃油进入油泵内的进油室前,首先经过滤网初步过滤。

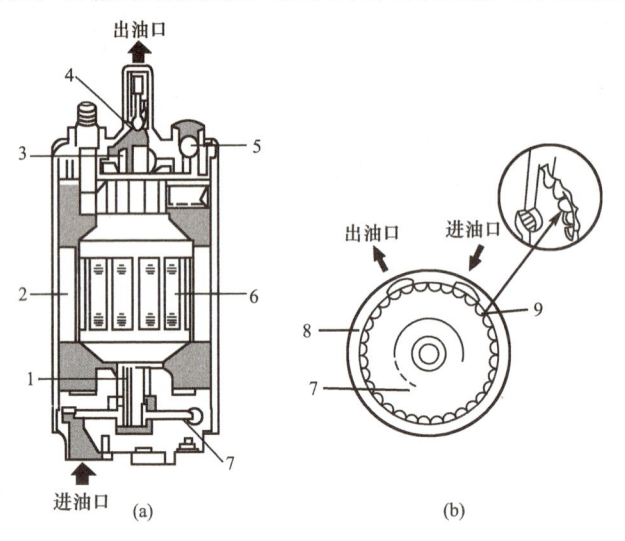

图4-24 涡轮式燃油泵
1—前轴承;2—油泵电动机定子;3—后轴承;4—出油阀;5—卸压阀;
6—油泵电动机转子;7—叶轮;8—泵壳体;9—叶片

叶轮安装在油泵电动机的转子轴上。油泵电动机通电时,油泵电动机轴带动叶轮一同旋转。由于电动机转速较高,因而在叶片小槽与燃油泵进油口之间就会产生真空。当叶片小槽转到进油口处时,在真空吸力的作用下,燃油被吸入泵体内;当叶片小槽转到燃油泵出油口处时,在离心力和燃油压力的共同作用下,燃油便从出油口压出并流向电动机。叶片泵出燃油越多,电动机壳体内的燃油压力就越高。当油压超过出油阀弹簧的压力时,出油阀打开,燃油便从出油阀经输油管送到燃油分配管和喷油器。

单元 4　汽油喷射式燃料供给系的构造与维修

当燃油泵中的燃油压力超过规定值时,油压克服泵体上卸压阀弹簧的压力将卸压阀顶开,部分汽油返回到进油口一侧,使油压不致过高而损坏燃油泵。

发动机熄火后,出油阀关闭,以免输油管路中的汽油倒流,保持油路中有一定的残余压力,以便于发动机再次启动。

涡轮式燃油泵具有泵油量大、泵油压力较高(可达 600 kPa)、供油压力稳定、运转噪声小、使用寿命长等优点。

(2)滚柱式燃油泵

滚柱式燃油泵由泵体 3、滚柱 2 和转子 1 等组成,如图 4-25 所示。五个滚柱在转子的槽内可径向滑动,转子与泵体存在一定的偏心。

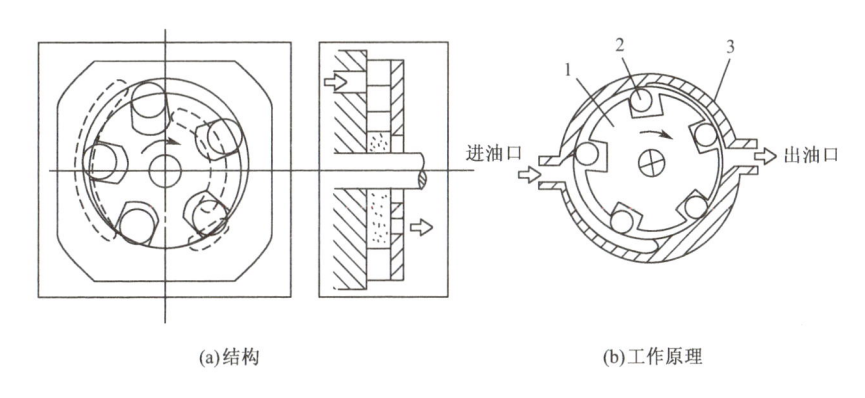

(a)结构　　　　　　(b)工作原理

图 4-25　滚柱式燃油泵
1—转子；2—滚柱；3—泵体

转子在直流电动机的驱动下旋转,在离心力的作用下,滚柱紧压在泵体的内圆表面上,形成五个相对独立的密封腔。旋转时,每个密封腔的容积不断发生变化。在进油口处,容积增大,形成一定的真空,将汽油吸入泵内；在出油口处,容积变小,压力升高,汽油穿过直流电动机并推开出油阀输出。

出油阀和卸压阀的作用与涡轮式燃油泵相同。

滚柱式燃油泵的输油压力波动较大,在出油端一般都安装燃油脉动阻尼器来降低压力波动,这使得其体积增大,所以一般为外装泵。

2.电动燃油泵的控制电路

电动燃油泵的控制电路主要分为以下两种类型。

(1)ECU 控制的燃油泵控制电路

ECU 控制的燃油泵控制电路如图 4-26 所示。蓄电池电源经主易熔线、20 A 熔体、主继电器进入 ECU 的＋B 端子,燃油泵控制 ECU 通过 FP 端子向燃油泵供电。燃油泵控制 ECU 根据发动机 ECU 端子 FPC 的信号,对燃油泵转速进行控制。当发动机高速、大负荷工作时,发动机 ECU 的 FPC 端子向燃油泵控制 ECU 发出高电压指令,使 FP 端子向燃油泵提供 12 V 的蓄电池电压,燃油泵以高速运转。当发动机低速、小负荷工作时,发动机 ECU 的 FPC 端子向燃油泵控制 ECU 发出低电压指令,使 FP 端子向燃油泵提供较低的电压(一般为 9 V),燃油泵以低速运转。发动机 ECU 与燃油泵控制 ECU 之间的 DI 线路为故障诊断信号线路。

燃油泵控制 ECU 的＋B 端子和 FPC 端子,分别有导线与诊断座上的相应端子相连,以便于对燃油泵进行检查。

117

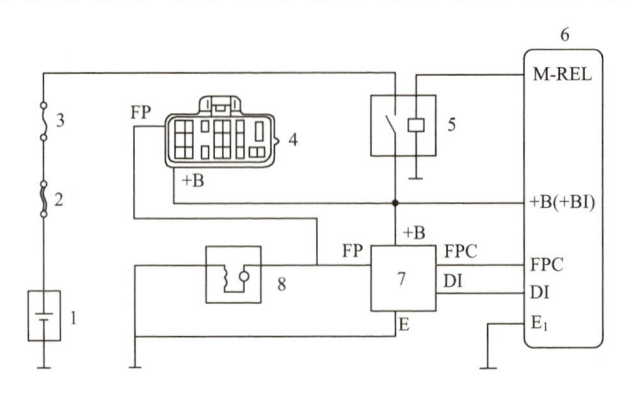

图 4-26　ECU 控制的燃油泵控制电路图

1—蓄电池；2—主易熔线；3—20 A 熔体；4—检查插接器；5—主继电器；6—发动机 ECU；7—燃油泵控制 ECU；8—燃油泵

（2）燃油泵继电器控制的燃油泵控制电路

燃油泵继电器控制的燃油泵控制电路可根据发动机转速和负荷的变化，通过燃油泵继电器改变燃油泵供电线路，从而控制燃油泵工作转速，如图 4-27 所示。

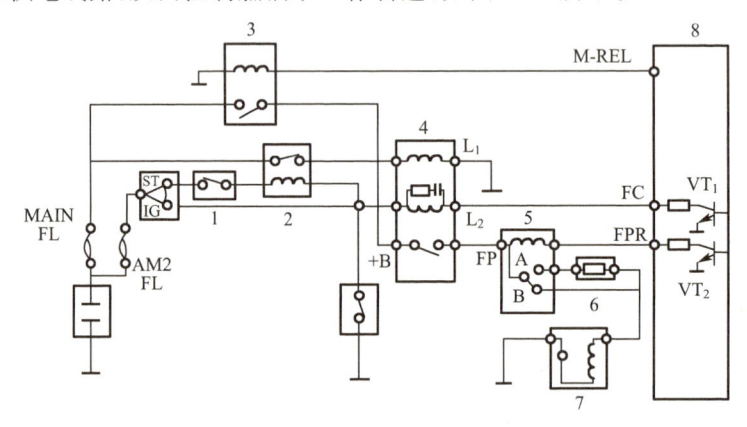

图 4-27　燃油泵继电器控制的燃油泵控制电路图

1—点火开关；2—启动器继电器；3—主继电器；4—断路继电器；
5—燃油泵继电器；6—电阻器；7—燃油泵；8—发动机 ECU

这种控制电路当点火开关接通后，即通过主继电器将断路继电器的 +B 端子与电源接通，启动时断路继电器中的 L_1 线圈通电，发动机正常运转时，发动机 ECU 中的晶体管 VT_1 导通，断路继电器中的 L_2 线圈通电，均使断路继电器触点闭合，燃油泵继电器 FP 端子与电源接通，燃油泵工作。发动机熄火后，发动机 ECU 中的晶体管 VT_1 截止，断路继电器内的 L_1 和 L_2 线圈均不通电，断路继电器触点断开，燃油泵停止工作。

发动机低速、中（小）负荷工作时，发动机 ECU 中的晶体管 VT_2 导通，燃油泵继电器线圈通电，使触点 A 闭合，由于将电阻器串联到燃油泵电路中，因此燃油泵两端电压低于蓄电池电压，燃油泵低速运转；发动机高速、大负荷工作时，发动机 ECU 中的晶体管 VT_2 截止，燃油泵继电器触点 B 闭合，直接给燃油泵输送蓄电池电压，燃油泵高速运转。

3.燃油泵的就车检查

电控燃油喷射系统的燃油泵，通常在点火开关关闭 10 s 以后再打开（不启动发动机）时，或关闭点火开关使发动机熄火时，都会提前或延长工作 2～3 s。若燃油泵及其电路无故障，则在汽油箱处仔细察听，均能听到燃油泵工作的声音。也可拆开燃油泵的线束插接器，直接用蓄

单元4　汽油喷射式燃料供给系的构造与维修

电池给燃油泵通电检查。对诊断座上带有燃油泵测试端子的汽车,可采用如下方法检查燃油泵:

①用专用导线将诊断座上的燃油泵测试端子跨接到 12 V 电源上,例如:丰田车系汽车的诊断座上有＋B 端子(电源端子)和 FP 端子(燃油泵测试端子),将它们跨接即可。

②将点火开关转至"ON"位置,但不要启动发动机。

③拧开油箱盖应能听到燃油泵工作的声音,或用手捏进油软管应感觉有压力。

④若听不到燃油泵工作的声音或进油软管无压力,则应检修或更换该燃油泵。

⑤若存在燃油泵不工作的故障,但按上述方法检查正常,则应检查燃油泵电路导线、继电器、易熔线和熔体有无断路。

4. 燃油泵的拆装与检验

多数轿车的电动燃油泵,可在打开汽车后备厢盖或翻开后坐垫后,从汽油箱上直接拆下。但也有些轿车,必须将汽油箱从车上拆下,才能拆卸燃油泵。

注意:拆卸燃油泵时应释放燃油系统(燃油供给系统的简称)压力,并关闭用电设备。

拆下燃油泵后,测量燃油泵两端子之间的电阻,应为 2～3 Ω。用蓄电池直接给燃油泵通电,应能听到油泵电动机高速旋转的声音。

注意:用蓄电池直接给燃油泵通电时,由于油泵电动机得不到润滑和冷却,因此通电时间一般不要超过 10 s,否则会损坏油泵电动机。

四、燃油脉动阻尼器

燃油脉动阻尼器的功能是减小喷油器喷油时引起的燃油压力脉动,使燃油系统压力保持稳定。它可安装在回油管上或燃油分配管上。

燃油脉动阻尼器的结构如图 4-28 所示,主要由膜片 5 和弹簧 2 组成的减振机构组成。膜片将燃油脉动阻尼器隔成膜片室和燃油室,膜片室内安装有弹簧,将膜片压向燃油室。当燃油压力增高时,膜片室内弹簧被压缩,使燃油室容积增大,减缓燃油压力的增加;反之,当燃油压力降低时,弹簧力的作用使燃油室容积减小,减缓燃油压力的降低。如此反复,使燃油系统的油压脉动降低。

图 4-28　燃油脉动阻尼器的结构
1—固定螺纹;2—弹簧;3—壳体;4—调节螺钉;5—膜片

燃油脉动阻尼器一般不会发生故障。当它出现故障时,对燃油系统的影响不会很大,检查时可用手触摸燃油脉动阻尼器,当燃油泵转动时,应感到燃油脉动阻尼器内的膜片有振动感。如无此感觉,则应更换。更换时,应首先释放燃油系统压力。

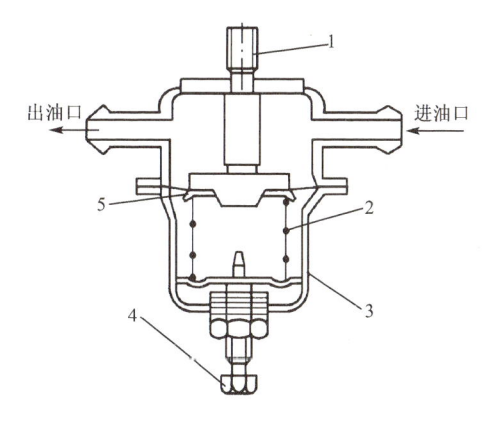

五、燃油压力调节器

当 EFI 系统工作时,喷油器的燃油喷射量与喷油器的喷油压力及喷油器的开启时间有关,其中喷油器的喷油压力是指喷油器的前、后压力差,在数值上等于燃油分配管油压与进气

119

歧管的压力差。假设发动机工作时燃油系统的油压保持不变,则喷油器的喷油压力将随发动机负荷和转速的变化而变化。

燃油压力调节器简称油压调节器,其功能是根据进气歧管绝对压力的变化来调节系统油压(燃油分配管油压),使喷油器的喷油压力保持恒定,使得一定型号的喷油器的燃油喷射量唯一地取决于喷油器的开启持续时间。这样,电控单元就可以通过控制喷油器的开启持续时间来达到精确控制喷油器喷油量的目的。系统油压的调节范围一般控制在 250～300 kPa。

燃油压力调节器一般安装在燃油分配管上,其结构如图 4-29 所示,其壳体 3 的内部被膜片 7 分割为弹簧室 5 和燃油室 1。其中,弹簧室通过一根软管与发动机进气歧管相通,而燃油室直接与燃油总管相通。因此,膜片下方燃油室一侧承受燃油分配管的油压,即系统油压,而另一侧则承受进气歧管压力与弹簧压力的合力作用。

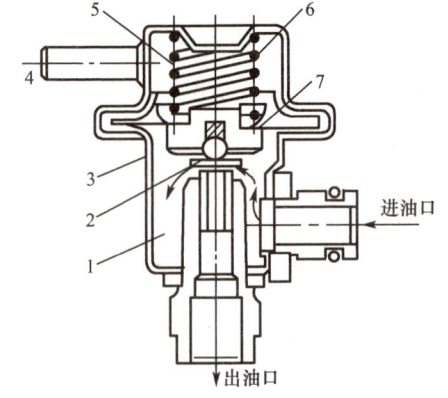

图 4-29 燃油压力调节器
1—燃油室;2—回油阀;3—壳体;4—真空接口;
5—弹簧室;6—弹簧;7—膜片

当发动机工作时,若负荷减小,进气歧管真空度增加,则可使作用在膜片弹簧室侧的压力减小,在系统油压作用下,膜片上移,打开回油阀,使多余部分的燃油从出油口经回油管流回油箱,系统油压随之减小。若负荷增大,进气歧管真空度减小,则在弹簧作用下,膜片下移,回油阀开度减小,燃油系统回油量减少,系统油压随之升高。如此反复作用,使燃油系统油压随进气歧管真空度的变化而发生变化,使得喷油器喷油压力保持恒定。

当发动机停止工作时,燃油泵将停转,燃油压力调节器在弹簧张力作用下使回油阀关闭。因此,在燃油泵单向出油阀与燃油压力调节器回油阀的作用下,依然可使油路中的系统油压保持一定的残余压力,以便发动机再次启动。

在部分车型上,燃油压力调节器的真空管路由真空电磁阀(VSV 阀)控制,又称燃油压力控制阀,它是由 ECU 控制的电磁阀。其作用是在发动机热车启动时,切断燃油压力调节器和进气歧管之间真空管的通路,使燃油压力调节器的弹簧室通空气,从而提高输油管内的油压,防止油路中的燃油因温度过高而产生"气阻"现象,改善发动机高温启动性能。

燃油压力调节器不能维修,工作不良时应进行更换,拆卸时应首先释放燃油系统压力。

为了克服经回油管流回油箱的燃油由于温度较高而引起的油箱燃油蒸气问题,目前在一些汽车中应用了无回流燃油系统,燃油分配管不带回油管。

如图 4-30 所示为东风雪铁龙 C2 无回流燃油系统。该系统的燃油压力调节器紧靠电动汽油泵安装,与发动机之间没有真空连接。

燃油通过油箱底部的燃油滤网后,被输送到燃油泵,燃油泵向发动机提供所需的燃油压力和燃油量,多余未使用的燃油通过燃油压力调节器被直接送回到油箱里。压力调节器的作用是无论发动机运行状况如何变化,它都将保持稳定的系统压力,管内压力为 3.5 bar(1 bar＝100 kPa)。燃油喷射系统依靠进气歧管绝对压力传感器的数据修正喷油时间。

还有一些汽车的燃油系统完全取消了独立的燃油压力调节器。该燃油系统装有燃油压力

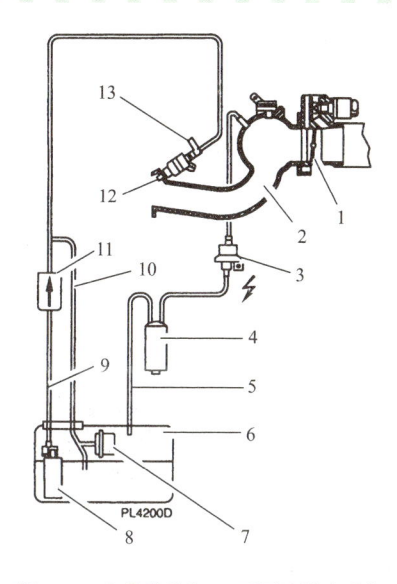

单元4 汽油喷射式燃料供给系的构造与维修

图 4-30 东风雪铁龙 C2 无回流燃油系统
1—节气门；2—进气歧管；3—炭罐电磁阀；4—炭罐；5—汽油蒸气回收管；6—汽油箱；7—燃油压力调节器；
8—燃油泵和液面传感器；9—供油管；10—回油管；11—燃油滤清器；12—喷油器；13—燃油分配管

传感器，向发动机 ECU 提供燃油系统压力信息，发动机 ECU 通过修正喷油脉冲宽度，对燃油泵供应系统做出响应，达到对喷油量的精确控制。

六、燃油分配管

燃油分配管又称燃油总管、油轨、油架，安装在发动机进气歧管上部，其功能是固定喷油器和燃油压力调节器，并将汽油分配给各个喷油器，如图 4-31 所示。

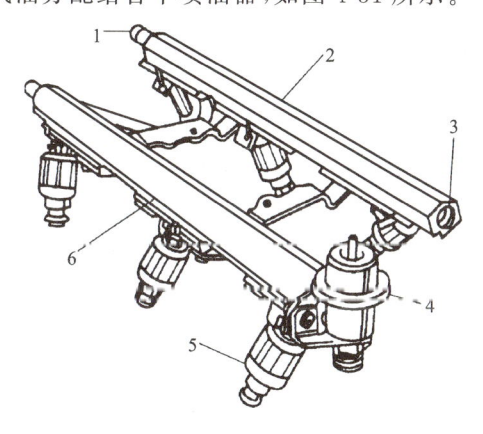

图 4-31 燃油分配管
1—燃油压力测试口；2、6—油道；3—进油口；4—燃油压力调节器；5—喷油器

燃油分配管的截面一般都比较大，它的容油量相对于发动机喷油量来说要多很多，这样可防止燃油压力波动，以保证各喷油器的喷油量尽可能一致。

七、喷油器

喷油器的功能是根据 ECU 的指令将一定量的汽油适时、准确地进行喷射。EFI 系统全部采用电磁式喷油器,单点喷射系统的喷油器安装在节气门体空气入口处,多点喷射系统的喷油器安装在各缸进气歧管或气缸盖上的各缸进气道处。

1. 结构与工作原理

按结构不同,喷油器可分为轴针式和孔式两种,如图4-32所示。如果是从供油的角度来看,图4-32(a)所示为上端供油式,图4-32(b)所示为侧面供油式。无论是何种形式的喷油器,其结构与工作原理均基本相同,都是由电磁线圈3、衔铁5、针阀6、回位弹簧4及喷油器体等主要零件组成的。

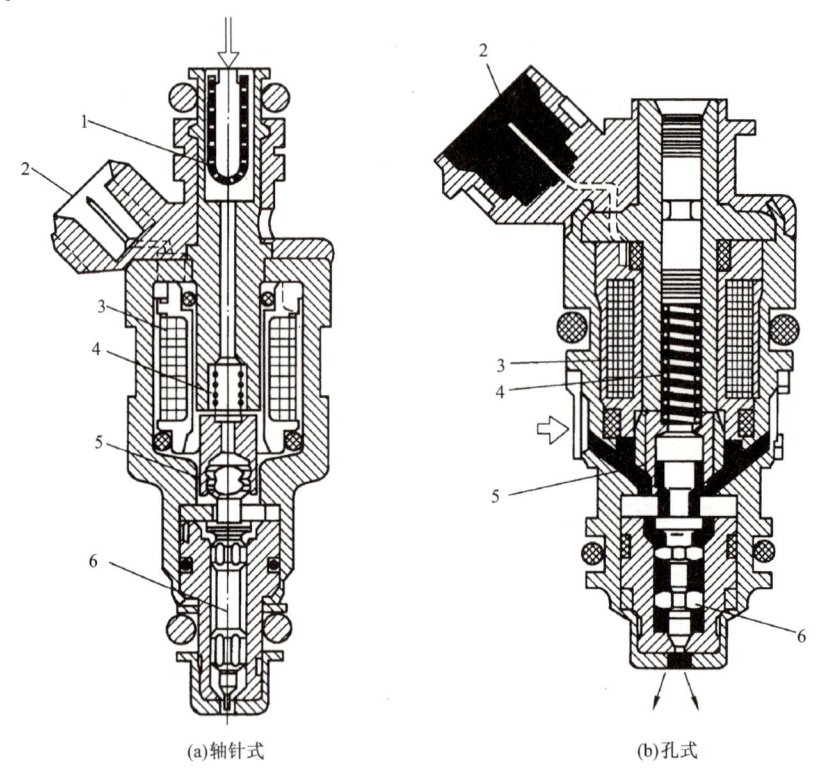

(a)轴针式　　(b)孔式

图4-32　喷油器

1—进油滤网;2—线束插接器;3—电磁线圈;4—回位弹簧;5—衔铁;6—针阀

通电时,电磁线圈产生电磁力,将衔铁及针阀吸起,喷油器开启,汽油经喷孔进入进气道或进气歧管。断电时,电磁力消失,衔铁及针阀在回位弹簧的作用下将喷孔封闭,喷油器停止喷油。

喷油器的通电、断电由ECU控制。ECU以电脉冲的形式向喷油器输出控制电流。电脉冲从升起到回落所持续的时间,称为脉冲宽度。若ECU输出的脉冲宽度小,则喷油持续时间短,喷油量少;若ECU输出的脉冲宽度大,则喷油持续时间长,喷油量多。一般喷油器针阀升程约0.1 mm,而喷油持续时间为2~10 ms。

2. 汽油喷射的控制过程

电控燃油喷射系统的工作过程就是对喷油正时(喷油时刻)和喷油持续时间(喷油量)的控制过程。

(1)喷油正时控制

喷油正时控制就是对喷油器开始时刻的控制。多点间歇喷射汽油机的喷油时刻分为同步喷射和异步喷射两种方式。

同步喷射是指在既定的曲轴转角位置喷射汽油。在发动机稳定工况的大部分运转时间里,汽油喷射控制系统以同步方式工作。

异步喷射是根据传感器的输入信号控制开始喷油时刻,与曲轴转角位置无关。异步喷射方式是一种临时的补偿性喷射,发动机处于启动、加速等非稳定工况时,汽油喷射控制系统以异步喷射方式工作或增加异步喷射对同步喷射的喷油量进行补偿。

(2)喷油持续时间控制

电控燃油喷射系统对喷油量精确控制就是通过精确地控制喷油的持续时间来实现的。根据发动机的运行特点,喷油持续时间控制分为启动时喷油持续时间的控制和启动后喷油持续时间的控制。

发动机启动时的基本喷油时间不是根据进气量(或进气歧管绝对压力)和发动机转速确定的,这与发动机启动后的控制方式不同。发动机启动时,由于转速低且波动大,因此,ECU不能用进气量来计算喷油量,而是根据发动机的热状态而定,即ECU根据发动机当时的冷却液温度,从预存的冷却液温度-喷油时间数据图中找出相应的基本喷油时间,然后进行进气温度和蓄电池电压修正,得到启动时的喷油持续时间。

有些电控燃油喷射系统为改善发动机启动性能,在启动时,除同步喷射外,还根据启动开关接通状态,自曲轴位置传感器检测到的第一个转速信号开始,以一个固定的喷油持续时间,同时向各缸进行异步喷射,以补充冷启动过程中对喷油量的额外要求。

发动机启动后的喷油持续时间由发动机转速和进气量确定的基本喷油持续时间和发动机运行状态参数确定的修正喷油时间构成。

(3)断油控制

断油控制是指ECU停止向喷油器驱动电路发送喷油信号,喷油器暂时停止工作。

①减速断油控制:发动机在高速运行时,节气门突然关闭而处于急减速状态,为避免混合气过浓、燃料经济性和排放性变坏,ECU停止输出喷油信号。当发动机转速降至预定转速之下或节气门重新打开时,才使喷油器恢复喷油。

②超速断油控制:为避免发动机超速运行而造成损坏,ECU执行发动机超速断油控制,对发动机的最高转速进行限制。发动机运行时,当转速超过设定转速时,ECU停止输出喷油信号,转速下降至设定转速时再恢复喷油,如此反复循环,以防止发动机转速过高。

③清除溢流控制:装备电控汽油喷射式发动机的汽车,当发动机多次启动未成功后踩下加速踏板,ECU会自动控制喷油器断油,排除气缸内的燃油蒸气,使火花塞干燥。

电控系统清除溢流的条件是:发动机处于启动位置、节气门全开、发动机转速低于500 r/min。

只有上述3个条件都满足,电控系统才进入清除溢流状态。所以,在启动电控发动机时,不必踩下加速踏板,直接接通启动开关即可,否则会进入清除溢流状态使发动机无法启动。

3.喷油器的检修

(1)简单检查方法

在发动机工作时,用手触试或用听诊器检查喷油器针阀开闭时的振动或声响,如果感觉无振动或听不到声响,说明喷油器或其电路有故障。

(2)喷油器电阻检查

拆开喷油器线束插接器,用万用表测量喷油器两个端子之间的电阻,低阻型喷油器应为3～4 Ω,高阻型喷油器应为12～16 Ω,否则应更换该喷油器。

(3)喷油器滴漏检查

喷油器滴漏可在专用设备上进行检查,也可将喷油器和燃油分配管拆下,再与燃油系统连接好,用专用导线将诊断座上的燃油泵测试端子跨接到 12 V 电源上,然后打开点火开关,或直接用蓄电池给燃油泵通电,燃油泵工作后,观察喷油器有无滴漏现象。若检查时,在 1 min 内喷油器滴油超过 1 滴,则应更换该喷油器。

(4)喷油器喷油量检查

喷油器喷油量可在专用设备上进行检查,也可按滴漏检查做好准备工作,燃油泵工作后,用蓄电池和导线直接给喷油器通电,并用量杯检查喷油器的喷油量。每个喷油器应重复检查 2~3 次,各缸喷油器的喷油量和均匀程度均应符合规定标准(一般喷油器的喷油量为 70 mL/15 s,各喷油器的喷油量相差不应超过 10%),否则应清洗或更换该喷油器。

八、燃油供给系统的检修

1. 燃油供给系统的压力释放

电控燃油喷射式发动机为便于再次启动,在发动机熄火后,燃油供给系统内保持有较高的残余压力。在拆卸燃油供给系统内任何部件时,都必须首先释放燃油供给系统压力,以免系统内的压力喷出,造成人身伤害或火灾。

燃油供给系统压力的释放方法如下:

①启动发动机,维持怠速运转。

②在发动机运转时,拔下燃油泵继电器或燃油泵线束插接器,使发动机自行熄火。

③再使发动机启动 2~3 次,即可完全释放燃油供给系统压力。

④关闭点火开关,接上燃油泵继电器或燃油泵线束插接器。

2. 燃油供给系统的压力预置

在拆开燃油供给系统进行维修之后,为避免首次启动发动机时,因系统内无油压而导致启动时间过长,应预置燃油供给系统残余压力。燃油供给系统的压力预置可通过数次反复打开和关闭点火开关来完成,也可按下述方法进行:

①检查燃油供给系统所有部件和油管接头是否安装良好。

②用专用导线将诊断座上的燃油泵测试端子跨接到 12 V 电源上。例如,日本丰田车系汽车直接将诊断座上的+B 端子(电源端子)与 FP 端子(燃油泵测试端子)跨接。

③将点火开关转至"ON"位置,使燃油泵工作约 10 s。

④关闭点火开关,拆下诊断座上的专用导线。

3. 燃油供给系统的压力测试

通过测试燃油供给系统的压力,可诊断燃油供给系统是否有故障,进而根据测试结果确定故障性质和部位。测试时需使用专用油压表和接头,测试方法如下:

①检查汽油箱内燃油,油量应足够,释放燃油供给系统压力。

②检查蓄电池电压,应在 12 V 左右,拆开蓄电池负极搭铁线。

③将专用油压表连接到燃油供给系统中,不同车型的连接方式有所不同,主要有两种连接方式:一种是用专用接头将油压表连接在燃油总管的进油管接头处,如图 4-33 所示;另一种是拆下连接在汽油滤清器与燃油总管之间的燃油脉动阻尼器,用专用接头将油压表安装到燃油脉动阻尼器的位置,如图 4-34 所示。

④将溅出的汽油擦净,重新接好蓄电池负极搭铁线,启动发动机并维持怠速运转。

⑤拆开燃油压力调节器上的真空软管,并用手指堵住进气管一侧的管口。检查油压表指示是否符合标准。一般多点喷射系统压力应为 0.25～0.35 MPa,单点喷射系统压力应为 0.07～0.10 MPa。

若燃油供给系统压力过低,则可夹住回油管以切断回油,再检查油压表指示压力,若压力恢复正常,则说明燃油压力调节器有故障,应更换;若仍压力过低,则应检查燃油供给系统有无泄漏,燃油泵滤网、汽油滤清器是否堵塞,若无泄漏和堵塞故障,应更换燃油泵。

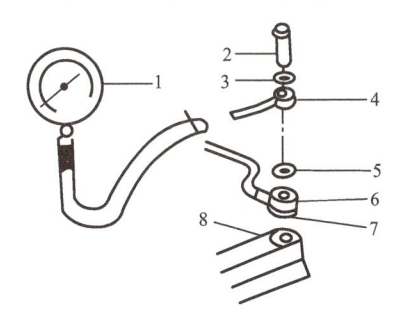

图4-33 油压表的连接方式(1)
1—油压表;2—接头螺栓;3、5、7—垫片;4—油压表接头;6—进油管;8—燃油总管

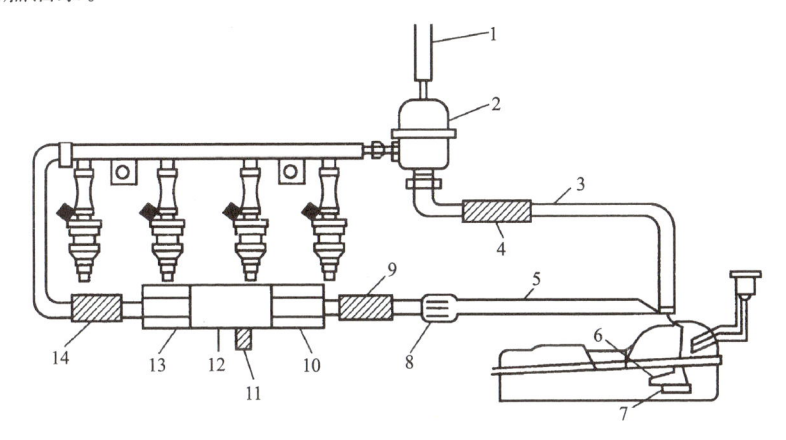

图4-34 油压表的连接方式(2)
1—真空软管;2—燃油压力调节器;3—回油管;4、9、14—软管;5—压力油管;6—燃油泵;7—燃油泵滤网;8—汽油滤清器;10、13—管接头;11—油压表接头;12—三通管接头

若油压表指示压力过高,应检查回油管路是否堵塞;若回油管路正常,说明燃油压力调节器有故障,应更换。

⑥使发动机运转至正常工作温度后,重新接上燃油压力调节器的真空软管,油压表指示压力应略有下降(约 0.05 MPa),否则应检查真空管路是否堵塞或漏气;若真空管路正常,则说明燃油压力调节器有故障,应更换。

⑦使发动机熄火,燃油泵停止工作,等待 10 min 后,观察油压表压力(燃油供给系统残余压力):多点喷射系统压力应不低于 0.20 MPa,单点喷射系统压力应不低于0.05 MPa。若压力过低,则应检查燃油供给系统是否有泄漏,若无泄漏,则说明燃油泵出油阀、燃油压力调节器回油阀或喷油器密封不良。

⑧检查完毕后,释放燃油供给系统压力,并拆下油压表,装复燃油供给系统。然后,预置燃油供给系统压力,并启动发动机,检查其有无泄漏。

技能训练

实训 燃油供给系统主要部件的检修

一、实训内容
1.燃油供给系统的总体布置、组成及油路分析。

125

2.燃油供给系统主要部件的拆装与检修。
3.燃油供给系统压力测试。
二、实训目的与要求
1.了解燃油供给系统的油路布置,主要部件的结构、安装位置和拆装方法。
2.掌握燃油供给系统主要部件的检修方法。
3.掌握燃油供给系统压力测试方法。

4.5 电子控制系统的构造与维修

认知目标 / 掌握电子控制系统主要部件的构造与工作原理。

能力目标 / 掌握电子控制系统主要部件的检修方法。

电子控制系统主要由电控单元(ECU)、传感器和执行器等组成,其主要功能是:接收各种传感器输送来的表示发动机工作状态的信号,根据内存的程序加以比较和修正,来决定喷油时刻和喷油量。电子控制系统是电控燃油喷射系统的核心组成,当其工作出现异常时,将直接影响整个系统的控制能否精确达到目标要求,所以,我们必须掌握电子控制系统主要部件的工作原理和检修方法。

一、ECU

ECU(Electronic Control Unit)是整个发动机电控系统的"计算与控制中心"。它利用内部存储的软件(各种函数、算法程序、数据表格)与硬件(各种整形、放大电路,模/数转换器,微机系统),处理从各种传感器输入的诸多信号,并以这些信号为基础,结合内部软件的其他信息,发出各种控制指令并传送到各种执行器,从而实现对发动机的控制。ECU通常设计为一个金属盒,将所有电路和芯片包含在其内部,通过引出接头与传感器及执行器相连。

ECU主要由输入回路、模/数转换器(A/D转换器)、微型计算机和输出回路组成,如图4-35所示。

1.输入回路

输入回路的功能是将系统中各传感器检测到的信号经输入/输出(I/O)接口输入微型计算机,使微型计算机能对发动机工况进行检测和控制。传感器输入的信号不同,处理的方法也不同,一般是先将输入信号滤除杂波并将正弦波转变为矩形波,再转换成输入电压。输入回路的功能如图4-36所示。

2.A/D转换器

A/D转换器的功能是将微型计算机不能直接处理的模拟信号转换为数字信号,再输入微型计算机。

3.微型计算机

微型计算机简称微机,是电控系统的神经中枢,其功能是:根据发动机运行工况的需要,把

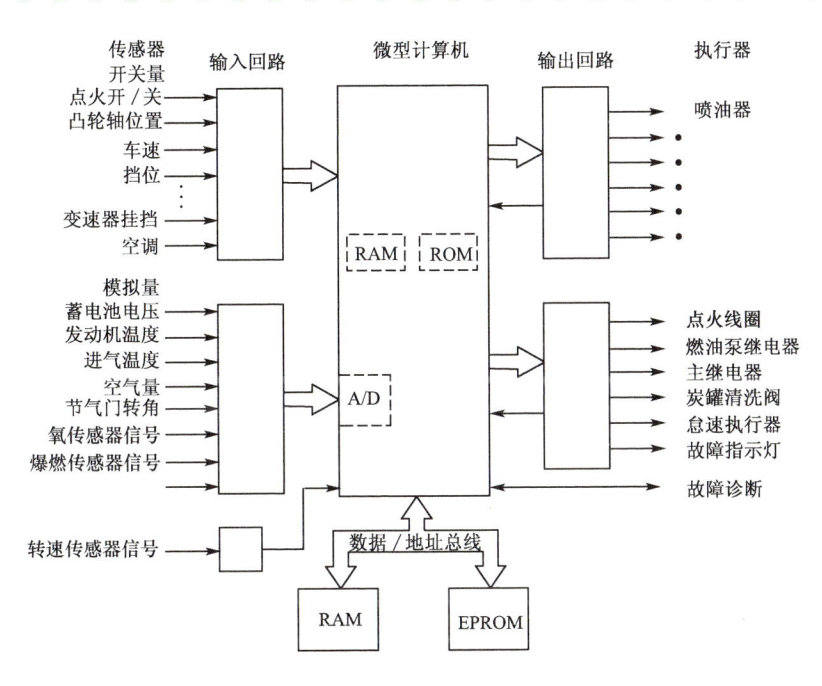

单元 4　汽油喷射式燃料供给系的构造与维修

图 4-35　ECU 的组成

各传感器输入的信号用内存中的处理程序和数据进行运算处理,并把处理结果送往输出回路。

微机由中央处理器(CPU)、存储器(ROM/RAM)、输入/输出(I/O)装置和总线等构成。

4.输出回路

微机输出的数字信号电压很弱,不能直接驱动执行器工作。作为微机与执行器之间的桥梁,输出回路的功能是将微机输出的低电压数字信号转换成可以驱动执行器的输出信号。

输出回路多采用功率晶体管,根据微机的指令通过导通或截止来控制执行器的搭铁回路。如图 4-37 所示为控制喷油器的输出回路。功率晶体管导通时,喷油器通电喷油;功率晶体管截止时,喷油器断电停油。

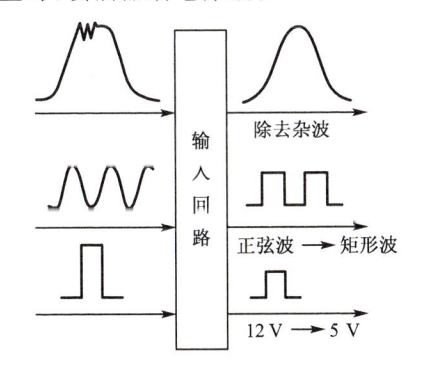

图 4-36　输入回路的功能 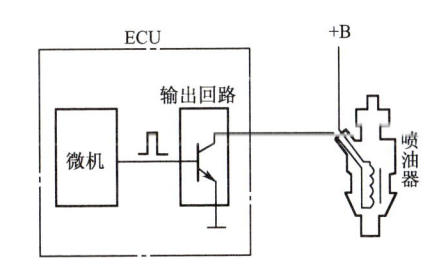　　　　　　　图 4-37　控制喷油器的输出回路

二、主要传感器

传感器的功用是监测发动机的工作情况并将其转变为电信号输送给发动机 ECU,以便发动机 ECU 对喷油量及点火时间等进行精确控制。

电控燃油喷射系统主要的传感器有空气流量计、进气绝对压力传感器、节气门位置传感

127

器、曲轴位置及转速传感器、进气温度传感器、冷却液温度传感器及开关信号等。其中空气流量计、进气绝对压力传感器已在前文介绍，不再赘述。

1.节气门位置传感器(TPS)

节气门位置传感器安装在节气门体上，通过节气门轴与节气门联动，用于检测节气门开度，将节气门开度信号转换成电信号输送到ECU，用于控制燃油喷射及其他辅助控制（如废气再循环、开/闭环控制等）。

节气门位置传感器有线性输出型和开关量输出型。

(1)线性输出型节气门位置传感器

①结构及工作原理：线性输出型节气门位置传感器的结构与工作原理类似于滑片电阻器形式。如图4-38(a)所示，在传感器上安装两个与节气门联动的电刷（滑动触头），其中一个电刷触头在印刷电路基片上的滑片电阻器上滑动，可将节气门开度变成电压信号输出，其电压信号输出特性如图4-38(b)所示，从该图中可明显看出，节气门开度与传感器输出电压信号成正比。传感器上设置的另一个电刷（触头），在节气门全关时与怠速触点（IDL）接触，向ECU提供怠速信号，以便对发动机怠速时的转速、喷油量及点火提前角等进行自动控制。

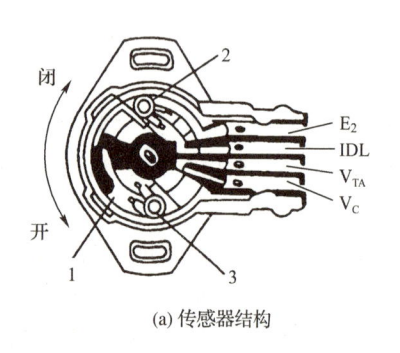

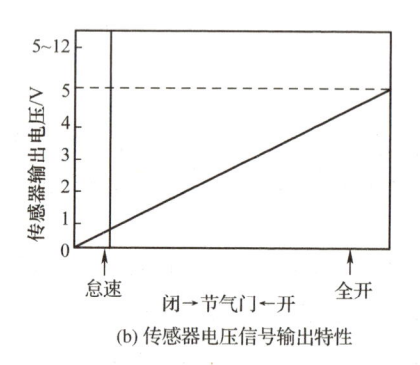

图4-38 线性输出型节气门位置传感器
1—电阻器；2—滑动触头(IDL信号触头)；3—滑动触头(节气门全开触头)

②检修：线性输出型节气门位置传感器与ECU的连接线路如图4-39所示。ECU给传感器提供5 V的标准电压。在检测时，将点火开关打开，但不启动发动机，测量V_C端子与E_2端子之间的电压，应为4.5～5.5 V；转动节气门，测量V_{TA}端子与E_2端子之间的电压，节气门全关时应为0.3～0.8 V，随着节气门开度增大，输出信号电压增加，节气门全开时应为3.2～4.9 V；测量IDL端子与E_2端子之间的电压，节气门全开时应为9～14 V。

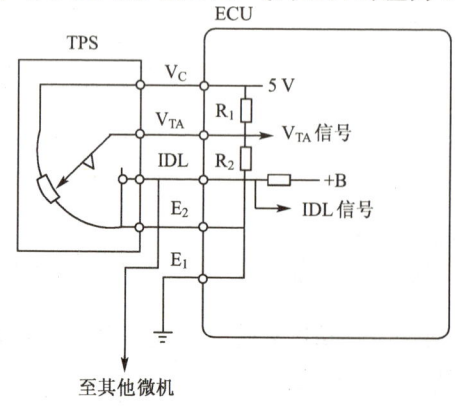

图4-39 线性输出型节气门位置传感器与ECU的连接线路

如上述电压测量值不符合要求,应检修线路或更换传感器。

(2)开关量输出型节气门位置传感器

①结构及工作原理:开关量输出型节气门位置传感器的结构与输出特性如图 4-40 所示。与线性输出型节气门位置传感器不同的是:该种形式的传感器只能将发动机的怠速工况和大负荷工况变成相应的电压信号输出,即只能得到发动机的典型工况信号。

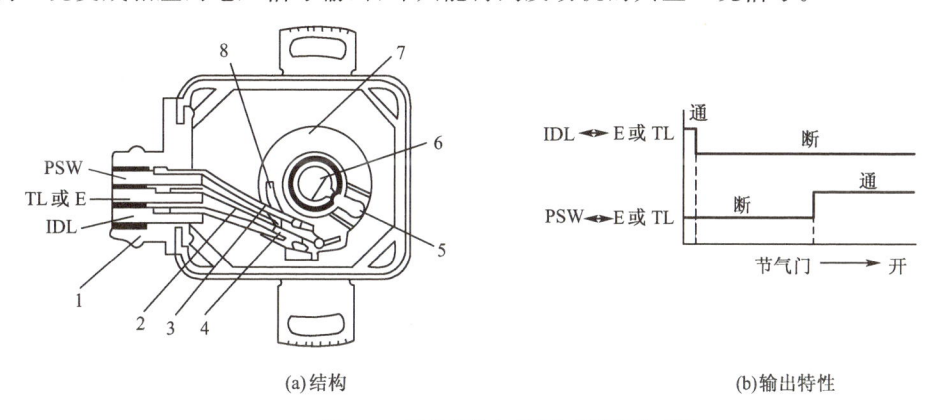

(a)结构　(b)输出特性

图 4-40　开关量输出型节气门位置传感器

1—插头;2—活动触点;3—全开触点;4—怠速触点;5—控制杆;6—节气门轴;7—导向凸轮;8—导向凸轮槽

开关量输出型节气门位置传感器与 ECU 的连接线路如图 4-41 所示。节气门全闭时,活动触点(TL)与怠速触点(IDL)接触,ECU 根据该信号判断发动机处于怠速状态;当节气门开度达到 50%以上时,活动触点与全开触点(PSW)接触,ECU 根据该信号判断发动机处于大负荷状态;在中间开度时,活动触点和两个触点都不接触,ECU 根据该信号判断发动机处于中等负荷状态。

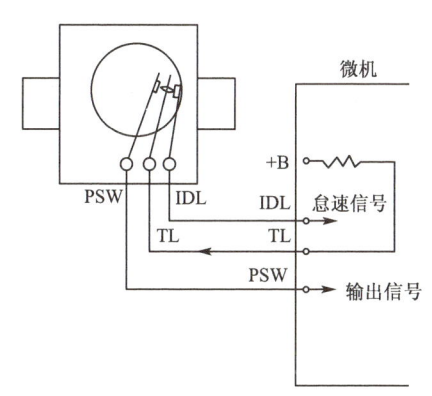

图 4-41　开关量输出型节气门位置传感器与 ECU 的连接线路

②检修:开关量输出型节气门位置传感器与 ECU 之间有三个连接端子,ECU 通过活动触点端子给传感器提供电源,通过两个固定触点端子给 ECU 输送节气门位置信号。在其维修过程中,可拆开传感器线束插接器,就车检查各端子之间的通断情况:活动触点端子与怠速触点端子之间,节气门接近全关时应导通,节气门在其他位置应不导通;活动触点端子与全开触点端子之间,节气门中、小开度时应不导通,节气门接近全开时应导通。若不符合上述要求,则说明传感器内部断路或绝缘不良,应更换节气门位置传感器。

2.曲轴位置传感器(CPS)

曲轴位置传感器也称为转速传感器,是电控系统中的主控参数之一,其功能是检测发动机

129

转速、识别活塞上止点位置,为 ECU 控制喷油时刻和点火时刻提供所需信号。

EFI 系统中使用的曲轴位置传感器主要有三种类型:电磁脉冲式、霍尔效应式和光电感应式。下面介绍现代汽车常用的电磁脉冲式曲轴位置传感器。

(1)结构及工作原理:电磁脉冲式曲轴位置传感器的安装位置有的在曲轴前端的皮带盘上,有的在曲轴后端的飞轮上,其结构都是由绕有感应线圈的磁头和带有凸齿的信号转子等组成。电磁脉冲式曲轴位置传感器的工作原理如图 4-42 所示。当转子旋转时,凸齿与磁头之间的间隙变化,使磁路中的气隙周期性发生变化,磁路的磁阻和穿过感应线圈磁头的磁通量随之发生周期性变化,根据电磁感应原理,感应线圈中就会感应产生交变电压。

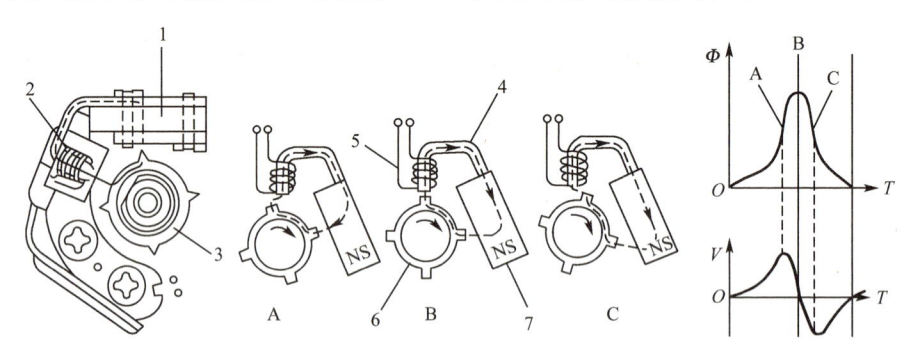

图 4-42 电磁脉冲式曲轴位置传感器的工作原理
1、7—永久磁铁;2、5—感应线圈;3、6—信号转子;4—磁铁

如图 4-43 所示为大众车系发动机采用的一种电磁脉冲式曲轴位置传感器。信号发生器固定在发动机缸体上,由永久磁铁、感应线圈和线束插头组成。永久磁铁上带有一个磁头,正对安装在曲轴上的信号转子。信号转子为齿盘式,在其圆周上间隔均匀地制有 58 个凸齿,其中一处缺两齿。所以,信号转子转一圈,感应线圈中产生 58 个交变电压,每个交变电压波形则表示 6°曲轴转角(360/60＝6°)。在缺两齿处产生一个缺齿信号,它作为控制单元识别曲轴位置的基本标记,此处为第 1、4 缸活塞处于上止点前某一角度位置(图 4-44),具体判断是哪一缸,则需要根据凸轮轴位置传感器输入的信号确定。而 ECU 根据每分钟接收曲轴位置传感器脉冲信号的数量,便能计算出发动机的转速。分频电路将每个脉冲信号分频精确到 1°曲轴转角,实现更精确的控制。图 4-44 所示为这种曲轴位置传感器的输出信号。

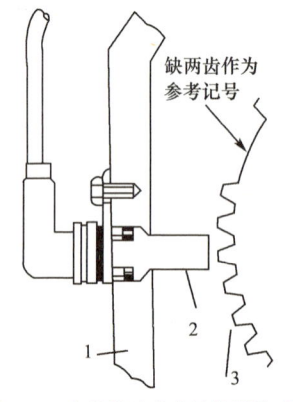

图 4-43 电磁脉冲式曲轴位置传感器
1—气缸体;2—磁头;3—信号转子

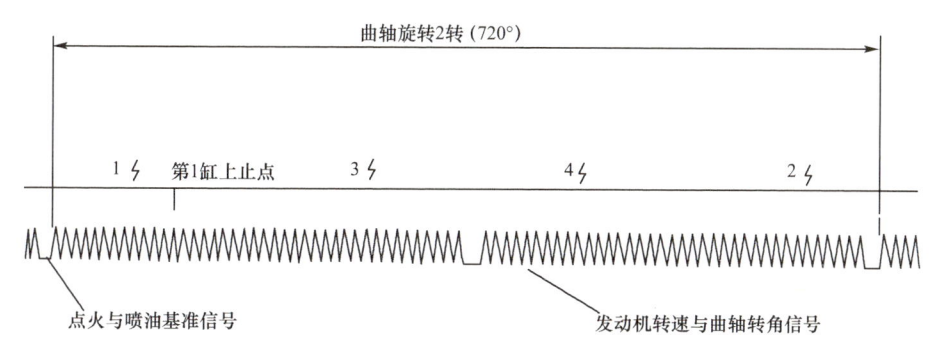

图 4-44　电磁脉冲式曲轴位置传感器的输出信号

(2)检修：如图 4-45 所示为大众车系发动机曲轴位置传感器端子及与 ECU 的接线情况。在检修时，要检查信号转子凸齿与磁头间间隙。信号转子凸齿与磁头间的间隙应为 0.2～0.4 mm，间隙如有变化，必须按规定进行调整。同时还要检查传感器电阻。断开点火开关并拆下传感器引线插头，检测传感器端子 2 与 3 间信号线圈电阻，其值应为 450～1 000 Ω。若阻值为无穷大，则说明信号线圈断路，应更换传感器。检测传感器端子 2 或 3 与屏蔽线端子 1 之间的电阻，其值应为无穷大；否则应更换传感器。

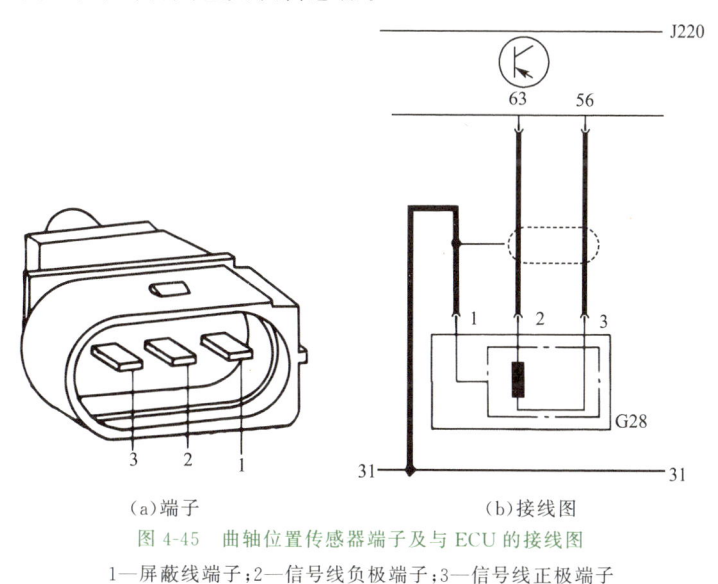

(a)端子　　(b)接线图

图 4-45　曲轴位置传感器端子及与 ECU 的接线图

1—屏蔽线端子；2—信号线负极端子；3—信号线正极端子

3.凸轮轴位置传感器(CMP)

凸轮轴位置传感器的功用是向发动机 ECU 传送第 1 缸活塞上止点信号、转速信号等，是控制发动机点火时刻和喷油时刻不可缺少的信号源。凸轮轴位置传感器一般采用霍尔效应式，习惯上被称为霍尔传感器。

(1)霍尔效应

把一个通有电流 I 的长方体白金导体沿垂直于磁力线方向放入磁感应强度为 B 的磁场中，如图4-46所示，在该白金导体的两个横向侧面上就会产生一个垂直

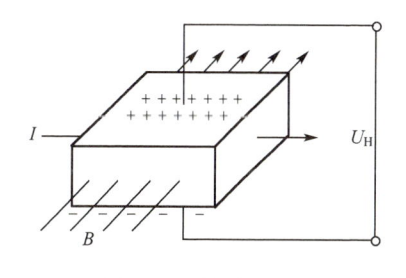

图 4-46　霍尔效应原理

于电流方向和磁场方向的电压 U_H，当磁场消失时，电压立即消失，该电压称为霍尔电压。利用霍

尔效应制成的元件称为霍尔元件。

（2）结构及工作原理：如图 4-47 所示为大众车系发动机配用的霍尔效应式凸轮轴位置传感器的结构。

凸轮轴位置传感器主要由霍尔信号发生器和信号转子组成。霍尔信号发生器主要由霍尔集成电路、永久磁铁和导磁钢片等组成。其中霍尔集成电路由霍尔元件、放大电路、稳压电路、温度补偿电路、信号变换电路和输出电路等组成。霍尔元件用硅半导体材料制成，与永久磁铁之间留有 1 mm 左右的气隙。信号转子也称为触发叶轮，其上开有一个窗口，用定位螺栓和座圈安装在进气凸轮轴上。当信号转子随凸轮轴一同转动时，信号转子的叶片和窗口便交替从霍尔元件和永久磁铁之间的气隙中转过。当信号转子的叶片进入气隙时，霍尔集成电路中的磁场被旁路，霍尔元件上没有磁力线穿过，如图 4-48(a)所示，霍尔电压为零，集成电路输出级的晶体管截止，输出一个高电平电压信号。当信号转子的窗口转过气隙时，霍尔元件上有磁力线穿过，如图 4-48(b)所示，霍尔元件上产生霍尔电压，集成电路输出级的晶体管导通，输出一个低电平电压信号。于是霍尔传感器便会产生交变的脉冲信号。

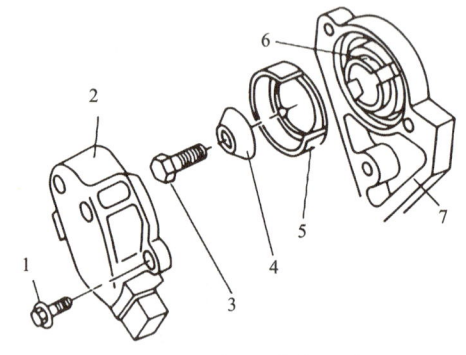

图 4-47　凸轮轴位置传感器的结构
1—固定螺钉；2—霍尔信号发生器；3—定位螺栓；4—座圈；5—信号转子；6—凸轮轴；7—发动机缸盖

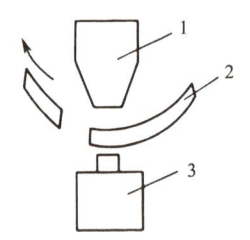

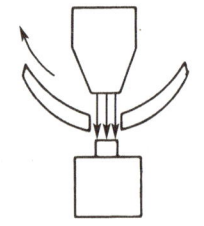

(a) 磁力线被信号转子叶片隔断　　(b) 磁力线从信号转子窗口穿过

图 4-48　霍尔传感器的工作原理
1—磁铁；2—信号转子；3—霍尔元件

发动机曲轴每转两圈，凸轮轴转一圈，霍尔传感器产生一个脉冲信号。其窗口对准气隙所产生的电平信号正好与第 1 缸上止点前某一角度位置相对应。电磁脉冲式曲轴位置传感器在发动机一个工作循环内产生 2 个第 1、4 缸上止点前某一角度位置信号，而霍尔传感器在发动机一个工作循环内只产生一个第 1 缸上止点前某一角度位置信号。ECU 在同时收到以上两个信号时，将相应的曲轴位置传感器产生的信号确定为第 1 缸上止点前某一角度位置信号，再根据曲轴位置传感器的输出信号对第 1 缸的点火时刻和喷油时刻进行控制，其余各缸的点火

132

单元 4　汽油喷射式燃料供给系的构造与维修

时刻和喷油时刻则由 ECU 根据曲轴位置传感器提供的信号进行与第 1 缸的间隔角计算后确定。曲轴位置传感器与凸轮轴位置传感器输出波形的对应关系如图 4-49 所示。

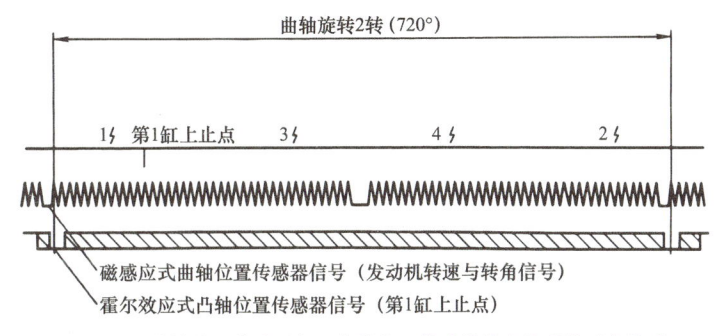

图 4-49　曲轴位置传感器与凸轮轴位置传感器输出波形的对应关系

（3）检修：霍尔传感器端子及接线图如图 4-50 所示。它可按以下方法进行检测：

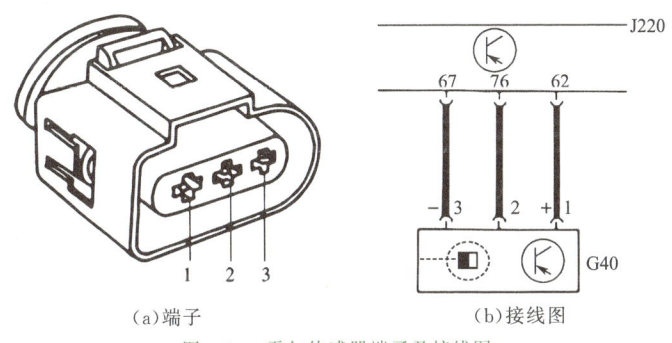

图 4-50　霍尔传感器端子及接线图
1—电源线端子；2—信号线端子；3—搭铁线端子

①检测传感器的工作情况。用发光二极管检测灯从传感器插头背面连接端子 2 和 3，短时启动发动机几秒钟，发动机每转两圈检测灯必须闪亮一次。如检测灯不闪亮，则进行电源电压及线束检测。也可用示波器对信号波形进行检测，判断传感器的工作情况。

②检测传感器供电电压。断开点火开关，拔下霍尔传感器线束插头，将万用表的正、负表笔分别连接插头端子 1 与 3；接通点火开关，测得电压标准值应不低于 4.5 V。若电压为零，则进行线束导线检测。

③检测线束导线有无故障。断开点火开关，拔下控制单元及霍尔传感器的线束插头，测量端子 1 与端子 62、端子 2 与端子 76、端子 3 与端子 67 之间的电阻值，最大不得超过 1.5 Ω。若阻值过大或为无穷大，则说明线束与端子接触不良或导线断路，应予修理或更换线束。另外，检查导线彼此间是否短路，如无短路，电阻值应为无穷大。

如果以上检测结果正常而传感器信号异常，说明传感器故障，应予更换。如传感器供电电压为零，线束无故障，说明是控制单元故障，应予更换。

4.进气温度传感器(IATS)

进气温度传感器的功能是给 ECU 提供进气温度信号，作为燃油喷射和点火控制的修正信号。

进气温度传感器的结构如图 4-51 所示。传感器内装有一个热敏电阻，进气温度变化时，热敏电阻的阻值发生变化，一般随着进气温度的升高，热敏电阻的阻值逐渐减小。进气温度传感器电路如图 4-52 所示。在 ECU 中有一个标准电阻与传感器的热敏电阻串联,并由 ECU 提供标准电压,E_2 端子通过 E_1 端子搭铁。当热敏电阻的阻值随进气温度变化时,ECU 通过 THA 端子测得的电压值随之变化,ECU 根据该电压值判断进气温度。

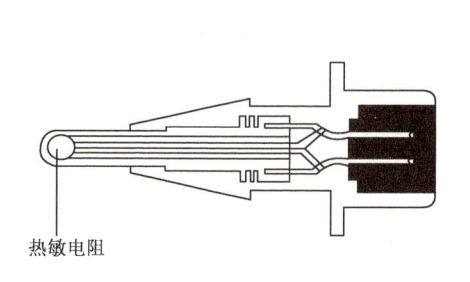

图 4-51　进气温度传感器的结构

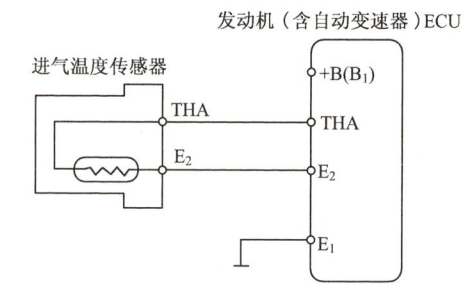

图 4-52　进气温度传感器电路图

在维修时,拆开进气温度传感器线束插接器,检查两个端子之间是否断路,若断路则应更换该传感器。将拆下的进气温度传感器放入水中进行冷却或加热,检查其特性,结果应符合相关标准,见表 4-1,否则应更换该传感器。

表 4-1　　　　　　　　　　进气温度传感器特性

温度/℃	−20	0	20	40	60	80
阻值/kΩ	10～20	4～7	2～3	0.9～1.3	0.4～0.7	0.2～0.4

5.冷却液温度传感器(ECTS)

冷却液温度传感器的功能是给 ECU 提供冷却液温度信号,作为燃油喷射和点火控制的修正信号,该信号也是其他控制系统(如废气再循环系统)的控制信号。

冷却液温度传感器一般安装在气缸体或水套出口处,其结构和电路分别如图 4-53 和图 4-54 所示,其工作原理与进气温度传感器相同,同一发动机的冷却液温度传感器与进气温度传感器的特性一般完全相同。

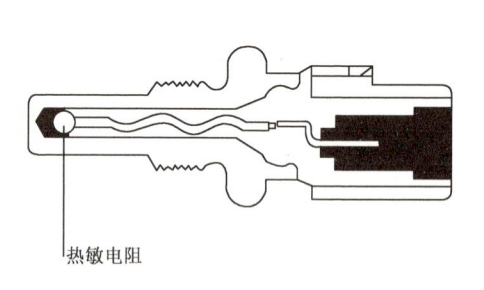

图 4-53　冷却液温度传感器的结构

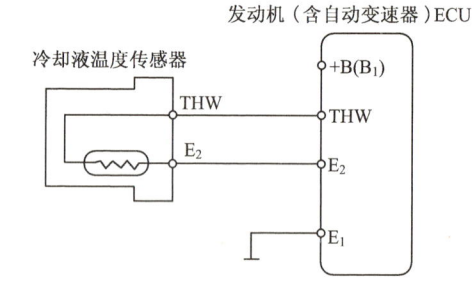

图 4-54　冷却液温度传感器电路图

6.车速传感器(VSS)

车速传感器的功能是检测汽车的行驶速度,给 ECU 提供车速信号(SPD 信号),主要用于限速断油和巡航定速等控制。在汽车集中控制系统中,也是自动变速器的主控信号。

车速传感器通常安装在组合仪表内或变速器输出轴上,有舌簧开关式和光电式两种类型,这里以舌簧开关式车速传感器为例介绍其工作原理及检修。

单元 4　汽油喷射式燃料供给系的构造与维修

舌簧开关式车速传感器的结构与电路分别如图 4-55、图 4-56 所示。车速表软轴由安装在变速器输出轴上的齿轮驱动,车速表软轴驱动磁铁旋转,每转 1 圈磁铁的极性变化 4 次,从而使开关触点闭合或断开 4 次,ECU 根据触点开闭的频率即可确定车速。

图 4-55　舌簧开关式车速传感器的结构
1—磁铁;2—舌簧开关

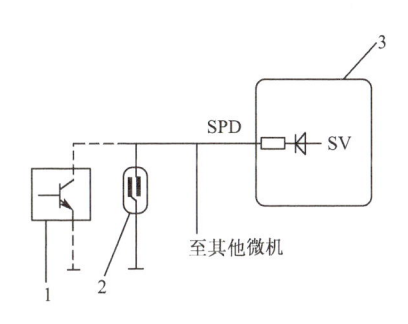

图 4-56　舌簧开关式车速传感器电路图
1—组合仪表微机;2—舌簧开关;3—ECU

ECU 给车速传感器提供 12 V 标准电压并进行监控,舌簧开关控制搭铁。当舌簧开关闭合使电路接通时,传感器便产生一个脉冲信号输送给 ECU。在维修时,检查车速传感器电源电压是否正常,然后转动驱动车轮,测量车速传感器输出的信号电压(信号输出端子与搭铁之间),车速表软轴每转 1 圈应产生 4 个脉冲信号,信号电压约为 12 V(蓄电池电压)。

7.开关信号

在发动机控制系统中,ECU 还必须根据一些开关信号确定发动机或其他系统的工作状态,常用的开关信号有:启动信号、空挡启动开关信号、空调信号、动力转向开关信号、制动灯开关信号、巡航控制信号等。

(1)启动(STA)信号

启动信号用来判断发动机是否处于启动状态。STA 信号与启动开关连在一起,启动开关接通,ECU 便检测到 STA 信号,确认发动机处于启动状态,并自动增加喷油量。

(2)空挡启动开关(NSW)信号

空挡启动开关信号主要用于怠速控制系统。在装有自动变速器的汽车上,ECU 用该信号判定变速器的挡位,识别变速器是处于空挡或停车状态,还是处于行驶状态。ECU 通过对 NSW 信号的识别,对怠速系统进行控制,在发动机处于过渡工况时,修正喷油量。

(3)空调(A/C)信号

空调信号用来检测空调压缩机是否工作。该信号与空调压缩机电磁离合器的电源接在一起,ECU 根据该信号增加喷油量。

(4)动力转向开关信号

动力转向开关向 ECU 发出一个即将增加发动机负荷的信号,ECU 会根据该信号增加喷油量。

随着控制系统功能的扩展,输入信号也将不断增加,控制系统所用的传感器及信号开关的数量必将有所增加。

三、主要执行器

EFI系统的主要执行器是电动汽油泵和喷油器,其内容在此不再赘述。

技能训练

实训 电子控制系统主要部件的检修

一、实训内容

电子控制系统工作原理与主要传感器的拆装与检修。

二、实训目的与要求

1.理解电子控制系统的工作原理。

2.掌握电子控制系统主要传感器的检修方法。

4.6 排气系统的构造与维修

认知目标 / 了解排气系统的结构与工作原理。

能力目标 / 能对照实物指出排气系统的主要部件及工作原理。

排气系统根据发动机各缸的工作循环和工作顺序,和配气机构一起配合工作,及时地将废气安全地排入大气。作为电控燃油喷射系统必不可少的组成部分,我们应该了解其主要组成部分的结构与工作原理。

一、排气系统

排气系统的功能是汇集各缸的废气,减小排气噪声和消除废气中的火焰和火星,使废气安全地排入大气。排气系统主要由排气歧管、排气管、排气消声器和三元催化转换器等组成,如图4-57所示。三元催化转换器将在单元5中讲解。

发动机在排气行程期间,气缸中的废气经排气门进入排气歧管,再由排气歧管进入排气管、三元催化转换器和消声器,最后由排气尾管排到大气中。

1.排气歧管

排气歧管的功能是汇集发动机各缸的废气。

排气歧管一般由铸铁铸造。近年来,采用不锈钢做排气歧管的汽车越来越多,原因是不锈钢排气歧管质量轻,耐久性好,同时内壁光滑、排气阻力小。

设计排气歧管的原则是降低排气背压,排气阻力越小越好。四缸发动机排气出口一般为双出口,每两个气缸共用一个出口。如图4-58所示为其排气歧管的结构,1、4缸排气歧管汇合在一起,2、3缸排气歧管汇合在一起,这样做可以完全消除排气干扰现象,而且可以利用排气的惯性降低排气背压,提高发动机的功率。

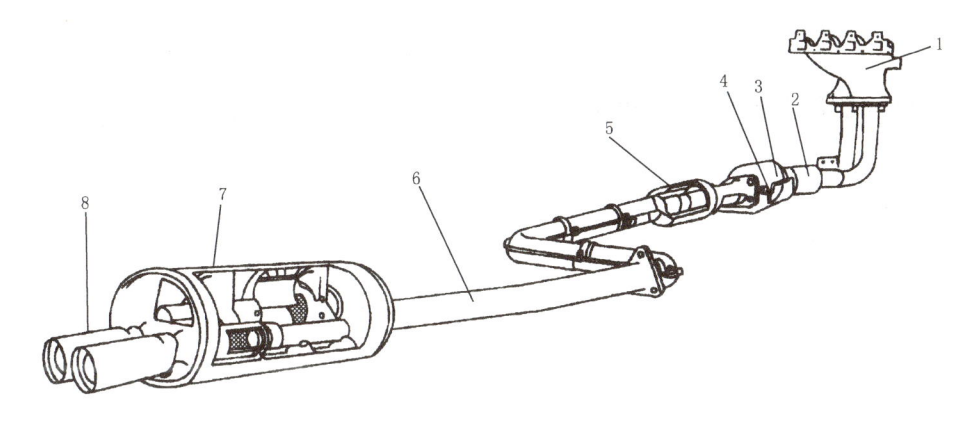

单元 4　汽油喷射式燃料供给系的构造与维修

图 4-57　排气系统
1—排气歧管；2—前排气管；3—三元催化转换器；4—排气温度传感器；
5—副消声器；6—后排气管；7—主消声器；8—排气尾管

排气歧管用螺栓固定在气缸一侧，其接合面处装有石棉衬垫，以防漏气。排气歧管上的各支管分别与气缸盖上的排气道相通。

2.排气消声器

发动机的排气压力和温度都很高，废气的超临界流动伴有刺耳的噪声。同时，由于排气的间歇性，在排气管内会引起排气压力的脉动。若将发动机废气直接排放到大气中，将产生强烈的噪声。

排气消声器的功能是消耗废气能量，平衡气流的压力波动，从而降低排气噪声，并消除废气中的火焰和火星。排气消声器安装在排气装置的出口处。安装排气消声器后，不可避免地增加了排气阻力，使发动机功率略有下降，在使用中应保持排气消声器畅通。

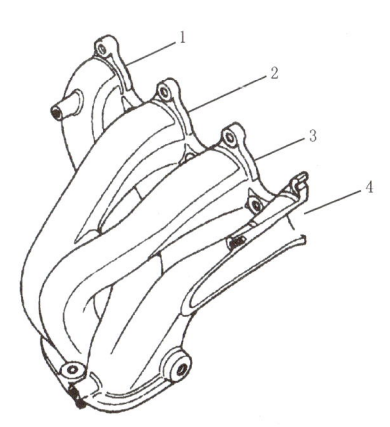

图 4-58　四缸发动机排气歧管的结构

排气消声器由外壳、多孔管及隔板组成。典型的排气消声器构造如图 4-59 所示。

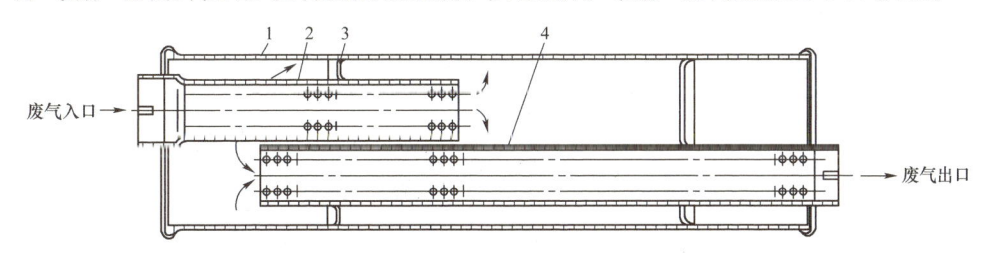

图 4-59　排气消声器构造
1—外壳；2、4—多孔管；3—隔板

废气进入多孔管后，再进入多孔管与外壳间的滤声室，受到反射，并在这里膨胀冷却，又经过多次与内壁碰撞消耗能量，使废气温度、压力和流速都显著降低，从而消减了排气噪声，消除了火焰及火星。

为了有效地降低轿车排气噪声，现代轿车大多采用几个排气消声器串联。

排气消声器的检修主要是检修其是否破损、堵塞。排气消声器破损将导致排气噪声明显增加，排气消声器堵塞将导致排气不畅。发生以上情况时应予以更换排气消声器。

4.7 汽油机缸内直喷技术

认知目标 / 掌握缸内直喷汽油机燃油供给系统的组成与工作原理。

能力目标 / 能对照实物正确说出缸内直喷汽油机燃油供给系统的主要组成部件名称及工作原理。

缸内直喷汽油机的喷油器直接安装在燃烧室内,把燃油直接喷入气缸内,配合气缸内组织的气体流动形成可燃混合气,容易实现分层燃烧和稀薄燃烧(空燃比大于17),可进一步改善汽油机的经济性和排放性。汽油机缸内直喷技术的应用日益广泛,因此我们有必要了解缸内直喷汽油机燃油供给系统的组成、工作原理以及主要部件的结构及工作原理等知识。

一、缸内直喷汽油机燃油供给系统的组成与工作原理

缸内直喷汽油机与缸外喷射汽油机的总体结构相同,均由两大机构和五大系统组成。但缸内直喷汽油机的喷油器直接安装在燃烧室内,把燃油直接喷入气缸内,采用稀薄燃烧技术。缸内直喷汽油机气缸的压缩比大、温度高,因此其燃油系统的主要组成部件与缸外喷射汽油机相比有一定的区别。

目前常用缸内直喷汽油机的燃油供给系统主要由汽油箱、电动燃油泵、燃油滤清器、燃油低压传感器、高压燃油泵、燃油压力调节阀、油轨、限压阀、高压喷油器以及燃油高压传感器等组成,如图4-60所示。

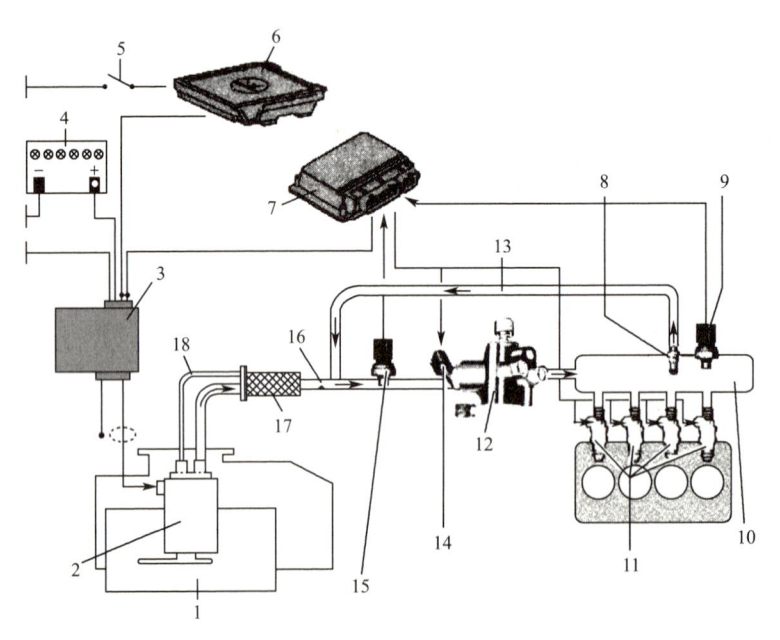

图 4-60 缸内直喷汽油机燃油供给系统的组成

1—汽油箱;2—电动燃油泵;3—燃油泵控制单元;4—蓄电池;5—门控开关;6—车身动力单元;
7—发动机控制单元;8—限压阀;9—燃油高压传感器;10—油轨;11—高压喷油器;12—高压燃油泵;
13、18—回油管;14—燃油压力调节阀;15—燃油低压传感器;16—节流阀;17—燃油滤清器

单元 4　汽油喷射式燃料供给系的构造与维修

缸内直喷汽油机的燃油供给系统可分为低压燃油系统和高压燃油系统。低压燃油系统是指电动燃油泵至高压燃油泵之间的油路系统。高压燃油系统是指高压燃油泵至喷油器之间的油路系统。高压燃油系统如图 4-61 所示。

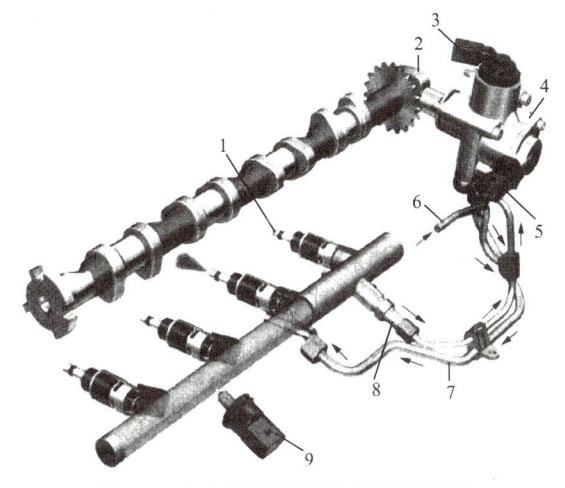

图 4-61　缸内直喷汽油机的高压燃油系统

1—喷油器；2—驱动凸轮；3—燃油压力调节阀；4—高压燃油泵；5—燃油低压传感器；
6—低压油管；7—高压油管；8—限压阀；9—燃油高压传感器

与传统的进气道燃油喷射系统相比，缸内直喷低压燃油系统增加了燃油泵门控开关、燃油低压传感器、燃油泵控制单元。燃油低压传感器采用传统三线式压力传感器。

燃油泵门控开关能使打开驾驶侧车门时燃油泵即开始工作。车门开关信号被送至发动机控制单元，燃油泵被触发 2 s，迅速建立油压以缩短汽车启动时间。

有些汽车还具有碰撞燃油切断装置，它通过燃油泵继电器断开燃油泵控制电路。

大众 1.8TSI 发动机燃油供给系统工作过程如图 4-62 所示。

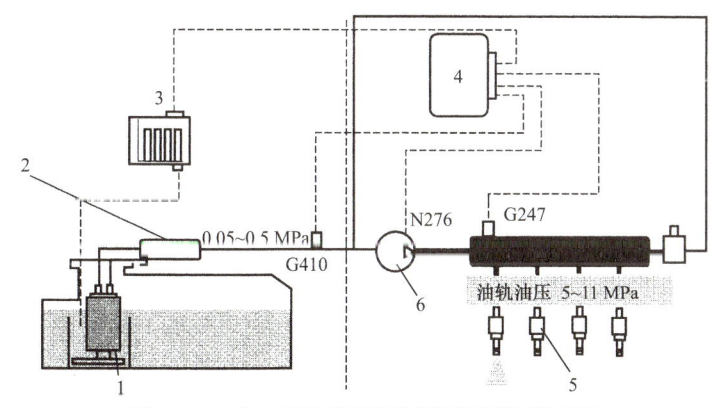

图 4-62　大众 1.8TSI 发动机燃油供给系统工作过程

1—电动燃油泵；2—燃油滤清器；3—燃油泵控制单元；4—ECU；5—喷油器；6—高压燃油泵

燃油泵控制单元负责控制电动燃油泵，使低压燃油系统的油压达到 50～500 kPa，在发动机启动时，低压燃油系统内的油压可以达到 650 kPa。燃油滤清器调节阀（调节阀安装在汽油滤清器内）的开启压力约为 680 kPa。高压燃油泵由驱动凸轮驱动，高压燃油泵经燃油压力调节阀 N276（高压）产生油轨内所需要的压力，为 5～11 MPa（取决于发动机的负荷和转速）。高压燃油通过分配管被输送到各缸的喷油器内，高压油路内的限压阀在压力超过 12～15 MPa 时开启，以

139

保护高压燃油系统部件。油轨起缓冲器的作用,用来吸收高压燃油管路内的压力波动。

缸内直喷汽油机的工作原理如图 4-63 所示。其工作过程有以下特点:

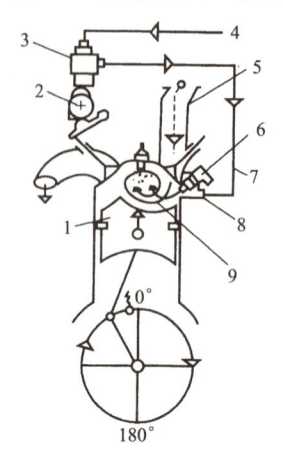

图 4-63 缸内直喷汽油机的工作原理

1—顶面弯曲活塞;2—驱动凸轮;3—高压燃油泵;4—输油管;5—直立进气管;
6—高压旋流喷油器;7—高压油管;8—油轨;9—涡流

(1) 气缸内涡流的运动

在进气过程中,通过直立进气管在气缸吸力的作用下产生强大的下降气流,使充气效率得到提高。又在顶面弯曲活塞的作用下,形成比传统汽油机更强大的滚动涡流,这个滚动涡流将压缩后期喷油器喷射出的旋转油雾带到燃烧室中央的火花塞附近,然后及时点火燃烧。

(2) 高压旋转油雾的产生

高压旋流喷油器在压缩行程的后期(此时气缸内压力为 0.8~1.5 MPa)以 5~5.5 MPa 的高压喷射出旋转的油雾,该油雾被卷入滚动涡流中,迅速吸热汽化,之后以层状混合状态被卷到火花塞附近。此时,火花塞附近为高浓度混合气,极易点燃,气缸内的燃气呈"稀包浓"状态(O_2 分子包围 HC 分子),形成一个绝热层,提高了热效率,使功率提高、油耗降低。

(3) 高速强燃烧涡流的产生

"稀包浓"燃烧涡流因未燃物和已燃物温度、密度和离心力的差异,在旋转中会逐层地换位和剥离(未燃物温度低、密度大和离心力大,向外移动;已燃物温度高、密度小和离心力小,向内移动),并从内向外稳定地、彻底地分层燃烧"稀包浓"状态的燃气涡流,与气缸壁间产生绝热层,从而提高了热效率。

(4) 中小负荷工况时的喷油特点

由于轿车在市内行驶占有的时间一般为 75%~85%,且发动机多在中、小负荷工况下工作,因此应在压缩行程后期喷油,以超稀薄混合气成分为主,为分层燃烧的混合气。

(5) 大负荷工况时的喷油特点

为了获得大负荷工况时的功率值,应加浓可燃混合气,以动力性为主,采用两次喷油方式。第一次是在进气行程,喷入适量燃油形成均质燃烧混合气,此时,还可利用燃油的汽化吸热,来降低进气温度,提高充气效率。第二次是在压缩行程的后期喷油,形成浓稀不均的层状混合气,再点火燃烧。因此,在大负荷工况时,一个工作循环中喷油器发生两次脉冲信号,脉冲宽度各不相同。

两次喷油的功能也会在启动工况、急加速工况时出现,用来调节空燃比的大小,改善使用性能。

(6)高压缩比的实现

要提高汽油机的功率输出,一是加大进气量,二是提高压缩比,三是控制燃烧过程。传统的电控燃油喷射系统,因受燃油质量的制约,一般压缩比难以突破10∶1,且还需要使用高牌号汽油。而缸内直喷汽油机由于吸入气缸内的空气量大幅度增加,进气冷却效果较好,加上直接喷入气缸内燃油的汽化热可降低气体温度和增大空气密度等,因此对爆燃的抑制作用加大,使压缩比提高到12～13,而且对汽油的辛烷值无过高要求。

二、缸内直喷汽油机燃油供给系统的主要部件

下面主要介绍高压燃油泵、高压喷油器及燃油高压传感器的结构及工作原理。

1.高压燃油泵

高压燃油泵将来自低压油腔的燃油(600 kPa)加压至5～11 MPa,以供入油轨,使喷油器顺利在压缩行程的高压空气中喷入汽油。高压燃油泵的平均供油量是喷油器平均喷油量的两倍左右。高压燃油泵采用凸轮轴机械方式来驱动,如图4-64所示。高压燃油泵的压力缓冲器会吸收高压燃油系统内的压力波动。

高压燃油泵一般采用柱塞泵,由圆柱挺杆、油泵柱塞、进油阀、出油阀、燃油压力调节阀等组成。油泵柱塞通过圆柱挺杆由凸轮轴上的凸轮驱动。高压燃油泵的结构如图4-65所示。

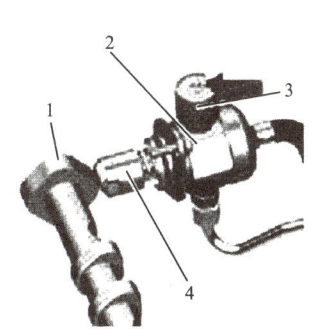

图4-64 高压燃油泵的外形与驱动
1—四方凸轮;2—高压燃油泵;
3—燃油压力调节阀;4—油泵柱塞

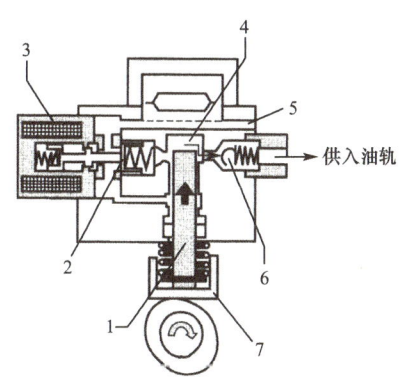

图4-65 高压燃油泵的结构
1—油泵柱塞;2—进油阀;3—燃油压力调节阀;4—高压油腔;
5—来自低压油腔的燃油;6—出油阀;7—圆柱挺杆

高压燃油泵的工作过程为:

(1)进油过程

当油泵柱塞向下运动时,油泵柱塞上腔的容积不断增大。此时出油阀在弹簧力的作用下处于关闭状态,进油阀在阀芯弹簧力的作用下被打开,油泵柱塞向下运动产生真空吸力,吸入燃油。燃油以最高600 kPa的压力经进油阀进入泵腔,如图4-66所示。油泵柱塞向下运动过程中,泵腔内的油压近似等于低压燃油系统内的油压。

(2)回油过程

在回油过程中,进油阀仍然处于打开状态。随着油泵柱塞向上运动,泵腔内过多的燃油被

压回到低压燃油系统，以此来调节实际供油量，回油在系统中产生的液体脉动被系统中的油压衰减器和节流阀所衰减。泵腔内的油压近似等于低压燃油系统内的油压，如图4-67所示。

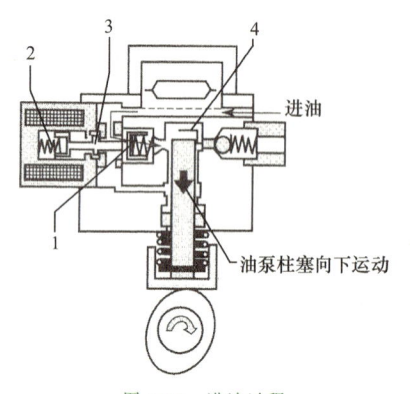

图4-66 进油过程
1—进油阀弹簧；2—阀芯弹簧；
3—阀芯；4—高压油腔

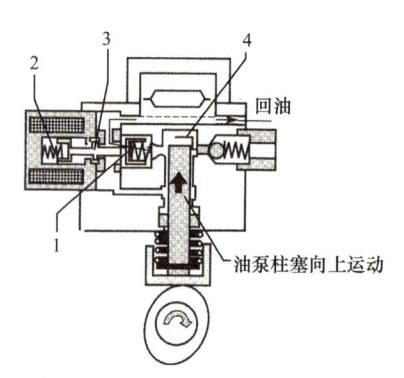

图4-67 回油过程
1—进油阀弹簧；2—阀芯弹簧；
3—阀芯；4—高压油腔

（3）供油过程

燃油泵控制单元计算出供油始点并对燃油压力调节阀发送指令，使其吸合阀芯并克服阀芯弹簧的作用力向左运动；同时进油阀在进油阀弹簧作用力下被关闭，油泵柱塞继续向上运动，泵腔内建立起油压。当泵腔内的油压高于油轨内的油压时，出油阀被开启，高压燃油被供入油轨内，如图4-68所示。

2.高压喷油器

目前，在缸内直喷汽油机上得到广泛使用的高压喷油器是内开式旋流喷油器，其内部设有燃油旋流腔，燃油通过在其中产生的旋转涡流来实现微粒化并减小喷束的贯穿度，从而可以实现5 MPa的缸内喷射。

内开式旋流喷油器主要由电磁线圈、压力弹簧、针阀、阀座、供电插头等构成，如图4-69所示。

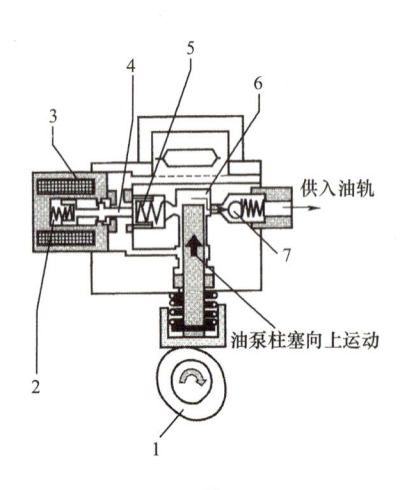

图4-68 供油过程
1—驱动凸轮；2—阀芯弹簧；3—燃油压力调节阀；
4—阀芯；5—进油阀弹簧；6—高压油腔；7—出油阀

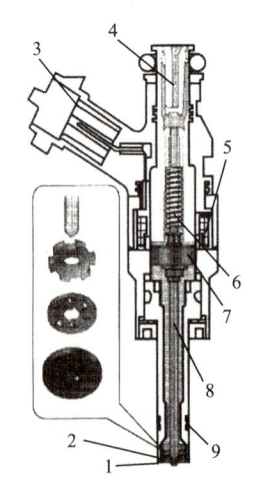

图4-69 内开式旋流喷油器
1—喷油孔；2—阀座；3—供电插头；
4—燃油入口（带细滤器）；5—电磁线圈；6—压力弹簧；
7—带衔铁的阀杆；8—针阀；9—四氟乙烯密封圈

单元 4 汽油喷射式燃料供给系的构造与维修

电磁线圈通电,产生的电磁力使铁芯克服弹簧力而移动,与铁芯一起的针阀被打开,燃油便从喷口喷出;电磁线圈断电,其电磁力消失,铁芯在弹簧力作用下迅速回位,针阀关闭,喷油器立即停止喷油。喷油器将汽油直接喷入燃烧室。

对于单孔喷油器,其燃油喷射锥角为 70°,喷束倾角为 20°,如图 4-70 所示。

目前缸内直喷汽油机的喷油器多采用六孔喷油器,如图 4-71 所示。这种喷油器上有六个精细的机械孔,可以喷射出圆锥形的雾状燃油,且喷射角度可与燃烧室匹配,提供更高质量的混合气。这种结构可在节气门全开或在二次喷射过程中,避免油束覆盖整个活塞顶部,可大大降低了碳氢化合物的排放。当发动机冷机时可防止燃油混入发动机机油中。

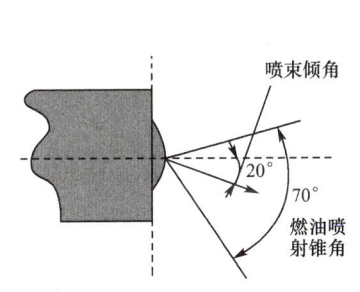

图 4-70 单孔喷油器的喷射锥角与喷束倾角

图 4-71 六孔喷油器

喷油器末端细长,以提高冷却效果。喷油器有一个安装卡夹,只要拆卸就需要更换。

发动机控制单元控制喷油器的电压为 65 V,控制单元内部有 DC/DC 变压器,将 12 V 电压转换成 65 V 电压。喷油器针阀开启时需要 12 A 的电流,但保持开启仅需要 2.6 A 的电流。喷油器的驱动电压约为 65 V,但这只是在喷油器针阀开启一刹那需要加载的电压,随后针阀继续保持开启时,只需要加载 12 V 电压。

3.燃油高压传感器

燃油高压传感器位于进气歧管的底部,在飞轮侧用螺栓固定在油轨上,如图 4-72 所示,能测量 20 MPa 的压力,它监控燃油系统高压部分的压力,并且把信号传给发动机控制单元。

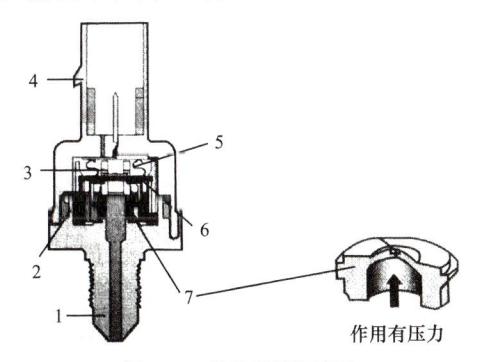

图 4-72 燃油高压传感器
1—压力接头;2—间隔块;3—集成的开关电路;4—壳体;5—接触刷;6—印制电路板;7—传感器元件(应变电阻)

油轨内的压力保持恒定对减少排放、降低噪声和提高功率有重要影响。传感器的核心是一个钢膜,在钢膜上有应变电阻,要测的压力经压力接口作用到钢膜的一侧,钢膜弯曲,从而引起应变电阻的阻值发生变化,分析电路将电信号处理放大后传递给发动机控制单元。发动机控制单元给传感器供电,供电电压为 5 V,信号电压随压力升高而升高。

发动机控制单元根据燃油高压传感器信号调节燃油压力调节阀,从而控制油轨内的燃油压力。如果燃油高压传感器发生故障，燃油压力调节阀不起作用，这时整个系统压力就会降低至 0.5 MPa，发动机的输出转矩和功率都会大幅下降。

三、发动机燃油双喷射系统

燃油缸内直喷技术是汽油机的重要发展方向，它是在电子控制系统对发动机工况的各种传感器信号进行运算判断后，缸内直喷汽油机的高压喷油器根据电子控制系统的指令在适当的曲轴转角将汽油直接喷射到气缸中，这种燃油喷射方式可灵活控制喷油时刻和精确控制喷油量，因此兼有热效率高、动力性好等优点。同时，因为利用缸内气流运动、燃油喷射雾化、燃烧室表面引导形成混合气，实现了混合气分层稀薄燃烧，大幅度地提高了发动机的燃油经济性，降低了尾气排放。但缸内直喷发动机存在中小负荷颗粒物排放增加，HC、NOx 排放较高等问题。近年来，已有发动机配备燃油双喷射系统。所谓双喷射，是指发动机同时具备两种喷油方式，一种是带高压喷射系统的缸内直喷，另一种是进气歧管喷射。发动机可根据工况变化采用不同的喷射方式，使发动机达到最佳的工作性能。

如图 4-73 所示为大众新型 2.0 L TSI 发动机配备的燃油双喷射系统，它是在 TSI 高压缸内直喷系统的基础上增加了一套进气歧管喷射（SRE）（注：SRE 与 MPI 类似）。SRE 的燃油供给通过油箱中的燃油泵完成，与高压油泵无关。进气歧管喷射可以大大减少燃烧产生的细微颗粒物排放。该系统根据发动机工作温度、负载和发动机转速等在不同的喷射模式之间进行切换。

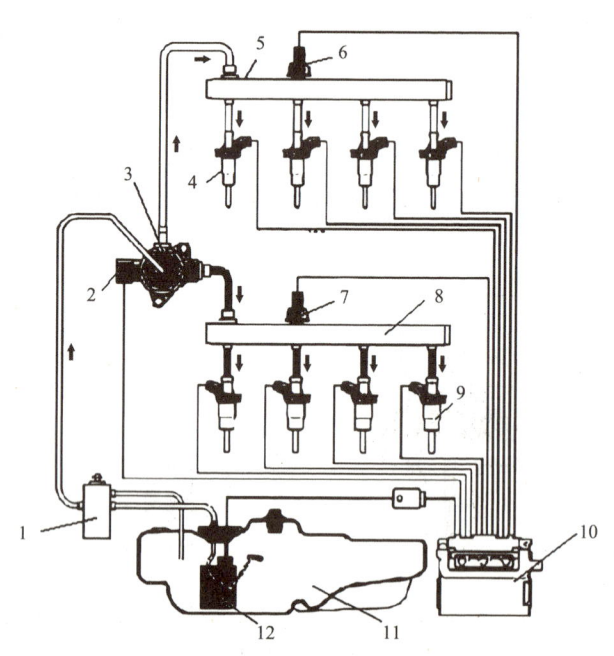

图 4-73 大众新型 2.0 L TSI 发动机配备的燃油双喷射系统

1—燃油滤清器；2—燃油压力调节阀；3—高压燃油泵；4—低压喷油器；5—低压油轨；6—低压燃油压力传感器；7—高压燃油压力传感器；8—高压油轨；9—高压喷油器；10—电子控制单元（ECU）；11—油箱；12—燃油泵

1. 启动阶段

当发动机以冷却液温度低于 45 ℃启动时，气缸在压缩行程进行三次缸内直喷。

2.发动机满负载运行

系统切换到高压模式,在进气行程和压缩行程采用双次直喷模式,满足发动机高功率的性能要求。

3.暖机和三元催化转换器加热

在这个阶段采用双次直喷,分别在进气行程和压缩行程喷射。

4.发动机部分负载

当发动机温度高于 45 ℃ 并且工作在部分负载阶段时,切换到 SRE 喷射模式。

5.应急运行功能

如果一个喷射系统失效,发动机控制单元控制发动机只在另一个喷射系统模式下运行,保证车辆仍然能够行驶。组合仪表中的红色发动机指示灯点亮。

6.冲洗模式

在 SRE 喷射模式下,为了防止高压喷油器内的燃油烧焦,发动机每五分钟进行一次直喷。

4.8 电控燃油喷射系统故障诊断与排除

能力目标
1.掌握故障码和数据流的读取方法。
2.掌握电控燃油喷射系统常见故障的诊断步骤与方法。

在对电控燃油喷射系统各组成部分的构造与维修知识进行了系统的学习之后,我们需要了解电控燃油喷射系统故障诊断与排除方面的基本知识,以便在其出现故障时能正确排除故障,恢复其使用性能。

一、故障诊断的注意事项

对电控燃油喷射系统进行故障诊断时,首先应明确所诊断的故障是否与电控系统相关。若发动机有故障,而故障指示灯并未点亮,则应先假定其为与电控系统无关的故障,即必须先避开电控系统,按照常规发动机的故障诊断程序进行诊断,再使用诊断仪器进行数值分析以查找故障;若发动机有故障,且故障指示灯点亮,则应按厂家规定的程序调取故障码,并结合具体的结构类型进行故障分析,充分了解可能的故障原因,以便正确地进行诊断操作。

对电控发动机进行故障诊断时,要认真阅读有关技术资料,熟悉基本原理、诊断步骤及不同车系的特点,根据诊断程序进行诊断,以免因操作不当引起新的故障。一般应注意以下问题:

①严禁在发动机运转时将蓄电池断开,以防损坏传感器和微机。
②利用蓄电池跨接启动其他车辆时,必须先断开点火开关,再拆装跨接线。
③在对车身进行电弧焊时,应先断开微机电源。
④电控系统的线路比较复杂,在检修和排除故障时动作要轻,不允许猛烈敲击,不能直接测试微机,以免引起更多的故障。

⑤在拆装和接通喷射系统微机接线插头前,必须关闭点火开关。

⑥燃油系统应保持清洁,拆卸油管或喷油器时,应先将燃油系统卸压,再缓慢松开连接处,用布擦去断开处的汽油。连接油管时,应更换新垫片,按要求连接好,操作过程中不可弯曲软管,以防软管损坏。

⑦电控单元主要是根据空气流量计测得的空气量来控制喷油量,进气系统密封不良会造成空气计量失准,对发动机造成不良影响。因此,进气系统各连接处应连接良好。

⑧诊断时不要随意拆卸发动机加机油口、机油滤清器盖、机油量尺等。

⑨拆卸发动机控制系统有关零件时,应先切断电源,将点火开关置于"OFF"位置,或拆下蓄电池搭铁线。对于带有发动机微机自诊断系统的车辆,应先检查已储存的故障码,再拆下蓄电池搭铁线,以免丢失存储器内的有关数据。安装蓄电池线时,蓄电池极性不得搞错。

⑩使用万用表时,如果检查防水型连接器,应先小心取出防水橡胶,检查后再在接头上可靠地安装防水橡胶。

⑪当检查电阻、电流或电压时,应将检测探针插进线束的接头里,但不要用力过大。

⑫有些零部件需使用原车或仪器配用的专用接线工具进行检测,如喷油器等都配有专用引线和接头,不可随意代用。

二、故障自诊断系统

在现代汽车电控系统中,一般都设有故障自诊断系统。故障自诊断系统主要由ECU中的部分软件和故障指示灯等组成,不需要专门的传感器。电控系统工作时,故障自诊断系统对电控系统各种输入信号和输出信号进行监测,并运用程序进行推理、判断,将结果迅速反馈到主控系统,改变控制状态。此外,还可根据自诊断结果控制故障指示灯工作。

1.故障自诊断系统的功能

①通过故障自诊断测试判断电控系统有无故障。当出现故障时,点亮故障指示灯,发出报警信号,并将诊断结果以故障码的形式进行存储。但故障自诊断系统对所设故障码以外的故障无能为力,特别是对机械装置、真空装置等,故障自诊断系统无法对其进行监测,对这些装置的故障还应采取传统的检测诊断方法。

②在维修时,通过一定的操作程序可将故障码调出,以便维修人员迅速、准确地确定故障的性质和部位,有针对性地检查有关元件、线路,排除故障。排除故障后,还应能将存储的故障码清除,以便于故障自诊断系统进行新的自诊断测试。如不将旧的故障码清除掉,可能会给下一次维修带来不必要的麻烦。

③当传感器或其电路发生故障时,故障自诊断系统自动启动失效保护系统,以保证发动机能继续运转或强制中断燃油喷射,使发动机停止运转。

④当发生故障导致车辆无法行驶时,故障自诊断系统自动启动应急备用系统,按原设定的程序和固定的参数值对发动机进行控制,从而使汽车维持一定的运行能力,以保证可以将汽车开回家或开到附近修理厂进行修理。这种故障运行功能称为"缓慢回家"功能或"跛行"功能。

⑤许多电控汽车的故障自诊断系统还具有行车记录功能,能记录车辆行驶过程的有关数据资料。

2.故障自诊断系统的工作原理

电控系统工作时,ECU 不断接收到各种传感器信号,也不断向执行机构输出控制信号,故障自诊断系统就是根据这些信号来判断电控系统有无故障的。

(1)传感器故障自诊断原理

传感器是向 ECU 输送信号的电控系统元件,无需专门线路,故障自诊断系统即可对各种传感器进行故障自诊断。若某传感器输入 ECU 的信号超出正常范围,或在一定时间内 ECU 收不到该传感器的信号,或该传感器输入 ECU 的信号在一定时间内不发生变化,故障自诊断系统均判定为"故障信号"。若故障信号持续出现超过一定时间或多次出现,故障自诊断系统即判定该传感器有故障,并将此故障以故障码的形式输入 ECU 的存储器中,同时接通故障指示灯电路警示驾驶员。以冷却液温度传感器为例,一般正常的冷却液温度信号的电压值应为 0.3~4.7 V,对应发动机冷却液的温度为 −30~120 ℃。发动机正常工作时,若冷却液温度传感器向 ECU 输送的信号电压低于 0.3 V 或高于 4.7 V,故障自诊断系统则会判定为故障信号。若此故障信号只是偶然出现,故障自诊断系统不会认为该传感器有故障,但若此故障信号持续出现超过一定时间或多次出现,故障自诊断系统即判定该传感器或其电路有故障。此外,故障自诊断系统还会根据故障性质,自动启动失效保护系统或应急备用系统等。

故障信号的产生原因除传感器自身的故障外,传感器电路接触不良、断路或短路,也会导致故障信号的产生。故障自诊断系统只能根据传感器输入的信号来判定有无故障,但不能确定故障的具体部位。因此,在进行故障诊断时,除按调取的故障码含义对相应的传感器进行检查外,还应检查与传感器相关的线路。

故障自诊断系统一般只能监测电控系统电路信号的范围,并不能监测传感器的特征变化。例如,线性输出型节气门位置传感器特征发生了变化,传感器输出的电压信号虽然在规定范围内,但并不与节气门开度按规定的比例变化,这时就会导致发动机工作不良,但故障指示灯并不会点亮,当然也不会有故障码。事实上,各种传感器出现的工作不正常、偏差严重等故障无法利用该功能检测,此时应从故障现象入手,依据控制系统的工作原理和结构,利用故障自诊断系统的数据流功能,根据汽车工作过程中传感器各种数据的变化情况来判断电控系统工作是否正常。

(2)执行元件故障自诊断原理

电控系统的执行元件一般只接收 ECU 的控制信号,所以在没有反馈信号的开环控制系统中,故障自诊断系统只能根据 ECU 输出的控制信号,来判断执行元件或其电路是否有故障,其故障自诊断原理与传感器故障自诊断原理类似。

带有反馈信号的控制系统(如点火控制系统)工作时,故障自诊断系统还可根据反馈信号判断故障。这类系统出现故障,有些会导致电控系统停止工作。例如:电控点火系统在正常工作时,ECU 对点火进行控制,并在每次点火后根据点火器返回的反馈信号确认是否点火;如果点火器或其他元件出现故障,导致 ECU 连续 3~5 次收不到反馈信号,故障自诊断系统便判定电控点火系统有故障,为避免燃油浪费和造成排放污染,强行停止电控燃油喷射系统继续喷油,导致发动机熄火。

3.故障指示灯

在故障自诊断系统检测到故障时,仪表板上的故障指示灯点亮,以警示驾驶员或维修人员。有些汽车电控系统发生故障后,可按特定的操作程序根据故障指示灯的闪烁次数来读取故障码。故障指示灯控制电路如图 4-74 所示。

147

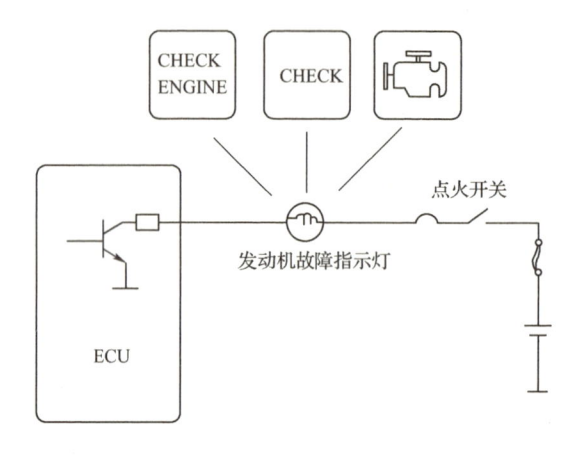

图 4-74 故障指示灯控制电路图

在车辆使用中,点火开关接通,发动机没有启动或在启动后的短时间内,故障指示灯点亮是正常现象,但启动后几秒钟(3～5 s)内或发动机达到一定转速(500 r/min)后,故障指示灯应熄灭。否则说明故障自诊断系统检测到故障,若系统无故障(调不出故障码),而故障指示灯点亮,则应检查其控制电路是否搭铁。

三、故障诊断的基本程序

发动机电控系统故障诊断的基本程序如图 4-75 所示。

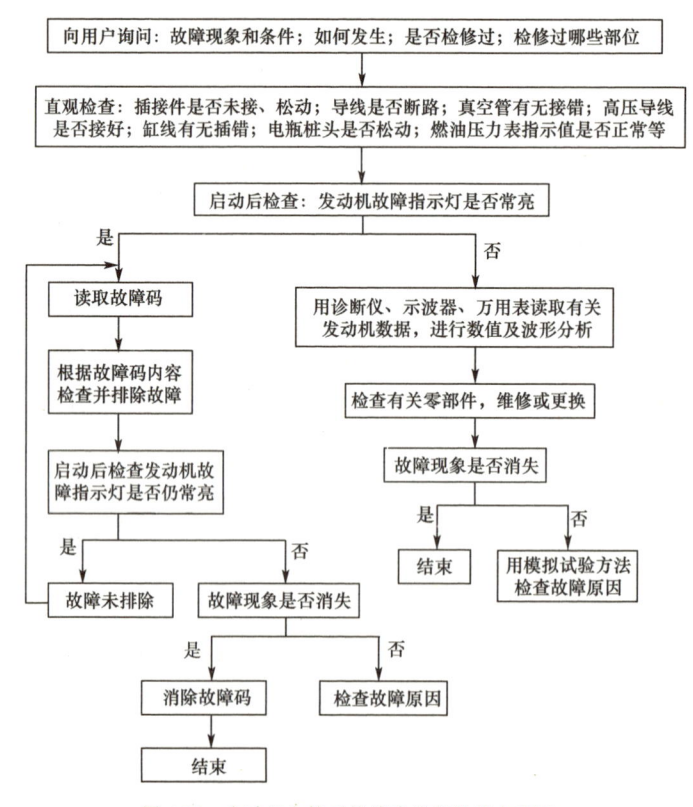

图 4-75 发动机电控系统故障诊断的基本程序

四、故障码读取方法

调取 ECU 内存储的故障码的方法有两种：一种是利用故障诊断仪(亦称解码器)来读取，另一种是人工读码(随车故障自诊断)。

1.利用故障诊断仪读取故障码

现代汽车发动机电控系统的控制电路上都设有一个专用的故障诊断插座，通过线路与 ECU 连接。只要将厂商提供的该车型的专用故障诊断仪或通用型故障诊断仪的检测插头与汽车上的故障诊断插座连接，然后打开点火开关(置于"ON"位置)，就可以很方便地从故障诊断仪的显示屏上读取所有存储在 ECU 中的故障码，之后通过故障诊断仪的显示或查阅该车型的维修手册，就可以知道这些故障码所表示的故障内容和可能的故障原因。

各种故障诊断仪的具体操作方法随车型不同而有所差异。下面以大众车系使用的 V.A.G 1551 专用故障诊断仪为例，说明故障诊断仪的使用方法，如图 4-76 所示。

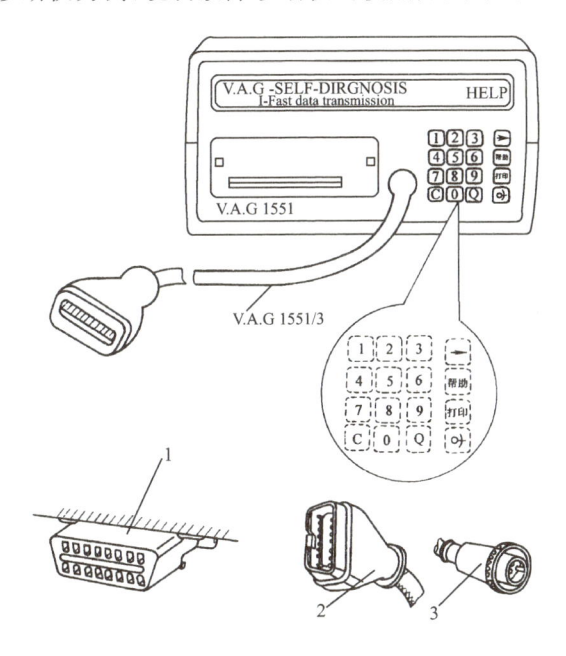

图 4-76　V.A.G 1551 专用故障诊断仪

1—汽车上专用的故障诊断插座；2—传输线 16 端子插接器；3—传输线 5 端子插接器

V.A.G 1551 专用故障诊断仪的正确操作步骤如下：

①关闭点火开关，将专用传输线 V.A.G 1551/3 的一端(5 端子)与故障诊断仪相应接口连接，传输线另一端(16 端子)与变速器换挡手柄前部的故障诊断插座连接。

②打开点火开关，输入发动机 ECU 的地址代码"01"，然后按"Q"键确认，屏幕显示

> Rapid data transmission Q(快速数据传递)
> 01-Engine electronics(发动机电控单元)

经过一段时间后，屏幕上将显示 ECU 的版本号和编号。

③按"→"键进入功能选择,屏幕显示

Rapid data transmission Q(快速数据传递)
Select function ××(功能选择 ××)

④输入功能代码"02",再按"Q"键确认,无故障时屏幕显示

No fault(无故障)

有故障时,屏幕上将显示故障数量。例如,若有2个故障,则屏幕显示

2 fault Recognized(发现2个故障)

然后按"→"键将依次显示每一个已检测到的故障码及故障原因。在显示故障原因时,若屏幕底部出现"/SP",表示该故障为间歇性出现的故障。

⑤故障码读取完成后,输入功能代码"06",再按"Q"键确认即可退出。

⑥关闭点火开关,拆下专用故障诊断仪和传输线。

故障排除后,应清除故障码,故障码的清除方法如下:

①按读取故障码步骤①~③进行操作后,输入功能代码"05"并按"Q"键确认,即可清除故障码,此时屏幕显示

Rapid data transmission Q(快速数据传递)
fault memory is erased(故障码已清除)

若故障码所代表的故障还没有被排除,将无法清除故障码,屏幕显示

Rapid data transmission Q(快速数据传递)
fault memory not erased(故障码没有清除)

②故障码清除完毕后,输入功能代码"06",再按"Q"键确认即可退出。

③关闭点火开关,拆下专用故障诊断仪和传输线。

2. 利用故障自诊断系统读取故障码(人工读码)

在没有故障诊断仪时,可进行人工读码。因车型不同,故障码的读取方法也有所不同,下面介绍两种常用方法:

(1)利用仪表板上的发动机故障指示灯的闪烁规律读取

很多电控燃油喷射发动机均可根据发动机故障指示灯的闪烁规律读取故障码。首先找出发动机附近或仪表板下方的故障诊断插座,然后用一根导线跨接故障诊断插孔与接地插孔,观察仪表板上的发动机故障指示灯的闪烁规律与次数,就可以读取故障码。不同车型的故障诊断插座的形状和插孔位置不同,但读取方法基本相同。

(2)利用车载液晶显示检测装置读取

在部分豪华轿车上可以利用车载液晶显示检测装置直接读取故障码,其操作步骤为:

①将点火开关置于"ON"位置,但不启动发动机。

②同时按下选择(SELECT)键和输入(INPUT)键3 s以上,屏幕显示"DIAG"字样,表示自诊断系统已进入工作状态,等待片刻,将在右面4个LED中显示故障码。

③按下置位(SET)键3 s以上,若电控系统工作正常,则屏幕显示"ENG-OK"字样。

单元 4　汽油喷射式燃料供给系的构造与维修

④若电控系统有故障，则屏幕上每隔 3 s 即可显示出一个故障码，如图 4-77 所示。

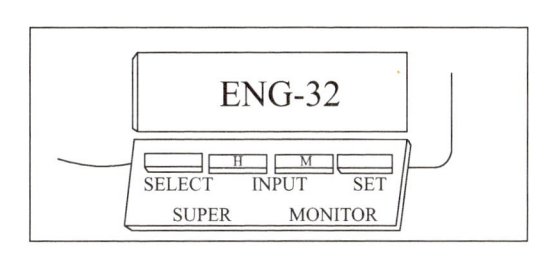

图 4-77　液晶显示检测装置读取故障码

⑤故障码确定之后，将点火开关置于"OFF"位置，或按下显示检测装置的显示按键"ON"，将显示诊断时间。

（3）故障码的清除

对一般车辆，拆下蓄电池搭铁线 10 s 以上，即可清除故障码。对于不允许拆除蓄电池搭铁线的车系，可拔下"EFI"主熔丝 10 s 以上来清除故障码。

五、OBD 简介

OBD 是英文 On-Board Diagnostics 的缩写，即车载诊断系统。

在汽车技术的发展历程中，由于世界各大汽车制造公司的技术和特点各不相同，又缺乏统一的标准，因此各种汽车用于故障自诊断的专用诊断插座的形式和位置、读取与清除故障码的方法各异，这给汽车用户和维修人员带来了很大不便。为此，20 世纪 70 年代，汽车电控系统开始采用第一代车载诊断系统（OBD-Ⅰ），1994 年以后，美国、日本和欧洲的主要汽车制造厂生产的电控汽车逐步开始采用第二代车载诊断系统（OBD-Ⅱ），目前，已经发展到第三代车载诊断系统（OBD-Ⅲ）。OBD-Ⅲ在美国广为流行，其主要目的是使汽车的检测、维护和管理融为一体，以满足环境保护的要求。

我国目前推行的是 OBD-Ⅱ，它具有统一的 16 端子故障诊断插座和统一的故障码形式，如图 4-78 和图 4-79 所示。

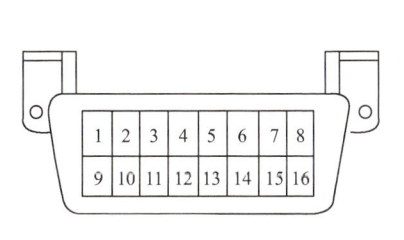

图 4-78　OBD-Ⅱ 16 端子故障诊断插座 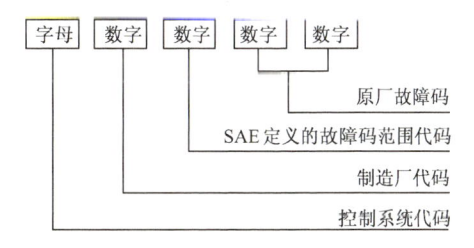　　图 4-79　OBD-Ⅱ故障码形式

OBD-Ⅱ型故障码由 1 个字母和 4 位数字组成，见表 4-2。

151

表 4-2　　　　　　　　　　　　OBD-Ⅱ故障码

代码性质	代　码	代码含义
控制系统代码 （英文字母）	P	发动机和自动变速器控制系统
	C	底盘控制系统
	B	车身控制系统
制造厂代码 （1位数字）	0	SAE（美国汽车工程师协会）定义的故障码
	1,2,3,…,9	汽车制造厂自定义的故障码
SAE定义的故障码范围代码 （1位数字）	1	燃油或进气测量系统故障
	2	燃油或进气测量系统故障
	3	点火系统故障或发动机间歇熄火故障
	4	废气控制系统故障
	5	怠速控制系统故障
	6	ECU或执行器控制系统故障
	7	自动变速器控制系统故障
	8	自动变速器控制系统故障
原厂故障码 （2位数字）	—	由原厂规定的具体元件故障码， 不同代码有不同的含义

六、数据流分析与运用

1. 数据流及其作用

控制微机与传感器和执行器交流的数据参数通过诊断接口由专用诊断仪读出并显示的数据称作数据流。数据流中的参数主要包括：发动机转速、喷油脉宽、空气流量、节气门开度、蓄电池电压、点火提前角、冷却液温度、进气温度等。

维修人员可以通过阅读数据流来分析故障，因为每个传感器和执行器在一定条件下的工作参数值是有一定标准范围的，维修人员可以通过实际值与标准值的比较来判断某一传感器和执行器是否存在异常。特别是当系统没有故障码进行参考的时候，数据分析就显得很重要了。

2. 利用数据流分析故障的方法

利用数据流进行故障分析，主要是读取电控系统动态参数，并与标准参数进行比较，然后分析汽车的故障。如用 V.A.G 1551 专用故障诊断仪读取数据流，在功能选择时输入功能代码"08"，然后输入显示组号读取相应显示组监测对象的动态参数。利用数据流分析故障主要有两种方法。

（1）数据对比法

通过仪器读取数据，然后与厂家提供的标准数据进行比较，查看数据差异情况。如果与标准数据不相符，则应检查相应的元器件。以大众车系发动机为例，图 4-80 所示为 03 显示组（显示关于冷却液温度和进气温度的数据）动态数据处于正常时的情况。

当进气温度传感器线路断路时，其动态数据如图 4-81 所示，此时所显示的进气温度为

单元 4　汽油喷射式燃料供给系的构造与维修

	通道 3		
840	13.9	97.5	48.0
r/min	V	℃	℃
发动机转速	蓄电池电压	冷却液温度	进气温度

图 4-80　03 显示组动态数据处于正常时的情况

−46.5 ℃。通过比较图 4-80 和图 4-81 的测试结果,会发现进气温度数据不正常。它提示维修人员需要对进气温度传感器及相关线路进行检查。

	通道 3		
840	13.7	96.0	−46.5
r/min	V	℃	℃
发动机转速	蓄电池电压	冷却液温度	进气温度

图 4-81　进气温度传感器线路断路时 03 显示组动态数据情况

(2) 动态判断法

当我们对某一个传感器或执行器有怀疑而使用常规手段又判断不出好坏时,可以观察其数据流的变化,下面以大众车系发动机为例来说明。如此时对 04 显示组数据进行观察,如图 4-82 所示。

	通道 4		
3.9	0.08	0.00	怠速
(°)	g/s	g/s	
节气门开度	空挡时怠速稳定自适应	挂挡时怠速稳定自适应	状态信号

图 4-82　04 显示组数据变化正常时的情况

当踩下加速踏板时,该显示组数据流将发生变化。数据流变化越明显,说明系统灵敏度越高。如果数据流没有变化或变化不明显,如图 4-83 所示,说明节气门和节气门位置传感器及线路有问题或损坏,应重点检查。

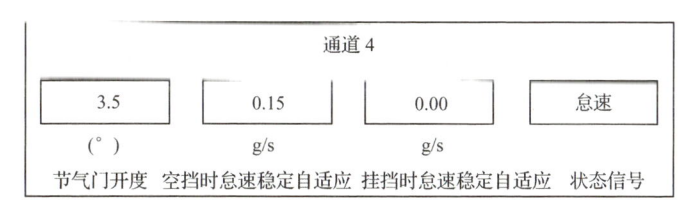

	通道 4		
3.5	0.15	0.00	怠速
(°)	g/s	g/s	
节气门开度	空挡时怠速稳定自适应	挂挡时怠速稳定自适应	状态信号

图 4-83　04 显示组数据变化不正常时的情况

七、常见故障的诊断与排除

电控燃油喷射发动机的常见故障包括:发动机不能启动、发动机怠速不稳、易熄火、发动机加速不良、发动机失速等。

1. 发动机不能启动

电控燃油喷射发动机不能启动的诊断程序如图4-84所示。

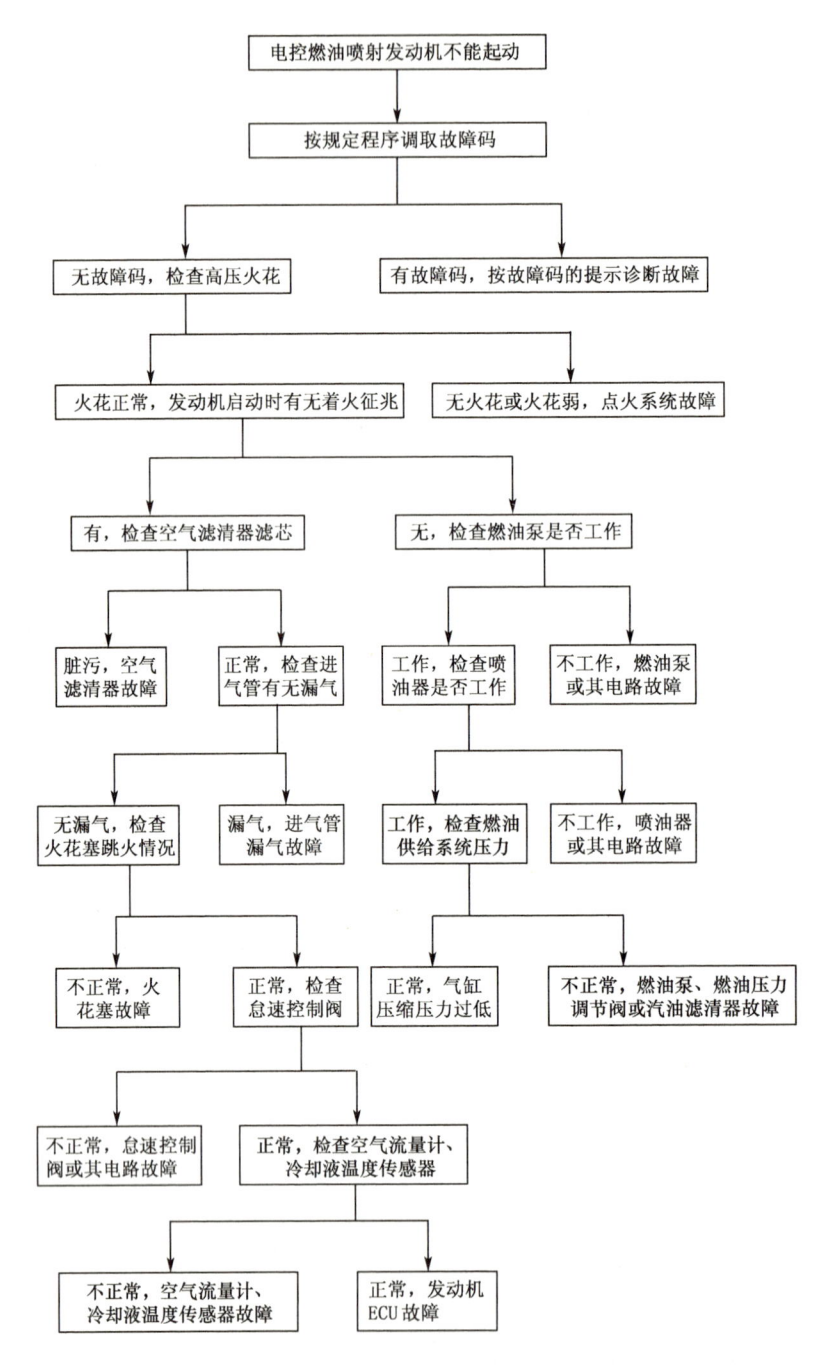

图4-84 电控燃油喷射发动机不能启动的诊断程序

单元 4　汽油喷射式燃料供给系的构造与维修

2. 怠速不稳、易熄火

电控燃油喷射发动机怠速不稳、易熄火的诊断程序如图 4-85 所示。

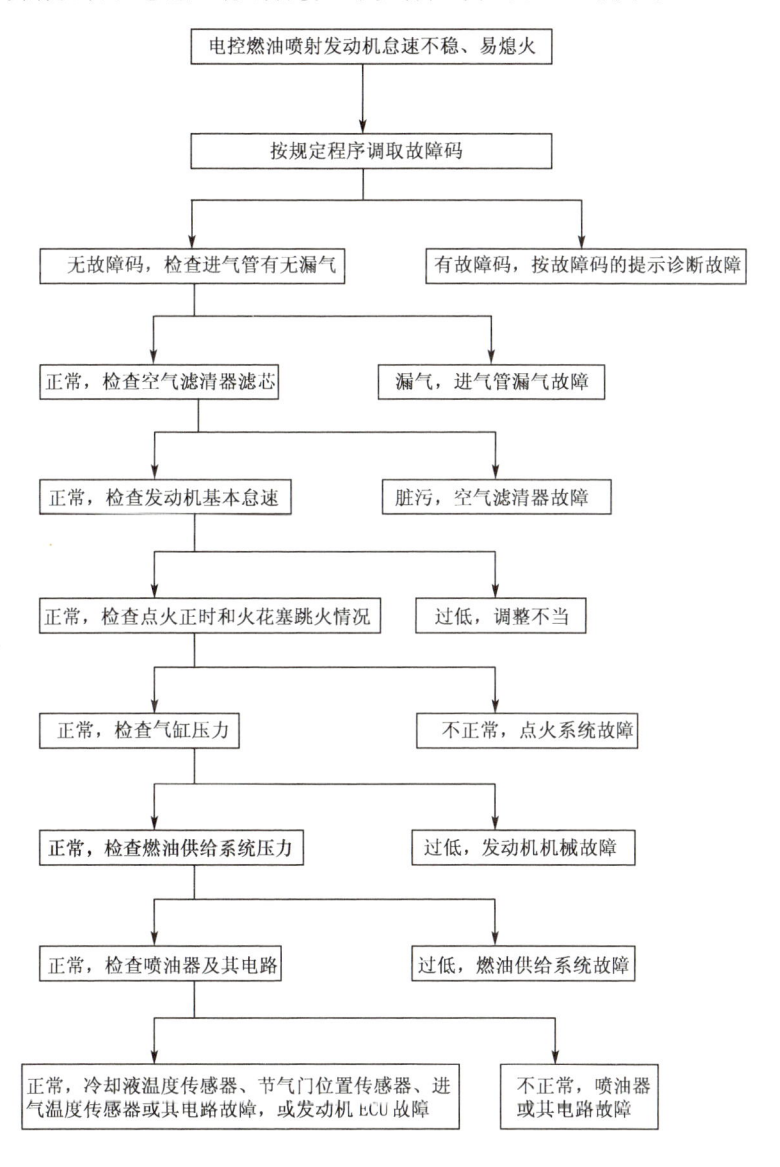

```
电控燃油喷射发动机怠速不稳、易熄火
              │
              ▼
      按规定程序调取故障码
       │              │
       ▼              ▼
无故障码，检查进气管有无漏气    有故障码，按故障码的提示诊断故障
       │              │
       ▼              ▼
正常，检查空气滤清器滤芯      漏气，进气管漏气故障
       │              │
       ▼              ▼
正常，检查发动机基本怠速      脏污，空气滤清器故障
       │              │
       ▼              ▼
正常，检查点火正时和火花塞跳火情况   过低，调整不当
       │              │
       ▼              ▼
正常，检查气缸压力          不正常，点火系统故障
       │              │
       ▼              ▼
正常，检查燃油供给系统压力     过低，发动机机械故障
       │              │
       ▼              ▼
正常，检查喷油器及其电路      过低，燃油供给系统故障
       │              │
       ▼              ▼
正常，冷却液温度传感器、节气门位置传感器、进气温度传感器或其电路故障，或发动机ECU故障    不正常，喷油器或其电路故障
```

图 4-85　电控燃油喷射发动机怠速不稳、易熄火的诊断程序

3. 加速不良

电控燃油喷射发动机加速不良的诊断程序如图 4-86 所示。

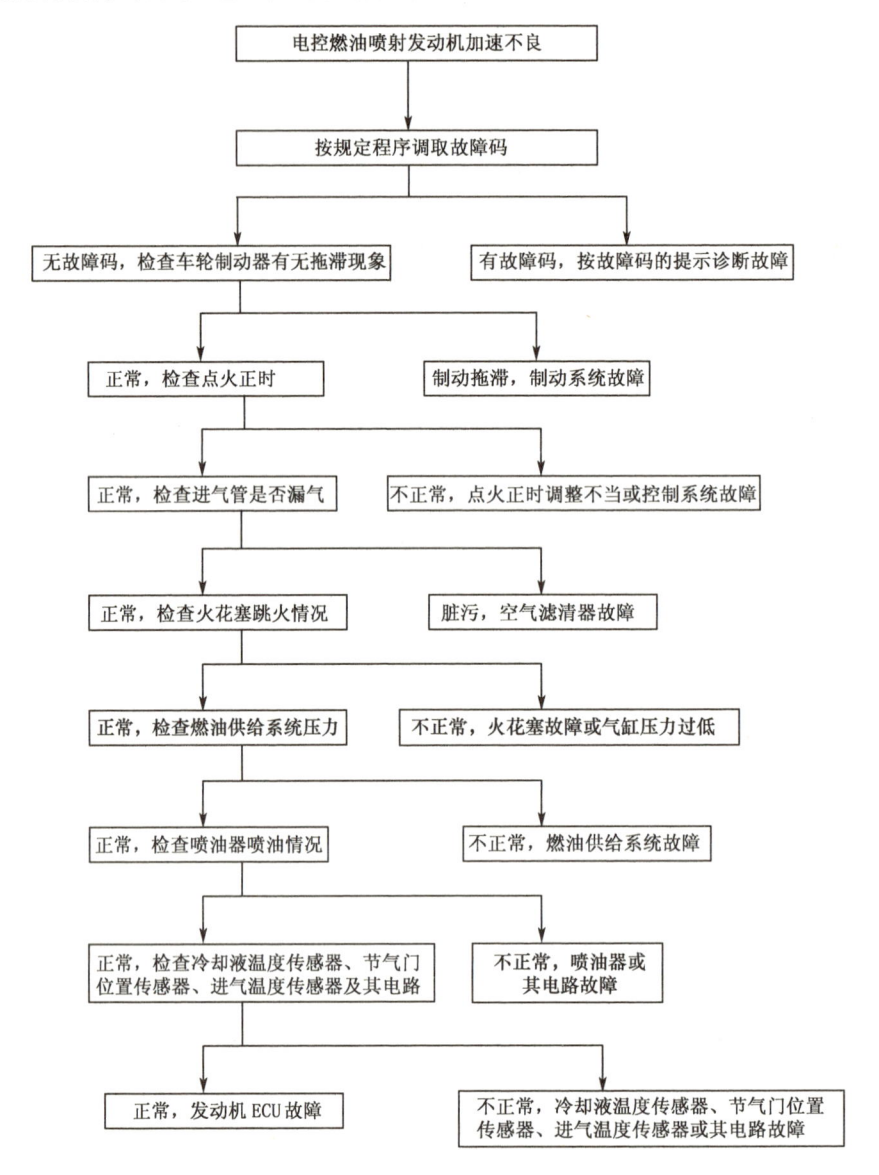

```
                    电控燃油喷射发动机加速不良
                              │
                              ▼
                    按规定程序调取故障码
                    ┌─────────┴─────────┐
                    ▼                   ▼
        无故障码，检查车轮制动器        有故障码，按故障码的
          有无拖滞现象                   提示诊断故障
          ┌──────┴──────┐
          ▼             ▼
      正常，检查      制动拖滞，
      点火正时        制动系统故障
      ┌────┴────┐
      ▼         ▼
  正常，检查   不正常，点火正时调整
  进气管是否漏气  不当或控制系统故障
      ┌────┴────┐
      ▼         ▼
  正常，检查    脏污，空气
  火花塞跳火情况  滤清器故障
      ┌────┴────┐
      ▼         ▼
  正常，检查燃油   不正常，火花塞故障
  供给系统压力    或气缸压力过低
      ┌────┴────┐
      ▼         ▼
  正常，检查喷油   不正常，燃油供给
  器喷油情况      系统故障
      ┌────┴────┐
      ▼         ▼
  正常，检查冷却液温度传感器、   不正常，喷油器
  节气门位置传感器、进气温度    或其电路故障
  传感器及其电路
      ┌────┴────┐
      ▼         ▼
  正常，发动机    不正常，冷却液温度传感器、
  ECU 故障      节气门位置传感器、进气温度
                传感器或其电路故障
```

图 4-86　电控燃油喷射发动机加速不良的诊断程序

单元 4　汽油喷射式燃料供给系的构造与维修

4.发动机失速

电控燃油喷射发动机失速的诊断程序如图 4-87 所示。

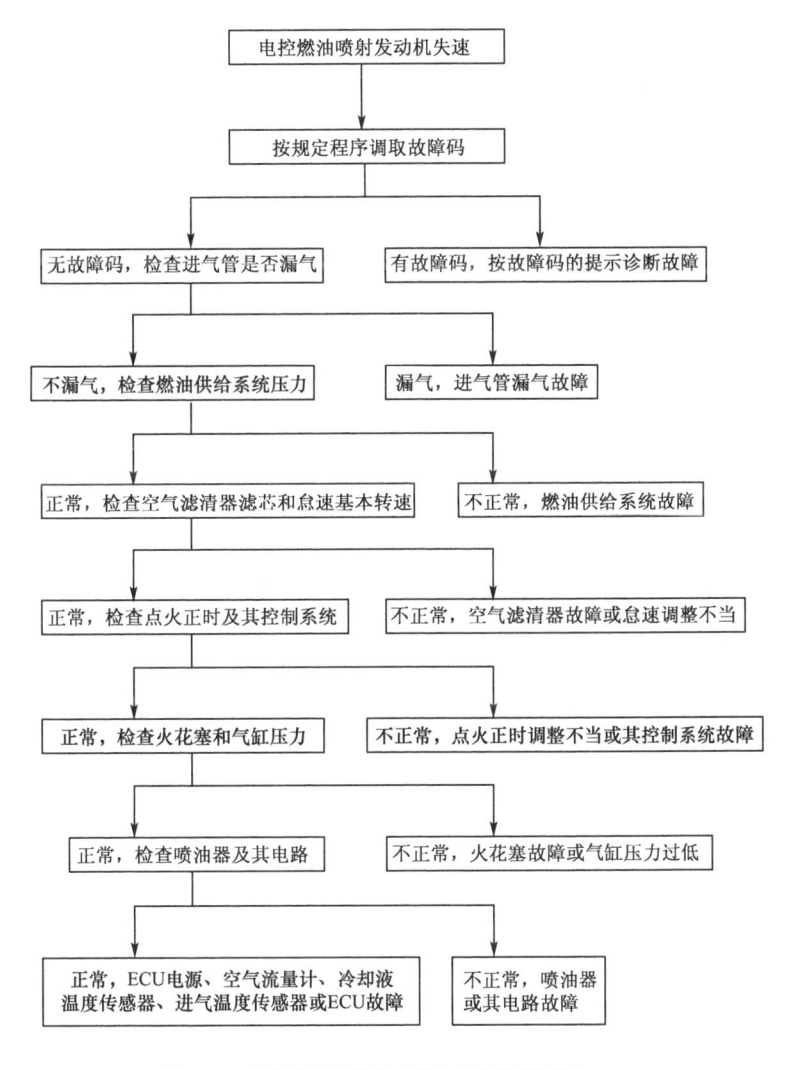

```
                    电控燃油喷射发动机失速
                            │
                    按规定程序调取故障码
                      │              │
         无故障码，检查进气管是否漏气    有故障码，按故障码的提示诊断故障
              │              │
     不漏气，检查燃油供给系统压力    漏气，进气管漏气故障
           │              │
    正常，检查空气滤清器滤芯和怠速基本转速    不正常，燃油供给系统故障
           │              │
    正常，检查点火正时及其控制系统    不正常，空气滤清器故障或怠速调整不当
           │              │
    正常，检查火花塞和气缸压力    不正常，点火正时调整不当或其控制系统故障
           │              │
    正常，检查喷油器及其电路    不正常，火花塞故障或气缸压力过低
           │              │
    正常，ECU电源、空气流量计、冷却液    不正常，喷油器
    温度传感器、进气温度传感器或ECU故障    或其电路故障
```

图 4-87　电控燃油喷射发动机失速的诊断程序

导致发动机上述故障的原因不仅仅是电控燃油喷射系统，还涉及电源系统、启动系统、防盗系统、电控点火系统和机械装置等。由于发动机电控系统的控制内容和组成不尽相同，故障诊断的程序及需要检查的内容也有一定差异，因此上述常见故障诊断的程序只能作为参考。

技能训练　　**实训　电控燃油喷射系统的故障诊断**

一、实训内容

1.电控系统的动、静态检查。

2.电控系统故障码的读取和清除。

3.电控系统数据流的读取与分析。

拓展案例

二、实训目的与要求

1. 了解故障诊断的一般程序及常见故障的诊断与排除方法。
2. 掌握发动机电控系统故障码和数据流的读取方法。
3. 能对实际数据流与标准数据流进行对比,并进行故障分析。

强化练习

一、填空题

1. 按喷射位置的不同,电控燃油喷射系统可分为_____喷射和_____喷射两种类型。
2. 按喷油器数量的不同,进气管喷射方式可分为单点喷射和多点喷射,单点喷射和多点喷射的英文简称分别为_____和_____。
3. 进气歧管绝对压力传感器用于_____型 EFI 系统中,其功能是测量_____,并将其转变为_____输送到发动机 ECU 中,发动机 ECU 据此和发动机_____确定_____。
4. 电动汽油泵按其安装位置可分为外装泵和_____泵。
5. 随着无回流燃油系统的应用,燃油压力调节器不再安装在_____上。
6. 喷油器按结构不同可分为轴针式和_____式;按供油位置不同分为上端供油式和_____式。
7. 电控汽油喷射系统的工作过程就是对喷油正时和_____的控制过程。
8. 发动机启动后的喷油持续时间由基本喷油时间(由发动机转速和进气量确定)和_____喷油时间(由发动机运行状态参数确定)构成。
9. 节气门位置传感器安装在_____上,类型有线性输出型和_____输出型。
10. 曲轴位置传感器主要有三种类型:_____、_____、_____。
11. 空气流量计用于_____型 EFI 系统中,其功能是测量_____并将其转变为_____输送到发动机 ECU 中,发动机 ECU 据此和发动机_____确定_____。
12. 缸内直喷汽油机燃油供给系统可分为_____和_____。
13. 缸内直喷汽油机低压燃油系统是指_____至_____之间的油路系统;高压燃油系统是指_____至_____之间的油路系统。
14. 高压燃油泵一般采用_____,由_____驱动。

二、判断题

1. 功率混合气是指稍稀的混合气。( )
2. 经济混合气是指稍浓的混合气。( )
3. 空气质量与燃油质量之比,称为过量空气系数。( )
4. L 型喷射系统对可燃混合气浓度的控制比 D 型喷射系统更为准确。( )
5. 空气流量计的作用是测量发动机的进气量,微机根据空气流量计的信号确定基本喷油量。( )
6. 同为空气流量计,热膜式的比热线式的使用寿命长。( )
7. 单点电控燃油喷射系统的节气门体比多点电控燃油喷射系统的节气门体结构简单。( )

单元 4　汽油喷射式燃料供给系的构造与维修

8.目前大多数电控汽油喷射系统采用内装泵。　　　　　　　　　　　　　　　（　　）
9.电磁脉冲式曲轴位置传感器无须 ECU 供给 5 V 电源,只要曲轴转动传感器就能产生信号。　　　　　　　　　　　　　　　　　　　　　　　　　　　　　　　　（　　）
10.电磁脉冲式曲轴位置传感器能正确识别发动机第 1 缸活塞压缩上止点位置信号。
　　　　　　　　　　　　　　　　　　　　　　　　　　　　　　　　　　　（　　）
11.线性输出型节气门位置传感器输出的信号电压随节气门开度增大而减小。（　　）
12.进气温度传感器和冷却液温度传感器信号均属于喷油修正信号,而非主控信号。
　　　　　　　　　　　　　　　　　　　　　　　　　　　　　　　　　　　（　　）
13.当电控燃油喷射发动机在高转速运行下节气门突然关闭时,将切断喷油。（　　）
14.在 EFI 无回流燃油系统中,燃油压力调节器的作用是使燃油系统的压力保持恒定。
　　　　　　　　　　　　　　　　　　　　　　　　　　　　　　　　　　　（　　）
15."CHECK ENGINE"灯点亮,说明发动机有故障。　　　　　　　　　　　　（　　）
16.无冷却液温度传感器故障码说明冷却液温度传感器信号正常。　　　　　（　　）
17.要提高汽油机的功率输出,一是加大进气量,二是提高压缩比,三是控制燃烧过程。
　　　　　　　　　　　　　　　　　　　　　　　　　　　　　　　　　　　（　　）
18.高压喷油器向进气管喷射燃料。　　　　　　　　　　　　　　　　　　　（　　）
19.汽车发动机轻微爆燃有助于功率的提高。　　　　　　　　　　　　　　　（　　）

三、单项选择题

1.以下英文简称中,(　　)表示电控燃油喷射。
　　A.EFI　　　　　　B.FEI　　　　　　C.IFE　　　　　　D.IEF
2.电控燃油喷射系统间歇喷射方式,按各缸喷油器的喷射顺序可分为同时喷射、分组喷射和(　　)。
　　A.缸内喷射　　　　　　　　　　B.单点喷射
　　C.多点喷射　　　　　　　　　　D.顺序喷射
3.(　　)属于发动机电控系统的执行器。
　　A.空气流量计　　　　　　　　　B.曲轴位置传感器
　　C.电磁式喷油器　　　　　　　　D.节气门位置传感器
4.发动机启动后,以下对喷油量起决定作用的是(　　)。
　　A.空气流量计　　　　　　　　　B.冷却液温度传感器
　　C.节气门位置传感器　　　　　　D.进气温度传感器
5.在 EFI 有回流燃油系统中,燃油压力调节器的主要功能是(　　)。
　　A.保持系统的绝对油压为一定值
　　B.保持系统的绝对油压和喷油器喷口处的进气压力的差值为一定值
　　C.保持系统的空气压力为一定值
　　D.调节发动机喷油压力,使喷油压力随发动机工况变化而变化
6.在 D 型喷射系统中,用来测量进气量的传感器是(　　)。
　　A.空气流量计　　　　　　　　　B.进气歧管绝对压力传感器
　　C.氧传感器　　　　　　　　　　D.节气门位置传感器
7.单点燃油喷射系统的喷油器安装在(　　)上。
　　A.进气总管　　　B.进气歧管　　　C.节气门体　　　D.气缸盖

159

8.电控燃油喷射发动机的两个喷油器的控制线路是合并在一起后由微机控制的,这种喷射方式属于(　　)方式。

A.顺序喷射　　　　　　　　B.同时喷射

C.分组喷射　　　　　　　　D.单点喷射

9.在进行喷油器滴漏检查时,若 1 min 内喷油器滴油超过＿＿＿＿滴,则应更换该喷油器。

A.1　　　　B.2　　　　C.3　　　　D.4

10.半导体压敏电阻式进气绝对压力传感器中,硅膜片受到的进气歧管侧的绝对压力越高,硅膜片变形越(　　),其变形与压力大小成(　　)。

A.大　　正比　　　　　　　B.大　　反比

C.小　　正比　　　　　　　D.小　　反比

11.在电控汽油喷射系统中,喷油器的喷油量主要取决于喷油器的(　　)。

A.针阀升程　　　　　　　　B.喷孔大小

C.内、外压力差　　　　　　D.针阀开启的持续时间

12.微型计算机的功能是根据发动机运行工况的需要,把各传感器送来的信号用(　　)中的处理程序和数据进行运算处理,并把处理结果送往(　　)。

A.中央处理器　　A/D 转换器　　B.内存　　A/D 转换器

C.内存　　输出回路　　　　D.中央处理器　　输出回路

13.检测电控燃油喷射系统剩余油压(残压)的目的是(　　)。

A.检测油压调节器的性能　　B.检测系统有无漏油现象

C.检测喷油器的性能　　　　D.检测燃油滤清器的性能

14.发动机停机状态下,EFI 系统燃油残余压力的保持依靠(　　)。

A.电动汽油泵的安全阀和燃油脉动阻尼器

B.电动汽油泵的安全阀和燃油压力调节器

C.电动汽油泵的出油阀和燃油压力调节器

D.电动汽油泵的出油阀和燃油脉动阻尼器

15.采用缸外多点喷射式发动机的燃油通常通过喷油器喷射在(　　)。

A.燃烧室内　　　　　　　　B.空气滤清器处

C.节气门处　　　　　　　　D.进气门处

16.汽油机可燃混合气的形成始于喷油器喷油,止于(　　)。

A.压缩行程开始　　　　　　B.进气行程开始

C.压缩行程结束　　　　　　D.进气行程结束

四、问答题

1.试简述电控燃油喷射系统的功能及其组成。

2.试简述热线式空气流量计的工作原理。

3.电动燃油泵控制电路有哪几种类型?如何检查?

4.燃油压力调节器的功能及其工作原理是什么?

5.什么是断油控制?断油控制包括哪几种情况?

6.在发动机控制系统中,常用的开关信号有哪些?

7.ECU 主要由哪些基本部分组成?各起什么作用?

8.如何释放燃油供给系统的压力？
9.试分析冷却液温度传感器损坏对发动机产生的不良影响。
10.试简述电控汽油喷射系统故障诊断的一般程序。
11.电控汽油喷射系统有哪些常见故障？如何诊断和排除？
12.缸内直喷汽油机的燃油供给系统由哪些部件组成？简述缸内直喷汽油机燃油供给系统的工作过程。
13.简述缸内直喷汽油机高压燃油泵的工作过程。

单元 5

发动机辅助控制系统的构造与维修

5.1 怠速控制系统的构造与维修

认知目标 / 掌握怠速控制系统的功用、组成和工作原理。

能力目标 / 能够对各种类型的怠速控制装置进行检修。

随着电控技术在汽车上的广泛应用,怠速控制(ISC)已成为发动机集中控制系统的基本控制内容之一。怠速是发动机最常用的工况之一,为了能正确分析怠速控制装置与发动机性能之间的关系,当其出现故障时能正确地诊断与排除,我们必须掌握怠速控制装置的结构、工作原理及主要部件的检修等知识。

一、功能与组成

1. 功能

在电控燃油喷射发动机中,设置有怠速控制系统,它除了能稳定发动机的怠速转速外,还能根据发动机怠速时负荷的变化情况,如冷启动后的暖机、空调开机、动力转向开关接通、自动变速器切换到行进位等,自动调节发动机怠速转速,使发动机处于最佳怠速状态(既保证怠速转速的稳定,又尽可能降低燃油消耗和排放污染)。

2. 组成

怠速控制系统由检测发动机工况和状态信息的传感器、控制器和执行器等组成,怠速控制系统的组成见表5-1。

162

单元 5　发动机辅助控制系统的构造与维修

表 5-1　　　　　　　　　　　怠速控制系统的组成

组　件		功　能
传感器	转速传感器	检测发动机转速
	节气门位置传感器	检测怠速触点开闭状态
	冷却液温度传感器	检测发动机冷却液温度
	车速传感器	检测车速
	空调开关	检测空调的工作状态
	启动开关信号	检测发动机是否处于启动工况
	动力转向开关信号	检测动力转向器工作状态
	发电机负荷信号	检测发电机的负荷情况
	空挡启动开关信号	检测换挡手柄所处位置
	液力变矩器负荷信号	检测液力变矩器负荷情况
控制器	发动机电控单元（ECU）	根据各传感器输入信号,将发动机实际转速与目标转速比较,输出控制信号
执行器	旁通式怠速控制阀或节气门直动式怠速控制器	控制节气门旁通空气通道流通截面积或节气门开度

车速传感器与节气门位置传感器共同判定发动机是否处于怠速状态。发动机怠速时,节气门关闭,节气门位置传感器的怠速触点 IDL 闭合,传感器输出端子 IDL 输出低电压信号。因此,当 IDL 端子输出低电压信号时,如果车速为零,说明发动机处于怠速状态;如果车速不为零,则说明发动机处于减速状态。

二、怠速控制原理

怠速控制一般包括启动后控制、冷车快怠速控制、发动机负荷变化控制、电器负荷变化控制以及减速控制等。怠速控制的实质是控制怠速时的充气量(进气量)。当发动机怠速负荷增大时,ECU 控制怠速控制装置使进气量增大,从而使怠速转速提高,防止发动机运转不稳或熄火;当发动机怠速负荷减小时,ECU 控制怠速控制装置使进气量减小,从而使怠速转速降低,以免怠速转速过高。怠速时的喷油量则由 ECU 根据预先设定的怠速空燃比和实际充气量计算确定。

三、怠速控制过程

怠速控制过程如图 5-1 所示。ECU 首先根据节气门位置传感器提供的怠速触点 IDL 信号和车速传感器提供的车速信号,判定发动机是否处于怠速状态。当判定为怠速工况时,再根据发动机冷却液温度传感器信号、空调开关及动力转向开关等信号,从存储器存储的怠速转速数据中查询该工况下的目标转速 n_g(能稳定运转的怠速转速),然后将其与转速传感器检测的发动机实际转速 n 进行比较。

当发动机负荷增大,需要发动机快怠速运转,目标转速高于实际转速($n_g > n$)时,ECU 将控制怠速控制装置增大进气量来实现快怠速;反之,当发动机负荷减小,目标转速低于实际转速($n_g < n$)时,ECU 将控制怠速控制装置减小进气量来调节怠速转速。因怠速目标空燃比已

由试验确定,所以 ECU 将通过控制喷油器喷油量来调整发动机转速。

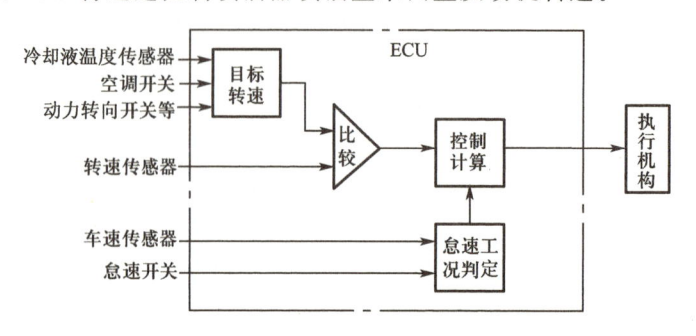

图 5-1 怠速控制过程

需要特别说明的是,电控燃油喷射发动机的怠速转速在出厂时已经精确设定,使用中一般不会发生变化,无须再调整。如果出现怠速不稳或怠速熄火等现象,必须首先检查怠速控制系统工作是否正常,然后再按使用手册中规定的方法进行调整。

四、怠速控制装置

电控燃油喷射发动机的怠速控制方式可分为两类:一类是旁通空气式,另一类是节气门直动式,如图 5-2 所示。旁通空气式怠速控制装置是将怠速控制阀安装在发动机旁通进气道上,通过调节旁通进气道的进气量来调节发动机怠速转速。节气门直动式怠速控制装置直接通过控制节气门的开度调节空气流通截面积来控制进气量,从而实现怠速控制。怠速控制的方法及执行元件的类型因车型而异。

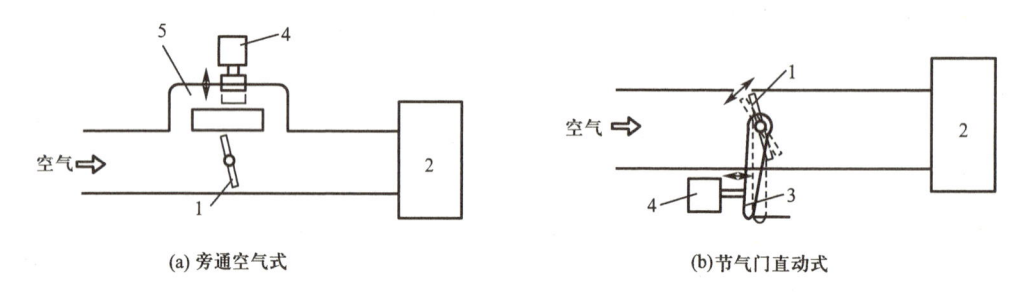

图 5-2 空气量的控制方式
1—节气门;2—发动机进气管;3—节气门操纵臂;4—执行元件;5—怠速空气道

1.旁通空气式

根据怠速控制阀的结构不同,旁通空气式怠速控制装置可以分为步进电动机式、旋转滑阀式和脉冲电磁阀式等多种形式。下面主要介绍步进电动机式和旋转滑阀式。

(1)步进电动机式怠速控制阀

①结构:步进电动机式怠速控制阀一般由定子线圈、轴承、进给丝杆、转子、阀芯、阀座和阀轴等组成,安装在进气总管内,与步进电动机做成一体,其结构如图 5-3(a)所示。步进电动机是一种非连续转动的转角控制执行机构,控制电路如图 5-3(b)所示,其电控单元可以通过改变四个线圈的通电顺序控制转子的转向和转角。

②工作原理:当步进电动机转动时,进给丝杆做轴向移动。丝杆上固定着阀芯,丝杆上下移动时,带动阀芯关小或开大旁通空气道。ECU 通过控制步进电动机的转向和转角,就可以控制丝杆的移动方向和移动距离,从而达到控制旁通空气道流通截面积,调整怠速进气量的

单元 5　发动机辅助控制系统的构造与维修

目的。

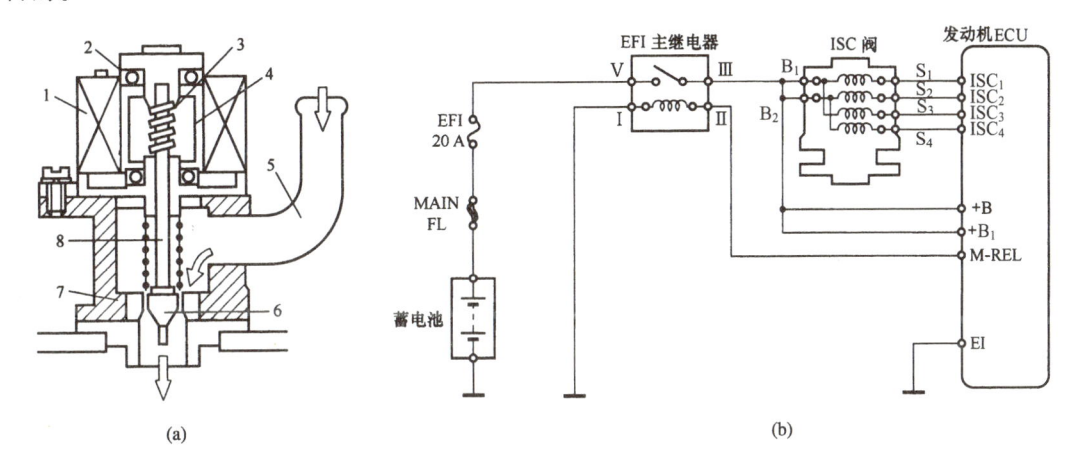

图 5-3　步进电动机式怠速控制阀
1—定子线圈；2—轴承；3—进给丝杆；4—转子；5—旁通空气道；6—阀芯；7—阀座；8—阀轴

③控制内容

a.启动初始位置的设定。为改善发动机再启动性能，关闭点火开关后，主继电器由电控单元供电，保持接通状态。在怠速控制阀全部打开时才断电，即怠速控制阀保证全开的初始位置，启动时，旁通空气量最大，发动机容易启动。

b.暖机控制。电控单元可按照测得的发动机冷却液温度信号，通过控制怠速控制阀的开度使发动机在相应的快怠速下运转，并随着发动机温度的升高，不断降低快怠速，当冷却液温度达到 70 ℃时暖机控制结束。

c.反馈控制。当发动机实际转速与电控单元存储器中目标转速相差超过 20 r/min 时，电控单元控制怠速控制阀，增减旁通空气量，使实际发动机转速与目标转速相同。

d.发动机转速变化的预测控制。空调开关、空挡启动开关的接通或断开都将使发动机的负荷立刻发生变化。例如，空调接通和断开前，电控单元控制怠速控制阀开大或关小，提前调节怠速控制阀的开度。

e.电器负载增多时的怠速控制。当使用的电器增多时，蓄电池电压下降，为了保证电控单元的＋B 端子和点火开关端的正常供电电压，需要相应地增加旁通空气量，提高发动机的怠速转速，电控单元通过控制怠速控制阀自动完成此功能。

④检修

a.就车检查。发动机停机后，怠速控制阀应立刻有咔嗒声。

b.电阻的检查。拔下怠速控制阀插头，用万用表测量端子 B_1—S_1 或 S_3 之间及 B_1—S_2 或 S_4 之间的电阻，如图 5-4 所示，标准阻值应为 10～30 Ω，如果电阻值不符合规定，应更换怠速控制阀。

c.检查怠速控制阀的动作。拆下怠速控制阀，如图 5-5 所示，在端子 B_1 和 B_2 上施加蓄电池电压，按顺序将 S_1—S_2—S_3—S_4—S_1 接地，阀芯应向外伸出，即向关闭位置移动；在端子 B_1 和 B_2 上施加蓄电池电压，按顺序将 S_4—S_3—S_2—S_1—S_4 接地，阀芯应向内缩

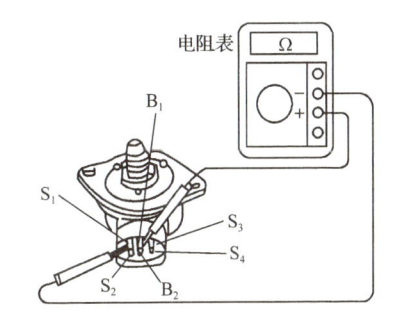

图 5-4　怠速控制阀电阻检查

165

回,即向打开位置移动。

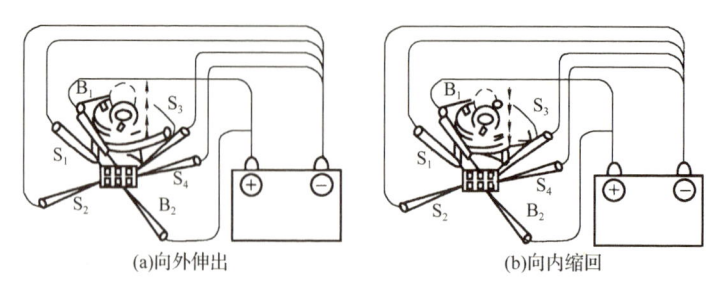

(a)向外伸出　(b)向内缩回

图 5-5　怠速控制阀工作情况检查

(2)旋转滑阀式怠速控制阀

①结构:旋转滑阀式怠速控制阀结构如图 5-6(a)所示,主要由永久磁铁、电枢和旋转滑阀等组成。永久磁铁固定在外壳上,用以形成磁场。当给电枢通电时,电枢便在磁场的作用下转动。旋转滑阀固定在电枢轴上,与电枢轴一起转动,用以控制旁通空气道 5 的截面积。电枢转向及转角通过改变占空比的方法进行控制。占空比是 ECU 输出信号在一个周期内的通电时间与通电周期的比值。

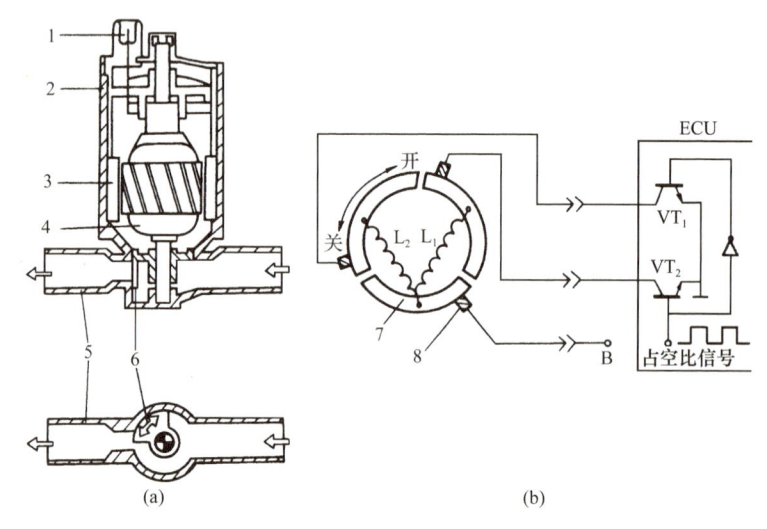

图 5-6　旋转滑阀式怠速控制阀
1—电接头;2—外壳;3—永久磁铁;4—电枢;5—旁通空气道;6—旋转滑阀;7—滑片;8—电刷

②工作原理:电枢上绕有两组绕向相反的线圈,分别产生电枢的正、反转力矩。如图 5-6(b)所示,两个线圈的搭铁分别受三极管 VT_1、VT_2 控制,VT_1、VT_2 交替导通,导通时间取决于脉冲信号的占空比。当占空比为 50% 时,两个三极管导通时间相等,正、反转力矩抵消,旋转滑阀不转动。当占空比小于 50% 时,L_1 线圈的通电时间大于 L_2 线圈的通电时间,旋转滑阀顺时针旋转,旁通气道被打开;当占空比大于 50% 时,L_1 线圈的通电时间小于 L_2 线圈的通电时间,滑阀逆时针旋转,旁通气道被关小。

发动机 ECU 将检测到的怠速转速实际值与其所储存的设定目标值相比较,随时校正送至怠速控制阀驱动信号的占空比,调节怠速旁通空气道的空气流通截面积,以实现稳定的怠速运行。

③检修:丰田 2TZ-FE 发动机旋转滑阀式怠速控制阀电路如图 5-7 所示。

a.电压的检查。首先拔下怠速控制阀插头,打开点火开关,但不要启动发动机,测量 ISC_1、

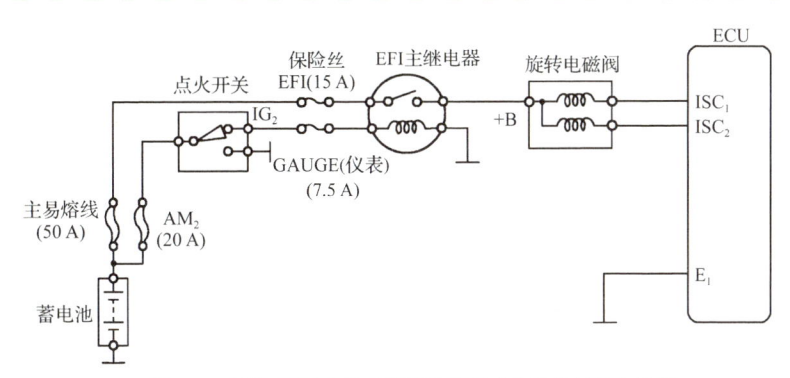

图 5-7　丰田 2TZ-FE 发动机旋转滑阀式怠速控制阀电路图

ISC_2 端子与 E_1 端子间的电压,应为蓄电池电压(9～14 V),否则,应检查怠速控制阀电源电路。

b.电阻的检查。测量怠速控制阀的电源端子(+B)与 ISC_1、ISC_2 端子间的电阻,其标准阻值应为 18.8～28.8 Ω,否则,应更换怠速控制阀。

2.节气门直动式

(1)结构

电控燃油喷射发动机的怠速控制方式采用节气门直动式时,节气门位置传感器与怠速控制装置布置在一起,称为节气门控制组件。它主要由节气门电位计、怠速电动机、怠速节气门电位计、怠速开关等组成,如图 5-8 所示。

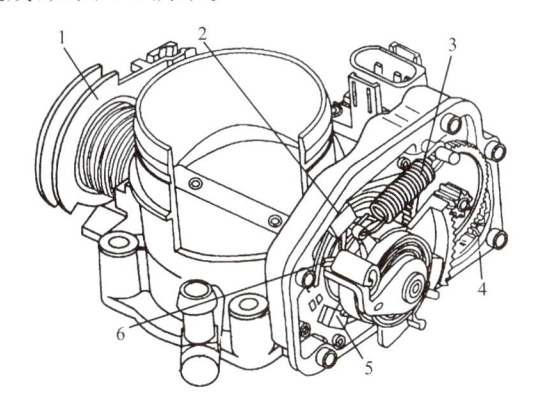

图 5-8　发动机节气门控制组件

1—节气门拉索轮;2—怠速节气门电位计;3—应急运行弹簧;4—怠速电动机;5—节气门电位计;6—怠速开关

(2)工作原理

节气门电位计将节气门的开度转变为电信号传递给发动机 ECU,作为发动机 ECU 判断发动机负荷和运转工况的依据。怠速开关向发动机 ECU 提供怠速位置信号。

怠速节气门电位计与怠速电动机连接在一起,将怠速范围内怠速电动机的位置及节气门位置情况告知 ECU。怠速电动机是永磁式步进电动机,受发动机 ECU 控制可以正反转。当其旋转时,通过减速齿轮机构带动节气门轴转动,以适当开大或减小节气门。

当发动机怠速工作时,发动机 ECU 收到怠速开关、节气门电位计和怠速节气门电位计等有关目前节气门位置的信号后,控制怠速电动机动作,微量调节节气门的开度来调整发动机的怠速转速。

如果发动机 ECU 对怠速电动机的控制消失或怠速电动机损坏,应急运行弹簧将节气门拉到一个应急位置。

(3)检修

图 5-9 所示为节气门控制组件电路图与连接插头。连接插头各端子的含义见表 5-2。

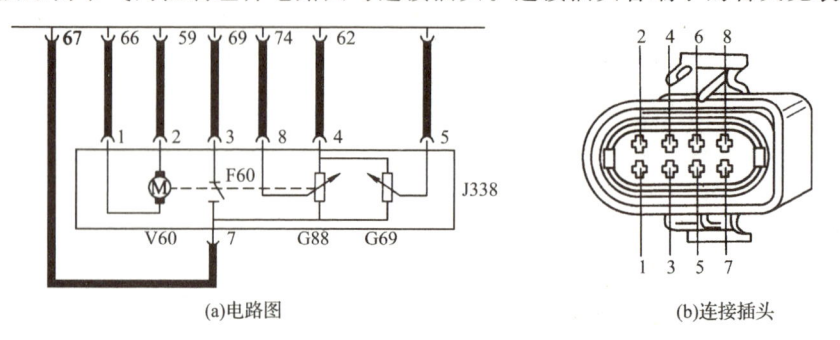

(a)电路图　　　　(b)连接插头

图 5-9　节气门控制组件电路图与连接插头

表 5-2　节气门控制组件连接插头各端子的含义

端子号	颜色	含　义
1	紫	急速电动机 V60 正极端子
2	紫/白	急速电动机 V60 负极端子
3	白	急速开关 F60 信号输出端子
4	紫/红	节气门电位计 G69 和急速节气门电位计 G88(5 V)正极端子
5	紫/黑	节气门电位计 G69 信号输出端子
6	—	—
7	棕/蓝	急速开关 F60 节气门电位计 G69 和急速节气门电位计 G88 负极端子
8	紫/黄	急速节气门电位计 G88 信号输出端子

下面主要介绍急速电动机的检测步骤：

①电阻检查。关闭点火开关，拔下节气门控制组件连接插头，测量 1、2 号端子之间的电阻值。其电阻值应为 3～200 Ω，否则，应更换节气门控制组件总成。

②检查线束的导通性。关闭点火开关，拔下节气门控制组件及发动机 ECU(J220)的连接插头，测量 1 号端子与 66 号端子、2 号端子与 59 号端子的电阻值，最大不得超过 1.5 Ω，否则，线路有故障。

技能训练　　实训　急速控制系统的检修

一、实训内容

1.急速控制装置的检测。

2.急速控制装置故障的诊断与排除。

二、实训目的与要求

1.熟悉急速控制装置的类型、工作过程、安装位置及检测方法。

2.掌握发动机急速控制装置故障的检测步骤与排除方法。

5.2 排放控制系统的构造与维修

认知目标 / 掌握各种排放控制系统的功用、组成和工作原理。

能力目标 / 能够在汽车上找出常见排放控制系统的主要部件,能够对常见排放控制系统进行检修。

随着汽车工业的发展,汽车的保有量不断增加,汽车排放污染对人类环境的危害已经成为一种严重的社会公害。近年来,在现代汽车尤其是轿车上装用了多种排放控制系统,我们必须了解它们的结构组成、工作原理及主要部件的检修等知识,在它们工作出现异常,影响发动机的工作,排放性能恶化时能正确地诊断并排除故障,恢复其正常使用性能。

一、三元催化转换器

三元催化转换器是利用催化剂的作用,使排气中的有害成分CO、碳氢化合物和NO_x通过化学反应转化为对人体无害的CO_2、H_2O和N_2的一种排气净化装置,又称催化转换净化器。

1.结构与工作原理

三元催化转换器的外形犹如大型消声器,如图5-10所示,它用耐高温、耐腐蚀的不锈钢制成,安装在消声器之前。壳体内的催化剂是直径为2~4 mm的氧化铝(Al_2O_3)颗粒,在其多孔性的表面上涂有铂。催化剂表面积很大,可达150~300 m^2/g。三元催化转换器的结构应保证废气通过时和催化剂颗粒均匀接触。

三元催化转换器可同时减少CO、碳氢化合物和NO_x的排放,它以排气中的CO和碳氢化合物作为还原剂,把NO_x还原为氮气(N_2)和氧气(O_2),

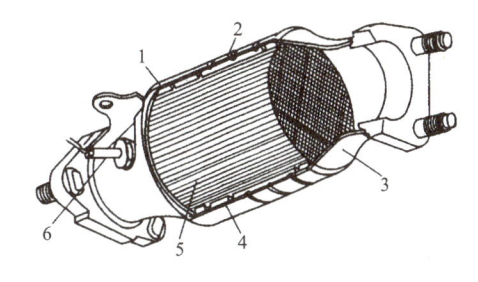

图5-10 三元催化转换器
1、3—支承环;2—波纹网眼环;4—密封垫;
5—整体式催化反应器载体;6—温度传感器

而CO和碳氢化合物在还原反应中被氧化为CO_2和H_2O。使用三元催化转换器时,必须把可燃混合气的空燃比控制在理论值(约14.7)附近,才能同时高效净化CO、碳氢化合物和NO_x。

三元催化转换器前、后各安装一个氧传感器,前(主)氧传感器测得的信号作为空燃比的反馈信号,后(副)氧传感器的信号输入ECU,测试催化净化的效果。

2.使用要求

①装有三元催化转换器的发动机只能使用无铅汽油。如果使用加铅汽油,铅会覆盖在催化剂表面并使其失效。

②仅当温度超过350 ℃时,三元催化转换器才起催化反应;温度较低时,其转化效率急剧下降。因此,三元催化转换器都安装在温度较高的排气管后面。

③催化剂与载体的容积必须与发动机排量相匹配,必须具有足够的强度和抗热冲击性,才能保证对CO、碳氢化合物和NO_x的净化率较高。

④三元催化转换器必须配有温度控制装置或旁通管道,避免载体过热烧毁堵塞排气管道。

3.性能检测

(1)怠速试验法

发动机怠速运转时,用汽车废气分析仪测量汽车尾气中的CO含量,其结果应接近于0,最大值不应超过0.3%。否则,说明三元催化转换器可能已经损坏。

(2)稳定工况试验法

按照规定要求连接好转速表,使发动机缓慢加速,同时观察汽车废气分析仪上的CO和碳氢化合物的读数,当转速达到并稳定在2 500 r/min时,CO和碳氢化合物的读数应该缓慢下降,并稳定在低于或接近于怠速时的排放水平。否则,说明三元催化转换器可能已经损坏。

注意:在三元催化转换器附近进行维修作业时,一定要小心,以免被灼伤。

二、氧传感器与闭环控制

1.氧传感器

氧传感器是排气氧传感器EGO(Exhaust Gas Oxygen Sensor)的简称,其功能是通过监测排气中氧离子的含量来获得可燃混合气的空燃比信号,并将该信号转变为电信号输入ECU。ECU根据氧传感器信号,对喷油时间进行修正,实现空燃比反馈控制(闭环控制),从而将过量空气系数控制在0.98~1.02(空燃比约为14.7),使发动机得到最佳浓度的可燃混合气,并使装有三元催化转换器的发动机达到最佳的排气净化性能,从而达到降低有害气体排放量和节约燃油的目的。

需要说明的是,当电控系统对混合气空燃比实行反馈控制时,实际可燃混合气的浓度基本上在理论空燃比附近变动。因此,对冷启动、暖机、大负荷、高转速、加速等需要加浓混合气的工况,电控系统将实行开环控制。即发动机ECU暂不采用氧传感器的反馈信号,而是按实际运行工况的要求控制喷油。电控系统采用开环与闭环相结合的控制方式。二者之间的转换由ECU完成。

另外,由于发动机ECU、控制电路或氧传感器的原因造成氧传感器信号异常时,电控系统也将实行开环控制。

汽车发动机燃油喷射系统中采用比较广泛的氧传感器主要有氧化锆型(ZrO_2)氧传感器、氧化钛型(TiO_2)氧传感器和宽量程氧传感器等。

(1)氧化锆型氧传感器

氧化锆型氧传感器的结构如图5-11所示,其内有一个由氧化锆陶瓷制成的一端封闭不透气的管状体,称为锆管。锆管的内、外表面各覆盖着一层透气的多孔性薄铂层,作为电极。锆管内表面电极与大气相通,外表面电极则与废气接触。锆管外部套有一个带长缝槽的耐热金属套管,对锆管起保护作用。

氧化锆型氧传感器的工作原理如图5-12所示。发动机运转时,排出的废气从氧传感器锆管的外表面流过,在高温状态下氧分子发生电离。锆管内、外表面上氧分子浓度差使氧离子从浓度大的锆管内表面向浓度小的锆管外表面移动,从而在锆管内、外表面的两个电极之间产生一个微小的电压。

当可燃混合气的实际空燃比小于理论空燃比,即发动机以较浓的可燃混合气运转时,废气中氧含量较低,锆管中氧离子移动较快,并产生约1 V的电压;当可燃混合气的实际空燃比大

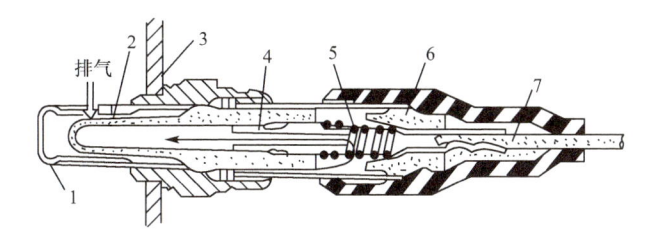

单元 5　发动机辅助控制系统的构造与维修

图 5-11　氧化锆型氧传感器的结构
1—导入排气孔罩；2—锆管；3—排气管；4—电极；5—弹簧；6—绝缘套；7—导线

于理论空燃比，即发动机以较稀的可燃混合气运转时，废气中氧含量高，使锆管中氧离子的移动能力减弱，只产生微弱的电压（约 0.1 V），其电压特性如图 5-13 所示。

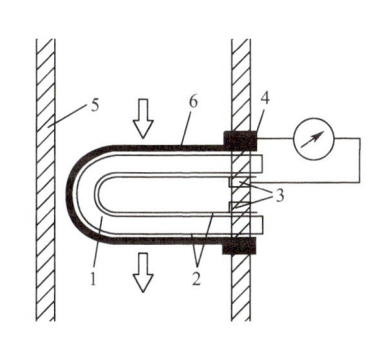

图 5-12　氧化锆型氧传感器的工作原理
1—氧化锆陶瓷体；2—铂电极；3—内接线点；
4—外接线点；5—排气管；6—陶瓷防护层

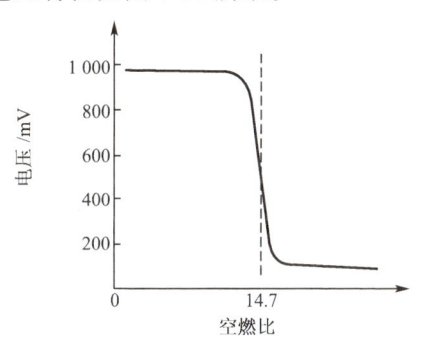

图 5-13　氧化锆型氧传感器的电压特性

当 ECU 接收到氧传感器输送的低电压信号时，即控制增加喷油量；当 ECU 接收到氧传感器输送的高电压信号时，即控制减少喷油量。如此反复，将实际空燃比精确地控制在理论空燃比（14.7）附近。

由于氧化锆在温度超过 300 ℃后才能进行正常工作，因此现在大部分汽车使用带加热器的氧传感器。在这种传感器内有一个电加热元件，可在发动机启动后的 20～30 s 内迅速将氧传感器加热至工作温度。这种传感器有四根接线：一根接 ECU，一根接电加热元件，另外两根分别接地。

（2）氧化钛型氧传感器

氧化钛型氧传感器是一种利用二氧化钛材料的阻值随排气管中氧浓度变化而变化的特性制成的氧传感器。二氧化钛材料是在室温下具有很高阻值的半导体，当排气中氧含量减少（可燃混合气变浓）时，其阻值下降；反之，当排气中氧含量增加时，其阻值增大，其电阻特性如图 5-14 所示。将氧浓度转换成电参数，并经过适当的电路处理，就可以获得便于发动机 ECU 分析、处理的电压或电流信号，使发动机 ECU 对可燃混合气浓度进行判断，对喷油量进行修正。

该传感器的电阻特性除了与氧浓度有关外，还与工作温度有关。在 300～900 ℃排气温度下连续使用时，必须进行温度补偿：内装加热器，增设温度修正回路，以保证其性能的稳定。氧化钛型氧传感器的结构如图 5-15 所示。它具有两个二氧化钛元件：一个为多孔性二氧化钛元件，用来检测排气中的氧含量；另一个为实心二氧化钛元件，用于调节加热器温度，补偿温度的误差。这种传感器的外端加装具有孔槽的金属保护层，既可以让废气进出，又能防止内部的二氧化钛元件受到外物撞击。其接线端用橡胶作为密封材料，可防止外界空气渗入。

171

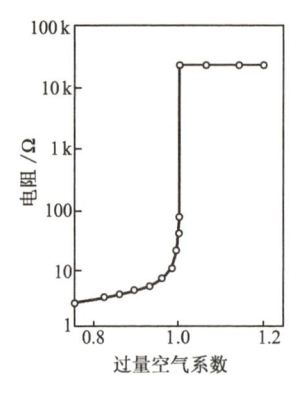

图5-14 氧化钛型氧传感器的电阻特性

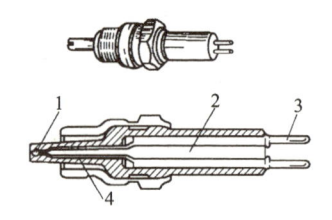

图5-15 氧化钛型氧传感器的结构
1—二氧化钛陶瓷；2—陶瓷绝缘体；3—电极；4—铂线

(3)宽量程氧传感器

宽量程氧传感器为5线或6线制，属于线性电流型氧传感器，在全空燃比范围内($\alpha=0.7\sim4.0$)起作用。

一般来讲，宽量程氧传感器只用于三元催化转化器之前，三元催化转化器之后为普通氧传感器。后氧传感器只负责校验。当前氧传感器出现故障时，发动机进入开环紧急运行状态。查看发动机盖下的标识：若标识为"HOS"，则为普通氧传感器；若标识为"A/F Sensor"，则为宽量程氧传感器。

①构造

宽量程氧传感器由一个氧气单元泵、普通窄范围浓度差电压型二氧化锆式氧传感器、加热器、传感器控制器及扩散小孔、测量室等构成，如图5-16所示。

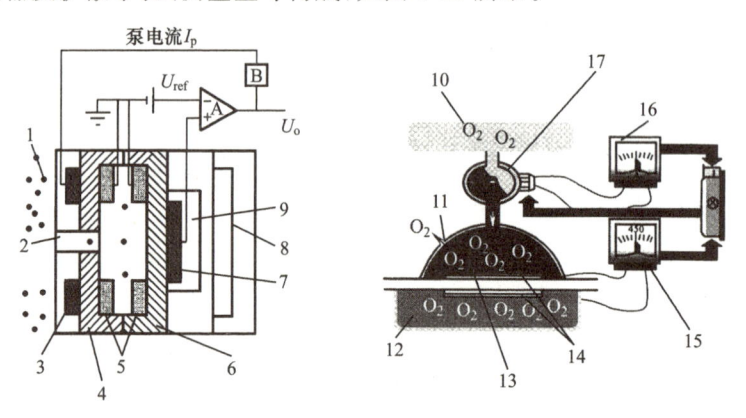

图5-16 宽量程氧传感器的结构
1、10—尾气；2—扩散小孔；3、7—阳极；4—二氧化锆泵电池；5—阴极；
6—二氧化锆参考电池；8—加热器；9、12—空气；11—扩散通道；13—测量室；
14—涂层的极板；15—氧传感器信号；16—泵电流；17—氧气单元泵

二氧化锆泵电池(氧气单元泵)：如果ZrO_2元件两端的氧气浓度不均，就会导致ZrO_2两端产生微小的电压，反过来，当在ZrO_2元件两端施加电压时，就会使氧气扩散。在宽量程氧传感器中，二氧化锆泵电池是将尾气中的氧气通过扩散栅渗透到电源阴极，在电源阴极氧气分子得到4个电子变成氧离子，氧离子在电离作用下在ZrO_2电解质中运动到阳极，在阳极中和掉4个电子，又还原成氧气，这就是二氧化锆泵电池的泵氧原理，如图5-17所示。

测量室：尾气中的氧气和氧气单元泵产生的氧气汇集于测量室，普通窄范围浓度差电压型二氧化锆式氧传感器在此测量二者浓度之和与外部空气的浓度差,并产生用于分辨氧浓度的普通窄范围浓度差电压。

传感器控制器:宽量程氧传感器与普通氧传感器不同,必须设计专用的控制器。普通窄范围浓度差电压型二氧化锆式氧传感器产生的信号是控制器施加泵电流的依据。控制器在接收到普通窄范围浓度差电压型二氧化锆式氧传感器的反馈电压信号后,将产生一个泵电流流经氧气单元泵,氧气单元泵泵入或泵出氧离子,并使氧浓度达到 $\alpha=1$,以使其电压值控制在 0.45 V 附近。发动机 ECU 根据氧气单元泵电流的大小和方向,判断气缸内混合气的浓稀程度,从而控制喷油脉宽。图 5-18 所示为泵电流特性,混合气空燃比在过浓一侧为负电流,在稀薄一侧为正电流,当 A/F 为理论空燃比 14.7 时,电流值为零。

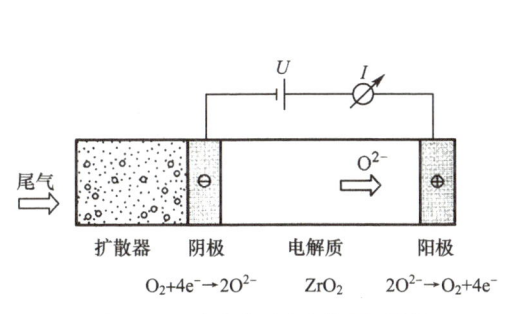

图 5-17 二氧化锆泵电池的泵氧原理

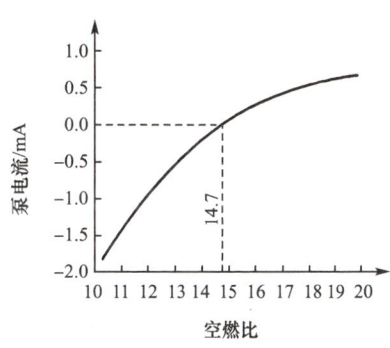

图 5-18 泵电流特性

加热器:加热器是配合普通窄范围浓度差电压型二氧化锆式氧传感器快速进入工作温度的加热装置。传感器控制器的温度检测和加热控制功能模块通过对宽量程氧传感器的温度检测,输出占空比控制信号并驱动加热电路,使宽量程氧传感器迅速达到并维持在 750 ℃ 的正常工作温度。宽量程氧传感器的加热速度比普通氧传感器更快,使得发动机从开环到闭环的时间缩短。

② 工作原理

宽量程氧传感器是利用氧浓度差电池原理和氧气单元泵的泵电原理,能连续检测混合气从过浓到理论空燃比再到稀薄状态整个过程的一种传感器。当混合气过浓时,传感器控制器产生泵电流,氧气单元泵就会吸入 O_2 到测量室中,使二氧化锆参考电池信号尽快恢复到 0.45 V 的电压值;当排放气体比混合气空燃比稀薄时,传感器控制器产生泵电流,从测量室中泵出 O_2 到排放气体中去,使二氧化锆参考电池信号尽快恢复到 0.45 V 的电压值。宽量程氧传感器就是利用这一特点用氧气单元泵调节测量室中的 O_2 含量,通过测定氧气单元泵的电流,来测定排放气体中的空燃比 A/F。ECU 接收到氧气单元泵的工作电流后(控制单元将其折算成电压信号),根据泵电流的变化推算出空燃比,进而调节喷油量。宽量程氧传感器工作原理如图 5-19 所示。

2.氧传感器的检修

下面以宽量程氧传感器为例介绍氧传感器的检修。

(1)外观检测

氧传感器顶部的正常颜色为淡灰色,如果发现氧传感器顶部颜色发生变化,则预示着氧传感器存在故障或故障隐患。若氧传感器顶部呈黑色,是由于积炭污染造成的,可拆下氧传感器后清除其上的积炭;若氧传感器顶部呈红棕色,说明氧传感器受铅污染,此时甚至不起净化作用;若氧传感器顶部呈白色,说明是硅污染造成的,原因是在维修发动机时使用了不符合要求的硅密封胶,此时必须更换氧传感器。

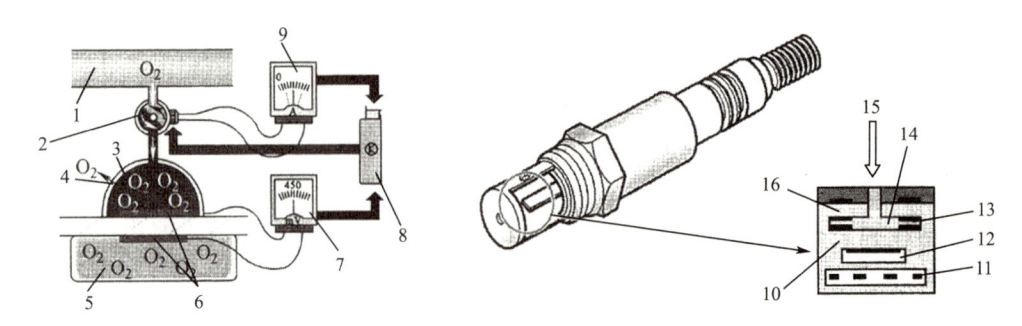

图 5-19 宽量程氧传感器工作原理
1、15—尾气;2、16—氧气单元泵;3、13—测量室;4—扩散通道;5—空气;6—测量片;7—传感器电压;
8—控制单元;9—泵电流;10—氧测量元件;11—加热器;12—外界空气通道;14—放氧通道

(2)电压检测

宽量程氧传感器的输出电压不能用万用表直接测量,而应通过专用解码器读取数据流。发动机控制单元将宽量程氧传感器的电流信号转化为电压值显示出来,其规定电压值为 1.0～2.0 V,发动机运转时宽量程氧传感器的输出电压应在 1.0～2.0 V 波动。若电压值大于 1.5 V,表示混合气过稀;若电压值小于 1.5 V,表示混合气过浓。当电压为 0 V、1.5 V、4.9 V 的恒定值时,表明氧传感器本身或其线路有故障。

三、废气再循环系统

废气再循环(Exhaust Gas Recirculation,EGR)是将 5%～20% 的废气重新引入进气管,与新鲜混合气一道进入燃烧室,使最高燃烧温度降低,从而减少 NO_x 的生成量。但废气再循环也会使发动机的功率下降,怠速、低速等工况运转不稳定。为此,需要根据发动机的工况控制废气再循环系统的工作,控制不同工况下的再循环废气量。

EGR 阀种类很多,常见的有真空直接控制式 EGR 阀、正背压式 EGR 阀、电子控制式 EGR 阀等。下面以电子控制式 EGR 阀为例介绍废气再循环系统的结构、工作原理及检修方法。

1.结构

电子控制式废气再循环系统由 EGR 阀、EGR 电磁阀及相应的废气管道和真空管道等组成,如图 5-20 所示。

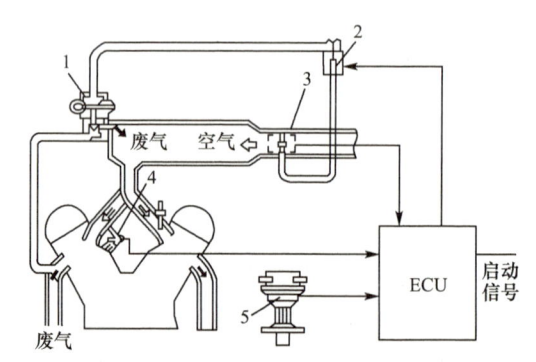

图 5-20 电子控制废气再循环系统
1—EGR 阀;2—EGR 电磁阀;3—节气门;4—冷却液温度传感器;5—曲轴位置传感器

174

2.工作原理

(1)EGR 阀

EGR 阀膜片的下部通大气,装有弹簧的另一边为真空室,其真空度由 EGR 电磁阀控制。增大真空室的真空度使膜片克服弹簧弹力向上移动,则阀门的开度增大,废气再循环量增加。当上部失去真空度时,膜片在弹簧弹力的作用下向下移动而使阀门关闭,阻断废气再循环。

(2)EGR 电磁阀

EGR 电磁阀的结构如图 5-21 所示。EGR 电磁阀上有 3 个通气口,不通电时,弹簧将阀体向上压紧,通大气阀口被关闭。此时,EGR 电磁阀使进气管与 EGR 阀真空室相通;当 EGR 电磁阀的电磁线圈通电时,产生的电磁力使阀体下移,阀体下端将通进气管的真空通道关闭,而上端的通大气阀口打开,使 EGR 阀的真空室与大气相通。

(3)工作过程

ECU 根据各有关传感器的信号确定废气再循环流量后,通过输出相应的占空比脉冲信号,控制 EGR 电磁阀在相应的占空比下工作,将 EGR 阀真空室的压力调节在相应的数值,使 EGR 阀有相应的开度。

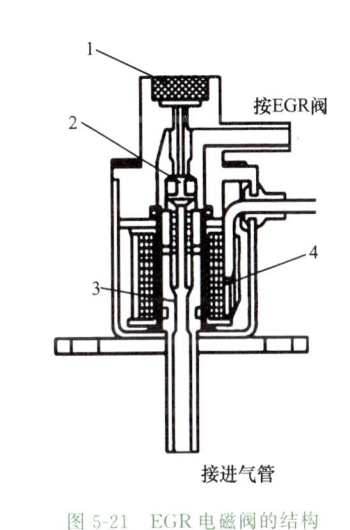

图 5-21　EGR 电磁阀的结构

1—通大气滤网;2—空气通道;3—阀体;4—电磁线圈

当需要增大废气再循环流量时,ECU 输出的占空比减小,EGR 电磁阀相对的通电时间减小,EGR 阀真空室通进气管的相对时间增大,其真空度增大而使阀门开度增大,使废气再循环流量相应增加。

当 ECU 输出占空比为 0 的信号(持续低电平)时,EGR 电磁阀断电。这时,EGR 阀真空室与进气管持续相通,其真空度达到最大(直接取决于进气管的真空度),阀门的开度最大,废气的再循环流量也达到最大。

当不需要废气再循环时,ECU 输出占空比为 100% 的信号(持续高电平),使 EGR 电磁阀常通电,EGR 阀真空室与大气常通,阀门关闭,阻断了废气再循环。

为避免影响发动机的工作性能,在以下工况,发动机废气再循环系统不工作,废气再循环停止:

①启动状态;发动机冷却液温度低于 50 ℃。

②节气门位置传感器的怠速触点接通。

③发动机低速、小负荷运转(转速低于 1 000 r/min)。

④发动机高速运转(转速高于 4 500 r/min)。

⑤突然加速或减速等。

3.检修

废气再循环系统工作不良,会造成发动机排气污染增加,功率下降,怠速运转不稳定,甚至熄火。

(1)初步检查

对于废气再循环系统,应首先检查其真空软管有无破损,接头处有无松动、漏气等;若无,再做进一步检查。

(2)就车检查

废气再循环系统的就车检查可按下述步骤进行：

①启动发动机，使发动机怠速运转。

②将手指按在 EGR 阀上，如图 5-22 所示，检查 EGR 阀有无动作。

③在冷车状态下踩下加速踏板，使发动机转速上升至 2 000 r/min 左右，此时手指上应感觉不到 EGR 阀膜片动作（EGR 阀不工作）。

④在发动机热车（冷却液温度高于 50 ℃）后再踩下加速踏板，使发动机转速上升至 2 000 r/min 左右，此时手指应能感觉到 EGR 阀膜片的动作（EGR 阀开启）。

图 5-22 就车检查

若 EGR 阀不能按上述规律动作，则废气再循环系统工作不正常，应检查该系统的各零部件。

(3)EGR 电磁阀的检查

①将点火开关置于"OFF"位置，拔下 EGR 电磁阀线束插接器，用万用表欧姆挡测量 EGR 电磁阀电磁线圈的电阻，其阻值应符合规定（一般为 20~50 Ω）；否则，应更换 EGR 电磁阀；

②如图 5-23 所示，电磁阀不通电时，从进气管侧软管接头吹入空气应畅通，从通大气的滤网处吹入空气应不通；当给电磁阀接通蓄电池电源电压时，吹气通畅情况应与上述相反。若不符合上述要求，应更换 EGR 电磁阀。

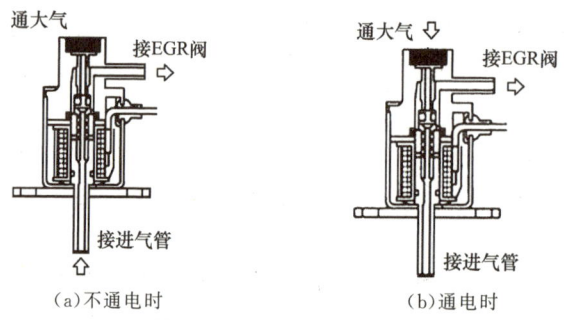

(a)不通电时　　(b)通电时

图 5-23 EGR 电磁阀的检查

(4)EGR 阀的检查

如图 5-24 所示，用手动真空泵给 EGR 阀膜片上方施加约 15 kPa 的真空度时，EGR 阀应能开启（管口处吹气畅通）；不施加真空度时，EGR 阀应能完全关闭（管口处吹气不通）。若不符合上述要求，应更换 EGR 阀。

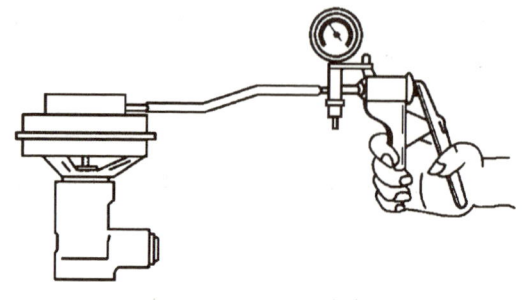

图 5-24 EGR 阀的检查

四、燃油蒸气排放控制系统

燃油蒸气排放(EVAP)控制系统的功能是将燃油箱蒸发的燃油蒸气收集并储存在活性炭罐内,在发动机工作时再将其送入气缸燃烧,从而防止燃油蒸气直接排入大气而造成污染。同时,还能根据发动机工况,控制导入气缸参加燃烧的燃油蒸气量。

1.结构

现代汽车广泛采用电子控制式 EVAP 控制系统,它由活性炭罐、炭罐控制电磁阀、蒸气管道和真空软管等组成,如图 5-25 所示。当汽油箱内的燃油蒸气超过一定压力时顶开单向阀进入活性炭罐,燃油蒸气中的燃油分子被活性炭吸附。

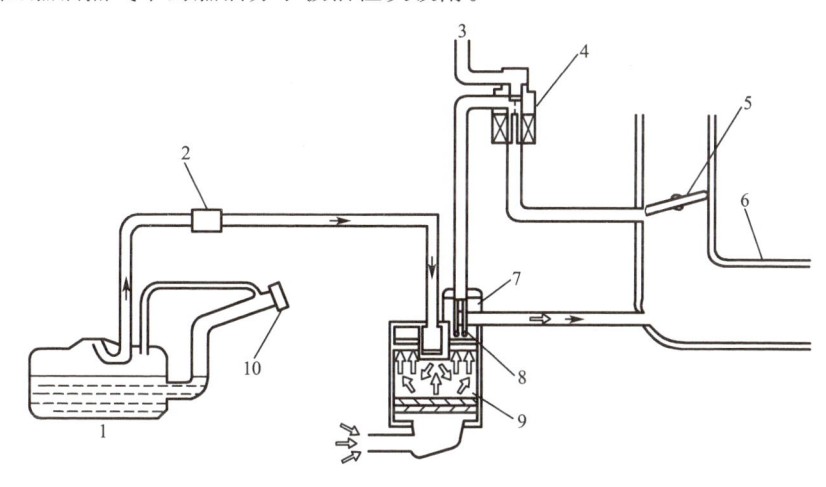

图 5-25 电子控制式 EVAP 控制系统

1—汽油箱;2—单向阀;3—接缓冲器;4—炭罐控制电磁阀;5—节气门;6—进气歧管;
7—真空控制阀;8—定量排放小孔;9—活性炭罐;10—油箱盖附真空泄放阀

2.工作原理

活性炭罐的上端设有一个真空控制阀,真空控制阀为一膜片阀,膜片上方为真空室,控制阀用来控制定量排放孔的开闭。真空控制阀与进气管之间的真空管路中设有受 ECU 控制的电磁阀(即炭罐控制电磁阀),用以调节真空控制阀上方真空室的真空度,改变真空控制阀的开度,从而控制吸入进气管的燃油蒸气量。

当发动机运转时,如果电磁阀开启,则在进气歧管真空吸力的作用下,真空控制阀开启,新鲜空气将从活性炭罐下方进入,通过活性炭后再从活性炭罐的出口经软管进入发动机进气歧管,把吸附在活性炭上的燃油分子(重新蒸发的)送入发动机燃烧,使之得到充分利用。活性炭罐内的活性炭则随之恢复吸附能力,不会因使用太久而失效。

进入进气歧管的回收燃油蒸气量必须加以控制,以防破坏正常的混合气成分。这一控制过程由 ECU 根据发动机的冷却液温度、转速、节气门开度等运行参数,通过操纵控制电磁阀的开闭来实现。在发动机停机或怠速运转时,微机使电磁阀关闭,从汽油箱中逸出的燃油蒸气被活性炭罐中的活性炭吸附。当发动机以中、高速运转时,微机使电磁阀开启,储存在活性炭罐内的燃油蒸气被吸入发动机。此时,因为发动机的进气量较大,少量的燃油蒸气不会影响混合气的成分。

在部分电控 EVAP 控制系统中,活性炭罐上不设真空控制阀,而是将受 ECU 控制的电磁阀直接装在活性炭罐与进气管之间的软管中。图 5-26 所示为韩国现代轿车装用的电控

EVAP 控制系统，ECU 根据节气门位置传感器、冷却液温度传感器和进气温度传感器信号控制电磁阀通电或断电，电磁阀控制活性炭罐与进气管之间的吸气通道。发动机怠速（进气量较少）或温度较低时，ECU 使电磁阀断电，关闭吸气通道，活性炭罐内的燃油蒸气不能被吸入进气管。

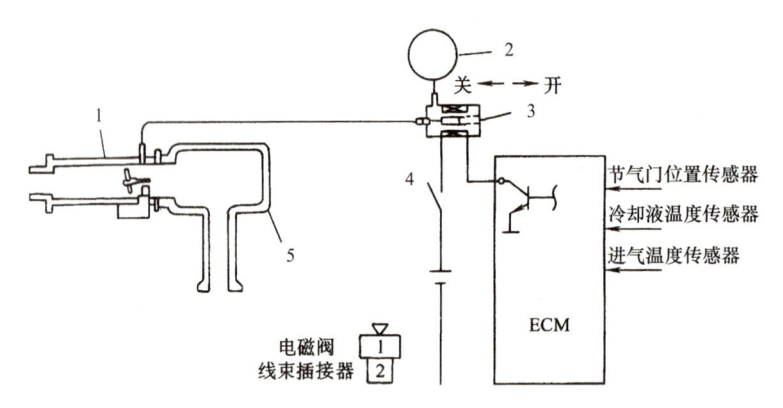

图 5-26　韩国现代轿车电控 EVAP 控制系统结构

1—节气门体；2—EVAP 炭罐；3—炭罐清洗电磁阀；4—MFI 控制继电器；5—进气缓冲室

3. 检修

（1）EVAP 控制系统常见故障现象及原因

EVAP 控制系统出现故障的原因主要有：活性炭罐真空控制阀脏污或管接头松动、破损而漏气；电磁阀线圈及内部电路有短路、断路，使电磁阀不能开启。这些故障原因可能造成发动机的启动困难、怠速不稳、在低温时因混合气过稀而运转不平稳，以及燃油蒸气不能回收而增加了汽车的油耗和对空气的污染等。

（2）就车检测

① 将发动机预热至正常工作温度，并使之怠速运转。

② 拔下活性炭罐上的真空软管，检查软管内有无真空吸力。若燃油蒸气排放控制系统工作正常，则在发动机怠速运转中电磁阀应关闭，真空软管内应无真空吸力，如图 5-27(a) 所示。如果此时真空软管内有真空吸力，则用万用表电压挡检查电磁阀线束插接器端子上是否有电压。若电磁阀线束插接器端子上有电压，则说明微机有故障；若无电压，则说明电磁阀有故障（卡死在开启位置）。

③ 踩下加速踏板，当发动机转速大于 2 000 r/min 时，检查上述真空软管内有无真空吸力。若真空软管内有真空吸力，则说明该系统工作正常；若真空软管内无真空吸力，则用万用表电压挡检查电磁阀线束插接器端子上是否有电压；若电压正常，则说明电磁阀有故障；若电压异常，则说明微机或控制线路有故障。

（3）电磁阀单件检测

① 电磁阀电磁线圈阻值检测。拔下电磁阀线束插接器，用万用表欧姆挡测量电磁阀电磁线圈的阻值。其阻值应符合规定，否则应更换电磁阀。

② 电磁阀工作情况检测。拆下电磁阀，首先向电磁阀内吹气，电磁阀应不通气；然后将蓄电池电压加到电磁阀线束插接器的两端子上，如图 5-27(b) 所示。同时向电磁阀内吹气，此时电磁阀应通气。若电磁阀的状态与上述情况不符，则电磁阀有故障，应予以更换。

单元 5 发动机辅助控制系统的构造与维修

(a) 就车检测　　　　　(b) 电磁阀单件检测

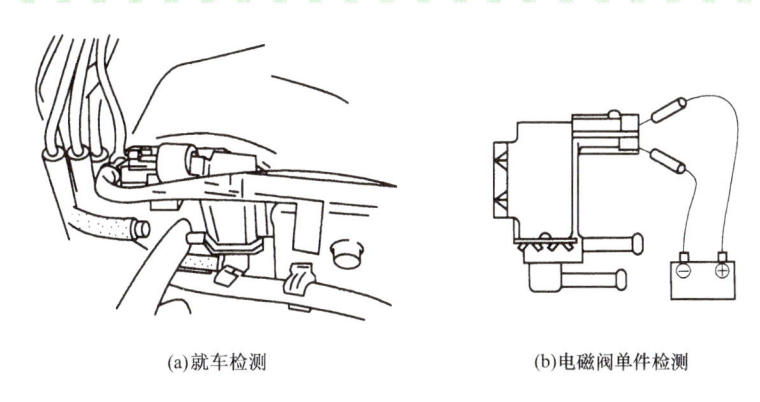

图 5-27　燃油蒸气排放控制系统的检查

(4) 活性炭罐的检查

活性炭罐位于发动机室内或车的下面,活性炭罐的使用寿命一般为 40 000～60 000 km,但在使用中应经常检查和维护。主要检查活性炭罐外壳有无裂纹、变形或损坏,底部进气滤芯是否脏污。

按图 5-28 所示的方法吹入压缩空气(98 kPa)后,压缩空气应能从图中箭头所示方向流出,否则,应更换相同规格的活性炭罐。

(5) 真空控制阀的检查

如图 5-29 所示,从活性炭罐上拆下真空控制阀,用手动真空泵由真空管接头给真空控制阀施加约 5 kPa 真空度时,从活性炭罐侧孔吹入空气应畅通;不施加真空度时,吹入空气则不通。若不符合上述要求,应更换该真空控制阀。

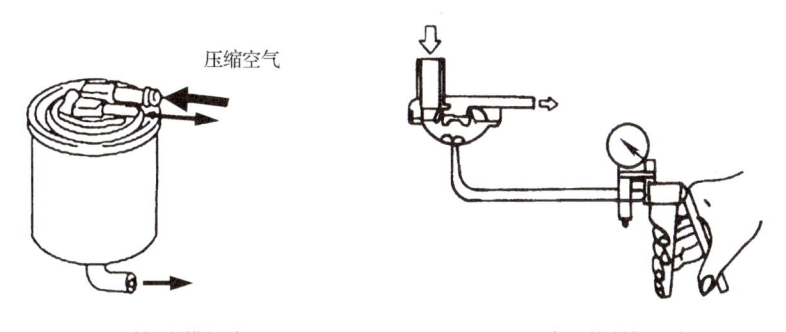

压缩空气

图 5-28　活性炭罐的检查　　　图 5-29　真空控制阀的检查

(6) 软管的检查

检查 EVAP 控制系统各管路是否松动、破损或变形,可用鼻子闻有无燃油泄漏。若软管损坏应立即更换。更换前应做标记,以防因装错而引发严重故障和损坏内部机件,且更换的软管应与原管的规格、型号相同。

五、二次空气供给系统

1. 作用

二次空气供给系统的作用是在一定工况下,将新鲜空气送入排气管,促使发动机排出废气中的一氧化碳和碳氢化合物进一步氧化,从而降低一氧化碳和碳氢化合物的排放量,同时加快三元催化转换器的升温。

179

2.组成与工作原理

以韩国现代轿车二次空气供给系统为例,其组成如图 5-30 所示。二次空气控制阀由舌簧阀和膜片阀组成,来自空气滤清器的二次空气进入排气管的通道受膜片阀控制,膜片阀的开闭用进气歧管的真空度驱动,其真空通道由 ECU 通过二次空气电磁阀控制。装在二次空气控制阀中的舌簧阀是一个单向阀,主要用来防止排气管中的废气倒流。

点火开关接通后,蓄电池即向二次空气电磁阀供电,ECU 控制二次空气电磁阀的搭铁回路。二次空气电磁阀不通电时,关闭通向膜片阀真空室的真空通道,膜片阀弹簧推动膜片下移,关闭二次空气供给通道,不允许向排气管内提供二次空气。ECU 给二次空气电磁阀通电时,电磁阀开启膜片阀真空室的真空通道,进气管真空度将膜片阀吸起,排气管内的脉动真空即可吸开舌簧阀,使二次空气进入排气管。有些发动机的二次空气供给系统,利用空气泵将新鲜空气强制送入排气管。在下列情况下,ECU 不给二次空气电磁阀通电:

①电控燃油喷射系统进入闭环控制。
②冷却液温度超过规定范围。
③发动机转速和负荷超过规定值。
④ECU 有故障。

3.检修

(1)工作情况检查

发动机低温启动后,拆下空气滤清器盖,应能听到舌簧阀发出的"嗡、嗡"声。

从空气滤清器上拆下二次空气供给软管,用手指盖住软管口检查,应符合下列要求:发动机温度为 18~63 ℃急速运转时,有真空吸力;发动机温度在 63 ℃以上,启动后 70 s 内有真空吸力;启动 70 s 后无真空吸力;发动机转速从 4 000 r/min 急降时,有真空吸力。

检查结果若与上述要求不符,则说明二次空气供给系统工作不正常,应进一步检查。

(2)二次空气控制阀检查

拆下二次空气控制阀,从空气滤清器侧软管接头吹入空气,应不漏气;用手动真空泵从真空管接头施加 20 kPa 真空度,从空气滤清器侧软管接头吹入空气,应通畅;若不符合上述要求,则说明膜片阀工作不良,应检修或更换。用手动真空泵从真空管接头施加 20 kPa 真空度,从排气管接头吹入空气应不漏气,否则说明舌簧阀密封不良,应更换。

(3)二次空气电磁阀检查

测量二次空气电磁阀的阻值,正常值应为 36~44 Ω。拆开二次空气电磁阀上的软管,当电磁阀不通电时,从进气管侧软管接头吹入空气应不通,从通大气的滤网处吹入空气应畅通;当给电磁阀接通蓄电池电源电压时,吹气通畅情况应与上述相反。若不符合上述要求,则应更换该二次空气电磁阀。

图 5-30 二次空气供给系统的组成
1—二次空气控制阀;2—二次空气电磁阀;
3—点火开关;4—氧传感器;5—三元催化转换器

单元 5　发动机辅助控制系统的构造与维修

技能训练

实训　排放控制系统的检修

一、实训内容
排放控制系统主要部件的结构认识与检测。
二、实训目的与要求
1.能够对发动机排放控制系统主要部件进行拆装与检测。
2.掌握发动机排放控制系统故障的检测步骤与排除方法。

5.3　进气控制系统的构造与维修

认知目标　掌握各种进气控制系统的功用、组成和工作原理。

能力目标　能够对各种进气控制系统进行检修。

发动机的充气效率和燃烧速度对其性能影响很大,为改善发动机的性能,近年来,在现代汽车尤其是轿车上装用了多种进气控制系统。而要正确分析这些系统的工作与发动机性能之间的关系,当其出现故障时能正确地诊断并排除,我们就必须了解它们的组成、工作原理及主要部件的检修等知识。

一、谐波进气增压控制系统

在发动机工作时,增大发动机的进气量(提高充气效率)可改善发动机的动力性。发动机工作时,在进气行程中气体高速流向进气门,如果此时突然关闭进气门,会使进气门附近气体流动突然停止,但由于惯性作用,进气管仍在进气,于是进气门附近的气体被压缩,压力上升。随后,被压缩的气体开始膨胀,向着与进气气流相反的方向流动,压力下降。膨胀气体传到进气管口时又被反射回来,形成压力波。如果这一脉动压力波与进气门开闭相互配合得好,就使反射的压力波集中在要打开的进气门旁,打开进气门时就会形成增压进气的效果,从而提高发动机的充气效率和功率。

1.功能
发动机工作时,从进气门关闭到下一次开启的间隔时间取决于发动机的转速,而进气管内的压力波反射回到进气门处所需的时间取决于压力波传播路线的长度。进气管较长时,压力波传播距离长,发动机低速性能较好;进气管较短时,压力波传播距离短,发动机高速性能较好。谐波进气增压控制系统的功能就是根据发动机转速的变化,改变进气管内压力波的传播距离,以提高充气效率,改善发动机性能。

2.工作原理
谐波进气增压控制系统的工作原理如图 5-31 所示。在进气管中部增设了进气控制阀和大容量的进气室,当发动机转速较低时,同一气缸的进气门关闭与开启的间隔时间较长,此时进气控制阀关闭,使进气管内压力波的传递距离为从进气门到空气滤清器的距离,这一距离较

181

长,压力波反射回到进气门附近所需时间也较长。当发动机处于高速运转时,进气控制阀开启,由于大容量进气室的影响,进气管内压力波传递距离缩短为从进气门到进气室之间的距离,与同一气缸的进气门关闭与开启间隔的时间较短相适应,从而使发动机在高速运转时得到较好的进气增压效果。

3.组成

谐波进气增压控制系统的组成如图 5-32 所示。ECU 根据发动机转速信号控制真空电磁阀的开或关,高速运转时真空电磁阀开启,真空驱动器驱动进气控制阀开启;反之,低速运转时真空电磁阀关闭,进气控制阀处于关闭状态。

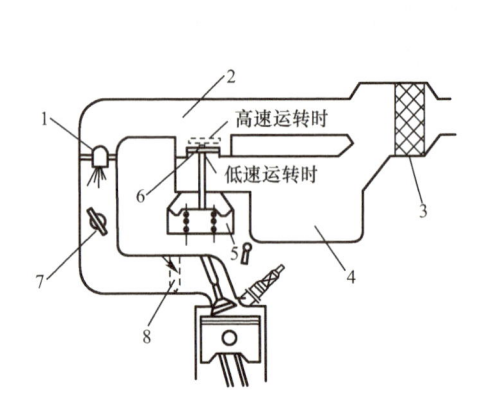

图 5-31 谐波进气增压控制系统的工作原理
1—喷油器;2—进气道;3—空气滤清器;
4—进气室;5—真空驱动器;6—进气控制阀;
7—节气门;8—涡流控制气门

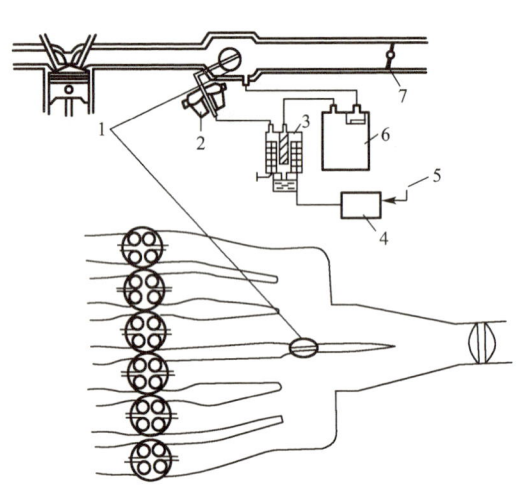

图 5-32 谐波进气增压控制系统的组成
1—进气控制阀;2—真空驱动器;3—真空电磁阀;
4—ECU;5—转速信号;6—真空罐;7—节气门

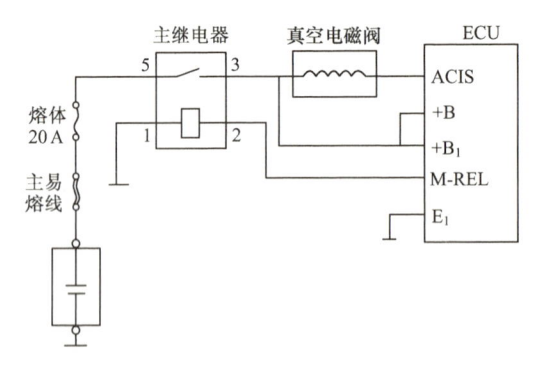

4.工作电路

谐波进气增压控制系统电路如图 5-33 所示。主继电器触点闭合后,通过端子 3 给真空电磁阀供电,ECU 通过端子 ACIS 控制真空电磁阀的搭铁回路。

图 5-33 谐波进气增压控制系统电路图

5.检修

(1)检查谐波进气增压控制系统的工作情况
①用三通接头把真空表接入进气控制阀的真空管路中。
②启动发动机,怠速时应无真空指示。

③迅速将节气门完全打开,若真空表指针在53.3 kPa位置摆动,并且真空驱动器的拉杆也伸出,则说明谐波进气增压控制系统工作正常;否则,应检查真空管路。若真空管路无破裂、漏气现象,则应检查真空驱动器、真空罐及真空电磁阀。

(2)检查真空驱动器

向真空驱动器的真空接口施加53.3 kPa的真空度时,真空驱动器的拉杆应移动。加真空度1 min后,拉杆应无回位动作。如果不符合上述要求,可旋动调整螺钉进行调整,若调整无效,则说明真空驱动器损坏,应更换。

(3)检查真空罐

真空罐的检查内容及步骤如图5-34所示。

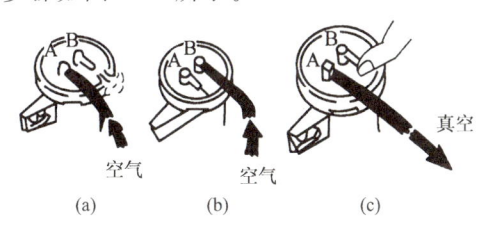

图5-34 检查真空罐

①用嘴或其他工具向真空罐内吹气,空气由A口向B口通,空气由B口向A口不通,如图5-34(a)和图5-34(b)所示。

②用手指按住B口并施加53.3 kPa的真空度,1 min内真空度应无变化,如图5-34(c)所示。如不符合上述要求,则应更换真空罐。

(4)检查真空电磁阀

①检查真空电磁阀的电磁线圈有无短路或断路现象。断开点火开关,拔下真空电磁阀的线束插接器,用万用表欧姆挡测量真空电磁阀插孔上两端子间的电阻。20 ℃时两端子间的阻值应为38.5～44.5 Ω,同时两端子与阀壳也不应接通;否则,应更换真空电磁阀。

②检查真空电磁阀的工作情况。未通电时,空气应能从通道E(接真空电动机)进入,从空气滤清器中排出,如图5-35(a)所示;当给两端子加12 V电压后,空气应能从通道E进入,从F口(接真空罐)排出,如图5-35(b)所示。若不符合上述要求,则应更换真空电磁阀。

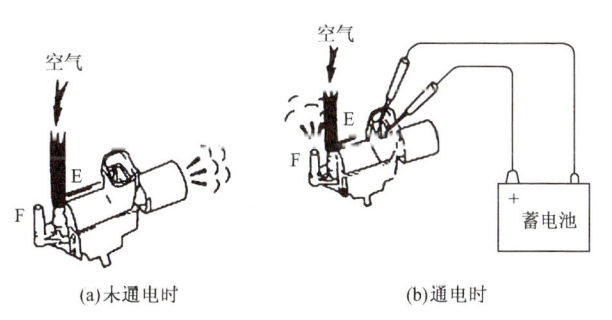

图5-35 检查真空电磁阀

二、动力阀控制系统

1.功能

动力阀控制系统的功能是控制发动机进气道的空气流通截面积大小,以适应发动机不同转速和负荷时的进气量需求,从而改善发动机的动力性。在进气量较少的低速、小负荷工况下,使进气道空气流通截面积减小,可提高进气流速,增大进气流惯性,以提高发动机的充气效率。此外,随着进气流速的提高,气缸内的涡流强度增大,有利于低速、小负荷工况下的燃烧和热效率的提高,从而改善发动机的低速性能。而在进气量较多的高速、大负荷工况下,适当增大进气道空气流通截面积,不仅可以减小进气阻力,而且对由于进气流速过高而导致的燃烧室内气流扰动也可起到抑制作用,有助于改善发动机的高速性能。该系统在日本本田 ACCORD 等轿车发动机上采用。

2.工作原理

动力阀控制系统的工作原理如图 5-36 所示。控制进气道空气流通截面积大小的动力阀安装在进气管上,动力阀的开闭由膜片真空室控制,ECU 根据各传感器信号通过真空电磁阀(VSV 阀)控制真空罐与膜片真空室的真空通道。发动机小负荷运转时,进气量较少,ECU 断开真空电磁阀搭铁回路,真空罐中的真空度不能进入膜片真空室,动力阀处于关闭位置,进气通道流通截面积变小,如图 5-36(a)所示。当发动机大负荷运转时,进气量较多,ECU 接通真空电磁阀搭铁回路,真空罐中的真空度经真空电磁阀进入膜片真空室,动力阀开启,进气通道流通截面积变大,如图 5-36(b)所示。动力阀控制系统的主要控制信号有发动机转速、工作温度、空气流量等信号。

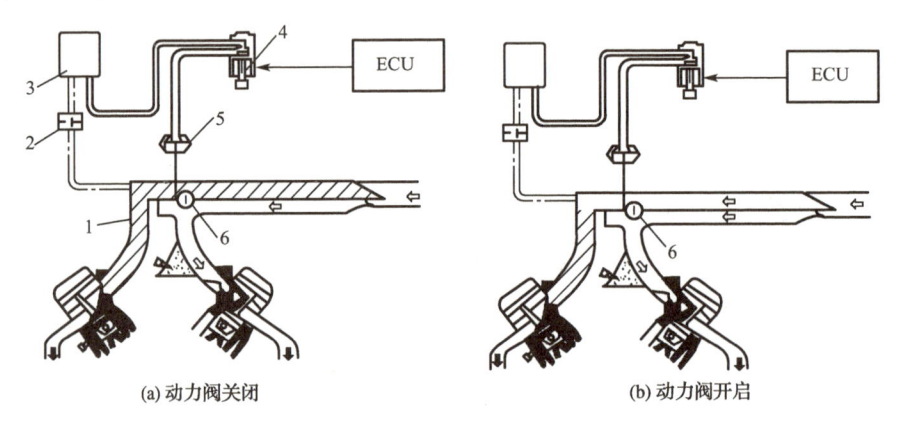

图 5-36 动力阀控制系统的工作原理
1—进气歧管;2—单向阀;3—真空罐;4—真空电磁阀;5—膜片真空室;6—动力阀

3.检修

在维修时,主要应检查真空罐、膜片真空室和真空管路有无漏气,真空电磁阀电路有无短路或断路,真空电磁阀阻值是否符合标准,可根据实际情况进行维修或更换损坏的元件。

三、废气涡轮增压系统

目前车用发动机上广泛采用了废气涡轮增压技术,其主要目的是利用废气涡轮增压器将空气压缩后供入气缸,使空气密度增大,提高发动机的充气效率,从而提高发动机的动力性和经济性,并改善发动机的排放性能。

1.废气涡轮增压器的工作原理

废气涡轮增压器主要由涡轮机和压气机组成,其工作原理如图 5-37 所示。

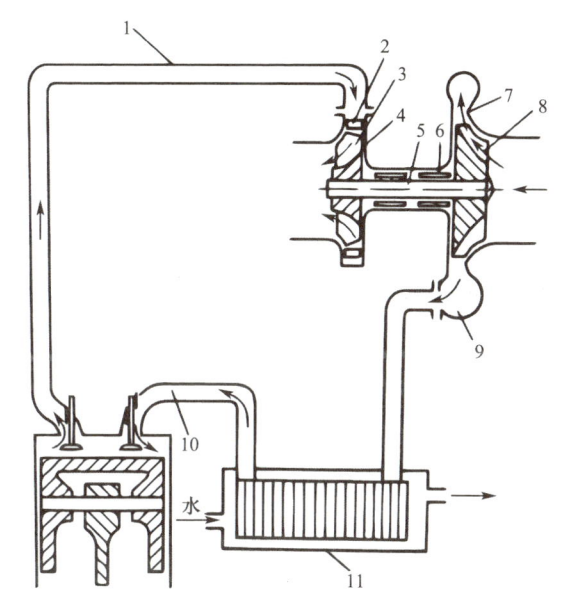

单元 5　发动机辅助控制系统的构造与维修

图 5-37　废气涡轮增压器的工作原理

1—排气管；2—喷嘴环；3—涡轮；4—涡轮壳；5—转子轴；6—浮动轴承；7—扩压器；
8—压气机叶轮；9—压气机壳；10—进气管；11—中冷器

排气管接到涡轮壳上，发动机排出的具有一定压力的高温废气经排气管进入涡轮壳里的喷嘴环。由于喷嘴环的通道面积逐渐收缩，因而废气的速度提高。这股高速气流按一定方向冲击涡轮，使涡轮高速旋转。废气的压力和速度越高，涡轮转速越快。通过涡轮的废气最终排入大气。这时与涡轮固装在同一根转子轴上的压气机叶轮也以相同速度旋转。经过滤清器过滤的空气进入压气机壳，高速旋转的压气机叶轮把空气甩向叶轮的外缘，使其速度和压力增加，并进入扩压器，因为扩压器进口小、出口大，所以气流的速度下降而压力升高。接着气流通过断面由小到大的环形压气机壳，使空气压力继续升高。这些高压空气流经中冷器冷却后进入气缸。

中冷器即中间冷却器，其冷却介质有水和空气等。中冷器的功能是防止增压后的空气密度增长率因温度升高而下降。水冷式中冷器的结构与水冷系的散热器相似，安装在散热器的前方。

2. 废气涡轮增压压力控制系统

为了保证发动机在不同工况下都得到最佳的进气增压值，防止发动机爆燃和限制热负荷，对废气涡轮增压系统的增压压力必须进行控制。

废气涡轮增压系统一般采用设置废气旁通阀的结构对增压压力进行控制。如图 5-38 所示，排气歧管排出的废气进入废气涡轮增压器，冲击动力涡轮后排出。当需要增大进气压力时，随着节气门开度增大和发动机转速的升高，动力涡轮的转速加快，与动力涡轮同轴的增压叶轮的转速也同样加快，致使进气增压压力增大。如果废气旁通阀打开，通过动力涡轮的废气数量和气压就会减小，动力涡轮转速降低，增压叶轮转速也一同降低，进气增压压力就会减小。由此可见，通过控制废气旁通阀，改变废气通路走向，使废气进入动力涡轮室或者从旁路排出，就可以实现对增压压力的控制。

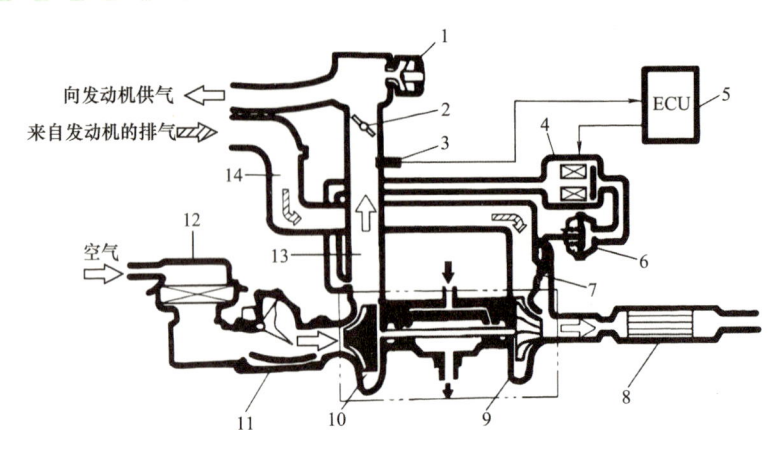

图 5-38 废气涡轮增压系统工作示意图

1—进气旁通道；2—节气门；3—增压压力传感器；4—增压压力控制电磁阀；5—ECU；
6—膜片式控制器；7—废气旁通阀；8—催化转换器；9—动力涡轮；10—增压叶轮；
11—空气流量计；12—空气滤清器；13—进气管；14—排气管

废气旁通阀的开闭由电控单元通过增压压力控制电磁阀进行控制。电控单元根据发动机的工况，由预存的增压压力脉谱图确定目标增压压力，并与增压压力传感器检测到的实际增压压力进行比较，然后根据其差值来改变增压压力控制电磁阀开闭的脉冲信号占空比，以此改变电磁阀的开启时间，进而改变膜片式控制器膜片上的压力，使其控制的废气旁通阀的开度改变，废气旁通量相应变化，以此精确地调节增压压力。

3.检修

在维修时，重点检查废气涡轮增压器。

（1）检查压气机壳、涡轮壳和中间壳有无裂纹或变形，否则应予以更换；

（2）拆下废气涡轮增压器的空气进气管和废气排气管，从压气机壳空气进口和涡轮壳废气出口检查叶轮及涡轮是否有变形或损坏。

（3）用手转动转子总成，检查旋转是否平滑，有无拖滞。从转子的一端沿轴向推动转子，并旋转检查有无摩擦现象。

（4）检查浮动轴承径向间隙，超限时应予以更换。

技能训练　　实训　进气控制系统的检修

一、实训内容

进气控制系统主要部件结构认识与检测。

二、实训目的与要求

1.能够对发动机进气控制系统主要部件进行拆装与检测。

2.掌握发动机进气控制系统故障的检测步骤与排除方法。

5.4 失效保护与应急备用系统

认知目标 / 掌握失效保护与应急备用系统的功用、组成和工作原理。

能力目标 / 能说出失效保护与应急备用系统的工作过程。

失效保护系统的功能是在ECU检测出故障后采取保险措施,以防止发动机或其他部件发生新的故障。应急备用系统是ECU内微机控制程序出现故障时启动的一种使车辆仍能继续慢速行驶的备用功能。为了能正确使用这些系统,我们必须了解这些系统的工作原理。

一、失效保护系统

1.失效保护系统的功能

失效保护是指在ECU检测出故障后所采取的一种保险措施。设置失效保护系统的目的是在电控系统出现故障后,对电控系统采取安全保护措施,防止发动机或其他部件产生新的故障。

当某个传感器或执行器出现故障时,如果发动机ECU仍然按照正常方式继续控制发动机运转,就有可能使发动机或有关部件出现更严重的问题。例如,冷却液温度传感器信号电路发生断路或短路故障时,则ECU检测出冷却液温度低于-30 ℃或高于120 ℃,如果此时误认为冷却液温度传感器的信号正确并继续按照正常方式进行修正,必将引起空燃比太大或太小,结果导致发动机失速或工作粗暴,甚至无法正常运转。又如,点火系统中点火器发生故障,当ECU接收不到点火器反馈信号时,如果喷油器继续喷油,大量未燃的可燃混合气就会排放到三元催化转换器,使其温度迅速升高,超过其许用温度,导致其损坏。为了避免上述情况发生,必须具备失效保护功能。具有故障自诊断功能的发动机电控系统,一般都同时具有失效保护系统。

失效保护系统的功能是:在电控系统工作中,当故障自诊断系统判定某传感器或其电路出现故障(失效)时,失效保护系统启动并进入工作状态,给ECU提供设定的标准信号来替代故障信号,以保持控制系统继续工作,确保发动机仍能继续运转。此外,当个别重要的传感器或其电路发生故障,有可能危及发动机安全运转时,失效保护系统则会使ECU立即采取强制性措施,切断燃油喷射,使发动机停止运转,确保车辆安全。

当控制系统出现故障时,给ECU提供的设定信号不可能与实际工作情况一致,失效保护系统只能维持发动机继续运转,但不能保证控制系统的优化控制,发动机的性能必然有所下降。

2.失效保护系统设定的标准信号

失效保护系统设定的标准信号见表5-3。

表5-3　　　　　　　　　　失效保护系统设定的标准信号

故障信号电路	故障情况	设定的标准信号
冷却液温度信号THW、进气温度信号THA电路	THW、THA信号电路出现断路或短路故障,ECU判断为低于-30 ℃或高于120 ℃,引起喷油过多或过少	冷却液温度为80 ℃,进气温度为20 ℃

（续表）

故障信号电路	故障情况	设定的标准信号
点火确认信号 IGF（由 IGT 触发产生）电路	点火系统出现故障或 IGT 不能触发 IGF，ECU 未能收到点火确认信号 IGF（喷油信号）	停止燃油喷射
节气门位置信号（线性型）电路	节气门位置信号电路处于断路或短路状态时，将使线性型变为开关型，不能反映节气门位置，发动机运转异常	节气门开度为 0°或 25°
爆燃传感器信号 KNK 及控制线路	KNK 信号电路中出现断路或短路故障，或 ECU 内爆燃控制系统出现故障，无论是否发生爆燃，点火正时控制将无法由爆燃控制系统执行，导致发动机损坏	将点火提前角固定在某一确定值
曲轴位置传感器 G_1 和 G_2 信号电路	G_1 或 G_2 信号电路短路或断路，气缸和曲轴转角不能识别，导致发动机失速或不能启动	若不能收到 G_1 和 G_2 信号，就按保留的 G 信号判定曲轴基准角
空气流量计 V_S 或 K_S 信号电路	空气流量计信号电路短路或断路，不能测出进气量，不能计算基本喷油量，导致发动机失速或不能启动	根据 STA 信号和 IDL 信号控制发动机工作
进气歧管绝对压力传感器信号电路	进气歧管绝对压力传感器信号电路出现短路或断路故障，不能计算基本喷油量，导致发动机失速或不能启动	按设定的固定值控制喷油量或启动应急备用系统

二、应急备用系统

1.应急备用系统的功能

应急备用系统的功能由 ECU 内的备用 IC（集成电路）来完成。当 ECU 内微机控制程序出现故障时，ECU 把燃油喷射和点火正时控制在预定水平上，并作为一种备用功能使车辆仍能继续慢速行驶，以便把汽车开到最近的维修站或适当的地方，所以也称之为"缓慢回家"功能或"跛行"功能。

应急备用系统只能简易控制、维持汽车的基本功能，使车辆能够慢速行驶，而不能保证发动机运行在最佳状态，不宜在"备用"状态下长时间行驶，应及时检查维修。当故障自诊断系统判定发生下列故障之一时，在接通故障指示灯搭铁回路的同时，将自动启动应急备用系统。

①ECU 中的中央微处理器（CPU）、输入/输出（I/O）接口和存储器发生故障。
②凸轮轴位置传感器或其电路发生故障，ECU 收不到信号。
③在 D 型喷射系统中，进气歧管绝对压力传感器或其电路发生故障。

2.应急备用系统的工作原理

发动机应急备用系统的工作原理如图5-39所示，其应急备用系统为一专用后备电路，由集成电路组成。监视回路中装有监视器和计数器，正常工作情况下，微机定时进行清零。出现异常情况时，例行程序不能正常运行。若此时监视计数器的定期清零工作不能进行，则计算机显示溢出。当监视器发现计算机溢出时，就能检测出异常情况。当监视器检测出微机出现异常情况而满足启用应急备用系统的条件时，首先点亮发动机故障指示灯，指示驾驶员发动机已出现故障，需要进行维修；与此同时，ECU 自动转换成简易控制的应急备用功能。

应急备用系统工作时，ECU 只能根据启动（STA）信号和怠速（IDL）信号将发动机的工况简单地分为启动、怠速和非怠速三种情况，并按预先设定的固定数值输出喷油控制信号和点火控制信号。

单元 5　发动机辅助控制系统的构造与维修

应急备用系统工作时,接收到 STA 信号即判定发动机处于启动工况,接收到 IDL 信号即判定发动机处于怠速工况,接收不到 IDL 信号即判定发动机处于非怠速工况。在不同工况、不同故障时,应急备用系统中预先设定的固定数值,因发动机型号不同而异。表 5-4 列出了日本日产汽车某电喷发动机应急备用系统在启动、怠速和非怠速工况时设定的喷油持续时间和点火提前角等数值。

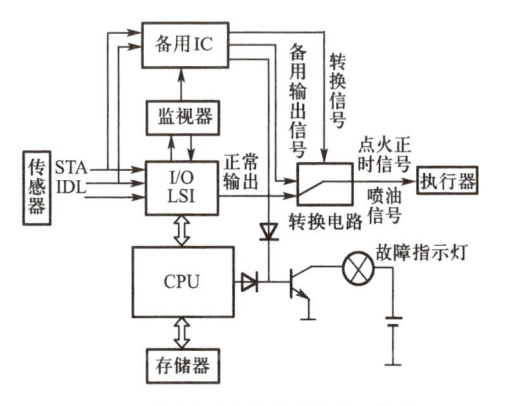

图 5-39　发动机应急备用系统的工作原理

表 5-4　　　日本日产汽车某电喷发动机应急备用系统的控制参数

控制参数	启动工况 (STA 开关接通)	怠速工况 (IDL 触点闭合)	非怠速工况 (IDL 触点断开)
喷油持续时间/ms	12.0	2.3	4.1
喷油频率/(次/转)	1	1	1
点火提前角/(°)	10	10	>10
点火导通时间/ms	5.12	5.12	5.12

强化练习

一、判断题

1. 根据车速传感器与节气门位置传感器可判定发动机是否处于怠速状态。　　(　　)
2. 当进气管较长时,压力波传播距离越长,发动机高速性能越好。　　(　　)
3. 装用三元催化转换器的发动机使用含铅汽油将使催化剂"铅中毒"。　　(　　)
4. 当发动机在标准的理论空燃比附近运转时,三元催化转换器的转换效率最佳。　　(　　)
5. 废气再循环(EGR)的目的是减少废气中 CO 和碳氢化合物的生成量。　　(　　)
6. EGR 系统会对发动机的性能造成一定的影响。　　(　　)
7. 燃油蒸气排放控制系统中进入进气歧管的回收燃油蒸气量不可控制。　　(　　)
8. 氧化锆型氧传感器将废气中氧浓度的变化直接转换成输出电压的变化。　　(　　)
9. 凸轮轴位置传感器或其电路发生故障,ECU 收不到 G 信号,发动机将启动应急备用系统。　　(　　)
10. 电控汽车可以在应急备用状态下长时间行驶。　　(　　)
11. 只要点火开关处于"OFF"位置,则无论步进电动机式怠速控制阀位于何位置,都将迅速退回到全部打开状态,为下次冷启动做好准备。　　(　　)
12. 电控发动机冷启动时采用开环控制。　　(　　)

二、单项选择题

1. 谐波进气增压控制系统通过改变(　　)达到进气增压效果。
   A. 进气通道截面积　　　　　　　　B. 压力波传播路线长度
   C. 废气流动路线　　　　　　　　　D. 进气管长度

189

2.采用三元催化转换器必须（　　）。
 A.安装前氧传感器　　　　　　B.安装后氧传感器
 C.安装前、后氧传感器　　　　D.不需要安装氧传感器
3.为减少废气中的NO_x含量,电控发动机常采用（　　）。
 A.二次空气供给装置　　　　　B.废气再循环装置
 C.燃油蒸气排放控制装置　　　D.废气涡轮增压装置
4.下列废气再循环控制系统工作的工况是（　　）。
 A.中等负荷时　　B.怠速时　　C.大负荷时　　D.冷启动时
5.在D型喷射系统中,冷却液温度传感器或其电路发生故障时,发动机启动（　　）。
 A.故障自诊断系统　　　　　　B.应急备用系统
 C.失效保护系统　　　　　　　D.应急备用系统与失效保护系统
6.下列（　　）是能够提供反馈信号的传感器。
 A.进气温度传感器　　　　　　B.氧传感器
 C.冷却液温度传感器　　　　　D.空气流量计
7.丰田汽车步进电动机式怠速控制阀在点火开关关闭后处于（　　）状态。
 A.全开　　B.全闭　　C.半开　　D.打开一个步级
8.在怠速控制系统中,ECU首先根据各传感器的输入信号确定（　　）转速。
 A.假想　　B.目标　　C.实际　　D.理论
9.下列电控发动机采取闭环反馈控制的工况是（　　）。
 A.中等负荷时　　B.全负荷时　　C.大负荷时　　D.冷启动时
10.中冷器的作用是（　　）。
 A.降低废气涡轮增压器的工作温度　　B.降低发动机冷却液温度
 C.降低机油温度　　　　　　　　　　D.降低增压空气温度

三、问答题

1.为什么要进行怠速控制？步进电动机式怠速控制阀的控制内容有哪些？
2.什么是废气再循环？废气再循环对发动机的性能有何影响？
3.简述燃油蒸气排放控制系统的工作过程。
4.电控汽油机中ECU是如何对空燃比进行反馈控制的？
5.失效保护系统和应急备用系统的功能各是什么？

单元 6

柴油机燃料供给系的构造与维修

6.1 柴油机燃料供给系的功用和组成及柴油机可燃混合气的燃烧

认知目标 掌握柴油机燃料供给系的功用及组成,了解柴油机可燃混合气的形成及燃烧过程。

能力目标 能对照实物正确说出柴油机燃料供给系各组成部件的名称。

柴油机热效率高,燃料消耗低,使用成本低,排气污染较小,不仅在重型汽车、牵引车、大客车上得到了广泛应用,而且在中、小型汽车上的应用也日益增多。柴油机的燃料供给系工作是否正常直接影响柴油机的动力性、经济性和排放性。为了正确分析柴油机燃料供给系与柴油机工作性能之间的关系,准确判断和排除柴油机燃料供给系的故障,我们必须掌握柴油机燃料供给系的功用及基本组成,了解柴油机可燃混合气的形成与燃烧过程。

一、柴油机燃料供给系的功能

柴油机燃料供给系具有以下主要功能:
①贮存、过滤和输送燃料。
②根据柴油机的不同工况,以一定的压力及喷油质量将燃油定时、定量地喷入燃烧室,迅速形成良好的可燃混合气并燃烧。
③根据柴油机的负荷变化,调节供油量并稳定柴油机转速。
④将燃烧后的废气从气缸中导出并排入大气中。

二、柴油机燃料供给系的组成

柴油机燃料供给系由燃油供给装置、空气供给装置、可燃混合气形成装置及废气排出装置四部分组成,如图 6-1 所示。

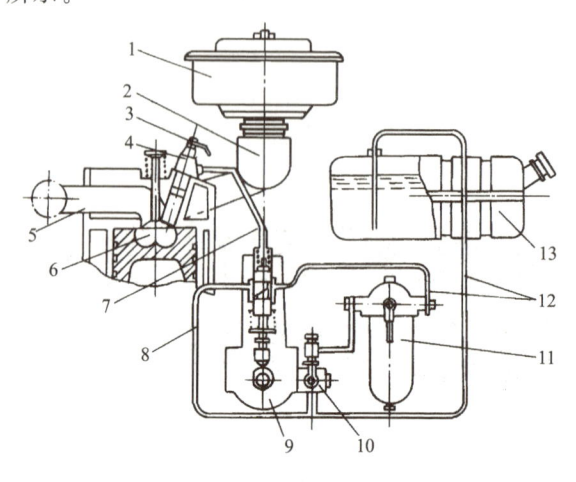

图 6-1 柴油机燃料供给系的组成

1—空气滤清器；2—进气管；3,8—回油管；4—喷油器；5—废气排出装置；6—燃烧室；
7—高压油管；9—喷油泵；10—输油泵；11—柴油滤清器；12—低压油管；13—柴油箱

1. 燃油供给装置

燃油供给装置由低压油路和高压油路两部分组成。从输油泵到喷油泵工作入口的这段油路的油压是由输油泵建立的,压力较低,称为低压油路。它主要包括柴油箱、输油泵、柴油滤清器及低压油管等。从喷油泵到喷油器这段油路的油压是由喷油泵建立的,压力较高,称为高压油路。它包括喷油泵、喷油器、高压油管等。

喷油泵一般由柴油机曲轴的正时齿轮驱动。固定在喷油泵泵体上的活塞式输油泵由喷油泵的凸轮轴驱动。当柴油机工作时,输油泵从油箱吸出柴油,并以 0.15～0.30 MPa 的低压送至柴油滤清器,经柴油滤清器滤除柴油中的杂质,然后送入喷油泵,喷油泵将柴油压力提高到 10 MPa 以上并经高压油管将燃油供入喷油器,最后喷油器将高压柴油喷入燃烧室。输油泵供给喷油泵的多余柴油及喷油器顶部的回油均经回油管返回油箱。

2. 空气供给装置

空气供给装置由空气滤清器、进气管和气缸盖内的进气道组成,有的还装有增压器。

3. 可燃混合气形成装置

柴油喷入燃烧室后,在气缸内空气运动的作用下,柴油与空气边混合形成可燃混合气边燃烧。所以可燃混合气形成装置就是燃烧室。

4. 废气排出装置

废气排出装置由气缸盖内的排气道、排气管和排气消声器等组成。

三、柴油机可燃混合气的形成

柴油机以柴油为燃料,由于柴油的蒸发性和流动性比汽油差,因此柴油机不像汽油机那样在气缸外部形成可燃混合气。柴油机的可燃混合气在气缸内部形成,即在接近压缩行程终了时,通过喷油器把柴油喷入气缸内,与高温、高压空气混合形成可燃混合气,随着温度不断升高,最终自行着火燃烧。因此,可燃混合气的形成时间极短,空间小,而且存在喷油、蒸发、混合和燃烧重叠进行的过程。

四、柴油机的燃烧过程

图 6-2 所示为柴油机压缩和做功行程中,气缸内压力 P 随曲轴转角 θ 变化的关系曲线。根据气缸中压力和温度的变化特点,将可燃混合气的燃烧过程按曲轴转角划分为四个阶段,即滞燃期、速燃期、缓燃期和后燃期,如图 6-2 所示。

1. 滞燃期

从柴油开始喷入气缸到开始着火,这段时期称为滞燃期或着火延迟期,即从喷油始点 A 到燃烧始点 B 之间所对应的曲轴转角。在这段时间内,喷入气缸的雾状柴油从气缸中的高温空气中吸收热量,并逐步蒸发、扩散,与空气混合,进行燃烧前的物理和化学准备。若滞燃期过长,则气缸内形成的可燃混合气数量多,一旦燃烧,会造成气缸压力急剧升高,导致发动机的工作粗暴。

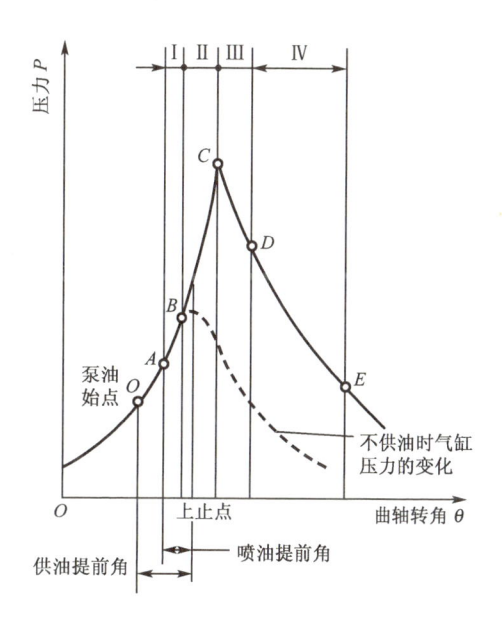

图 6-2 气缸压力与曲轴转角的关系
Ⅰ—滞燃期;Ⅱ—速燃期;Ⅲ—缓燃期;Ⅳ—后燃期

2. 速燃期

速燃期即燃烧始点 B 到气缸内产生最高压力点 C 之间所对应的曲轴转角。由于产生了火焰中心,并迅速向燃烧室四周传播,因此气缸内压力和温度迅速上升,至 C 点达到最高值,最高压力点一般出现在上止点后 6°~15°曲轴转角处。当压力升高过快时,会使曲柄连杆机构受到很大的冲击负荷,并伴随有尖锐的金属敲击声,一般称为柴油机工作粗暴,俗称"敲缸"。由于柴油机工作粗暴有可能导致机件寿命缩短甚至损坏,同时噪声和振动增大,因此应予以限制。

3. 缓燃期

缓燃期即从最高压力点 C 到最高温度点 D 的曲轴转角。此阶段边喷油、边燃烧,开始时燃烧很快,但随着氧气减少、废气增加,燃烧条件变差,因此燃烧逐渐减慢,而气缸内温度却能继续升高达到最高点。最高温度出现在上止点后 20°~25°曲轴转角处。喷油通常在 D 点之前结束。

4. 后燃期

后燃期即从最高温度点 D 到燃料基本烧完点 E 的曲轴转角。在此期间,气缸容积迅速增大,压力和温度均降低。

柴油机燃烧过程除了应使燃烧及时完成,避免工作粗暴外,还应尽可能使燃料完全燃烧。柴油能否完全燃烧主要取决于两个方面:进入气缸的空气量与燃料量的比例是否适当;燃料与空气的混合质量是否良好。

五、柴油机的燃烧室

柴油机的燃烧室是指压缩行程终了时活塞顶与气缸盖之间的全部空间。由于柴油机可燃混合气的形成和燃烧基本上都是在燃烧室中完成的,因此,柴油机燃烧室的形状比汽油机复杂,这主要是为了配合喷油形成良好均匀的可燃混合气的需要。柴油机燃烧室一般按其结构形式分为直喷式燃烧室和分隔式燃烧室两大类。

直喷式燃烧室的容积集中于气缸之中,且其大部分集中于活塞顶上的燃烧室凹坑内,这种燃烧室因燃料直接喷在气缸中而得名。燃油自喷油器直接喷射到燃烧室中,借助于喷出油束的形状和燃烧室形状的匹配,再加上室内空气涡流运动,迅速形成可燃混合气。直喷式燃烧室常见的有 W 形、球形和 U 形等结构形式,如图 6-3 所示。直喷式燃烧室散热面积小,热量损失少,经济性好,汽车柴油机多采用直喷式燃烧室。

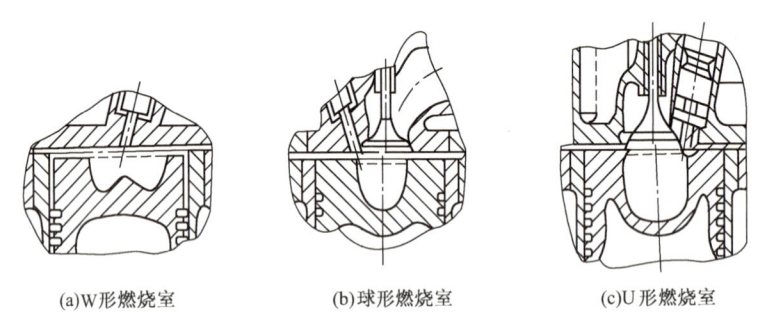

(a)W形燃烧室　　(b)球形燃烧室　　(c)U形燃烧室

图 6-3　直喷式燃烧室

分隔式燃烧室的容积则一分为二,由两部分组成,如图 6-4 所示。一部分由活塞顶与气缸盖底面围成,称为主燃烧室;另一部分在气缸盖内,称为副燃烧室。主、副燃烧室之间由一个或几个孔道相连通。分隔式燃烧室又分为涡流室式燃烧室和预燃室式燃烧室,如图 6-4 所示。

(a)涡流室式燃烧室　　(b)预燃室式燃烧室

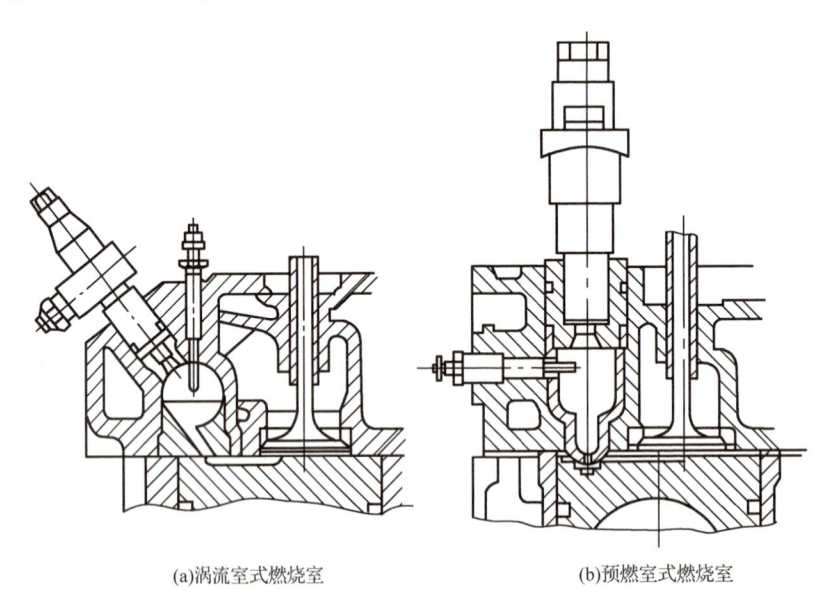

图 6-4　分隔式燃烧室

分隔式燃烧室的特点是:可燃混合气的形成主要依靠强烈的空气运动,对喷油系统要求不高,可采用喷油压力较低(12～14 MPa)、故障较少的轴针式喷油器,发动机工作较平稳。

6.2 喷油器的构造与维修

认知目标 / 掌握柴油机喷油器的结构与工作原理。

能力目标 / 能正确对喷油器进行拆装、检修与调试。

柴油机喷油器根据喷油泵的出口压力对喷射燃油进行计量,并以高压将柴油雾化成细小颗粒,分布到燃烧室中。

喷油器在使用过程中,喷孔堵塞、针阀卡滞以及雾化不良等故障都会影响柴油机燃烧质量,造成发动机性能恶化。为了正确判断和排除喷油器的故障,我们必须掌握喷油器的结构、工作原理及调试、检修方法。

喷油器是柴油机燃油供给系中实现燃油喷射的重要部件,其功能是根据柴油机可燃混合气形成的特点,将燃油雾化成细微的油滴,并将其喷射到燃烧室的特定部位。

喷油器应满足不同类型的燃烧室对喷雾特性的要求。一般说来,喷注应有一定的贯穿距离和喷雾锥角以及良好的雾化质量,而且在喷油结束时不发生滴漏现象。

根据喷油嘴结构形式的不同,汽车柴油机常用的喷油器又可分为孔式喷油器和轴针式喷油器两种。孔式喷油器一般用于直喷式燃烧室,轴针式喷油器则多用于分隔式燃烧室。

一、孔式喷油器

1.结构

孔式喷油器的结构如图 6-5 所示。它由针阀 11、针阀体 12、顶杆 8、调压弹簧 7、调压螺钉 5 及喷油器体 9 等零件组成。由针阀和针阀体构成的针阀偶件(俗称喷油嘴)通过喷油嘴拧紧螺母与喷油器体紧固在一起。调压弹簧的预紧力通过顶杆作用在针阀上,将针阀压紧在针阀体内的密封锥面上,使喷油嘴关闭。调压弹簧的预紧力由调压螺钉调节。

针阀上部的圆柱表面同针阀体的相应内圆柱面为高精度的滑动配合,配合间隙为 0.002~0.003 mm。此间隙过大,则易发生漏油而使油压下降,影响喷雾质量;而间隙过小时,针阀将不能自由滑动。针阀中部的锥面全部露出在针阀体的环形油腔(压力室)中,用以承受油压,称为承压锥面。针阀下端的锥面与针阀体上相应的内锥面配合,以实现喷油器内腔的密封,称为密封锥面。针阀偶件应经过选配和研磨以保证其配合精度,在维修过程中不同的针阀偶件之间零件不能互换。

孔式喷油器的喷油嘴头部加工有 1 个或多个喷孔,有 1 个喷孔的称为单孔喷油器,有 2 个喷孔的称为双孔喷油器,有 3 个及其以上喷孔的称为多孔喷油器。一般喷孔数目为 1~7 个,喷孔直径为 0.2~0.5 mm。

因为对燃油喷射方向有特定的要求,所以在喷油器体与针阀体之间设有定位销。

在高压油管接头上装有缝隙式喷油器滤芯,它具有磁性,可吸附金属磨屑,以防细小杂物堵塞喷孔。

喷油器用两个固定螺钉固定在气缸盖上的喷油器座孔内,用铜制的锥体或铜垫片密封,防止气缸漏气。

在拆下喷油器后,为防止污物进入喷油器,应在油管接头处和针阀体端部用防污套罩上。

2.工作原理

当柴油机工作时,来自喷油泵的高压柴油通过高压油管送到喷油器,经进油管接头、喷油器滤芯以及喷油器体和针阀体内的油道进入喷油嘴内的压力室,如图6-6所示。油压作用在针阀的承压锥面上,产生向上的推力。当该推力超过调压弹簧的预紧力时,针阀升起并将喷孔打开,高压柴油经喷孔喷入燃烧室。针阀升起的最大高度即针阀升程,由喷油器体(或接合座)的下端面限制。当喷油泵停止供油时,喷油嘴压力室内的油压迅速下降,针阀在调压弹簧的作用下瞬间落座,将喷孔关闭,终止喷油。

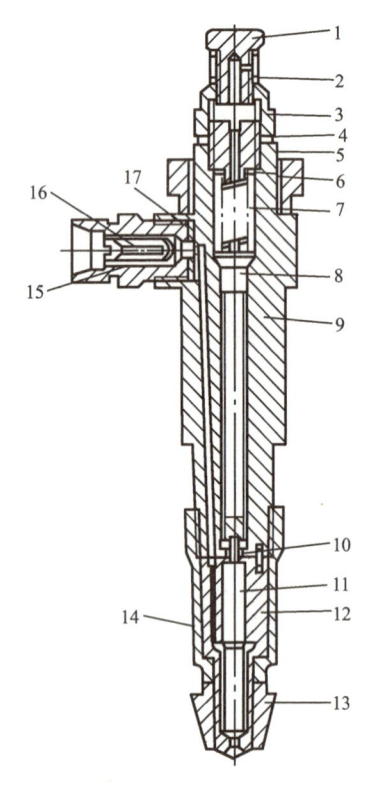

图6-5 孔式喷油器的结构

1—回油管螺栓;2—回油管衬垫;3—调压螺钉护帽;
4、6—调压螺钉垫圈;5—调压螺钉;7—调压弹簧;
8—顶杆;9—喷油器体;10—定位销;11—针阀;
12—针阀体;13—喷油器锥体;14—紧固螺套;
15—进油管接头;16—滤芯;17—进油管接头衬垫

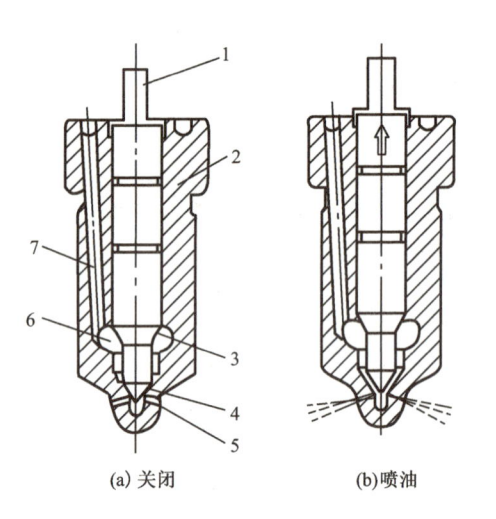

图6-6 孔式喷油嘴的结构及工作原理

1—针阀;2—针阀体;3—承压锥面;4—密封锥面;
5—喷孔;6—压力室;7—进油道

针阀的开启压力即喷油压力取决于调压弹簧的预紧力。如图6-5所示,调压弹簧的预紧力可通过调压螺钉调整(拧入时喷油压力增大,反之则减小)。调整后要用调压螺钉护帽将调压螺钉锁紧固定。

在喷油器工作期间,有少量柴油从针阀与针阀体配合表面之间的间隙中漏出,并沿顶杆周围的缝隙上升,最后通过回油管接头进入回油管,流回燃油滤清器或油箱。这部分柴油在流过针阀偶件时对偶件起润滑作用。

二、轴针式喷油器

轴针式喷油器与孔式喷油器的工作原理相同,结构也相似,只是喷油嘴头部的结构不同而已。在轴针式喷油器中,针阀密封锥面以下有一段轴针,它穿过针阀体上的喷孔且稍凸出于针阀体之外,使喷孔呈圆环形。因此,轴针式喷油器的喷注是空心的。轴针可以制成圆柱形或截锥形,如图6-7所示。圆柱形轴针喷注的喷雾锥角较小,而截锥形轴针喷注的喷雾锥角较大。因此,轴针制成不同的形状,可以得到不同形状的喷注,以适应不同形状燃烧室的需要。

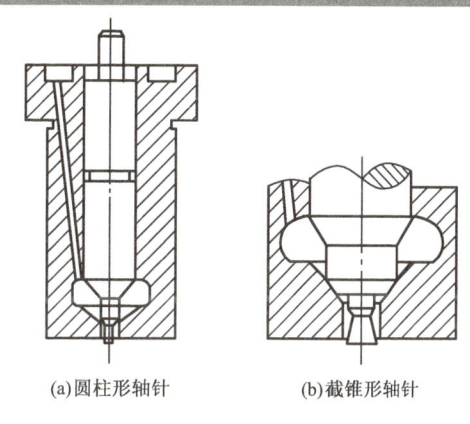

(a)圆柱形轴针　　(b)截锥形轴针

图6-7　轴针式喷油器喷油嘴

轴针式喷油器工作时,轴针在喷孔内往复运动,能清除喷孔中的积炭,喷孔不易堵塞,喷油器工作可靠,且由于喷孔较大(孔径多为1~3 mm),因此加工方便。

三、喷油器的检修

1.清洗

针阀和针阀体是配对研磨加工而成的精密偶件,不能互换。在清洗时,不能混放,要一对一对地分别清洗。当针阀卡在针阀体中而用手抽不出来时,可在干净的柴油中浸泡一段时间后再抽,千万不能用手钳硬抽。若经浸泡后用手还抽不出来,则说明针阀已卡死在针阀体内,应予以更换。

针阀和针阀体的积炭,可在柴油中用浸湿的硬质木片刮除,不得使用金刚砂纸或其他金属擦拭或刮拭。任何时候都不要用手去摸针阀的研磨表面,以免表面生锈。针阀体喷孔的积炭,可用专用工具——通针来剔除,针阀体头部内的烟渣,也可用专用工具剔除,但需特别小心,不要碰伤针阀体内的配合面。

2.检验

喷油器偶件配合面及针阀体端面应色泽光亮,无损伤,无锈蚀,针阀和针阀体密封锥面应明亮,无麻点,无刻痕。

喷油器的性能检验应在专用的试验器上进行,喷油器试验器的结构如图6-8所示。

(1)喷油器喷油压力检查与调试

检查时,将喷油器上调压弹簧的调压螺钉的锁紧螺母旋松,将喷油器安装到试验器上,放气并将连接部位拧紧。快速按下压油手柄若干次,待喷油器内的细小杂质和油污排出后,再缓慢地按动压油手柄(以60次/min为宜),同时观察油压表。当读数开始下降时,油压表的数值即喷油器的开启压力,其数值应符合相关技术条件。例如YC6150QC型和YC6110Q型柴油机喷油器的喷油压力为18.62±0.49 MPa。

一台发动机中各喷油器的喷油压力差应不超过0.025 MPa。如果喷油压力不符合规定要求,则应加以调整。

对用调压螺钉调整喷油压力的喷油器,可拧动调压螺钉进行调整。当拧入调压螺钉时,压力增高,反之则相反。

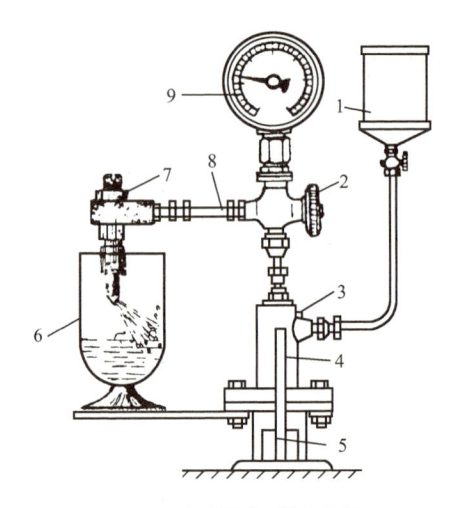

图 6-8　喷油器试验器的结构

1—贮油罐；2—开关；3—放气螺钉；4—手动油泵；5—压油手柄；6—接油杯；7—喷油器；8—高压油管；9—油压表

有的喷油器喷油压力通过垫片调整，加厚垫片，调压弹簧预紧力增大，喷油压力增高，反之则相反。采用垫片调整喷油压力时，每个喷油器只能用一个垫片。

(2) 喷油器密封性的检查与试验

① 导向部分配合严密性的检查与试验：将喷油器装在试验器上，把喷油压力调到 19.6 MPa，观察试验器油压由 19.6 MPa 下降到 17.6 MPa 时所经历的时间，正常为 10 s 以上。如果时间过短，说明喷油器导向部分的配合间隙过大。

② 针阀密封锥面密封性的检查与试验：使试验器保持在低于喷油压力 2 MPa 的油压 10 s 以上，喷孔附近不得有柴油集聚或渗漏现象，但允许有少量湿润，否则说明针阀密封锥面密封不良。

(3) 喷油器喷雾质量的检查

喷油器喷雾质量的检查，主要检查喷油器在规定压力下，能否把柴油喷射为细小、均匀的雾状油束。检查项目包括喷雾锥角、射程、均匀性、油滴尺寸及尺寸分布。最常用的检查方法包括目测喷雾形状，倾听喷雾响声，检查喷雾锥角。

① 目测喷雾形状：可与喷油压力的检查同时进行，主要是通过观察油束的轮廓，来判断喷雾锥角、射程及雾化状态是否正常，如图 6-9 所示。

② 倾听喷雾响声：根据喷油器在喷油时发出的响声，可以判断喷雾质量的好坏。例如，轴针式喷油嘴在正常喷油时，发出清脆的"唧唧"声；多孔式喷油嘴在正常喷油时，会发出"砰砰"声。如果喷油时响声沙哑，说明喷油嘴喷雾不良或针阀运动不灵活；如果响声微弱或听不到响声，说明喷油压力过低或不喷油。

③ 检查喷雾锥角：不同形式的喷油嘴有不同的喷雾锥角，喷雾锥角由喷油嘴的制造形状所决定。通常喷雾锥角标注在喷油嘴体的显著部位。检查时，对轴针式喷油嘴的喷雾形状有特殊要求，需要比较准确地测量喷雾锥角时，可在距喷油嘴喷孔 100～200 mm 处放一张白纸，纸面应与喷油器轴线垂直，然后快速压动手动油泵压油手柄进行一次喷射，使油雾喷射在纸上，量出纸面到喷油嘴针阀端面的距离 h 和纸上的油迹直径 d，如图 6-10 所示。其中，α 的计算公式为

$$\alpha = \arctan[d/(2h)]$$

实际喷雾锥角为 2α。

若喷油器不能满足上述检验要求，则应更换针阀偶件。

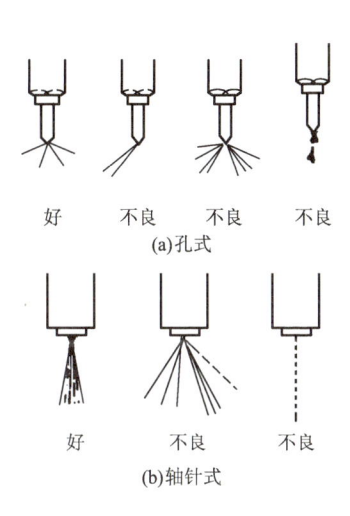

单元 6　柴油机燃料供给系的构造与维修

好　　不良　　不良　　不良
(a)孔式

好　　不良　　不良
(b)轴针式

图 6-9　喷油器喷油质量检查

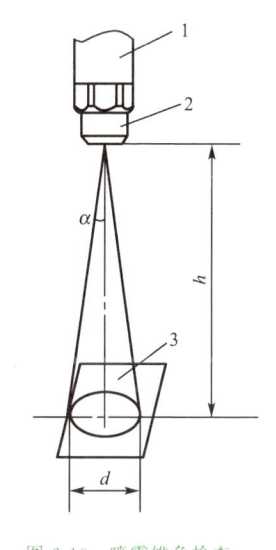

图 6-10　喷雾锥角检查
1—喷油器；2—喷油嘴；3—白纸

技能训练

实训　喷油器的拆装与检修

一、实训内容

拆装喷油器并对喷油器进行检查与调试。

二、实训目的与要求

1.熟悉喷油器的结构及工作原理。

2.掌握喷油器清洗的方法。

3.掌握喷油器喷油压力的检查、调整方法。

4.掌握喷油器喷油质量和密封性的检查方法。

6.3　喷油泵的构造与维修

| 认知目标 | 掌握喷油泵的结构与工作原理。 |
| 能力目标 | 能正确对喷油泵进行拆装、检修与调试。 |

喷油泵的功用是按照柴油机的运行工况和气缸工作顺序，以一定的规律，定时定量地向喷油器输送高压燃油。喷油泵的工作是否正常，直接影响柴油机高压柴油的供给，影响柴油机工作性能的发挥。为保证喷油泵工作符合各项技术要求，正确判断和排除喷油泵的故障，我们必须掌握喷油泵的结构、工作原理及检修、调试方法。

多缸车用柴油机的喷油泵应满足下列要求：

①各缸供油量相等。在标定工况下各缸供油量之差应不超过3%～4%。喷油泵的供油量应随柴油机工况的变化而变化。为此，喷油泵必须有供油量调节机构。

②各缸供油提前角应相同，曲轴转角误差应小于0.5°。供油提前角也应随柴油机工况的变化而变化。为此，应装置喷油提前器。

③各缸供油持续角应一致。

④能迅速停止供油，以防止喷油器发生滴漏现象。

喷油泵的种类很多，在汽车柴油机上得到广泛应用的有直列柱塞式喷油泵和转子分配式喷油泵。

目前，国产喷油泵已初步形成系列。所谓喷油泵的系列化，是指根据不同柴油机单缸功率对循环供油量的要求，以柱塞行程、泵缸中心距和结构形式为基础，再分别配以不同尺寸的柱塞直径，组成若干种在一个工作循环内供油量不等的喷油泵，以满足各种柴油机的需要。喷油泵的系列化有利于制造和维修，国产系列喷油泵分为Ⅰ、Ⅱ、Ⅲ和A、B、P、Z等系列。

一、柱塞式喷油泵

柱塞式喷油泵是利用柱塞在柱塞套内做往复运动进行吸油和压油的。下面以国产A型柱塞式喷油泵（以下简称A型柱塞泵）为例介绍柱塞式喷油泵的结构和工作原理。

柱塞式喷油泵由分泵（泵油机构）、供油量调节机构、驱动机构和泵体四大部分组成，如图6-11所示。

1.分泵

分泵是多缸柴油机上与气缸数相等的各组泵油机构。各分泵组装在同一个泵体中，由同一根凸轮轴驱动。分泵由柱塞套，柱塞，柱塞弹簧，上、下柱塞弹簧座，出油阀，出油阀弹簧和出油阀紧座等零件组成。

（1）柱塞偶件

柱塞偶件是由柱塞和柱塞套构成的喷油泵中最精密的偶件。每台喷油泵的柱塞偶件数与气缸数相同。柱塞偶件一般用优质合金钢制造，经过精细加工和配对研磨，使其配合间隙为0.001 5～0.002 5 mm。间隙过大，容易漏油，导致油压下降；间隙过小，对柱塞偶件润滑不利，且容易卡死。柱塞偶件在使用中不能互换。

柱塞套安装在泵体的座孔中，为了防止柱塞套转动，需用定位螺钉固定，如图6-11所示。柱塞由凸轮驱动，在柱塞套内上下往复运动，此外它还可以绕本身轴线在一定角度内转动。柱塞头部铣有螺旋槽和直槽，如图6-12所示。直槽使螺旋槽与柱塞上方泵腔相通。柱塞套上部开有进油和回油用的两个径向油孔，与泵体上低压油腔相通。柱塞下部加工有榫舌，与供油量调节机构配合。

柱塞弹簧的上端通过上柱塞弹簧座支承在泵体上，下端则通过下柱塞弹簧座支承于柱塞尾端。借助于柱塞弹簧的预紧力使柱塞始终压紧在挺柱上的供油定时调整螺钉上，同时使挺柱的滚轮始终与喷油泵凸轮保持接触。

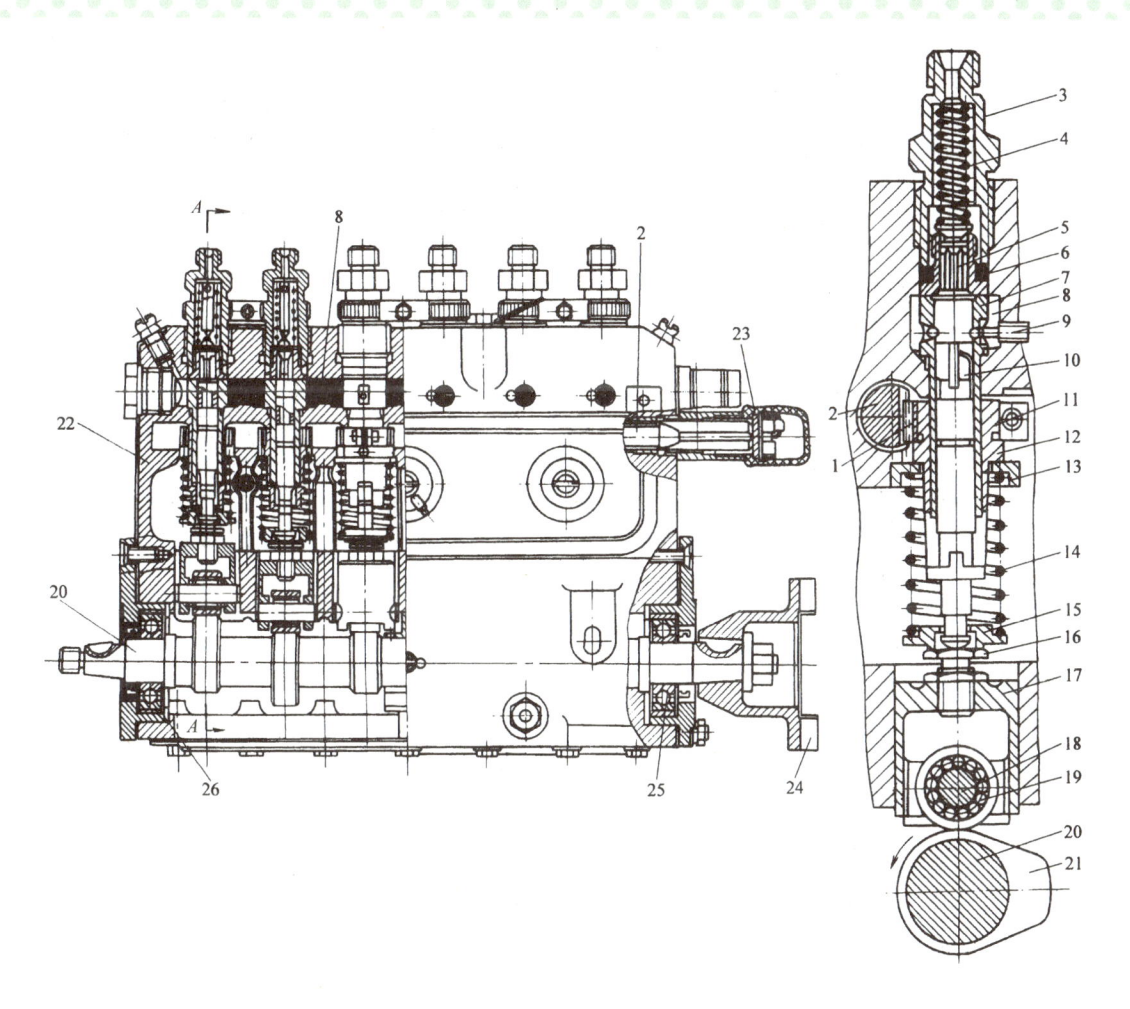

图 6-11　A 型柱塞式喷油泵的结构

1—齿圈；2—供油齿杆；3—出油阀紧座；4—出油阀弹簧；5—出油阀；6—出油阀阀座；7—柱塞套；
8—低压油腔；9—定位螺钉；10—柱塞；11—调节齿圈紧固螺钉；12—供油量调节套筒；13、15—上、下柱塞弹簧座；
14—柱塞弹簧；16—供油定时调整螺钉；17—挺柱；18—滚轮销；19—滚轮；20—喷油泵凸轮轴；21—凸轮；
22—泵体；23—供油齿杆保护螺母；24—联轴器从动盘；25、26—轴承

(2) 出油阀偶件

出油阀偶件由出油阀与出油阀阀座组成，是喷油泵中的另一组精密偶件。出油阀偶件位于柱塞偶件的上方，出油阀阀座的下端面与柱塞套的上端面接触，出油阀紧座以规定力矩拧入后使两者的接触面保持密合。同时，出油阀弹簧将出油阀压紧在出油阀阀座上。

出油阀偶件的结构如图 6-13 所示。出油阀的密封锥面与出油阀阀座的接触表面经过精细研磨，为阀的轴向密封锥面。中部的圆柱面为减压环带，与出油阀阀座孔的配合间隙很小，是阀的径向滑动密封面，减压环带有防止喷油器喷前(喷后)滴漏的作用。在减压环带以下的出油阀表面是其在出油阀阀座孔内往复运动的导向面，导向部分的横截面为十字形，是油流通道。有些出油阀紧座中设有减容器，以减少高压管路系统的容积，改善燃油的喷射过程，限制出油阀的最大升程。

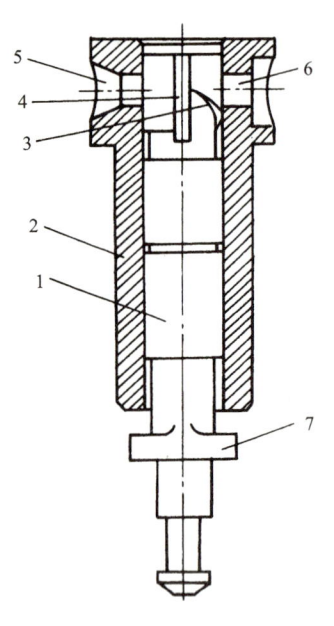

图 6-12 柱塞偶件
1—柱塞;2—柱塞套;3—螺旋槽;
4—直槽;5、6—油孔;7—榫舌

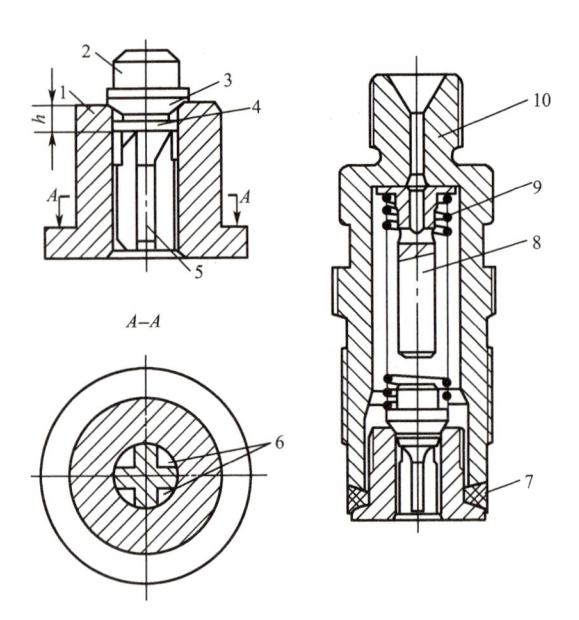

图 6-13 出油阀偶件
1—出油阀阀座;2—出油阀;3—密封锥面;
4—减压环带;5—导向面;6—切槽;7—密封衬垫;
8—减容器;9—出油阀弹簧;10—出油阀紧座

(3)分泵工作原理

①泵油原理:喷油泵工作时,随着凸轮轴的转动,柱塞由凸轮驱动,在柱塞套内从上止点向下止点运动;在柱塞弹簧作用下从下止点向上止点运动,完成进油、压油和回油的泵油过程。

分泵的泵油原理见表 6-1。

表 6-1　　　　　　　　　　　分泵的泵油原理

工作过程	原理分析	示意图
进油过程	柱塞在柱塞弹簧作用下自上止点下移,其上方柱塞腔因容积增大而产生真空度。当柱塞顶面下移至柱塞套油孔以下时,柴油从喷油泵的低压油腔经柱塞套油孔充入柱塞。进油过程持续到柱塞至下止点位置	
压油过程	柱塞在凸轮驱动下自下止点上移,起初有部分柴油从柱塞腔经柱塞套油孔被挤回低压油腔,这一过程一直延续到柱塞顶面将油孔的上边缘封闭为止。此后,柱塞继续上移,柱塞腔内的油压骤然增高,克服出油阀弹簧的预紧力,将出油阀顶起,出油阀密封锥面离开出油阀阀座,接着当减压环带全部离开出油阀阀座孔之后,高压柴油经出油阀上的切槽供入高压油管,并经喷油器喷入燃烧室	

续表

工作过程	原理分析	示意图
回油过程	柱塞继续上行,当柱塞上移至柱塞上的螺旋槽和柱塞套油孔接通时,柱塞腔内的高压柴油经柱塞上的直槽、螺旋槽和柱塞套油孔流回喷油泵的低压油腔,供油终止。由于柱塞腔的油压急剧下降,因此出油阀在出油阀弹簧和高压柴油的作用下迅速回落。当减压环带进入出油阀阀座孔时,高压油管与柱塞腔的通路被切断,接着出油阀落座	

注:1—柱塞;2—柱塞套;3—螺旋槽;4—直槽;5—柱塞套油孔;6—出油阀阀座;7—出油阀;8—出油阀弹簧。

由表6-1可见,当出油阀密封锥面已经离开出油阀阀座,但减压环带尚在出油阀阀座孔内时,喷油泵并不能供油,只有当减压环带全部离开出油阀阀座孔,即出油阀还要上升一段距离 h(图6-13)后,才有高压燃油进入高压油管,这样,一旦供油通路打开,油压和喷射速度即可达到理想值,从而防止喷油器喷前滴油。同样,供油停止出油阀迅速回落时,当减压环带一进入出油阀阀座孔,高压油管与柱塞腔的通路就被切断,使燃油不能从高压油管流回柱塞腔。当出油阀完全落座后,高压管路系统的容积因为空出减压环带的体积而增大,使高压管路系统内的油压迅速降低,喷油器立即停止喷油,从而避免喷油器滴漏和其他不正常喷射现象的发生。

②供油量调节原理:柱塞由其下止点移动到上止点所经过的距离称为柱塞行程,即喷油泵凸轮的最大升程。由上述泵油过程可知,喷油泵并非在整个柱塞行程内都供油,而只在柱塞顶面封闭柱塞套油孔到柱塞螺旋槽打开柱塞套油孔这段柱塞行程内供油,这段柱塞行程称为柱塞有效行程。显然,柱塞有效行程越大,供油的持续时间越长,喷油泵每一次的泵油量即循环供油量越多。因此,欲使喷油泵能随发动机工况不同而改变供油量,只需改变有效行程,通常通过改变柱塞螺旋槽与柱塞套上油孔的相对位置来实现。

2.供油量调节机构

喷油泵供油量调节机构的功能是:根据柴油机负荷的变化,通过转动柱塞来改变循环供油量。供油量调节机构或由驾驶员直接操纵,或由调速器自动控制。

A型喷油泵采用齿杆式供油量调节机构,如图6-14所示,它包括供油齿杆、调节齿圈和控制套筒等零件。喷油泵柱塞下端的榫舌嵌入控制套筒的豁口中。控制套筒松套在柱塞套上,其上端装有调节齿圈,并用紧固螺钉夹紧,调节齿圈与供油齿杆相啮合。当驾驶员或调速器拉动供油齿杆时,调节齿圈连同控制套筒带动柱塞相对柱塞套转动,以达到调节供油量的目的。

当供油量调节机构的供油齿杆拉动柱塞转动时,柱塞上的螺旋槽与柱塞套油孔之间的相对位置发生变化,从而改变了柱塞的有效行程,如图6-15所示。当柱塞上的直槽对正柱塞套油孔

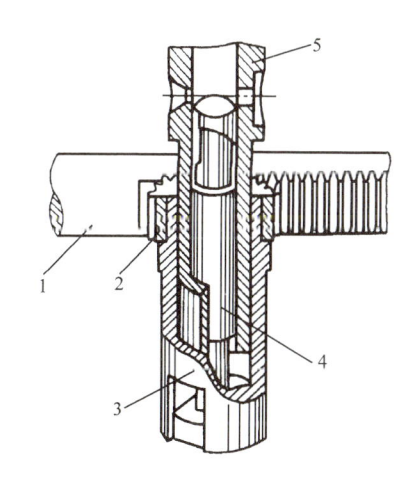

图6-14 齿杆式供油量调节机构
1—供油齿杆;2—调节齿圈;
3—控制套筒;4—柱塞;5—柱塞套

时,柱塞有效行程为零,这时喷油泵不供油[图6-15(a)]。按照图6-15(b)和图6-15(c)中箭头所指示的方向拉动供油齿杆,则调节齿圈按箭头所示方向转动,柱塞有效行程增大,喷油泵循环供油量增多。如果朝相反方向拉动供油齿杆,则柱塞有效行程减小,循环供油量减少。

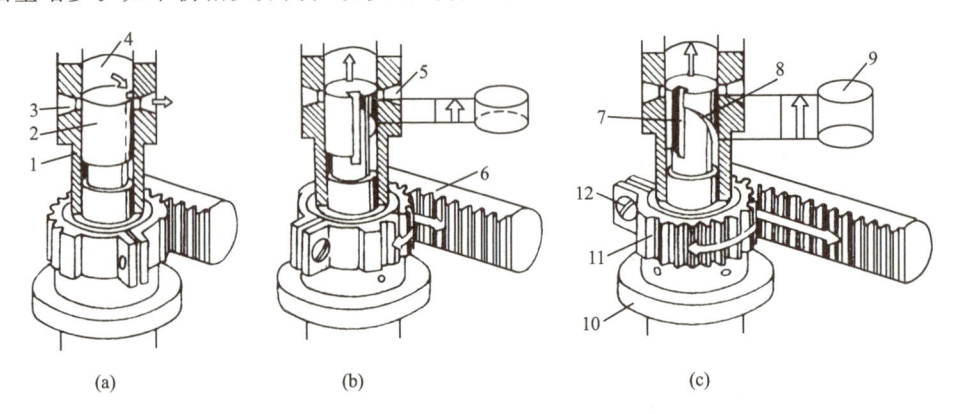

图6-15 循环供油量的调节

1—柱塞套;2—柱塞;3、5—柱塞套油孔;4—柱塞腔;6—供油齿杆;7—直槽;8—螺旋槽;
9—循环供油量容积;10—控制套筒;11—调节齿圈;12—调节齿圈紧固螺钉

利用上述供油量调节原理,可调整多缸喷油泵的各缸供油量的均匀性。其操作步骤为:保持供油齿杆不动,拧松调节齿圈紧固螺钉,适当转动控制套筒,使其带动柱塞在柱塞套内转动,改变柱塞有效行程,便可使供油量或增或减,然后拧紧调节齿圈紧固螺钉。根据需要再拧松另一个调节齿圈紧固螺钉,重复上述步骤,直到各缸供油量均匀一致为止。这项工作需要在专门的喷油泵试验台上进行。

有的喷油泵采用拨叉式供油量调节机构,如图6-16所示。在柱塞的下端压套着调节臂,其端头插入固定在供油拉杆上的拨叉的凹槽内。拨叉数与分泵数相同,供油拉杆安装在泵体的导向套管中,其轴向位置受驾驶员或调速器控制。移动供油拉杆,柱塞就相对于柱塞套转动,从而调节供油量。移动供油拉杆时,各分泵旋转角度相同,因此各缸供油量的变化相同。当各缸供油量不等时,可通过改变拨叉在供油拉杆上的位置来调整。

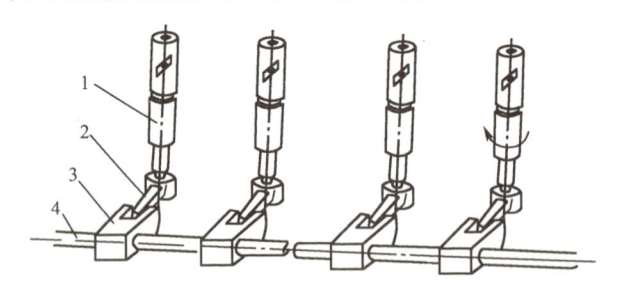

图6-16 拨叉式供油量调节机构

1—柱塞;2—调节臂;3—拨叉;4—供油拉杆

3.驱动机构

驱动机构的功能是驱动柱塞运动,并保证供油准时。

A型喷油泵的驱动机构包括喷油泵凸轮轴和滚轮挺柱体等组件(参看图6-11)。凸轮轴的前、后端通过滚轮轴承支承在泵体上。凸轮轴上凸轮的数目与喷油泵的柱塞偶件数目相同,各凸轮间的夹角与配套柴油机的气缸数有关,并与气缸工作顺序相适应。凸轮轴一般由曲轴定时齿轮驱动,四冲程柴油机喷油泵凸轮轴的转速是曲轴转速的一半,以实现在凸轮轴一转之内向各气缸供一次油。

A型喷油泵采用调整螺钉式滚轮挺柱体部件,其结构如图6-17所示。滚轮挺柱体部件安装在泵体上的挺柱孔内,滚轮在滚轮销上转动。在滚轮与滚轮销之间镶有滚针轴承(也可镶衬套)。在挺柱的顶端拧入供油定时调整螺钉和锁紧螺母。

通过调整供油定时调整螺钉伸出挺柱体外的高度,可改变挺柱体的工作高度 h,即改变柱塞封闭柱塞套进油孔的时刻,因此可用来调整各分泵的供油提前角和供油间隔角,保证多缸发动机各缸供油时刻的准确性。旋出供油定时调整螺钉,挺柱体的工作高度 h 增加,柱塞位置升高,柱塞套油孔提前被封闭,供油提前,即供油提前角增大;拧入供油定时调整螺钉,可使供油滞后,供油提前角减小。调整时要注意该螺钉的最大高度并及时锁紧,以防止柱塞到达上止点时顶撞出油阀,引起损坏。

有的喷油泵则采用调整垫块式滚轮挺柱体部件,利用调整垫块来调整各分泵的供油提前角和供油间隔角,如图6-18所示。调整时加厚垫块,则 h 值增大,供油提前角增大;减薄垫块,则 h 值减小,供油提前角减小。为此,制有不同厚度的垫块,相邻规格的厚度差为0.1 mm,相应凸轮轴转角为0.5°,反映到曲轴转角为1°。

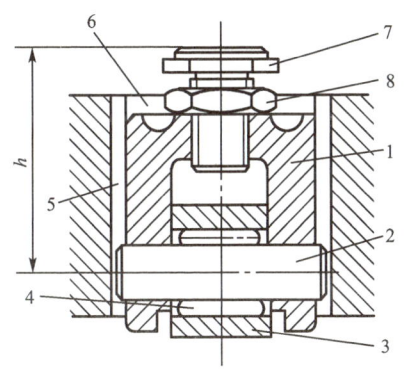

图 6-17 调整螺钉式滚轮挺柱体部件
1—挺柱体;2—滚轮销;3—滚轮;
4—滚针轴承;5—定位长槽;6—挺柱孔;
7—供油定时调整螺钉;8—锁紧螺母

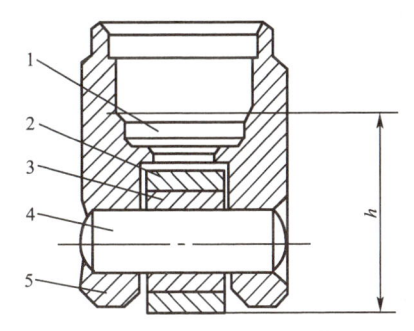

图 6-18 调整垫块式滚轮挺柱体部件
1—调整垫块;2—滚轮;3—滚轮衬套;
4—滚轮轴;5—滚轮架

4.泵体

泵体是喷油泵的基础件,所有的零件都通过它组合在一起构成喷油泵整体。泵体分为组合式和整体式两种,多用铝合金铸造。

泵体上制有孔穴,用以安装分泵。泵体上还有纵向油道,即低压油腔。输油泵输出的燃油经滤清后进入该油道,再从柱塞套上经油孔进入各分泵泵腔。油道的另一端装有限压阀,当低压油腔油压超过预定值后即经此流回油箱。此外,泵体上还有放气螺钉,需要放气时可将其旋出少许,再按手动输油泵,泵入的燃油可驱净渗入喷油泵内的空气。

二、分配式喷油泵

分配式喷油泵简称分配泵,有转子式和单柱塞式两大类。

分配泵与柱塞式喷油泵相比,具有以下特点:

① 分配泵结构简单，零件少，体积小，质量轻，使用中故障少，容易维修。
② 分配泵精密偶件加工精度高，供油均匀性好，因此无须进行各缸供油量和供油定时调节。
③ 分配泵的运动件靠喷油泵泵体内的柴油进行润滑和冷却，因此，对柴油的清洁度要求很高。
④ 分配泵凸轮的升程小，有利于提高柴油机转速。

下面以广泛应用于轿车和轻型客车柴油机的 VE 型分配泵为例，说明分配泵的结构及其工作原理。

1. VE 型分配泵的结构

VE 型分配泵由驱动机构、二级滑片式输油泵、高压分配泵头和电磁式断油阀等部分组成。此外，分配泵泵体内还安装有机械式调速器和液压式喷油提前器，如图 6-19 所示。

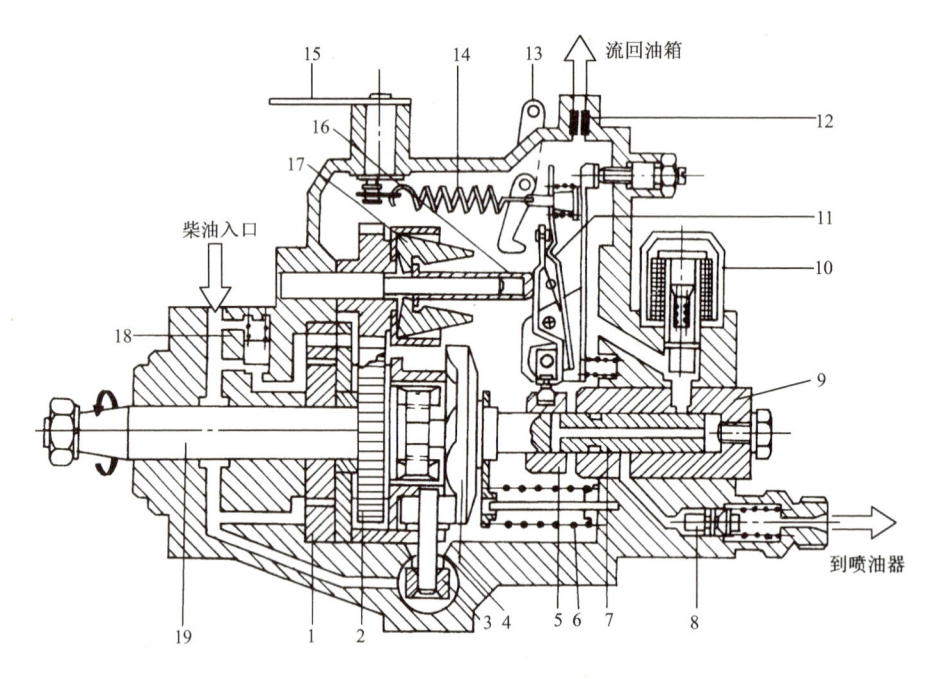

图 6-19　VE 型分配泵
1—二级滑片式输油泵；2—调速器驱动齿轮；3—液压式喷油提前器；4—平面凸轮盘；5—供油量调节套筒；6—柱塞弹簧；7—分配柱塞；8—出油阀；9—柱塞套；10—断油阀；11—调速器张力杠杆；12—溢流节流孔；13—停油手柄；14—调速弹簧；15—调速手柄；16—调速套筒；17—飞锤；18—调压阀；19—驱动轴

驱动轴由柴油机曲轴正时齿轮驱动，带动二级滑片式输油泵工作，并通过调速器驱动齿轮带动调速器轴旋转。在驱动轴的右端通过联轴器（图 6-20）与平面凸轮盘连接，利用平面凸轮盘上的传动销带动分配柱塞，如图 6-19 所示。柱塞弹簧将分配柱塞压紧在平面凸轮盘上，并使平面凸轮盘压紧滚轮，如图 6-20 所示。滚轮轴嵌入静止不动的滚轮架上。当驱动轴旋转时，平面凸轮盘与分配柱塞同步旋转，而且在滚轮、平面凸轮和柱塞弹簧的共同作用下，平面凸轮盘还带动分配柱塞在柱塞套内做往复运动。往复运动使柴油增压，旋转运动则进行柴油分配。

柱塞套上有一个进油孔以及数目与气缸数相同的分配油道，每个分配油道都连接一个出油阀和一个喷油器。

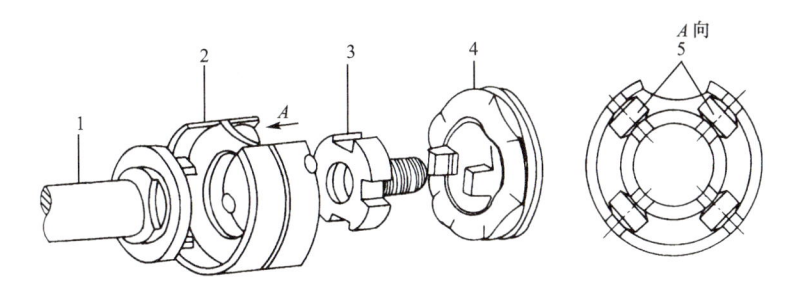

单元 6　柴油机燃料供给系的构造与维修

图 6-20　滚轮、联轴器及平面凸轮
1—驱动轴；2—滚轮架；3—联轴器；4—平面凸轮盘；5—滚轮

平面凸轮盘上平面凸轮的数目与柴油机气缸数目相同。分配柱塞的结构如图 6-21 所示。在分配柱塞的中心加工有中心油孔，其右端与柱塞腔相通，而左端与泄油孔相通。分配柱塞上还加工有燃油分配孔、压力平衡槽和数目与气缸数目相同的进油槽。

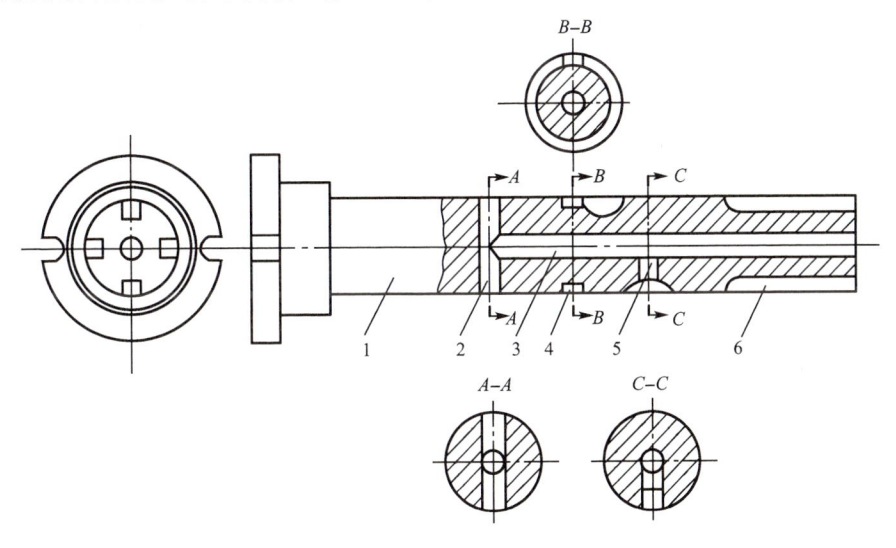

图 6-21　分配柱塞
1—分配柱塞；2—泄油孔；3—中心油孔；4—压力平衡槽；5—燃油分配孔；6—进油槽

2. VE 型分配泵的工作原理

（1）泵油原理

VE 型分配泵的泵油原理见表 6-2。

表 6-2　　　　　　　　　　　　VE 型分配泵的泵油原理

工作过程	原理分析	示意图
进油过程	当平面凸轮盘的凹下部分转至与滚轮接触时，柱塞弹簧将分配柱塞由右向左推移至柱塞下止点位置，这时分配柱塞上的进油槽与柱塞套上的进油孔连通，柴油自喷油泵泵体的内腔经进油道进入柱塞腔和中心油孔内	

207

续表

工作过程	原理分析	示意图
压油过程	当平面凸轮盘由凹下部分转至凸起部分并与滚轮接触时,分配柱塞在平面凸轮盘的推动下由左向右移动。在进油槽转过进油孔的同时,分配柱塞将进油孔封闭,这时柱塞腔内的柴油开始增压。与此同时,分配柱塞上的燃油分配孔转至与柱塞套上的一个出油孔相通,高压柴油从柱塞腔经中心油孔、燃油分配孔、出油孔进入分配油道,再经出油阀和喷油器喷入燃烧室。 平面凸轮盘每转一周,分配柱塞上的燃油分配孔依次与各缸分配油道接通一次,即向柴油机各缸喷油器供油一次	
停油过程	分配柱塞在平面凸轮盘的推动下继续右移,当柱塞上的泄油孔移出供油量调节套筒并与喷油泵泵体内腔相通时,高压柴油从柱塞腔经中心油孔和泄油孔流进喷油泵泵体内腔,柴油压力立即下降,供油停止	
压力平衡过程	分配柱塞上设有压力平衡槽,在分配柱塞旋转和移动过程中,压力平衡槽始终与喷油泵泵体内腔相通。在某一气缸供油停止,且当压力平衡槽转至与相应气缸的分配油道连通时,分配油道与喷油泵泵体内腔相通,使这两处的油压趋于平衡。在柱塞旋转过程中,压力平衡槽与各缸分配油道逐个相通,使各分配油道内的压力均衡一致,从而保证了各缸供油的均匀性	

注:1—断油阀;2—进油孔;3—进油槽;4—柱塞腔;5—喷油器;6—出油阀;7—分配油道;8—出油孔;9—压力平衡孔;10—中心油孔;11—泄油孔;12—平面凸轮盘;13—滚轮;14—分配柱塞;15—供油量调节套筒;16—压力平衡槽;17—进油道;18—燃油分配孔;19—喷油泵泵体;20—柱塞套。

(2)供油量调节原理

从柱塞上的燃油分配孔与柱塞套上的出油孔相通时起,至泄油孔移出供油量调节套筒时止,分配柱塞所移动的距离称为柱塞有效供油行程。显然,有效供油行程越大,供油量越多。移动供油量调节套筒即可改变有效供油行程,向左移动供油量调节套筒,停油时刻提早,有效供油行程缩短,供油量减少;反之,向右移动供油量调节套筒,供油量增加。供油量调节套筒的移动由调速器控制。

(3)电磁式断油阀

VE型分配泵装有电磁式断油阀,其电路和工作原理如图6-22所示。

启动时,将启动开关旋至"ST"位置,这时来自蓄电池的电流直接流过电磁线圈,产生的电磁力压缩回位弹簧,将阀门吸起,进油孔开启。

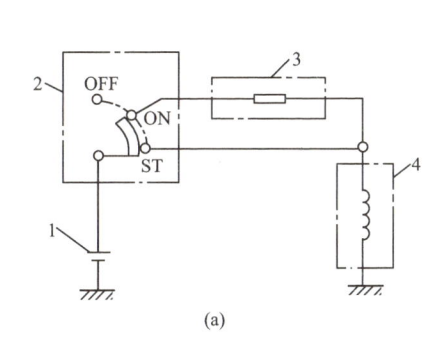

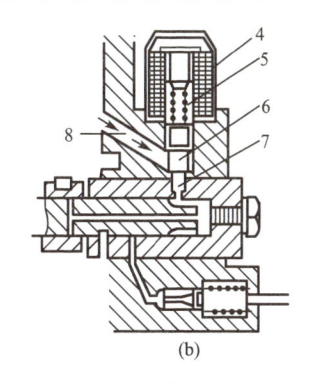

图 6-22　电磁式断油阀的电路及工作原理

1—蓄电池；2—启动开关；3—电阻；4—电磁线圈；5—回位弹簧；6—阀门；7—进油孔；8—进油道

柴油机启动之后，将启动开关旋至"ON"位置，这时电流经电阻流过电磁线圈，电流减小；但由于有油压的作用，阀门仍然保持开启。

当柴油机停机时，将启动开关旋至"OFF"位置，这时电路断开，阀门在回位弹簧的作用下关闭，从而切断油路，停止供油。

(4) 液压式喷油提前器

在 VE 型分配泵泵体的下部安装有液压式喷油提前器，如图 6-23 所示。

在液压式喷油提前器的壳体内装有活塞，活塞左端与二级滑片式输油泵的入口相通，并有弹簧压在活塞上。活塞右端与喷油泵泵体内腔相通，其压力等于二级滑片式输油泵的出口压力。当柴油机在某一转速下稳定运转时，作用在活塞左、右端的力相等，活塞处于某一平衡位置。若柴油机转速升高，则二级滑片式输油泵的出口压力增大，作用于活塞右端的力随之增大，推动活塞向左移动，并通过连接销和传力销带动滚轮架绕其轴线转动一定的角度，直至活塞两端的力重新达到平衡为止。滚轮架的转动方向与平面凸轮盘的旋转方向相反，使平面凸轮提前一定角度与滚轮接触，供油相应提前，即供油提前角增大。反之，若柴油机转速降低，则二级滑片式输油泵的出口压力也随之降低，作用于活塞右端的力减小，活塞向右移动，并带动滚轮架按与平面凸轮盘旋转相同方向转过一定的角度，使供油提前角减小。

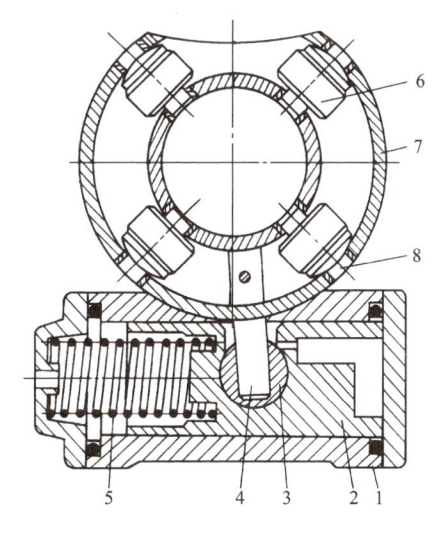

图 6-23　液压式喷油提前器

1—壳体；2—活塞；3—连接销；4—传力销；5—弹簧；6—滚轮；7—滚轮架；8—滚轮轴

三、喷油泵的检修与调试

下面以柱塞式喷油泵为例介绍喷油泵的检修与调试。

1. 喷油泵的检修

(1) 喷油泵解体

喷油泵解体之前，应用汽油、煤油或柴油认真清洗其外部，但不得用碱水清洗。

209

喷油泵解体时,应注意以下问题:

①尽量使用专用工具。

②零件拆下后,要按部位顺序放置。尤其是柱塞副和出油阀等零件,在解体及后续清洗时,更应该非常仔细,避免磕碰,绝对不允许互相倒换。

③对有装配位置要求的零件,如齿杆、调整螺钉等零件,应标明原来的装配位置,防止装配时装错位置。

④喷油泵包括分泵、输油泵、调速器、供油提前角自动调节装置等部件,在解体时应先分解成部件,然后结合检验维修进一步分解。

(2)柱塞副的检修

①柱塞副的外观检验。发现有以下情况应更换柱塞副:

- 柱塞表面有明显的磨损痕迹。
- 柱塞弯曲或头部变形。
- 柱塞或柱塞套有裂纹。
- 柱塞头部斜槽、直槽及环槽边缘有剥落或锈蚀等现象。
- 柱塞套的内圆表面有锈蚀或明显的刻痕。

②柱塞的滑动性能试验。先用洁净的柴油仔细清洗柱塞副,再涂上干净的柴油进行试验。试验时将柱塞套倾斜60°左右,拉出柱塞全行程的1/3左右。放手后,柱塞应在自重作用下平滑缓慢地进入套筒内。然后转动柱塞,在其他位置重复上述试验,柱塞均应能平稳地滑入套筒内。

如果下滑时在某个位置有阻滞现象,可用抛光剂涂在柱塞表面上,插入柱塞套内研配。当柱塞顶部边缘部分有毛刺而产生阻滞时,可用细质油石磨去毛刺,然后清洗干净,涂上抛光剂与柱塞套互研至无阻滞时为止。如果下滑很快,说明磨损过甚,必须成对更换。

③柱塞的密封性试验。试验时可用手指盖住柱塞套的顶部和进、出油口,使柱塞处于最大供油位置,另一只手将柱塞由最上方位置向下拉。此时,应感到有明显的吸力;放松柱塞后,柱塞应能迅速回到原位。否则,应更换新柱塞副。

(3)出油阀的检修

①出油阀偶件的外观检验。发现有下列情况之一时应更换出油阀偶件:

- 出油阀的减压环带有严重的磨损痕迹。
- 锥面磨损过多,并有金属剥落痕迹和划痕。
- 阀体和阀座端面及锥面有裂纹。
- 阀体或阀座锥面锈蚀。

②出油阀滑动性试验。将出油阀及阀座在柴油中浸泡后,拿住阀座,并沿铅垂方向向上抽出阀体约1/3,松开时阀体应能在自重下落座。以在几个不同位置上试验都能符合上述要求为良好。

③出油阀密封性试验。主要检查出油阀偶件的磨损程度,因为出油阀的减压环带很窄,所以稍有磨损就会对密封性产生很大的影响。

试验时将出油阀从阀座拉出约5 mm(减压环带与出油阀阀座平齐);堵住出油阀阀座的下孔,然后用力压出油阀入座。压时费力,松开时出油阀能自动弹出为正常,否则为不密封。

也可先堵住出油阀座下孔,拉出出油阀约5 mm(减压环带与出油阀平齐),然后放松出油阀,以出油阀能自动吸回为正常。

2.喷油泵的调试

喷油泵的调试项目包括供油时间的调试和供油量的调试。

(1) 喷油泵试验台

喷油泵试验台的外形如图 6-24 所示，它是用来测定和调整喷油泵性能的装置，主要由三大部分组成：带动喷油泵运转的传动装置、燃油（柴油）供油部分和喷油泵泵油及量油部分。

(2) 喷油泵调试前的准备工作

① 喷油泵在试验台上的安装应牢固可靠，喷油泵凸轮轴和试验台传动轴要保持其同轴度，喷油泵固定后，应运转平稳、无异响。喷油泵上有燃油限压阀时，要安装回油管；无燃油限压阀时，要堵塞其回油孔。喷油泵运

图 6-24　喷油泵试验台

转前，应检查并补足喷油泵和调速器内的润滑油，并进行一定时间的磨合运转。

② 向喷油泵供油，将低压油路的压力调整在 100 kPa 左右，并对低压油腔放气。

③ 拧松标准喷油器内的放气螺钉，启动喷油泵，使其转速逐渐增加到 400 r/min 左右。转动操纵臂，使其达到最大供油位置并进行排气，排除高压油路的空气后，拧紧放气螺钉。使喷油泵转速增加至 600～800 r/min，在最高转速位置继续运转 3～5 min 后停机。

为了提高喷油泵和调速器的质量，喷油泵调试场地应是无尘的恒温环境，试验时温度应维持在 20 ℃ 左右。

(3) 供油时间的调试

① 溢油法：溢油法利用喷油泵试验台内部配置的调压燃油泵，先将燃油加压至 4.4 MPa 以上，再送入喷油泵的低压油腔。当柱塞处于下止点时，柱塞套上的进油口未被遮盖，高压燃油即从低压油腔顶开出油阀，经高压油管自标准喷油器的放气油管流出。然后转动凸轮轴，使柱塞上行。当柱塞顶部边缘刚好将进油口遮住时，高压燃油被阻断，回油管马上停止回油。此时即为该柱塞开始供油的时刻，其数值可以从指示装置中读出。具体步骤如下：

• 从第 1 缸开始。先将喷油泵试验台的变速手柄置于"0"位，油路转换阀控制杆置于高压供油位置，并拧松标准喷油器的放气螺钉。

• 启动喷油泵电动机，当柴油从标准喷油器的放气油管流出后，将调速器的调速手柄置于最大供油位置。再慢慢转动喷油泵试验台的传动轴，当第 1 缸喷油器放气油管刚停止出油时使传动轴停住。将喷油泵试验台上的指针移至对正刻度盘的 0 度（或整十位数刻度），这样反复几次，核对后，确定指针对正刻度盘的位置，即为第 1 缸柱塞开始供油时刻。

• 检查喷油泵联轴器上的刻线是否与喷油泵壳前端面的刻线对正，如果联轴器上刻线超前，说明供油开始时刻晚了，应调整挺柱体部件的有效高度，将调整螺钉旋出或增加调整垫块厚度；如果联轴器上刻线滞后，说明供油开始时刻早了，应减小挺柱体部件的有效高度。

• 第 1 缸柱塞供油开始时刻调整后，以其为基准，按柴油机工作顺序，调整其他缸柱塞供油开始时刻。如四缸柴油机的供油顺序为 1—3—4—2，在调整第 3 缸开始供油时刻时，从第 1 缸开始时刻在刻度盘上的标记位置开始旋转 90°，正好是第 3 缸开始供油时刻。各缸开始供油时刻的误差，应控制在 ±0.5° 凸轮转角的范围内。

在调试过程中，若放气油管的燃油有断续现象，则说明燃油压力过低，此时应将其余喷油

211

器的放气螺钉拧紧,只保留被测气缸的喷油器回油管回油。这样,可使燃油压力提高。

②测时管法:测时管的结构如图6-25所示。试验前,先将测时管安装在第1缸的出油阀接头上,转动喷油泵凸轮轴使分泵泵油,直到测时管不冒气泡为止。将多余燃油除去,使管内燃油刚好与管口齐平,然后缓慢转动凸轮轴,至管口油面上突然停止转动,此时即为第1分泵的供油开始时刻,查看联轴器刻线,并按前述方法调整和测试其余各缸分泵。

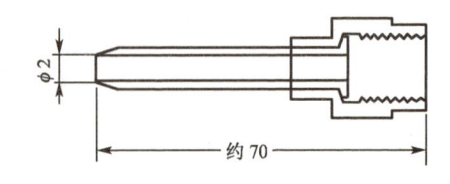

图 6-25　测时管的结构

(4)供油量的调试

喷油泵供油量的调试,主要是指额定转速供油量和怠速供油量的调试。

在对供油量进行调试时,各缸供油量应均匀稳定,以保证柴油机平稳运转,供油不均匀度的计算公式为

$$供油不均匀度 = \frac{2 \times (最大供油量 - 最小供油量)}{最大供油量 + 最小供油量} \times 100\%$$

供油不均匀度的调整,以额定转速供油不均匀度最为重要,一般应不大于3%;其次是怠速供油不均匀度,因怠速总油量较小,故规定其不均匀度不大于30%。

在进行供油量的调试时,首先应使试验台的输出轴(喷油泵的凸轮轴)以某一供油量所规定的转速运转(如额定功率供油量,应使喷油泵凸轮轴以额定转速运转;怠速供油量,应使凸轮轴以怠速转速运转),同时,使喷油泵操纵臂或供油齿杆(拉杆)处于某一供油量所需要的位置,如额定功率供油量应将操纵臂处于最大供油位置,怠速供油量将操纵臂移到最小供油位置。然后操纵喷油泵试验台的计数器移开挡油板,使各量筒按规定的次数盛油。检查各缸供油量,应符合原厂规定。

如供油量不符合规定或不均匀度过大,可松开调节齿圈或拨叉的紧固螺钉,将柱塞控制套筒相对于调节齿圈转动一定角度或将拨叉相对于供油拉杆移动一段距离,之后拧紧紧固螺钉,即可改变供油量。

技能训练　　　实训　喷油泵的检修与调试

一、实训内容

喷油泵的检修以及供油时间和供油量的调试。

二、实训目的与要求

1.熟悉喷油泵工作的相关理论知识。

2.掌握喷油泵的解体、装配方法。

3.掌握喷油泵偶件的检查方法。

4.掌握喷油泵供油时间和供油量检查、调试方法。

6.4 调速器的构造与维修

认知目标 / 掌握调速器的结构与工作原理。

能力目标 / 掌握调速器的检修与调试方法。

调速器的作用是保障柴油机随着负荷的变化，自动调节喷油泵的供油量，使柴油机能够稳定运转，并防止柴油机飞车或熄火。

调速器正常工作时，可以保证柴油机在载荷一定时，每一个加速踏板位置对应一个稳定转速。为了正确判断和排除调速器的故障，我们必须掌握调速器的结构、工作原理及检修与调试方法。

一、调速器的作用与分类

理论上，喷油泵每个工作循环的供油量主要取决于供油拉杆的位置，当供油拉杆位置一定时，每个工作循环的供油量应不变。但实际上，供油量还要受到发动机转速的影响。以柱塞式喷油泵为例，当发动机转速增大（喷油泵柱塞移动速度加快）时，柱塞套上油孔的节流作用随之增大，于是在柱塞上行时，即使柱塞上沿未完全封闭油孔，由于燃油一时来不及从油孔挤出，泵腔内油压也会立即增大，使出油阀提早开启，供油开始时刻提前，造成喷油器"早喷"。同理，在柱塞上移到其斜槽已经与油孔接通之后，泵腔内油压一时还来不及下降，出油阀延迟关闭，使供油停止时间延后，造成了喷油器的"晚停"。这样，即使供油拉杆位置不变，随着发动机转速的升高，柱塞的实际供油有效行程也会略有增大，供油量也略有增大；反之，随发动机转速的降低，供油量略有减少。在供油拉杆位置不变时，喷油泵每个工作循环的供油量随转速变化的关系称为喷油泵的速度特性。

喷油泵的速度特性对工况多变的车用柴油机是非常不利的。例如，柴油机在大负荷工况下突然卸去负荷时，喷油泵供油拉杆可能来不及向减油方向移动，而保持在最大供油量位置，显然，发动机转速将人为增高。这时，喷油泵在上述供油特性的支配下，反而自动将供油量加大，促使发动机转速升高，转速升高又促使供油量加大。如此反复相互作用，将加速导致发动机超速运转，甚至发生"飞车"事故。当柴油机在怠速工况下运转时，供油拉杆保持在最小供油量位置，发动机发出的动力仅用以克服发动机本身内部各机构的运转阻力。此时，当发动机内部阻力略有增大而使发动机转速略微降低时，喷油泵在其速度特性作用下，供油量自动减小，促使转速进一步下降。如此循环，最终将导致发动机熄火。反之，柴油机内部阻力略有减小时，柴油机怠速将不断升高，造成怠速不稳。

调速器的功能是在发动机工作时，根据负荷情况，自动调节供油量，以稳定柴油机转速，并且使之不发生超速和熄火。

目前，在常见的柴油机上，应用最广的是机械离心式调速器。这种调速器结构复杂，但工作可靠，性能良好。按其调节作用范围的不同，机械离心式调速器分为两极式调速器和全程式调速器。中、小型汽车柴油机多数采用两极式调速器，以起到防止超速和稳定怠速的作用。在

213

重型汽车上则多采用全程式调速器,这种调速器除具有两极式调速器的功能外,还能对柴油机工作转速范围内的任何转速起调节作用,使柴油机在各种转速下都能稳定运转。

二、机械离心式调速器的结构和工作原理

调速器均具备两个基本部分:感应元件与执行机构。感应元件可灵敏地感受到转速的波动,将感受到的信号及时传递给执行机构,执行机构相应地调节供油量。当负荷增大导致转速下降时,执行机构使喷油量增加,使转速回升到原有转速;当负荷减小导致转速升高时,执行机构使喷油量减少,使转速下降到原有转速。

1. 两极式调速器

两极式调速器只能自动限制柴油机的最高转速并稳定其怠速。在最高和最低转速之间的所有中间转速则由驾驶员通过加速踏板控制。两极式调速器适用于一般公路运输用的汽车柴油机。

(1) 结构

RAD型两极式调速器的结构如图6-26所示。控制杠杆由驾驶员通过加速踏板与杆系操纵,通过控制供油齿杆的位置来调节供油量。

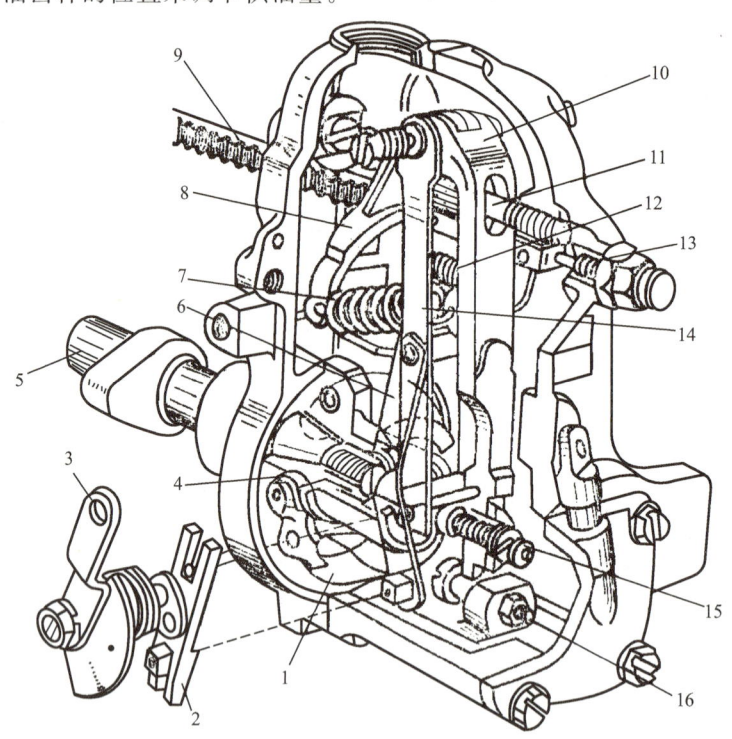

图 6-26 RAD 型两极式调速器的结构

1—飞块;2—支持杠杆;3—控制杠杆(操纵臂);4—滚轮;5—凸轮轴;6—浮动杠杆;
7—调速弹簧;8—速度调定杠杆;9—供油齿杆;10—拉力杆;11—速度调整螺栓;
12—启动弹簧;13—稳速弹簧;14—导动杠杆;15—怠速弹簧;16—供油齿杆行程调整螺栓

飞块总成固装在喷油泵凸轮轴上,两个飞块分别用销轴与飞块支架连接。当转速升高时飞块向外张开,飞块臂上的滚轮推动滑套沿轴向移动,杠杆机构使供油齿杆向减油位置移动,减少供油量,使转速下降;当转速降低时飞块向内合拢,作用在滑套上的力减小,在弹簧作用下

沿轴向移动,杠杆机构使供油齿杆向增油位置移动,使转速升高。

(2)工作原理

①启动加浓:工作原理如图 6-27 所示。发动机启动时将控制杠杆推至全负荷供油位置。支持杠杆绕 D 点按逆时针方向转动,浮动杠杆绕 B 点按逆时针方向转动,推动连接杆使供油齿杆向增加供油的方向(图 6-27 中向左)移动。因为发动机静止,所以飞块无离心力,浮动杠杆在启动弹簧拉力的作用下绕 C 点按逆时针方向摆动,同时带动 B 点和 A 点进一步向左移动,直到把飞块压到合拢位置为止,从而保证供油齿杆越过全负荷供油位置进入发动机启动时的最大供油位置(启动加浓位置)。发动机启动后,将控制杠杆拉回到怠速位置,发动机便怠速运转。

②怠速稳定:工作原理如图 6-28 所示。发动机怠速运转时,控制杠杆在怠速位置。此时飞块的离心力使滑套右移而压缩怠速弹簧,当飞块离心力与怠速弹簧和启动弹簧的合力平衡时,供油齿杆便保持在某一位置,发动机就在相应的转速下稳定运转。若此时转速降低,则飞块离心力随之减小,滑套便在怠速弹簧和启动弹簧作用下左移,使导动杠杆按顺时针方向摆动,带动怠速弹簧使浮动杠杆绕 C 点按逆时针方向转动,通过连接杆推动供油齿杆左移,增加了供油量,使发动机转速回升。反之,若发动机转速升高,则供油量减小,发动机转速下降。通过上述作用便可保证发动机在怠速下稳定运转,因此改变怠速弹簧的预紧力可以调整怠速。

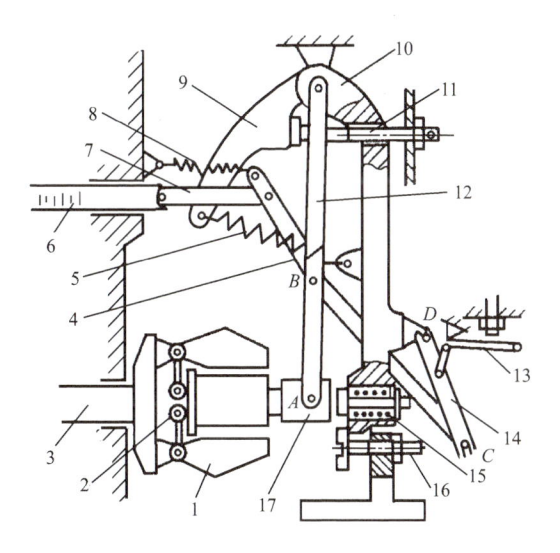

图 6-27 RAD型两极式调速器启动加浓的工作原理
1—飞块;2—滚轮;3—凸轮轴;4—浮动杠杆;5—调速弹簧;6—供油齿杆;7—连接杆;8—启动弹簧;9—速度调定杠杆;10—拉力杆;11—速度调整螺栓;12—导动杠杆;13—控制杠杆;14—支持杠杆;15—怠速弹簧;16—供油齿杆行程调整螺栓;17—滑套;A、B、C、D—支点

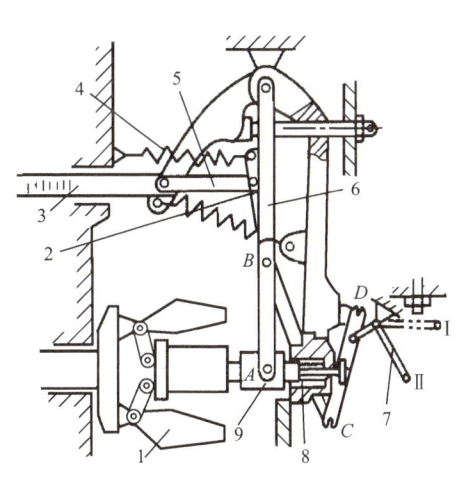

图 6-28 RAD型两极式调速器怠速稳定的工作原理
1—飞块;2—浮动杠杆;3—供油齿杆;4—启动弹簧;5—连接杆;6—导动杠杆;7—控制杠杆;8—怠速弹簧;9—滑套;Ⅰ—全负荷位置;Ⅱ—怠速位置

③正常工作的供油调节:工作原理如图 6-29 所示。当发动机在正常工作转速范围内工作时,控制杠杆处于Ⅰ和Ⅱ之间的部分负荷位置Ⅲ,因此时发动机转速超过怠速,故怠速弹簧被完全压入拉力杆下部的孔内。由于拉力杆被很强的调速弹簧拉住,因此在转速低于最大工作转速的情况下,飞块离心力不足以推动拉力杆,拉力杆始终紧靠在供油齿杆行程调整螺栓上,因而支点 B 也不会移动,此时调速器不起作用。只有驾驶员改变控制杠杆的位置时,才可使供油齿杆向左或向右移动,从而增加或减少供油量。由此可知,在正常工作转速范围内,供油量的调节是由驾驶员控制的,调速器不起作用。

215

④最高转速限制:工作原理如图6-30所示。不管发动机是在部分负荷工况还是在全负荷工况,只要是因外界负荷变化而引起发动机转速超过规定的最大转速,飞块离心力就能克服调速弹簧的拉力,使飞块进一步张开。从而推动滑套和拉力杆右移,使支点 B 移到 B',拉力杆从 D 移到 D',浮动杠杆的下支点从 C 移到 C',最终使供油齿杆向右移动,供油量减少,保证了发动机转速不会超过规定的最大转速。

发动机的最大转速可通过改变调速弹簧的预紧力来调节。当速度调整螺栓向内旋时,速度调定杠杆绕其支点按顺时针方向摆动,调速弹簧的预紧力加大,发动机的最高转速升高;反之,当速度调整螺栓向外旋时,调速弹簧的预紧力减小,发动机的最大转速降低。

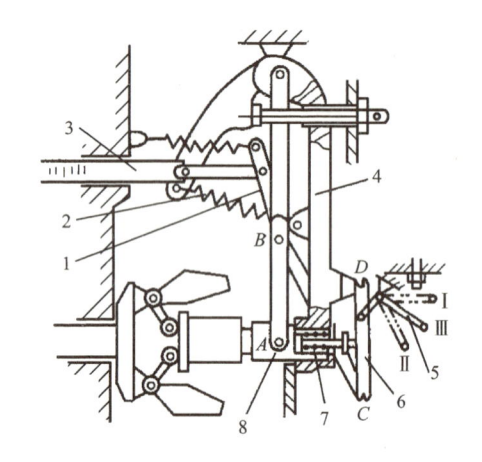

图6-29 RAD型两极式调速器正常的工作原理
1—浮动杠杆;2—调速弹簧;3—供油齿杆;4—拉力杆;
5—控制杠杆;6—支持杠杆;7—怠速弹簧;8—滑套

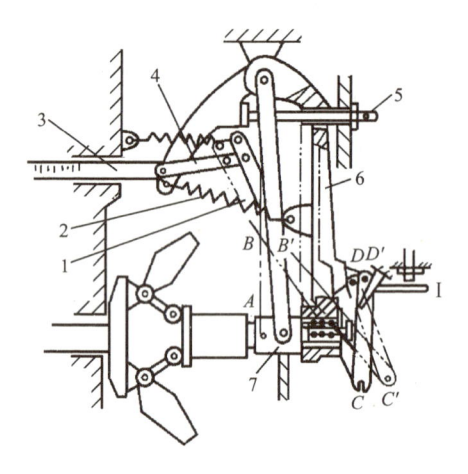

图6-30 RAD型两极式调速器最高转速限制的工作原理
1—浮动杠杆;2—调速弹簧;3—供油齿杆;4—速度调定杠杆;5—速度调整螺栓;6—拉力杆;7—滑套

2.全程式调速器

全程式调速器的结构形式很多,有与柱塞式喷油泵配套的,有安装在分配式喷油泵内的,但其基本工作原理是相同的。

下面以VE型分配泵的调速器为例,说明全程式调速器的基本结构及工作原理。

(1)结构

在飞锤支架上装有四个飞锤,飞锤通过止推片推动调速套筒移动。张力杠杆、启动杠杆和导杆组成调速器杠杆系统,如图6-31所示。这三个杠杆通过销轴连在一起并可分别绕销轴摆动。导杆通过销轴固定在分配泵泵体上。启动杠杆的下端是球头销,嵌入供油量调节套筒的凹槽中。当启动杠杆摆动时,球头销将拨动供油量调节套筒,改变其与分配柱塞上泄油孔的相对位置,从而改变分配柱塞的有效行程。张力杠杆上端通过怠速弹簧与调速弹簧连接,调速弹簧的另一端挂在调速手柄的销轴上。导杆的下端受复位弹簧的推压,使其上端靠在最大供油量调节螺钉上。

此外,在VE型分配泵调速器上还装有一些附加装置,例如,增压补偿器和转矩校正装置等。

(2)工作原理

全程式调速器的基本调速原理是:调速器传动轴旋转所产生的飞锤离心力与调速弹簧力相互作用,若两者不平衡,则调速套筒便会移动。调速套筒的移动通过调速器的杠杆系统使供油量调节套筒的位置发生变化,从而增(减)供油量,以适应柴油机运行工况变化的需要。

①启动工况:工作原理如图6-32(a)所示。启动前,将调速手柄推靠在最高转速限止螺钉上。这时调速弹簧被拉伸,弹簧的张力拉动张力杠杆绕销轴向左摆动,使启动杠杆通过板形启

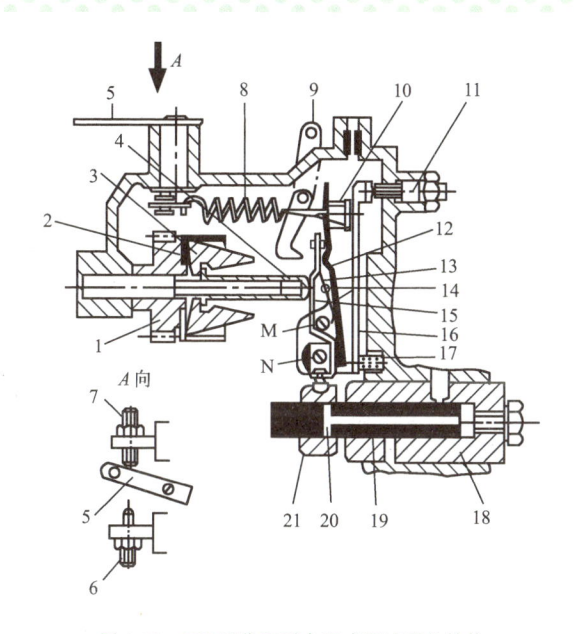

图 6-31　VE 型分配泵全程式调速器的结构

1—调速器传动齿轮；2—飞锤支架；3—飞锤；4—调速套筒；5—调速手柄；6—怠速调节螺钉；7—最高转速限止螺钉；
8—调速弹簧；9—停车手柄；10—怠速弹簧；11—最大供油量调节螺钉；12—张力杠杆；13—被动弹簧；
14—张力杠杆挡销；15—启动杠杆；16—导杆；17—复位弹簧；18—柱塞套；19—分配柱塞；20—泄油孔；
21—供油量调节套筒；M—导杆支承销轴(固定)；N—启动杠杆、张力杠杆及导杆支承销轴(可动)

动弹簧压向调速套筒,从而使静止的飞锤处于完全闭合的状态。与此同时,启动杠杆下端的球头销将供油量调节套筒向右拨到启动加浓供油位置 C,供油量最大。启动后,飞锤的离心力克服作用在启动杠杆上的启动弹簧的弹力,使启动杠杆绕销轴向右摆动,直到抵靠在张力杠杆挡销上。此时,启动杠杆下端的球头销向左拨动供油量调节套筒,供油量自动减少。

②怠速工况:工作原理如图 6-32(b)所示。柴油机启动后,将调速手柄移至怠速调节螺钉上。在这个位置,调速弹簧的张力几乎为零,即使调速器传动轴的转速很低,飞锤也会向外张开推动调速套筒,使启动杠杆和张力杠杆绕销轴向右摆动,并使怠速弹簧受到压缩。这时,飞锤离心力对调速套筒的作用力与怠速弹簧及启动弹簧对调速套筒的作用力平衡,供油量调节套筒处于怠速供油位置,柴油机在怠速下运转。

若由于某种原因,柴油机转速升高,则飞锤离心力增大,上述的平衡被打破,飞锤推动调速套筒、启动杠杆和张力杠杆进一步压缩怠速弹簧而向右摆动,供油量调节套筒则向左移,供油量减少,转速回落复原。若柴油机转速降低,则飞锤离心力减小,怠速弹簧推动张力杠杆和启动杠杆向左摆动,供油量调节套筒则向右移,增加供油量,使转速回升。

③中速和最高转速工况:工作原理分别如图 6-32(c)和图 6-32(d)所示。欲使柴油机在高于怠速而又低于最高转速的中速工作,则需将调速手柄置于怠速调节螺钉与最高转速限止螺钉之间的某一位置。这时,调速弹簧被拉伸,同时拉动张力杠杆和启动杠杆绕销轴向左摆动,而启动杠杆下端的球头销则向右拨动供油量调节套筒,使供油量增加,柴油机由怠速转入中速状态。此时转速升高,飞锤离心力增大。当其向右作用于调速套筒上的推力与调速弹簧向左作用于张力杠杆和启动杠杆上的拉力平衡时,供油量调节套筒便稳定运转。

当把调速手柄置于最高转速限止螺钉上时,调速弹簧的张力达到最大,供油量调节套筒也相应地移至最大供油量位置,柴油机将在最高转速或标定转速下工作。不论柴油机在中速还是最高转速工作,只要因负荷发生变化而引起转速改变,飞锤离心力与调速弹簧力的平衡就遭

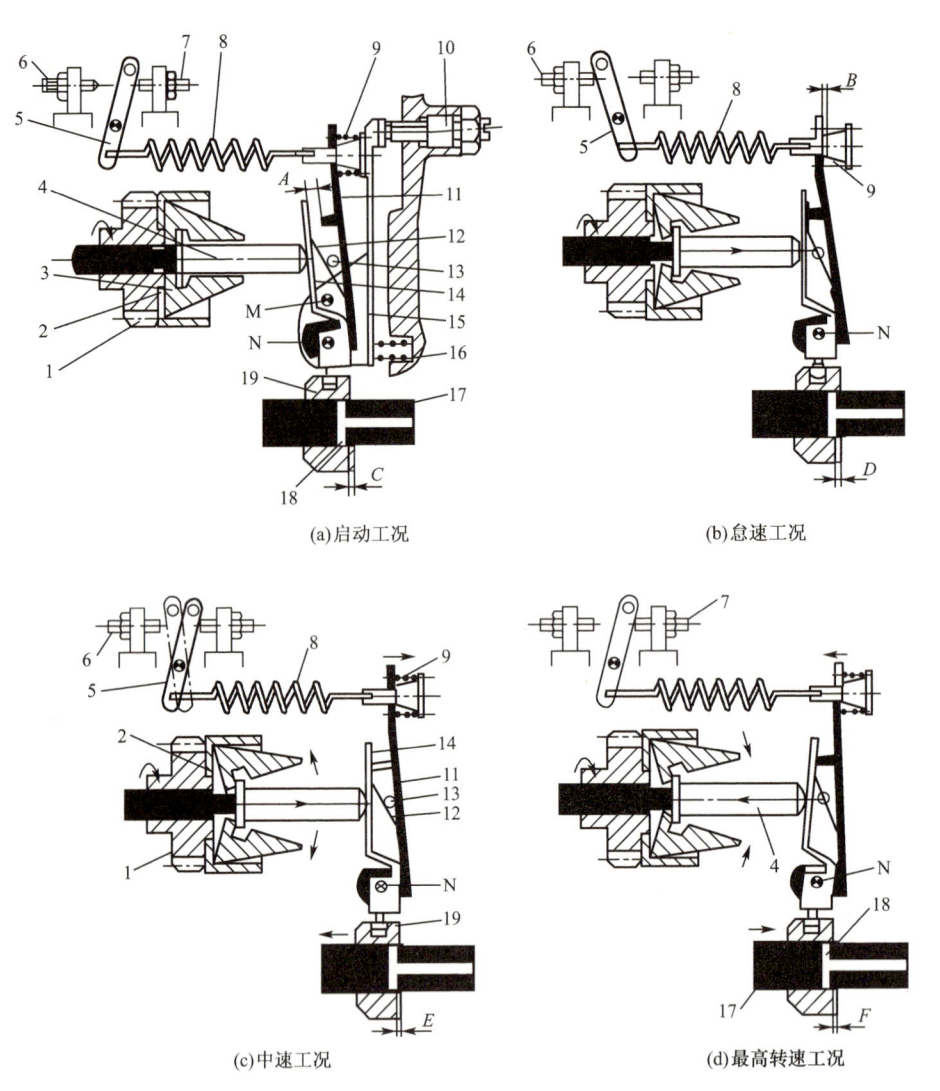

图 6-32 VE 型分配泵全程式调速器的工作原理

1—调速器传动齿轮；2—飞锤支架；3—飞锤；4—调速套筒；5—调速手柄；6—怠速调节螺钉；
7—最高转速限止螺钉；8—调速弹簧；9—怠速弹簧；10—最大供油量调节螺钉；11—张力杠杆；
12—被动弹簧；13—张力杠杆挡销；14—启动杠杆；15—导杆；16—复位弹簧；17—分配柱塞；
18—泄油孔；19—供油量调节套筒；M—导杆支承销轴(固定)；N—启动杠杆、张力杠杆及
导杆支承销轴(可动)；A—启动弹簧压缩量；B—怠速弹簧压缩量；C—启动加浓供油位置；
D—怠速供油位置；E—部分负荷最高转速供油位置；F—全负荷最高转速供油位置

到破坏，调速器将立即动作，通过增(减)供油量复原转速。如果突然全部卸掉柴油机负荷，调速器将把供油量减至最小，以防止柴油机超速，其调速过程与稳定怠速过程相同。

④最大供油量的调节：若拧入最大供油量调节螺钉，则导杆绕销轴按逆时针方向转动，销轴也随之转动，并带动球头销向右拨动供油量调节套筒，这时最大供油量增加；反之，最大供油量减少。改变最大供油量，可以改变柴油机的最高转速或标定转速。

(3)转矩校正装置

根据需要，可在 VE 型分配泵上配备正转矩校正或负转矩校正装置。

①正转矩校正：改善柴油机高速范围内的转矩特性。正转矩校正装置如图 6-33(a)所示。校正杠杆的上端支承在销轴 S 上，同时抵靠在张力杠杆的挡销上。销轴 S 固定在启动杠杆上

端的凸耳上。校正杠杆的下端靠在校正销大端,校正销安装在启动杠杆中部的相关孔内,并可在其中滑动。校正弹簧始终向右推压校正销。

当柴油机转速升高到校正转速时,随着转速继续升高,作用在启动杠杆上飞锤离心力的轴向分力 F 对销轴 N 的力矩逐渐超过校正弹簧的预紧力对校正杠杆的支点(挡销)的力矩,这时启动杠杆开始绕销轴 N 向右摆动。与此同时,校正杠杆绕挡销按顺时针方向转动,其下端通过校正销将校正弹簧压缩,直至校正销大端靠在启动杠杆上为止,校正过程结束。在校正期间,启动杠杆下端的球头销向左拨动供油量调节套筒,供油量减少;反之,当转速降低时,供油量增加。

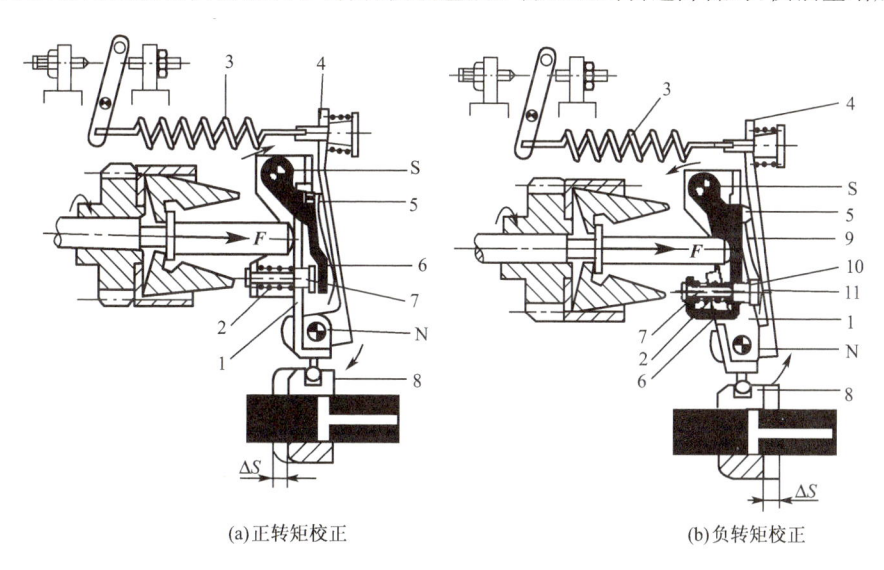

图 6-33 转矩校正装置

1—启动杠杆;2—校正弹簧;3—调速弹簧;4—张力杠杆;5—挡销;6—校正杠杆;7—校正销;
8—供油量调节套筒;9—启动弹簧;10—校正销大端;11—停驻点;S,N—销轴

② 负转矩校正:防止柴油机低速时冒黑烟。负转矩校正装置如图 6-33(b)所示,其调速套筒的轴向分力 F 直接作用在校正杠杆上,使校正杠杆靠在张力杠杆的挡销上,校正销靠在张力杠杆的停驻点上。当柴油机转速升高时,调速套筒的轴向分力 F 增大。若轴向分力 F 对挡销的力矩大于校正弹簧的弹簧力对挡销的力矩,则使校正杠杆以挡销为支点按逆时针方向转动,并通过销轴 S 带动启动杠杆绕销轴 N 向左摆动,球头销则向右拨动供油量调节套筒,增加供油量,从而实现柴油机在低速范围内随转速增加而自动增加供油量的负转矩校正。当校正杠杆靠在校正销大端上时,校正结束。

三、调速器的检修与调试

1. 调速器的检修

调速器中的零件大多是运动零件,这些零件的连接或接触部位在运动中会发生各种损伤。

(1) 调速弹簧的检修

当调速弹簧出现扭曲、裂纹、弹力减弱及折断等损伤时,应换新件。

(2) 飞块支架及铰接连接部位的检修

检查飞块、飞块支架及销轴三者的配合间隙,应在规定范围内。

(3) 调速套筒的检修

调速套筒在轴上应运动自如,无卡滞;调速套筒的内孔磨损后应更换。

2.调速器的调试

调速器一般在喷油泵试验台上进行调试,其主要试验调整项目是高速、低速起作用转速。

(1)高速起作用转速的试验和调整

试验时,启动喷油泵试验台,使喷油泵由低向高增速,并接近于额定转速,把喷油泵操纵臂向供油方向推到底,然后再慢慢增大喷油泵转速,注意观察供油齿杆的变化。当供油齿杆开始向减少供油方向移动时的转速就是调速器的高速起作用转速。该转速应比额定转速(喷油泵凸轮轴转速)高 5~15 r/min,以保证柴油机的额定转速,而又不过多超速。当转速不足或超速时,可通过增大或减小高速弹簧的弹力来达到要求。

(2)低速起作用转速的试验和调整

试验时,启动喷油泵试验台,使喷油泵在低于怠速的转速下运转,缓慢转动操纵臂,当喷油泵或喷油器刚刚开始供油时,固定住操纵臂,逐渐增大喷油泵转速,同时观察供油齿杆的变化。当供油齿杆开始向减少供油方向移动时的转速就是调速器低速起作用转速。该转速应不高于柴油机怠速所规定的转速。当测定结果与柴油机规定不符时,可通过调节低速弹簧的弹力来达到要求。低速弹簧的弹力越大,怠速越高;弹力越小,怠速越低。

技能训练

实训 调速器的检修与调试

一、实训内容

调速器的检修与调试。

二、实训目的与要求

1.熟悉调速器的工作过程。

2.掌握调速器的检修方法。

3.掌握调校调速器使柴油机最高转速、怠速和最大供油量符合技术要求的方法。

6.5 柴油机燃料供给系辅助装置的构造与维修

认知目标 掌握柴油机燃料供给系辅助装置主要部件的结构与工作原理。

能力目标 掌握输油泵等辅助装置的检修与调试方法。

柴油机燃料供给系辅助装置可以保证在正确的时间输送足量的清洁燃油,同时提供足够的进气量。

柴油机燃料供给系辅助装置出现故障,可能会导致供油量不足、不上油、供油提前角错误以及进气量不足等故障。为了正确判断和排除柴油机燃料供给系辅助装置的故障,我们必须掌握其结构、工作原理及检修与调试方法。

一、输油泵

输油泵的功能是保证有足够数量的柴油自油箱输送到喷油泵,并维持一定的供油压力,以克服管路及柴油滤清器的阻力,使柴油在低压管路中循环。输油泵的输油量一般为柴油机全负荷需要量的 3~4 倍。

输油泵有膜片式、滑片式、活塞式及齿轮式等形式。膜片式和滑片式输油泵作为分配式喷油泵的一级和二级输油泵,而活塞式输油泵则与柱塞式喷油泵配套使用。下面主要介绍活塞式输油泵的工作情况。

1.活塞式输油泵的结构与工作原理

活塞式输油泵的结构如图 6-34 所示,它主要由活塞,进、出油阀,泵体,手油泵及油管接头等组成。它安装在柱塞式喷油泵的一侧,由喷油泵凸轮轴上的偏心轮驱动。当喷油泵凸轮轴转动时,在偏心轮和活塞弹簧的共同作用下,输油泵活塞在输油泵泵体内做往复运动。

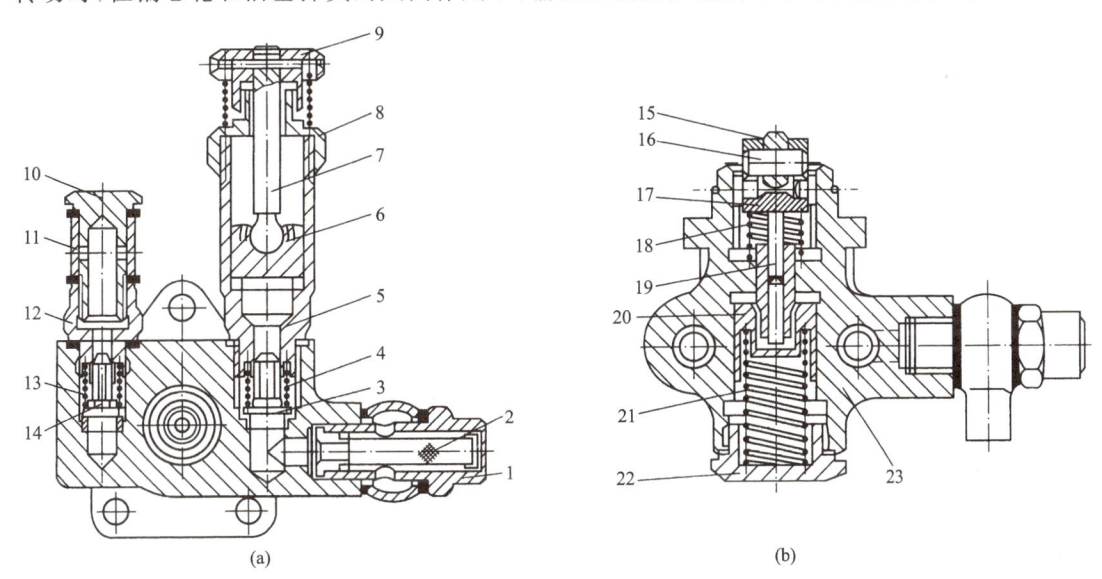

图 6-34 活塞式输油泵的结构

1—进油管接头;2—滤网;3—进油阀;4—进油阀弹簧;5—手油泵泵体;6—手油泵活塞;7—泵杆;
8—手油泵泵盖;9—手柄;10—出油管接头;11—保护套;12—接头;13—出油阀弹簧;14—出油阀;
15—滚轮;16—滚轮销;17—挺杆;18—挺杆弹簧;19—推杆;20—活塞;21—活塞弹簧;22—螺塞;23—泵体

活塞式输油泵的工作原理如图 6-35 所示。

当偏心轮的凸起向下转时,活塞因活塞弹簧的作用而向下运动。这时活塞上腔容积增大,压力降低,产生一定的抽吸力,出油阀被吸紧闭,进油阀被吸开,柴油经进油阀吸入上腔;同时,活塞下腔的燃油受压进入出油道而输出。当偏心轮的凸起部分向上将活塞推动向上运动时,进入上腔的燃油受压,关闭进油阀,顶开出油阀,燃油被推挤出,并经过通道进入活塞下腔。如此周而复始,使燃油不断地被吸进、输出。

在输油泵的供油量大于喷油泵的需要时,活塞下腔油压升高。当活塞弹簧的弹力恰好与活塞下腔的油压平衡时,活塞便停留在某一位置而不能继续下行。因此活塞的泵油行程减小,输油泵的输油量自动减少,从而实现输油量与供油压力的自动调节。其供油压力取决于活塞弹簧的预紧力。

在输油泵上装有手油泵,可借助其上下运动来泵油,以确保柴油机启动时喷油泵充满燃油。还可在维护燃油系统时排除燃油系统内的空气,避免在油路中形成气阻。其操作步骤如下:

①给油箱加注足够的柴油。

②先后用柴油滤清器上的放气螺钉和喷油泵上部的放气螺钉分别放掉相应部位的空气。放气时,用手油泵连续泵油,当放气螺钉中流出的柴油中再无气泡时,即旋紧放气螺钉。

(a) 偏心轮的凸起部分向下转时　　　　　　(b) 偏心轮的凸起部分向上转时

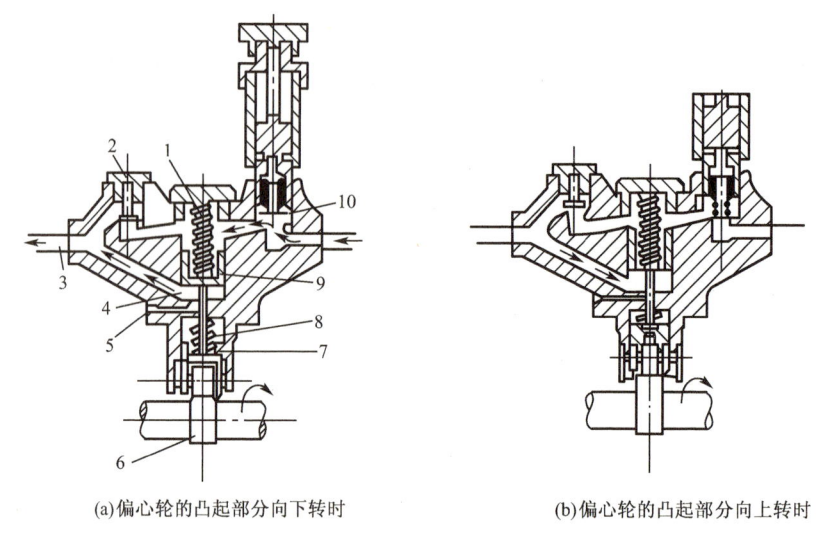

图 6-35　活塞式输油泵的工作原理
1—活塞弹簧；2—出油阀；3—出油口；4—出油道；5—溢油孔；6—偏心轮；
7—滚轮；8—滚轮回位弹簧；9—活塞；10—进油阀

2. 输油泵的检修

输油泵解体后，检查进、出油阀和阀座的磨损情况，发现有破裂或严重磨损时，应予以更换。若磨损轻微，则可研磨修复。

输油泵活塞与壳体由于磨损而出现配合松旷和运动不平稳时，应更换新泵。

二、喷油泵的驱动与喷油正时

1. 喷油泵的驱动

喷油泵通常由柴油机曲轴前端的正时齿轮带动一组齿轮来驱动。喷油泵的驱动必须满足柴油机工作顺序的需要，即供油正时。

柱塞式喷油泵的驱动机构如图 6-36 所示，喷油泵通常将底部定位安装在托板上，用联轴器把驱动齿轮和喷油泵的凸轮轴连接起来。有的柴油机在其间又串联了供油提前角自动调节器。

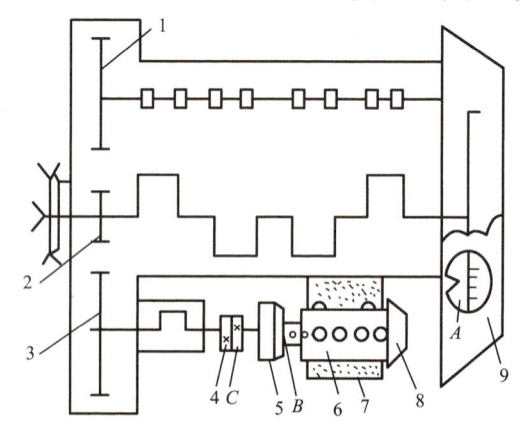

图 6-36　柱塞式喷油泵的驱动机构
1—凸轮轴正时齿轮；2—曲轴正时齿轮；3—喷油泵正时齿轮；4—联轴器；5—供油提前角自动调节器；6—喷油泵；
7—托板；8—调速器；9—飞轮壳；A—飞轮上的标记；B—泵壳上的标记；C—联轴器从动盘上的标记

摇动曲轴使第1缸活塞处于压缩行程,当飞轮(或曲轴带轮)上的上止点标记与发动机外壳上的标记对正时,联轴器从动盘上的标记应和泵壳上的标记对正,保证正确的供油正时。

有的喷油泵省略了联轴器,直接利用其壳体上的弧形槽,使泵体相对于喷油泵凸轮轴转动,以调节供油正时。

2. 供油正时的检查与调整

喷油泵固定在柴油机上,可能因为各种情况造成供油不准,这时需要检查供油正时。具体操作方法如下:

(1) 确定曲轴的位置

按柴油机工作旋向转动曲轴,使飞轮上的供油正时标记与飞轮壳上的标记对正(如6120Q-1型柴油机上有上止点前25°的长刻线),或使曲轴带轮上的供油提前角标记与正时齿轮壳上的标记对正。

(2) 检查供油提前角

检查联轴器从动凸缘盘上的刻线是否与喷油泵前壳体上的刻线对正(6100Q-1型柴油机)。若没有对正,则松开连接联轴器主动凸缘盘与中间凸缘盘的螺栓,转动喷油泵凸轮轴使刻线对正,然后拧紧连接螺栓。

供油提前角也可以按下述方法检查:在基本对正曲轴位置后,将第1缸分泵的出油阀和出油阀弹簧拆下,装上检查用的出油管。用手油泵泵油,此时,应保证出油管的柴油流出。在泵油的同时,按顺时针方向转动曲轴,在出油停止的瞬间使曲轴停转,此时飞轮或曲轴带轮的刻度即第1缸供油提前角。

若供油提前角不准,则可通过联轴器进行调整。具体操作方法如下:

① 松开连接主动凸缘盘和中间凸缘盘的螺栓。

② 慢慢转动驱动轴(或曲轴),使联轴器转动一定角度,顺喷油泵凸轮轴转动方向转动为减小供油提前角,反喷油泵凸轮轴转动方向转动为增大供油提前角。

三、供油提前角自动调节器

柴油机的最佳供油提前角是指在发动机转速和供油量一定的条件下,能获得最大的功率及最小燃油消耗的喷油提前角。对任何一台柴油机,最佳喷油提前角都不是常数,而是随供油量和发动机转速变化的。供油量越大,发动机转速越高,最佳喷油提前角越大。

喷油提前角实际上是由喷油泵供油提前角保证的。单个分泵的供油提前角可通过改变滚轮挺杆的高度来调整;而调节整个喷油泵供油提前角的方法是改变发动机曲轴与喷油泵凸轮轴的相对角位置,从而使各分泵的供油提前角进行相同数量的改变。

车用柴油机根据其常用的某个供油量和发动机转速范围确定供油提前初始角,这个供油提前初始角在喷油泵安装到柴油机上时业已固定。

为满足最佳喷油提前角随发动机转速升高而增大的要求,车用柴油机常装有供油提前角自动调节器,使供油提前角在供油提前初始角的基础上随发动机转速而变化,即对喷油提前角进行动态调整。

机械离心式供油提前角自动调节器如图6-37所示,它安装在联轴器和喷油泵之间。供油提前角自动调节器由主动部分、从动部分和离心件(飞块)三部分组成。

主动部分:主动盘(联轴器的从动凸缘盘)的腹板上压装着两个销轴,销轴上各套装有飞块和弹簧座,飞块的另一端压有飞块销钉,其上松套着滚轮内座圈和滚轮。

从动部分:从动盘臂松套在主动盘的内孔中,其外圆面与主动盘的内圆面滑动配合,以保

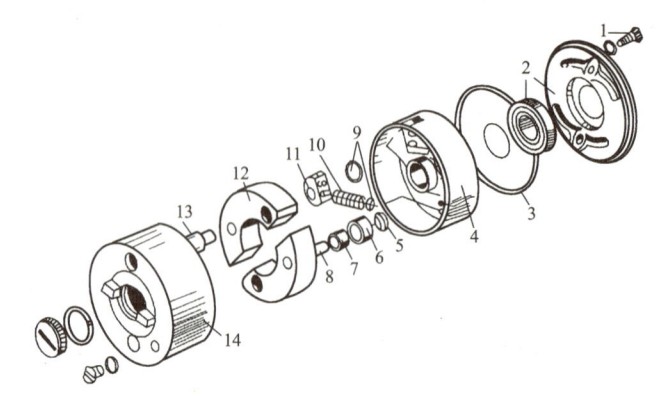

图 6-37　机械离心式供油提前角自动调节器

1—螺钉；2—盖板密封附件；3—密封圈；4—从动盘；5—垫块；6—滚轮；7—滚轮内座圈；
8—飞块销钉；9—碗形垫片；10—弹簧；11—弹簧座；12—飞块；13—主动盘销钉；14—主动盘

证主动盘与从动盘的同轴度。从动盘的毂用半圆键与喷油泵凸轮轴连接，臂的一侧做成平面，它和固定在销轴上的弹簧座之间装有弹簧，臂的另一侧做成弧形面，滚轮紧压在弧形面上。

离心件：飞块安装在主动部分，通过滚轮和从动部分靠接，利用弹簧的预紧力迫使飞块收拢于原始位置，以保证静止或急速时初始的供油提前角不变，如图 6-38(a)所示。

发动机工作时，主动盘连同飞块受联轴器的驱动而沿图 6-38(b)中箭头所示方向旋转，两个飞块在离心力的作用下绕主动盘销轴转动。因此其活动端向外甩开，通过滚轮、从动盘臂迫使凸轮轴沿箭头方向相对于主动盘转动一个角度 $\Delta\theta$，直到弹簧的张力与飞块的离心力平衡为止。这时主动盘便与从动盘臂同步旋转。此时，供油提前角等于供油提前初始角加上 $\Delta\theta$。$\Delta\theta$ 随发动机转速的升高而增大，直到最大转速时为止。

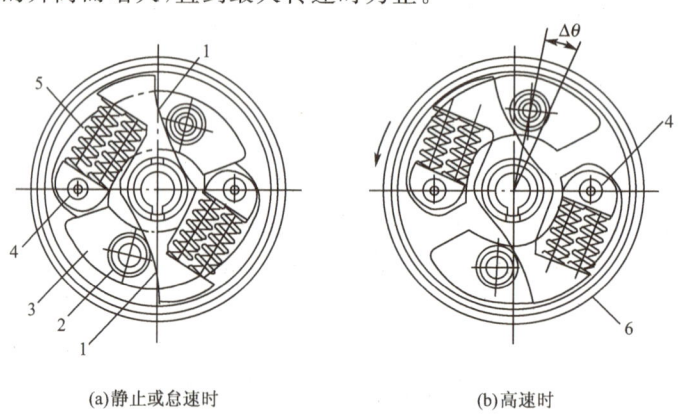

(a)静止或急速时　　(b)高速时

图 6-38　供油提前角自动调节器的工作原理

1—从动盘臂曲面；2—滚轮；3—飞块；4—主动盘销轴；5—弹簧；6—主动盘

当发动机转速降低时，飞块的离心力小于弹簧的弹力，弹簧伸张，推动从动盘臂及凸轮轴相对于主动盘后退一个角度，供油提前角便相应减小，直到 $\Delta\theta$ 减小到零为止。

调节的范围：$\Delta\theta$ 为 0°～5°30′，相当于曲轴转角为 0°～11°。

四、柴油滤清器

柴油的清洁程度对燃油系统，尤其是对喷油泵和喷油器中精密偶件的工作可靠性和使用寿命有很大的影响。柴油在运输和储存过程中，不可避免地会混入灰尘、水分和金属容器表面

单元 6　柴油机燃料供给系的构造与维修

的锈蚀物等杂质。长期储存之后，柴油还可能氧化变质而结焦。

柴油滤清器的功能是滤除柴油中的任何杂质。对柴油滤清器的基本要求是阻力小,寿命长,过滤效率高。两级柴油滤清器如图 6-39 所示,它由两个结构基本相同的滤清器串联而成,两个滤清器盖合制为一体,第一级粗滤采用纸质滤芯,第二级细滤采用毛毡及绸布滤芯。柴油经过两级滤清,可以得到纯净的油料。

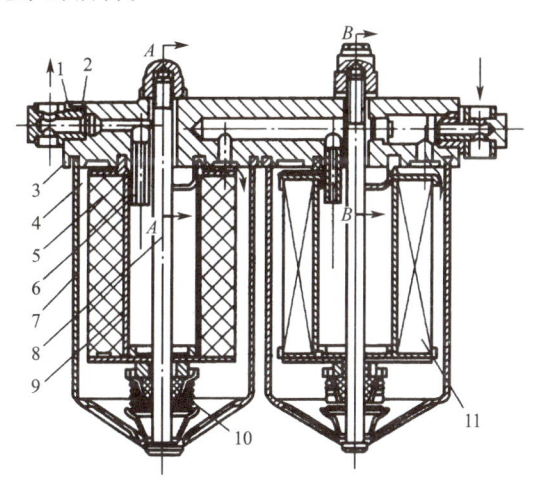

图 6-39　两级柴油滤清器
1—螺塞；2—带孔的接头螺套；3—橡胶密封圈；4—毛毡密封圈；5—毛毡滤芯；6—滤筒；
7—外壳；8—中心螺杆；9—绸布滤芯；10—衬垫；11—纸质滤芯

柴油滤清器的工作过程为：输油泵泵出的柴油,经进油管接头进入壳体,再渗透过滤芯而进入滤芯内腔,最后经出油管接头输出给喷油泵。在上述过程中,柴油中的机械杂质和尘土被滤去,水分沉淀在壳体内。当管路油压超过溢流阀压力时,溢流阀便开启,多余的柴油流回油箱,从而保证管路内油压保持在一定限度内。

技能训练

实训　柴油机燃料供给系辅助装置的检修与调试

一、实训内容
柴油机燃料供给系辅助装置的检修与调试方法。
二、实训目的与要求
1.熟悉柴油机燃料供给系辅助装置工作的原理。
2.掌握柴油输油泵的检修方法。
3.掌握柴油机供油提前角的调试方法。

6.6　共轨式电控柴油喷射系统

认知目标	了解共轨式电控柴油喷射系统的结构与工作原理。
能力目标	能对照实物正确说出共轨式电控柴油喷射系统主要组成部件的名称及工作原理。

共轨式电控柴油喷射系统可以对柴油机的循环供油量、喷油压力、喷油正时和喷油规律进行精确控制,提高柴油机的动力性、经济性和排放性,是电控柴油喷射技术的主要发展方向,运用日益广泛。我们应该对其主要组成、结构和工作原理有所了解。

一、电控柴油喷射系统概述

柴油机功率大,燃油消耗率低且 CO_2 排放率较汽油机低,在国内外的应用率越来越高。但柴油机同样需要面对无法回避的局部和全球性的环境与能源问题。为了改善柴油机的运转性和降低燃油消耗率,同时也为了适应严格的柴油机排放标准,从20世纪80年代初期开始,各种电控柴油喷射系统相继问世。

电控柴油喷射系统的电子控制装置由传感器、ECU 和执行机构三部分组成。ECU 根据转速传感器和加速踏板位置传感器的输入信号,首先计算出基本喷油量,然后根据传感器测得的冷却液温度、进气温度、进气歧管绝对压力等信号进行修正,确定最佳喷油量及喷油正时,实现对喷油量以及喷油正时随运行工况的实时控制。同时,ECU 经过计算处理,按照最佳值对废气再循环阀、预热塞等执行机构进行控制,使柴油机工作状态达到最佳。

在电控柴油机上所用的传感器中,如转速、进气歧管绝对压力、温度等传感器以及加速踏板位置传感器等与汽油机的电控系统基本相同,其电控单元在硬件方面很相似,故障自诊断系统的原理与使用也与电控汽油机相似。柴油机电控技术的关键和难点在于柴油喷射电控执行器。

早期的电控柴油喷射系统采用"位置控制",通过以 ECU 为核心的控制单元对位置伺服机构进行控制,改变供油齿杆(直列泵)或供油量调节套筒(VE 型分配泵)的位置,以调节喷油泵的循环供油量。但伺服机构执行响应慢,控制频率低,控制精度欠精确。其后开发了"时间控制式柴油喷射系统",利用新型高速强力电磁阀的关闭时刻和闭合持续时间来控制喷油泵的循环供油量和喷油正时,取代了供油齿杆或供油量调节套筒。上述两种电控柴油喷射系统都保持了传统脉冲高压供油原理,喷油压力与发动机的转速和负荷有关,无法单独控制,这种特性对于低转速和小负荷下的燃油经济性和烟度排放很不利。同时,还会造成柴油压力的波动,引起间歇性不喷油或二次喷油等异常现象,恶化燃烧过程。共轨式电控柴油喷射系统的问世,摒弃了传统脉冲高压供油原理,采用时间-压力控制式或压力控制式,使电控柴油喷射系统进入了一个新的发展阶段。其中,应用较多的是时间-压力控制式。下面以日本电装公司 ECD-U2 时间-压力控制共轨式柴油喷射系统为例,介绍共轨式电控柴油喷射系统(以下简称共轨式柴油喷射系统)的基本工作原理。

二、共轨式柴油喷射系统介绍

日本电装公司 ECD-U2 时间-压力控制式共轨柴油喷射系统(以下简称 ECD-U2 系统)主要由柴油箱、输油泵、公共油道、喷油器和各种电子元件组成,如图 6-40 所示。

共轨式柴油喷射系统有一条公共油道,即共轨。高压输油泵将柴油从油箱中吸出并将油压提高到 120 MPa 后送入共轨,多余柴油经回油管路流回油箱。用油泵压力控制阀对共轨油压进行压力调节并由燃油压力传感器进行反馈控制,使其根据柴油机的工况要求稳定在目标值。有一定压力的柴油经共轨分别通向各缸喷油器,带有电液控制件的喷油器可按要求的喷油正时,从共轨中调出具有符合工况要求压力和循环供油量的柴油喷入气缸。喷油量取决于

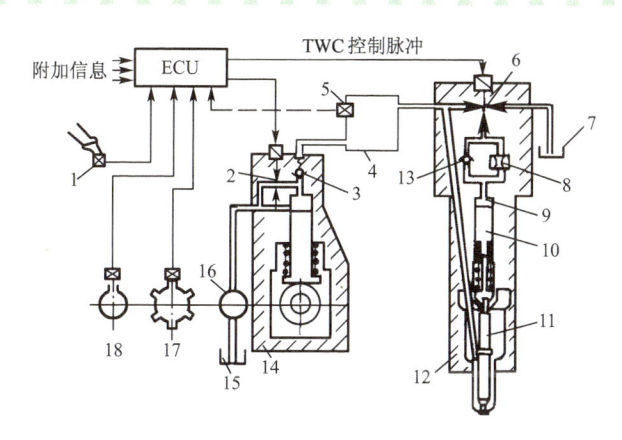

单元 6　柴油机燃料供给系的构造与维修

图 6-40　ECD-U2 时间-压力控制式共轨式柴油喷射系统
1—加速踏板位置传感器；2—油泵压力控制阀；3—出油阀；4—共轨；5—燃油压力传感器；
6—三通阀（TWV）；7、15—柴油箱；8—节流孔；9—控制室；10—液压活塞；11—喷油器针阀；12—喷油器体；
13—单向阀；14—高压输油泵；16—低压输油泵；17—发动机转速传感器；18—曲轴位置传感器

共轨油压和喷油器电磁阀开启时间的长短，喷油正时则取决于喷油器电磁阀的开启时刻。

1. 共轨油压的控制

共轨式柴油喷射系统通向各缸喷油器的公共油道油压必须根据柴油机的工况要求稳定在目标值。该任务主要由 ECU、高压输油泵及共轨上的燃油压力传感器共同来完成。图 6-41 所示为日本电装公司 ECD-U2 系统高压输油泵的结构。

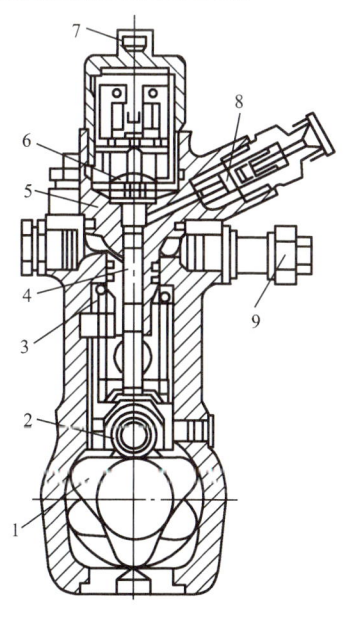

图 6-41　ECD-U2 系统高压输油泵的结构
1—三次工作凸轮；2—挺柱体；3—柱塞弹簧；4—柱塞；5—柱塞套；
6—油泵压力控制阀；7—接头；8—出油阀；9—溢流阀

该输油泵的凸轮为近似三角形的多凸起凸轮。凸轮轴旋转一周供油三次，加压后的柴油经出油阀流向共轨。输油泵上装有由 ECU 控制的油泵压力控制阀（PCV 阀）。共轨油压的控制原理如图 6-42 所示。

①吸油过程：柱塞下行，当电磁阀未通电时，PCV 阀处于开启状态，柴油经 PCV 阀流向泵

227

腔[图 6-42(a)]。

②压油过程：柱塞上行，当电磁阀未通电时，PCV 阀处于开启状态，吸进的油未被加压，从 PCV 阀流回油箱[图 6-42(b)]；当电磁阀通电时，PCV 阀关闭，泵腔内油被加压，推开出油阀流向共轨[图 6-42(c)]。

在共轨油管中安装有燃油压力传感器，以适时检测共轨油压，以便 ECU 对共轨油压进行反馈控制。ECU 根据柴油机的转速、负荷等信号，确定所需的高压喷射压力，然后发出脉冲信号控制 PCV 阀的开度，将共轨中的油压控制在预定值。当共轨中的燃油压力传感器检测到共轨中的压力低于目标值时，ECU 控制输油泵上的 PCV 阀提前关闭，柱塞供油提前。由于凸轮供油终点始终为凸轮升程的最高点，因此提前供油使共轨油压升高；反之，当燃油压力传感器检测到共轨中的压力高于目标值时，ECU 控制输油泵上的 PCV 阀延迟关闭，输油泵供油量减少，共轨油压降低，即通过 PCV 阀的工作，控制压油柱塞预行程的长短，将共轨油压始终保持在目标值。

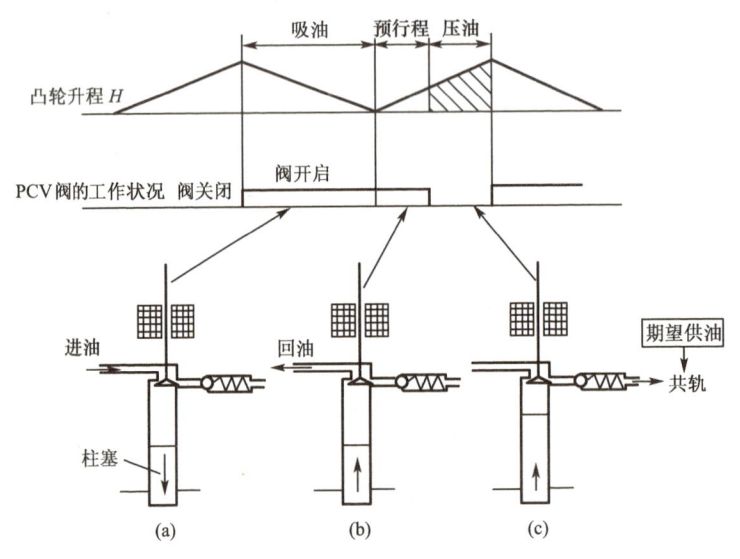

图 6-42　共轨油压的控制原理

由此可知，共轨内高压燃油的压力与发动机的转速和负荷无关。ECU 根据柴油机的转速、负荷等有关信号控制喷油压力，即可以实现单独控制喷油压力，使其符合工况要求，大幅度减小了柴油机供油压力的波动，克服了传统柴油机喷油泵高、低速喷油压力差别过大、性能难以兼顾的缺陷。

2.喷油时刻及喷油量控制

在共轨式柴油喷射系统中，喷油器是至关重要的部件，它要把具有符合压力和循环供油量要求的高压柴油按要求的喷油时刻以良好的喷雾质量喷入气缸。

图 6-43 所示为日本电装公司 ECD-U2 系统的喷油器的结构与工作原理。

在每个喷油器的上方有一个电控三通电磁阀，它由内阀、外阀和阀体组成。内阀固定，外阀和电磁线圈的铁芯做成一体，阀体用以支承外阀。这三部分相互配合精度很高，分别形成密封锥座 A、B，随着外阀的轴向运动，密封锥座 A、B 交替导通[图 6-43(a)]。

当电磁阀不通电时，外阀在弹簧作用下处于最下端位置，密封锥座 B 关闭，即泄油道关闭，密封锥座 A 开启，共轨内的高压燃油流向喷油器环形高压油腔，同时通过密封锥座 A 进入液压活塞上部，压迫活塞下行，喷油器针阀被压在密封锥面上，喷油器不喷油。

单元6 柴油机燃料供给系的构造与维修

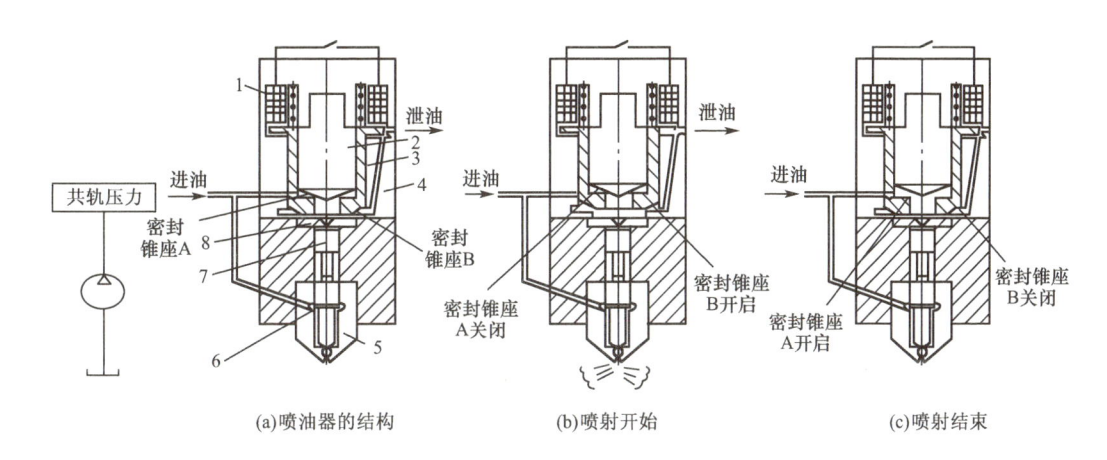

(a)喷油器的结构　　(b)喷射开始　　(c)喷射结束

图6-43　ECD-U2系统的喷油器的结构与工作原理

1—电磁线圈；2—内阀；3—外阀；4—阀体；5—喷油嘴；6—环形高压油腔；7—液压活塞；8—节流孔

当电磁阀通电时，磁力将铁芯及电磁阀的外阀上吸，密封锥座A关闭，密封锥座B开启，液压活塞上方的高压油经其上方的节流孔从密封锥座B流向泄油油道，喷油器上方压力消失，针阀在其环形高压油腔内高压油的作用下被推而上行，针阀离开密封锥面，喷油器开始喷油[图6-43(b)]。如果持续通电，则针阀上升到最大升程，达到最大喷油率状态。

喷油结束时，电磁阀断电，在弹簧弹力和油压作用下，外阀下行，密封锥座B关闭，密封锥座A开启，共轨内的高压燃油进入液压活塞的上部，压迫活塞下行，针阀迅速关闭[图6-43(c)]。

由此可知，电磁阀接受ECU指令的通电时刻即柴油机的喷油始点，通电持续时间则可决定喷油量的大小。

喷油量和喷油正时是影响柴油机动力性和经济性的重要因素，传统柴油机的喷油量及喷油正时与转速有关，无法单独控制，同时传统的柴油机燃料供给系由于调整、磨损等原因，喷油量和喷油正时会产生误差。而在共轨式电控柴油喷射系统中，ECU根据转速和加速踏板位置等传感器信号精确计算喷油量和喷油正时，提高了发动机的动力性和经济性。

3.喷油速率和喷油规律控制

使柴油机工作柔和、燃烧过程理想的最佳喷油规律是：初期喷油速率低，中期多而急，喷油结束时能快速断油、不滴漏。即"先缓后急"的三角形喷油规律。在时间-压力控制式共轨柴油喷射系统中，可以采用控制喷油压力和喷油器升程的方法来控制柴油机的喷油速率和喷油规律。

同样以日本电装公司ECD-U2系统的喷油器为例，在其喷油器的电磁阀与液压活塞之间专门设置一个节流孔和一个单向阀（图6-40中的件13）。当电磁阀通电时，液压活塞上方的压力油不能从单向阀通过，只能从节流孔逐步流出，液压活塞上方油压降速放慢，针阀缓慢升起，达到喷油初期降低喷油速率的目的；当电磁阀断电时，高压油迅速经单向阀流入液压活塞上方。由于液压活塞直径较针阀直径大得多，因此会产生很大的压力，快速压迫针阀下行并关闭，使喷油器能迅速断油。

共轨式电控柴油喷射系统由于不存在传统喷油泵的凸轮及其随动件（如柱塞等），因此决定喷油速率和喷油规律的不再是凸轮轮廓和柱塞尺寸，而是电液式喷油器的喷油压力及针阀升程的变化规律。

由于共轨式电控柴油喷射系统的喷油正时及循环供油量由电磁阀的通电时刻及通电持续

229

时间决定,因此在主喷射前给电磁阀通一个小宽度的脉冲电压,就能实现预喷射,即在主喷射前将少量柴油喷入气缸,有利于使燃烧过程平稳进行,同时能降低柴油机燃烧噪声,减少氮氧化物排放。

4. 共轨式电控柴油喷射系统的特点

共轨式电控柴油喷射系统的最大特点是柴油机的循环供油量、喷油压力、喷油时刻、喷油规律不受发动机负荷、转速的影响,从而可以实现系统的独立控制。电控单元按储存的柴油机各工况的喷油脉谱(MPA)图控制喷油压力、喷油时刻和喷油持续时间,并根据其他影响因素进行修正,使系统可对喷油压力、喷油时刻、喷油持续时间及喷油规律进行优化控制,达到理想的经济性、动力性和排放性。

6.7 柴油机燃料供给系常见故障诊断与排除

能力目标 能对柴油机燃料供给系常见故障进行诊断与排除。

若柴油机燃料供给系产生故障,则发动机的外部症状可能表现为柴油机启动困难,柴油机动力不足,柴油机怠速不稳等。

在诊断柴油机燃料供给系故障时,应从故障的外部症状入手,抓住其特征,仔细分析故障的成因,才能准确、及时地排除故障。

一、柴油机启动困难

柴油机要顺利启动,必须具备以下条件:
① 供油量正常,雾化良好。
② 供油时刻合理。
③ 气缸压力不能太低。

以上三大条件缺一不可。在排除柴油机启动困难故障时,一般按照以下顺序依次检查:喷油是否正常→喷油正时是否准确→气缸压力是否太低。这里主要分析燃料供给系的故障,其故障原因主要有:输油泵不泵油;油路堵塞或漏气;滤清器堵塞;喷油器雾化不良或不喷油;喷油泵故障;等等。其故障诊断流程如图6-44所示。

该故障诊断的具体操作方法如下:

① 检查低压油路是否正常。松开输油泵的手油泵,用力压几下,若感觉轻松、压力小,则为低压油路故障;若感觉费劲,且有柴油打开溢油阀后的压油过程,则低压油路正常。

② 检查高压油路是否正常。松开喷油泵出油管接头,启动发动机,看是否有油柱喷出,正常时喷出高度应为 50～100 cm,且无气泡。否则,为高压油路故障。

③ 检查低压油路故障的原因。松开输油泵出油管,用手油泵泵油,若能将柴油从油箱吸出,并从输油泵出口压出,则故障在喷油泵和滤清器;若不能,则故障在手油泵或至油箱的油路中。可用新油管、小油箱取代原来油管泵油,分段检查故障部位。

④ 区分是喷油器故障还是气缸压力过小或喷油正时不当。将喷油器拆下,重新连接在燃

单元 6　柴油机燃料供给系的构造与维修

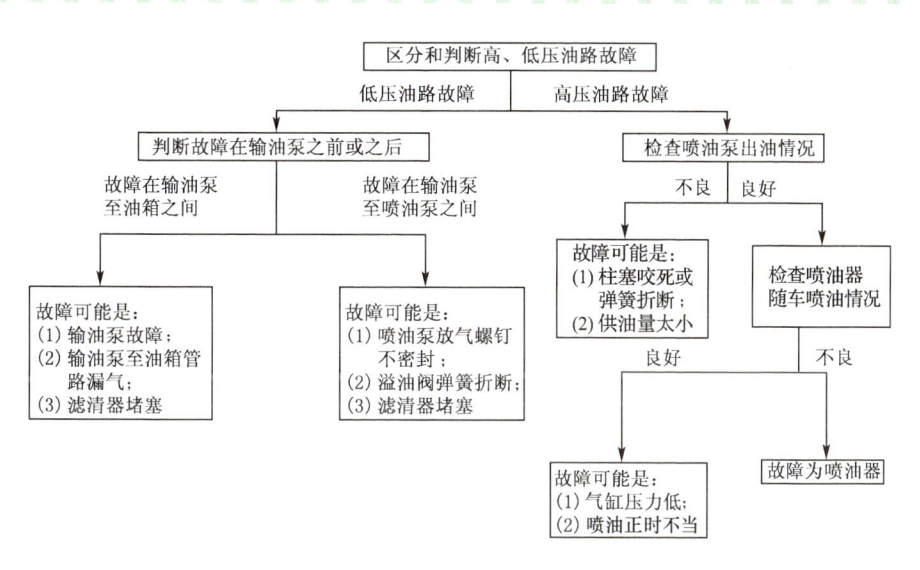

图 6-44　柴油机启动困难的故障诊断流程

烧室外面,启动柴油机,看喷油器喷雾情况。若喷雾良好,则故障为气缸压力低或喷油正时不当;若喷雾滴油或不喷油,则为喷油器故障。

二、柴油机动力不足

在排除了机械故障引起的动力不足后,造成柴油机动力不足的主要原因就是燃料供给系故障。如果柴油不能充分燃烧,就会导致柴油机动力明显不足,同时伴有尾气不正常排放,故一般可以根据柴油机排烟情况来大致判断引起故障的原因。

柴油机排烟状况可分为冒灰白烟、冒黑烟和烟色正常三种情况。若排气呈灰白烟且动力不足,则故障原因是部分柴油未燃烧;若排气呈黑烟,则故障原因是柴油燃烧不充分;若动力不足但烟色正常,则故障原因是供油量太小。

1.柴油机动力不足且排烟正常

(1)现象

本故障的现象为排烟正常,但动力不足。其故障实质是供油量不足。

(2)原因

①喷油泵调整不当,喷油量过小。

②加速踏板拉杆调整不当,摇杆和摇杆轴配合松动。

③加速踏板操纵机构发卡。

④调速器或供油齿杆发卡。

⑤输油泵供油量不足。

(3)诊断流程

供油量不足的故障诊断流程如图 6-45 所示。

2.柴油机动力不足,排气管冒灰白烟

(1)现象

本故障的现象为排气管排灰白烟且动力不足。其故障实质为有部分柴油未经燃烧便被排出。

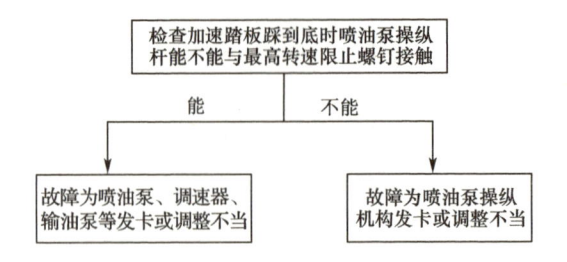

```
                    检查加速踏板踩到底时喷油泵操纵
                    杆能不能与最高转速限止螺钉接触
                         能              不能
              ┌──────────────┐    ┌──────────────┐
              │故障为喷油泵、调速器、│    │故障为喷油泵操纵│
              │输油泵等发卡或调整不当│    │机构发卡或调整不当│
              └──────────────┘    └──────────────┘
```

图 6-45　供油量不足的故障诊断流程

(2) 原因

①喷油正时太迟,后续喷入的柴油未能着火便排出。
②喷油器雾化质量太差,部分未雾化的柴油不能在极短时间内吸收燃烧室的热量而自燃。
③气缸压力太低,压缩行程终了时燃烧室的温度不够高,导致部分雾化差的柴油未燃烧。
④喷油泵内混有少量空气,影响喷油雾化质量。
⑤出油阀密封不良,影响喷油特性。
⑥输油泵性能不良,泵油量不足。
⑦柴油品质不良。

(3) 诊断流程

柴油机冒灰白烟的故障诊断流程如图 6-46 所示。

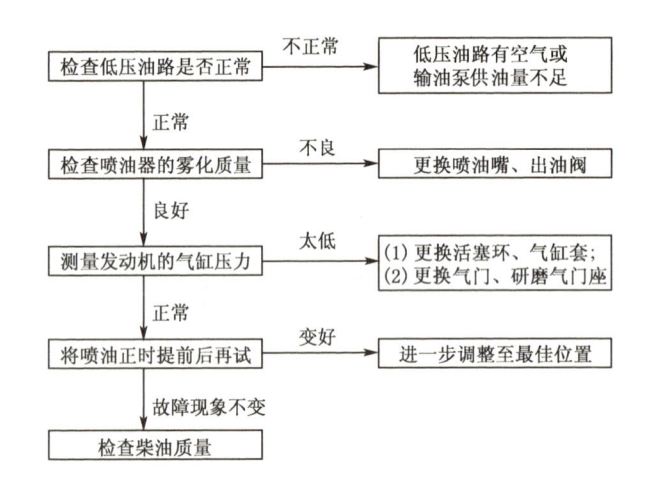

```
┌──────────────┐  不正常   ┌──────────────┐
│检查低压油路是否正常│─────→│低压油路有空气或│
└──────────────┘         │输油泵供油量不足│
       │ 正常              └──────────────┘
       ↓
┌──────────────┐  不良    ┌──────────────┐
│检查喷油器的雾化质量│─────→│更换喷油嘴、出油阀│
└──────────────┘         └──────────────┘
       │ 良好
       ↓
┌──────────────┐  太低    ┌──────────────────┐
│测量发动机的气缸压力│─────→│(1) 更换活塞环、气缸套；│
└──────────────┘         │(2) 更换气门、研磨气门座│
       │ 正常              └──────────────────┘
       ↓
┌──────────────┐  变好    ┌──────────────┐
│将喷油正时提前后再试│─────→│进一步调整至最佳位置│
└──────────────┘         └──────────────┘
       │ 故障现象不变
       ↓
┌──────────────┐
│ 检查柴油质量  │
└──────────────┘
```

图 6-46　柴油机冒灰白烟的故障诊断流程

3.柴油机动力不足,排气管冒黑烟

(1) 现象

本故障的现象为排气管冒黑烟且伴随排气管放炮,其故障实质为部分柴油尚未充分燃烧,在排出燃烧室后继续燃烧,因快速释放能量而引起排气管放炮。

(2) 原因

①喷油时间过早,致使着火准备期过长,燃烧不充分。同时因燃烧时活塞尚未到达上止点,故影响柴油机的动力性。
②喷油器喷油雾化不良,使柴油燃烧不彻底。
③气缸压缩压力偏低,柴油燃烧不良。
④喷油量过多,部分柴油因缺少空气而不能充分燃烧,废气排出后有进一步释放能量的要

求,故伴有排气管放炮现象。

⑤空气滤清器堵塞。

(3)诊断

①若柴油机加速时冒黑烟严重,且伴有明显的着火敲击声,则为喷油时间过早。

②若柴油机冒黑烟且动力性差,则多为喷油雾化不良、空气滤清器堵塞或气缸压缩压力偏低。

③若柴油机冒黑烟但动力性较好,则为喷油量过多。

三、发动机怠速不稳

1.现象

本故障的现象为怠速转速高于标准转速,且时高时低,有时会熄火,伴随发动机抖动,高速时现象减轻。

2.原因

①怠速供油量不均匀。

②低压油路有空气。在转速高时,空气被强行压出,使故障现象不明显。

③调速器调整不当。

④齿圈、齿杆间隙过大。

⑤柱塞拉毛。

⑥在转速低时,喷油雾化不良、滴油。

3.诊断

怠速不稳的故障诊断流程如图 6-47 所示。

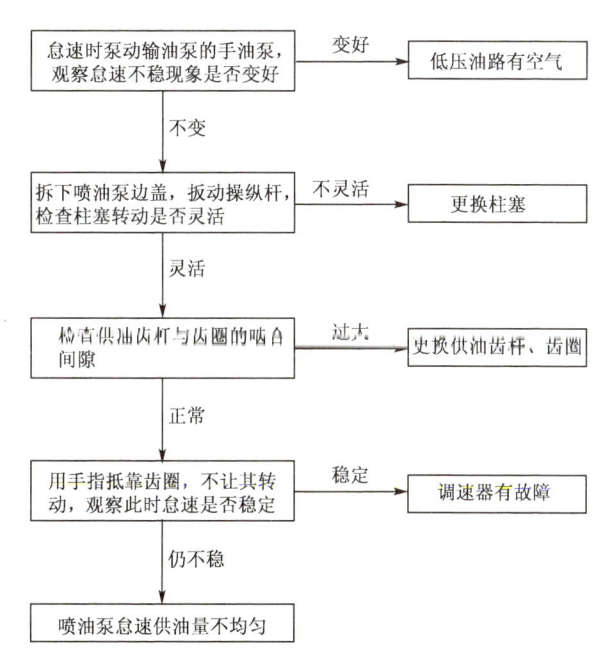

图 6-47　怠速不稳的故障诊断流程

技能训练

实训　柴油机燃料供给系常见故障的诊断与排除

一、实训内容

柴油机燃料供给系常见故障的诊断与排除。

二、实训目的与要求

1. 熟悉柴油机燃料供给系的总体布置。
2. 掌握柴油机燃料供给系常见故障排除的方法与步骤。

强化练习

一、填空题

1. 柴油机燃料供给系由_____、_____、_____、_____四部分组成。
2. 柴油机可燃混合气的形成和燃烧过程可按曲轴转角分为_____、_____、_____和_____四个阶段。
3. 柱塞的往复直线运动完成了柱塞式喷油泵的_____、_____和_____过程。
4. 柴油机燃料供给系的低压油路从_____到_____,这段油路是由_____建立的。
5. 柴油机燃料供给系的高压油路从_____到_____,这段油路是由_____建立的。
6. 喷油泵中不可互换的精密偶件有_____和_____以及_____和_____。
7. A 型喷油泵由_____、_____、_____和_____四部分组成,其供油量调节机构采用_____。
8. 两极式调速器工作的基本原理是利用_____旋转产生的_____与调速弹簧的_____之间的平衡过程来自动控制_____的位置,达到限制最高转速和稳定最低转速的目的。
9. 在柴油机电控燃油喷射系统中,ECU 以柴油机的_____和_____作为主控制信号,按设定的程序确定最佳的供油速率和供油规律。
10. 喷油器针阀上有两个锥面,一个是_____锥面,另一个是_____锥面。
11. 喷油泵供油量调节机构的作用是根据发动机_____的要求,通过转动喷油泵的_____来改变循环供油量,并保证各缸的供油量均匀一致。
12. 柱塞式喷油泵滚轮挺柱体的作用是变凸轮轴的_____运动为自身的_____运动,滚轮挺柱体还可以用来调整各分泵的_____角和_____角。

二、判断题

1. 同一发动机上,各喷油器之间针阀是可以互换的。　　　　　　　　　　（　　）
2. 在柴油机点火系中,一般都采用负极搭铁。　　　　　　　　　　　　　（　　）
3. 当柴油机转矩大于柴油机阻力矩时,柴油机转速降低,使调速器离心元件离心力大于调速弹簧弹力,即自动加油,以获得新的平衡。　　　　　　　　　　　　　（　　）
4. 孔式喷油器主要用于直接喷射式燃烧室的柴油机上,而轴针式喷油器适用于涡流室式燃烧室和预燃室式燃烧室。　　　　　　　　　　　　　　　　　　　　　（　　）
5. 柱塞行程由驱动凸轮的轮廓决定,在整个柱塞上移行程中,喷油泵都供油。（　　）
6. 滚轮挺柱体高度的调整,实际上是调整该缸的供油量。　　　　　　　　（　　）
7. 两极式调速器适用于一般条件下使用的汽车柴油机,它能自动稳定和限制柴油机的最

低和最高转速。（　）

8.喷油泵出油阀上的减压环带的作用是降低出油压力。（　）

9.柱塞式喷油泵的速度特性是指当供油拉杆位置不变时,每循环供油量随发动机转速的增加而减小。（　）

10.柴油机转速降低,供油提前角应相应减小。（　）

11.柴油机各缸的供油顺序就是发动机的做功顺序。（　）

12.柱塞每循环供油量的大小,取决于柱塞行程的大小。（　）

13.VE 型分配泵柱塞工作时既轴向运动,又转动。（　）

三、单项选择题

1.柴油机可燃混合气是在（　）内完成混合的。
　A.进气管　　　B.燃烧室　　　C.化油器　　　D.喷油泵

2.对喷油泵供油量不均匀度的要求是（　）。
　A.怠速和额定转速均不大于3%　　　B.怠速和额定转速均不大于30%
　C.怠速不大于30%　　　　　　　　　D.额定转速不大于30%

3.柴油机安装调速器是为了（　）。
　A.维持柴油机转速稳定　　　B.维持供油量不变
　C.自动改变汽车车速　　　　D.自动调整供油提前角

4.旋进喷油器端部的调压螺钉,喷油器喷油开启压力（　）。
　A.不变　　　B.升高　　　C.降低　　　D.无法确定

5.喷油泵滚轮挺柱体高度调整螺钉升高,该缸的供油提前角（　）。
　A.不变　　　B.增大　　　C.减小　　　D.无法确定

6.喷油泵每次泵出的油量取决于柱塞有效行程的长短,而改变有效行程可采用的方法是（　）。
　A.改变喷油泵凸轮轴与柴油机曲轴的相对角位置
　B.改变滚轮挺柱体的高度
　C.改变柱塞斜槽与柱塞套油孔的相对角位移
　D.以上都可以

7.A 型喷油泵各缸供油量不均匀时,可调整（　）来改善。
　A.出油阀弹簧的预紧度　　　　B.滚轮挺柱体高度
　C.供油齿圈与控制套筒的相对角位移　D.喷油器调压弹簧预紧力

8.柱塞式喷油泵改变供油量大小是通过供油量调节机构来改变柱塞的（　）。
　A.减压带行程　　　B.有效行程
　C.总行程　　　　　D.剩余行程

9.若喷油器的调压弹簧过软,会使（　）。
　A.喷油量过小　　　　　B.喷油时刻滞后
　C.喷油初始压力过低　　D.喷油初始压力过高

10.柱塞式喷油泵的速度特性表明,当供油拉杆位置不变时,喷油泵每循环供油量与转速的关系是（　）。
　A.转速越高,喷油量越多　　　B.转速越高,喷油量越少
　C.与转速无关　　　　　　　　D.以上都不对

235

四、问答题

1. 简述柴油机燃料供给系的作用。
2. 什么是直喷式燃烧室和分隔式燃烧室?
3. 喷油器的工作原理是什么?
4. 调速器的作用是什么?
5. 简述 RAD 型两极式调速器怠速工况的工作过程。
6. 供油提前角自动调节器的作用是什么?
7. 简述共轨式电控柴油喷射系统的工作原理。
8. 简述柱塞式喷油泵的工作原理。
9. 简述 VE 型分配泵的工作原理。
10. 简述喷油泵、喷油器的调试项目及内容。

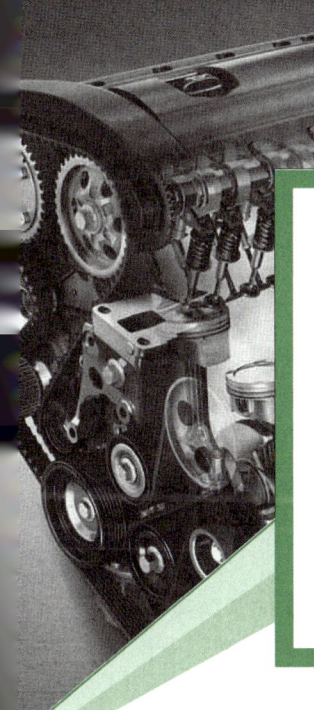

单元 7

润滑系的构造与维修

7.1 润滑系的组成与工作原理

认知目标 / 掌握润滑系的分类、组成及工作原理。

能力目标 / 能对照实物正确说出润滑系各组成部件的名称。

发动机工作时，如果相对运动的零件表面不能得到良好润滑，那么金属表面之间的摩擦不仅会使零件表面迅速磨损，还会因为摩擦产生大量热量而烧损零件，导致发动机不能运转。为了正确分析润滑系对发动机工作性能的影响，我们必须掌握润滑系的组成及工作原理等知识。

一、润滑系的功能

在发动机的工作过程中，润滑系主要起以下作用：

1.润滑

润滑系在两个相对运动的零件表面之间形成油膜，减少其直接接触，实现液体摩擦，使摩擦系数大大降低，从而减小摩擦阻力和磨损，降低发动机的功率消耗。

2.冷却和清洗

润滑油在润滑系内不断循环，流经各零件表面时，可带走零件表面的热量并清除零件表面的金属屑等杂质，起到冷却和清洗的作用。

3.密封和防腐

润滑油附着在气缸壁、活塞和活塞环等零件上，形成油膜，填充了零件之间的间隙，减少了漏气，提高了零件的密封效果。同时，还可保护零件免受水、空气和燃气的直接作用，防止零件受到化学腐蚀。

二、润滑方式

发动机各运动零件的工作条件不同,对润滑强度的要求也不同,现代发动机多采用压力润滑与飞溅润滑的综合润滑方式。

1.压力润滑

压力润滑是指利用机油泵,将具有一定压力的润滑油源源不断地送往摩擦表面,形成具有一定厚度并能承受一定机械负荷的油膜,尽量将两摩擦表面完全隔开,以保证润滑。发动机上采用压力润滑方式的部位有:曲轴各轴颈与轴承之间、连杆各轴颈与轴承之间、凸轮各轴颈与轴承之间、摇臂轴与摇臂之间等。在发动机缸体、缸盖上设有专门的油道输送润滑油。

2.飞溅润滑

飞溅润滑是指利用发动机工作时,运动零件旋转使油滴或油雾飞溅起来来润滑摩擦表面。这种润滑方式可使裸露在外面承受较轻负荷的气缸壁、相对滑动速度较小的活塞销以及配气机构的凸轮表面、挺柱等得到润滑。

3.定期润滑

发动机的某些辅助装置,例如水泵及发电机轴承等,采用定期加注润滑脂(黄油)的方式进行润滑。近年来,在发动机上采用含有耐磨润滑材料(如尼龙、二硫化钼等)的轴承来代替需加注润滑脂的轴承。

三、润滑系的组成与油路

为保证发动机得到正常的润滑,现代汽车发动机润滑系的组成及油路的布置方案大致相似,只是由于润滑系的工作条件和具体结构不同而稍有差别。

1.发动机润滑系

如图 7-1 所示为轿车发动机润滑系的组成。其润滑系循环路线如图 7-2 所示。

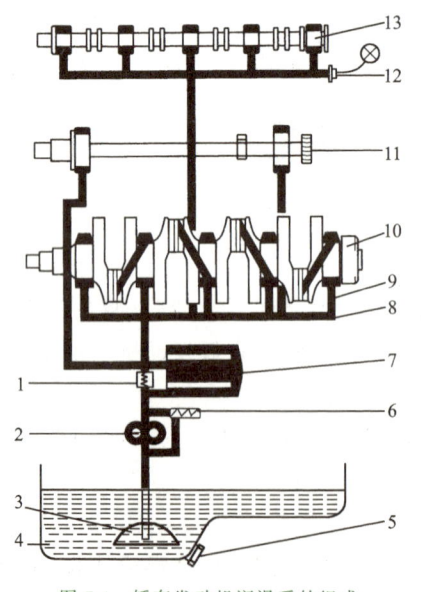

图 7-1 轿车发动机润滑系的组成

1—旁通阀;2—机油泵;3—集滤器;4—油底壳;5—放油塞;6—限压阀;7—机油滤清器;8—主油道;
9—分油道;10—曲轴;11—中间轴;12—机油压力开关;13—凸轮轴

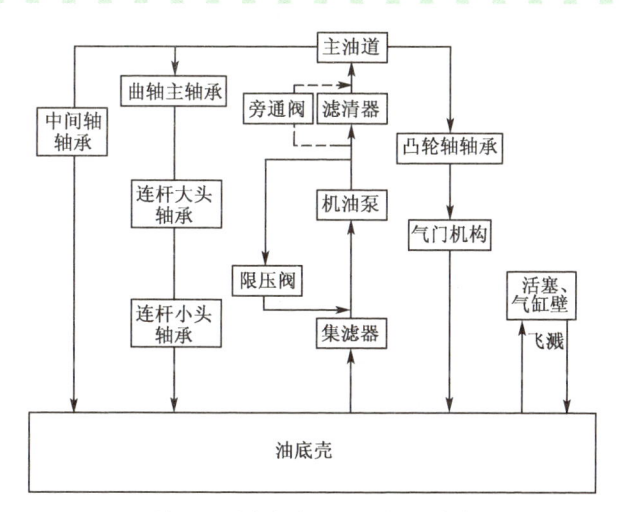

图 7-2　汽车发动机润滑系循环路线

齿轮式机油泵由位于曲轴一侧的中间轴上的齿轮驱动，将油底壳内的机油经集滤器初步过滤掉大的机械杂质后经全流式纸质滤清器进入主油道，然后分别与曲轴上的主轴承孔相通，对曲轴各道主轴颈进行润滑，并通过曲轴内部的油道，对连杆轴颈进行润滑。

主油道内的机油还通过一条专门的油道进入凸轮轴的轴承处，对凸轮轴的轴颈进行润滑。凸轮轴总油道还设有分油道与挺柱导向孔相通，对液压挺柱补充油液。

主油道内的机油有一小部分经分油道润滑中间轴轴承。其余部位采用飞溅润滑，润滑完毕的润滑油流回油底壳。

为防止润滑系的机油压力过高，在机油泵出口处装有限压阀。当机油泵输出压力过高时，限压阀打开，部分机油流回机油泵进油口，形成小循环，降低输出油压。

机油滤清器上设有旁通阀，一旦滤清器发生堵塞，该阀就会打开，机油直接进入主油道，保证各部位的可靠润滑。

润滑系的报警系统装有两个机油压力开关。一个在凸轮轴总油道的尾端（图 7-1 零件12），称为低压报警开关。当发动机机油压力低于 0.031 MPa 时，机油压力开关将油压指示灯电路接通，油压指示灯闪亮。另一个机油压力开关安装在滤清器盖上，是高压不足报警开关，当发动机转速大于 2 150 r/min 时，如果机油压力低于 0.18 MPa，高压报警开关触点就会断开，机油压力报警灯闪烁，蜂鸣器鸣响，说明机油压力低于标准，润滑系有故障。

2.曲轴箱强制通风

（1）作用

发动机工作时，一部分可燃混合气和废气经活塞环泄漏到曲轴箱内。泄漏到曲轴箱内的燃油蒸气凝结后，将使润滑油变稀。同时，废气的高温和废气中的酸性物质及水蒸气将侵蚀零件，并降低润滑油性能。另外，由于混合气和废气进入曲轴箱，曲轴箱内的压力增大，温度升高，易使机油从油封、衬垫等处向外渗漏。为此，现代汽车发动机一般都装有曲轴箱强制通风控制系统，即 PCV 控制系统，利用进气管的真空度将曲轴箱窜气吸入气缸燃烧，防止曲轴箱气体排放到大气中，同时可以避免曲轴箱压力过高以及窜气对机油的腐蚀。

（2）组成与工作原理

曲轴箱强制通风控制系统的结构如图 7-3 所示，主要由曲轴箱强制通风阀（PCV 阀）、通风软管、出气管等组成。图 7-3 中箭头所指方向为曲轴箱强制通风系统中的气体流动方向。

一般轿车的进气管与气门盖罩之间装有通气管,其作用是将通过空气滤清器的新鲜空气供给曲轴箱。新鲜空气和气缸窜气在曲轴箱内混合。发动机工作时,曲轴箱内的混合气在进气管处的真空吸力作用下通过缸体上的出气孔、PCV阀和通风软管进入气缸燃烧。

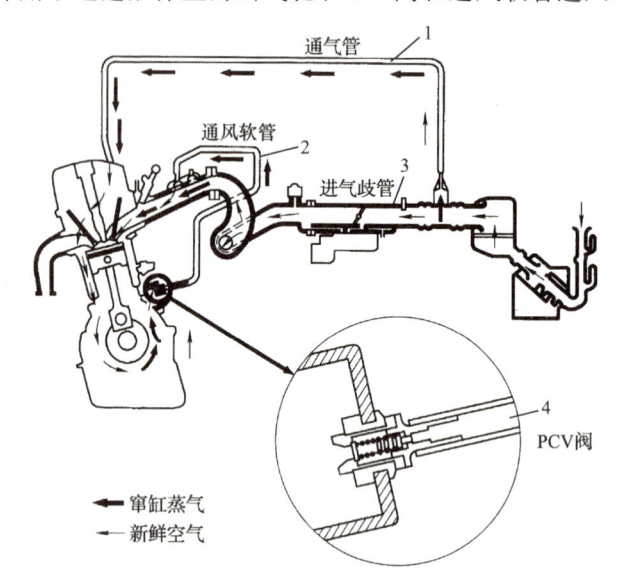

图 7-3 曲轴箱强制通风控制系统的结构
1—通气管;2—通风软件;3—进气歧管;4—PCV阀

PCV阀的结构如图 7-4 所示,它是真空控制的单向计量阀,可以调节发动机各种工况下的通风强度。在发动机怠速及小负荷工况时,进气管真空度大,PCV阀的开度小[图7-4(a)],防止过多的气体进入气缸,造成空燃比失调;在大负荷工况下,进气管真空度小,PCV阀的开度大[图7-4(b)],通风量大,保证了曲轴箱内新旧气体的大量对流。

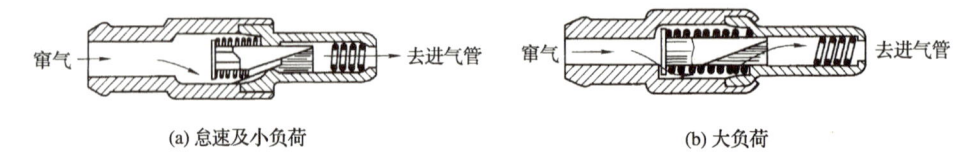

图 7-4 PCV阀

需要注意的是,在发动机熄火后,PCV阀应该关闭,否则,机油蒸气容易挥发到进气管中。

3.发动机润滑系的主要组成

发动机润滑系主要包括以下装置:

(1)润滑油储存与输送装置

润滑油储存与输送装置包括油底壳、机油泵、输油管和气缸体与气缸盖上的润滑油道等。其主要作用是保证润滑油的储存、加压和循环流动。机油泵大多装于曲轴箱内,也有一些柴油机的机油泵装于曲轴箱外面。

(2)润滑油滤清装置

润滑油滤清装置包括集滤器、粗滤器和细滤器等,其主要作用是过滤掉润滑油中的杂质、磨屑、油泥和水分等杂质,确保输送到各润滑部位的都是清洁的润滑油。一般情况下,集滤器、粗滤器和细滤器分别安装于润滑系的不同部位。也有的发动机将粗滤器、细滤器做成一体。

(3)安全和限压装置

在发动机润滑系中设有限压阀和旁通阀,限压阀用来限制润滑系中的最高油压,旁通阀在粗滤器发生堵塞时打开,机油泵输出的油可直接进入主油道。

(4)其他装置

机油压力表、油温表便于驾驶员掌握润滑系的工作状态。机油标尺便于驾驶员检查润滑油的油量、油质。一些热负荷较高的发动机设有机油散热装置,以加强润滑油的冷却,确保发动机在大负荷时润滑油具有最佳润滑效果。

7.2 润滑系主要部件的构造与维修

认知目标 / 掌握润滑系主要部件的构造及工作原理。

能力目标 / 能正确拆装润滑系主要部件,熟悉润滑系主要部件的检修方法。

润滑系是否正常工作,直接影响发动机的使用寿命与工作性能的正常发挥。当发动机润滑系的工作出现异常时,为了能准确分析和诊断故障并进行排除,我们必须掌握润滑系主要部件的结构及检修方法。

一、机油泵的构造与维修

机油泵的作用是提高机油压力,保证机油在润滑系内不断循环。目前发动机润滑系中广泛采用的是外啮合齿轮式机油泵和内啮合转子式机油泵两种。

1.齿轮式机油泵

齿轮式机油泵的构造如图7-5所示。

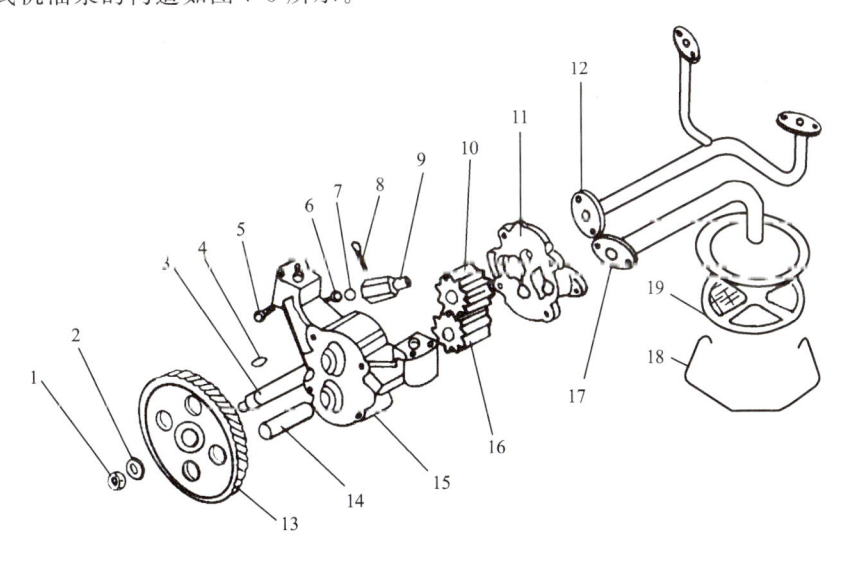

图7-5 齿轮式机油泵的构造

1—螺母;2—锁片;3—主动轴;4—半圆键;5—弹簧座;6—限压阀弹簧;7—球阀;8—开口销;9—阀体;10—主动齿轮;11—泵盖;12—出油管;13—传动齿轮;14—从动轴;15—泵壳;16—从动齿轮;17—吸油管;18—卡簧;19—集滤器滤网

241

齿轮式机油泵由主动轴、主动齿轮、从动轴、从动齿轮、壳体等组成，两个齿数相同的齿轮相互啮合，装在壳体内，齿轮与壳体的径向和端面间隙很小。主动轴与主动齿轮键连接，从动齿轮空套在从动轴上。泵壳安装在曲轴箱内，泵壳内装有主动轴和从动轴，主动齿轮和从动齿轮分别安装在主动轴和从动轴上。泵盖用螺栓安装在泵壳上，机油泵的进油口和出油口均设在泵盖上。吸油管用螺栓固定在进油口处，出油管用螺栓固定在机油泵出油口与发动机机体上的相应油道之间。主动轴的前端伸出泵壳，传动齿轮通过半圆键、锁片和螺母固定在主动轴上。

发动机工作时，传动齿轮与曲轴正时齿轮啮合，带动机油泵工作。限压阀安装在机油泵的出油口处。

齿轮式机油泵的工作原理如图7-6所示。发动机工作时，带动机油泵齿轮按图7-6所示方向旋转，进油腔的轮齿脱离啮合，使进油腔容积增大，产生一定的真空度，润滑油便从进油口被吸入进油腔。随着齿轮的旋转，齿间的润滑油被带到出油腔。出油腔轮齿进入啮合状态，使出油腔容积减小，油压升高，润滑油便经出油口被压送到润滑油道中。机油泵输出的油量与发动机转速成正比。

一般在壳体与泵盖之间装有很薄的垫片，既可防止机油泵漏油，又可调整齿轮端面与泵盖之间的间隙。

为保证齿轮传动的连续性，应当使前一对轮齿还未脱离啮合时，后一对轮齿已进入啮合。一部分润滑油将随着轮齿的转动被封闭在啮合齿的齿隙内，封闭的润滑油会产生推力作用于齿轮轴。为此，在泵盖上铣出一条卸压槽与出油腔相通，将齿隙内的润滑油导向出油腔。

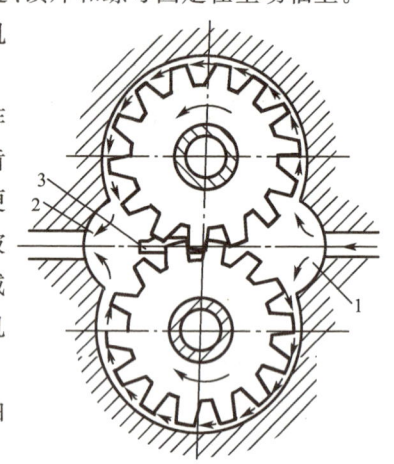

图7-6 齿轮式机油泵的工作原理
1—进油腔；2—出油腔；3—卸压槽

齿轮式机油泵结构简单，机械加工方便，工作可靠，使用寿命长，应用较广泛。

2.转子式机油泵

转子式机油泵的构造如图7-7所示，由泵壳、内转子、外转子和泵盖等组成。内、外转子安装在机油泵泵壳内，转子轴伸出泵壳，其外端装有机油泵链轮。机油泵用螺栓安装在曲轴箱内，由中间轴通过传动链驱动。在维修时，垫圈、O形密封圈、开口销不允许重复使用。

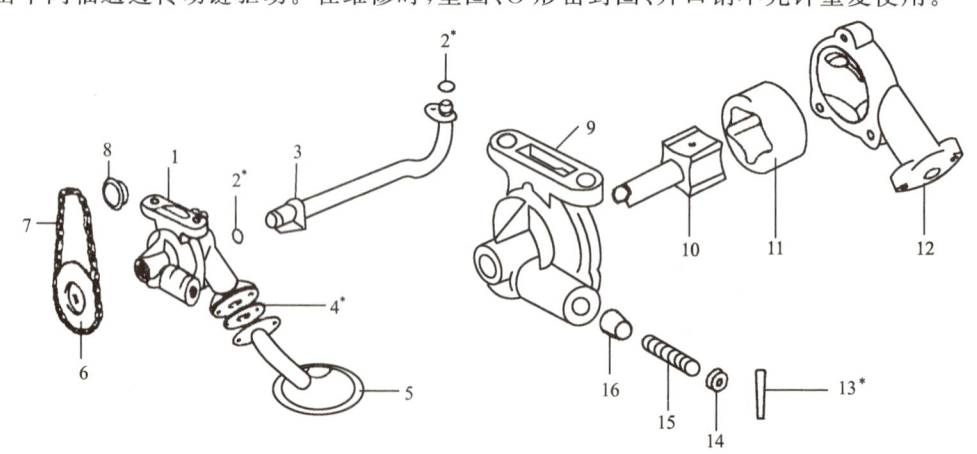

图7-7 转子式机油泵的构造
1—机油泵总成；2—O形密封圈；3—出油管；4—垫圈；5—集滤器；6—机油泵链轮；7—传动链；8—中间轴链轮；9—泵壳；10—内转子；11—外转子；12—泵盖；13—开口销；14—弹簧座；15—限压阀弹簧；16—限压阀；*为不能重复使用的零件

转子式机油泵的工作原理如图 7-8 所示。

泵壳上设有进油孔和出油孔。内转子用键或销固定在转子轴上,由曲轴齿轮直接或间接驱动,内转子和外转子中心有一定的偏心距,内转子带动外转子一起沿同一方向转动。内转子有四个凸齿,外转子有五个凹齿,这样内、外转子同向不同步地旋转。转子齿形齿廓设计应确保转子转到任何角度时,内、外转子每个齿的齿廓线上总能互相成点接触。这样内、外转子间即形成四个工作腔,随着转子的转动,这四个工作腔的容积是不断变化的。在进油道的一侧空腔,由于转子脱离啮合,因此容积逐渐增大,产生真空度,机油被吸入,转子继续旋转,机油被带到出油道的一侧,这时,转子正好进入啮合,使该空腔容积减小,油压升高,机油从齿间挤出并经出油道压送出去。随着转子的不断旋转,机油不断地被吸入和压出。

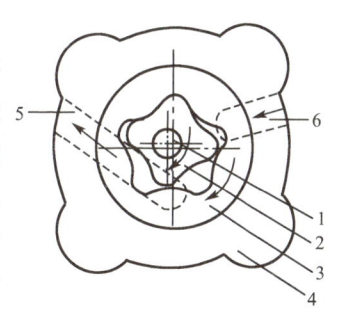

图 7-8 转子式机油泵的工作原理
1—转子轴;2—内转子;3—外转子;4—泵壳;5—出油孔;6—进油孔

转子式机油泵结构紧凑,外形尺寸小,质量轻,吸油真空度较大,泵油量大,供油均匀度好,成本低,在中、小型发动机上应用广泛。

3.机油泵的维修

在润滑系维护良好的情况下,机油泵的耗损速率远小于其他总成。机油泵的主要损伤是由零件磨损造成的泄漏。该损伤会降低泵油压力和减少泵油量。因此要根据其工作性能确定是否需要拆检和维修。

(1)机油泵的检测项目和方法

①检查齿轮端面到泵盖端面的间隙:拆下泵盖,在泵体上沿齿轮中心连线方向放一把直尺,用塞尺测量齿轮端面到直尺的间隙,如图 7-9 所示。标准值是:主动齿轮为 0.08~0.14 mm,从动齿轮为 0.06~0.12 mm。极限值是:主动齿轮为 0.18 mm,从动齿轮为 0.15 mm。若间隙超过允许值,则应更换机油泵总成。

②检查齿轮的啮合间隙:用塞尺在齿轮圆周上每隔 120°测量一次,如图 7-10 所示。间隙值应为 0.08~0.20 mm,齿轮上三点的啮合间隙相差不应超过 0.10 mm。若超过,则应更换主、从动齿轮。

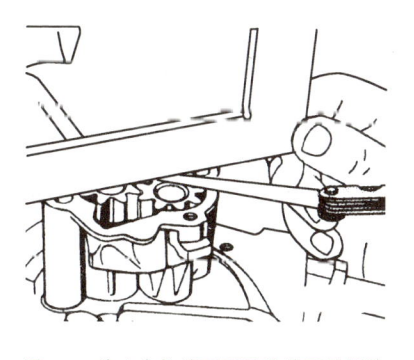

图 7-9 检查齿轮端面到泵盖端面的间隙

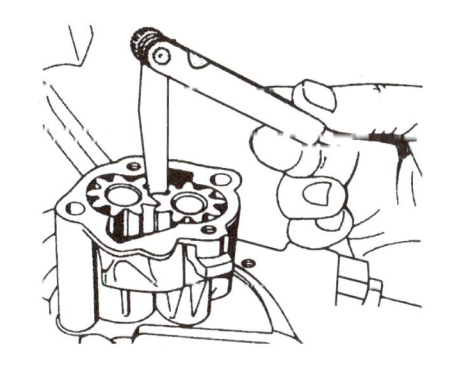

图 7-10 检查齿轮的啮合间隙

③检查齿顶与壳体之间的间隙:用塞尺测量齿顶与壳体之间的间隙。一般不得超过 0.05~0.15 mm。若超过极限值,则应更换机油泵总成。

④检查泵盖端面的平面度:用直尺和塞尺检查泵盖端面的平面度,若误差大于 0.05 mm,则应修磨平面。

转子式机油泵应检查端面间隙、啮合间隙、外转子与泵壳之间的间隙,其检查方法同上。

(2)机油泵工作性能的检验

①简易试验法:试验时,集滤器浸入清洁的机油中,按机油泵的工作转向,用手转动机油泵主动轴,机油应从出油口流出;用手指堵住出油口,继续转动机油泵,手指应有压力感,同时感到转动主动轴的阻力明显增大,直至转不动或机油被压出;径向和轴向推拉、晃动主动轴,有间隙感但不松旷。

②试验台试验法:如果有条件,机油泵装复后,应在试验台上进行性能试验。对机油泵的泵油量和泵油压力进行测试。

二、机油滤清器的结构与维护

发动机工作时,金属磨屑和大气中的尘埃以及燃料燃烧不完全所产生的炭粒会渗入机油中,机油本身也因受热氧化而产生胶状沉淀物,这些杂质会成为磨料,加速零件的磨损,并引起油道堵塞及活塞环、气门等零件胶结。因此,必须使循环流动的机油在送往运动零件表面之前得到净化处理,以保证摩擦表面的良好润滑,延长其使用寿命。

一般润滑系中装有几个具有不同滤清能力的滤清器(集滤器、粗滤器和细滤器),分别串联或并联在主油道中。与主油道串联的滤清器称为全流式滤清器,一般为粗滤器;与主油道并联的滤清器称为分流式滤清器,一般为细滤器,其过油量为10%~30%。

1.集滤器

集滤器多为滤网式,安装于机油泵的进油管上,其作用是防止较大的机械杂质进入机油泵。

(1)浮式集滤器

浮式集滤器飘浮于机油表面,能吸入油面上较清洁的机油,但油面上的泡沫易被吸入,使机油压力降低,润滑欠可靠,目前应用不多。

在使用中,首先应检查浮式集滤器的浮子是否有变形和破损,若有则应及时焊修;其次应检查集滤器安装到机油泵上后,其上、下摆动是否灵活。

(2)固定式集滤器

固定式集滤器如图7-11所示,它主要由吸油管、滤网和罩组成。吸油管上端通过螺栓与机油泵连接,下端与滤网支座连成一体;罩利用翻边安装在滤网支座外缘凸台上,滤网夹装在滤网支座与罩之间;罩的边缘有四个缺口,形成进油通道。

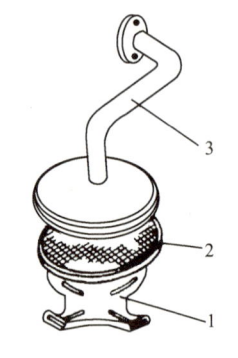

图7-11 固定式集滤器
1—罩;2—滤网;3—吸油管

固定式集滤器淹没在油面之下,吸入的机油清洁度较差,但可防止泡沫吸入,其润滑可靠,结构简单,在汽车发动机上得到广泛运用。

固定式集滤器在使用中,主要应检查吸油管与机油泵连接处的衬垫,若有损伤必须更换,以免因漏气导致机油压力下降;若发现滤网堵塞,应及时清洁。

2.粗滤器

粗滤器用于滤去机油中粒度较大的杂质,其机油流动阻力小,通常串联在机油泵与主油道之间,属于全流式滤清器。粗滤器是过滤式滤清器,其工作原理是利用机油通过细小的孔眼或缝隙时,将大于孔眼或缝隙的杂质留在滤芯的外部。根据滤芯的不同,粗滤器有各种不同的结构形式。传统的粗滤器多采用金属片缝隙式和绕线式,现在多采用可拆纸质式和锯末式。

如图 7-12 所示,粗滤器主要由外壳、端盖和滤芯组成。滤芯采用锯末或纸质滤芯。滤芯安装于外壳滤芯底座与端盖下端面之间,并用弹簧压紧。密封圈用来防止外壳内的机油不经过滤直接进入芯筒内。端盖与外壳之间用密封圈密封,通过中心螺栓连接。端盖通过螺栓固定于缸体,并和缸体上的相应油孔连通。

从机油泵输出的机油经端盖上的油孔进入粗滤器的外壳与滤芯之间,经滤芯过滤后进入芯筒,再经端盖上的出油孔进入主油道。

旁通阀安装于端盖上,带有触点并与仪表板上的指示灯相连。当滤芯发生堵塞导致阻力增加到约 0.1 MPa 时,旁通阀打开,外壳内的机油经旁通阀和端盖出油孔进入主油道,同时旁通阀触点接通指示灯电路,指示灯闪亮以提醒驾驶员维护滤清器。发动机冷启动时,机油黏度大,使滤芯阻力增加,所以指示灯有时也闪亮;当发动机温度升高、机油黏度下降时,该灯熄灭。

纸质滤芯的结构如图 7-13 所示。

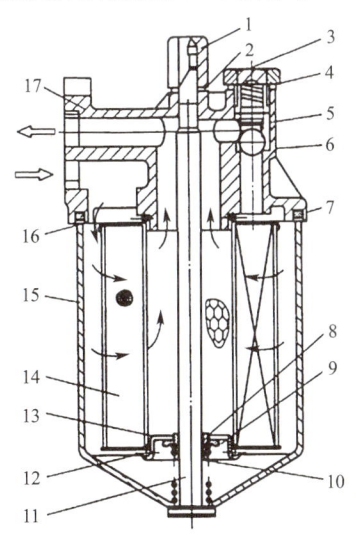

图 7-12 粗滤器的结构
1—螺母;2、4—密封垫圈;3—阀座;5—旁通阀;6—球阀;7—外壳密封圈;8—拉杆密封圈;9—压紧弹簧垫圈;10—滤芯压紧弹簧;11—拉杆;12、16—滤芯密封圈;13—托板;14—滤芯;15—外壳;17—端盖

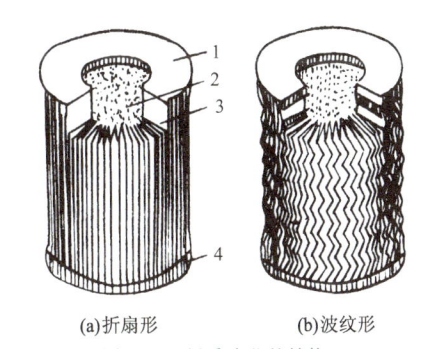

图 7-13 纸质滤芯的结构
(a)折扇形 (b)波纹形
1—上端盖;2—芯筒;3—微孔滤纸;4—下端盖

芯筒是滤芯的骨架,用薄铁皮制成,其上加工出许多圆孔。滤芯是用微孔滤纸制成的,为了增大过滤面积,微孔滤纸一般都折叠成折扇形和波纹形。微孔滤纸经过酚醛树脂处理,具有较高的强度,其抗腐蚀能力和抗水湿性能较好,具有质量轻、体积小、结构简单、滤清效果好、过滤阻力小、成本低和保养方便等优点。

在使用中,对纸质滤芯可拆式滤清器,一般只需按规定里程进行维护,主要是更换滤芯和清洁外壳、端盖及油孔。

3.细滤器

细滤器用以清除机油中细小的杂质。这种滤清器对机油的流动阻力较大,故多做成分流式,它与主油道并联,只有少量的机油通过它滤清后又回到油底壳。细滤器有过滤式和转子式两种,过滤式细滤器存在着滤清能力与通过能力的矛盾。因此,有些发动机采用转子式细滤器,其结构如图 7-14 所示。

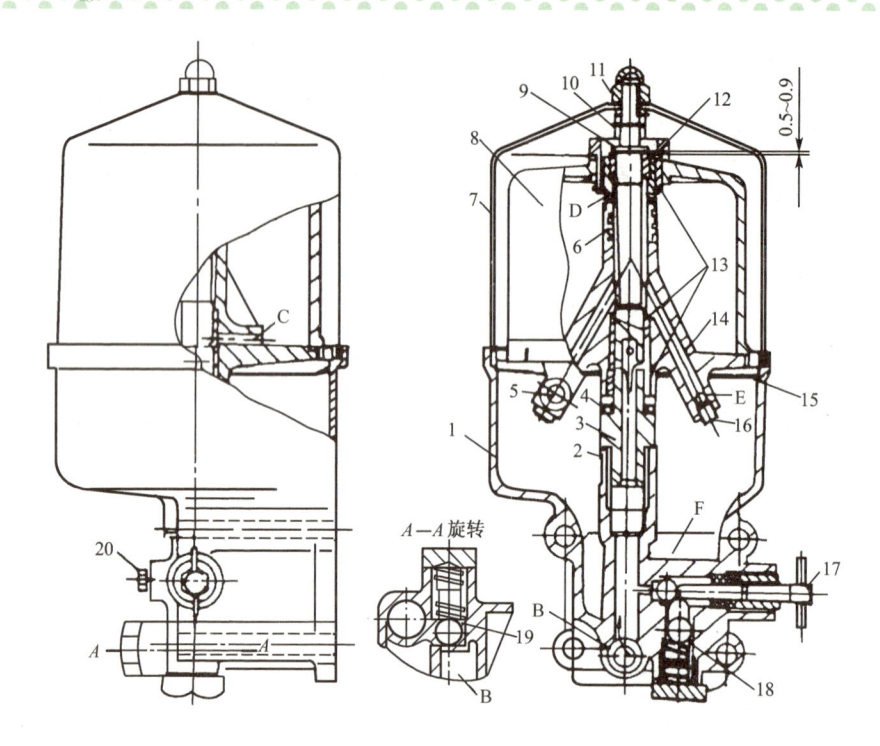

图 7-14 转子式细滤器的结构

1—壳体；2—锁片；3—转子轴；4—止推轴承；5—喷嘴；6—转子体端套；7—滤清器盖；8—转子盖；
9—支承座；10—弹簧；11—盖形螺母；12—压紧螺母；13—衬套；14—转子体；15—挡板；
16—螺塞；17—机油散热器开关；18—机油散热器安全阀；19—限压阀；20—管接头；
B—滤清器进油口；C—转子体出油孔；D—转子体进油孔；E—通喷嘴油道；F—滤清器出油口

细滤器的转子轴的下半段为空心结构，其下端固定在壳体上，转子轴上端套装着滤清器盖，并用盖形螺母固定。转子体与转子体端套连成一体，转子盖通过压紧螺母固定在转子体上，转子体中心孔内压装着三个衬套。转子体套装在转子轴上，下端与转子轴之间装有可自由转动的止推轴。在转子上端面与滤清器盖之间装有支承座和弹簧，防止转子发生轴向窜动。转子体下端设有两个喷嘴。

发动机工作时，从机油泵输出的小部分机油经气缸体上的油道到达滤清器进油口。当油压低于 0.1 MPa 时，限压阀关闭，机油泵输出的润滑油不经细滤器（全部经粗滤器）进入主油道。当油压高于 0.1 MPa 时，限压阀打开，润滑油进入滤清器进油口，经壳体和转子轴的中心孔、转子体出油孔进入转子内腔，再经转子体进油孔、喷嘴油道从两喷嘴喷出，并在喷油反力作用下，使转子及内腔的润滑油高速旋转。在离心力的作用下，转子腔内润滑油的杂质被甩向转子盖内壁并沉积下来，转子腔内靠近中心部分为清洁的润滑油，这部分油经喷嘴喷出后，经滤清器出油口直接流回油底壳。

管接头与机油散热器相连，当机油温度过高时，可打开机油散热器开关，使部分机油流向散热器进行冷却。滤清器还设有机油散热器安全阀，当油压高于 0.4 MPa 时，安全阀被顶开，部分机油流回油底壳，以防止因油压过高而损坏机油散热器。

一般汽车每行驶 6 000～8 000 km，就应清洗细滤器的转子，清除转子盖内壁的沉积物，疏通喷嘴，并更换各处的密封圈。

在清除转子盖内壁的沉积物时，为防止损伤转子盖，应使用竹片、木条或塑料板，不可用金属件；疏通喷嘴时，应使用直径1.8 mm以下的铜丝，不得使用钢丝。

4.整体式滤清器

整体式滤清器不可分解,分为单级式和复合式。整体式单级式滤清器只有一个滤芯,旋装在滤清器支架上,与主油道串联。其成本低,维修方便,在轿车上应用广泛。

整体式单级式滤清器的结构如图 7-15 所示。滤清器壳体用薄钢板冲压而成,壳体内装有带金属骨架的纸质滤芯,滤芯下设有旁通阀。发动机工作时,从机油泵输出的润滑油经进油口进入滤清器壳体与滤芯之间,经滤芯滤除杂质后,清洁机油由出油口进入主油道。当滤芯堵塞时,旁通阀打开,润滑油不经滤芯直接进入主油道。

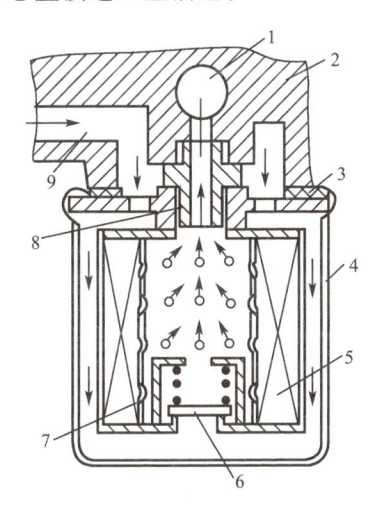

图 7-15 整体式单级式滤清器的结构
1—主油道;2—机体;3—密封圈;4—壳体;5—滤芯;
6—旁通阀;7—滤芯骨架;8—安装座;9—进油口

此种滤清器无须维护。在使用中,一般汽车每行驶 15 000 km,就应更换滤清器。

整体式复合式滤清器内装有粗滤与细滤两个滤芯,均采用纸质滤芯,其结构原理和维护与整体式单级式滤清器类似。

三、机油散热器

发动机运转时,因为机油黏度随温度的升高而变稀,降低了润滑能力,所以有些热负荷较大的发动机装用了机油散热器。其作用是降低机油温度,使润滑油保持一定的黏度。

机油散热器由散热管,限压阀,手动开关阀,进、出水管等组成,当环境温度较低时,应关闭手动开关阀,使润滑油不经散热器进行循环。限压阀在油压较低时,自动关闭散热器油路。

机油散热器有空冷式和水冷式两种。

空冷式机油散热器一般安装在发动机的前面,与主油道并联。利用空气流经散热器时带走热量,使散热器内的润滑油得到冷却。空冷式机油散热器的结构如图 7-16 所示。

水冷式机油散热器的结构如图 7-17 所示。一般安装在发动机一侧,串联在主油道之前,利用冷却水在管路外的流动,来控制润滑油的温度。当润滑油温度较高时,利用冷却水降温;发动机启动时,从冷却水吸收热量,使润滑油温度迅速提高。

水冷式机油散热器由铝合金铸成的壳体、前盖、后盖和芯管等组成。为了加强冷却,管外

微课 6
发动机润滑油、
机油滤清器的
检查与更换

又套装了散热片。冷却水在管路外流动,润滑油在管路内流动,两者进行热量交换。也有的采用油在管路外流动、而水在管路内流动的结构。

机油散热器的检查与维修方法,与冷却系散热器基本相同。

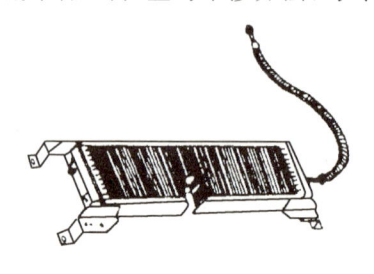

图 7-16 空冷式机油散热器的结构

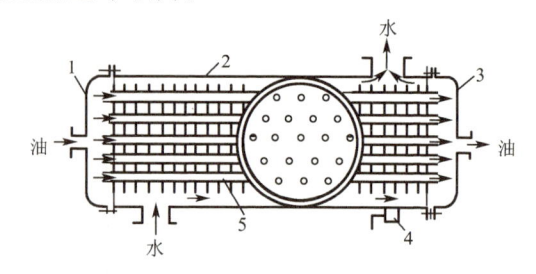

图 7-17 水冷式机油散热器的结构
1—前盖;2—壳体;3—后盖;4—放水开关;5—芯管及散热片

技能训练

实训　润滑系拆装

一、实训内容

1.观察润滑系各部件的装配关系。
2.观察润滑油路和强制式曲轴箱通风的连接方法。
3.机油泵和滤清器的拆装及检修。

二、实训目的与要求

1.掌握润滑系组成及各部件的装配关系,主要部件的构造、工作原理及维修方法。
2.熟悉强制式曲轴箱通风的原理和连接方法。

7.3 润滑系常见故障诊断与排除

能力目标　能对润滑系几种常见故障进行诊断与排除。

润滑系出现故障,将导致润滑不良,发动机功率下降,运动部件磨损严重,相互摩擦表面高温而烧损等后果,如果不及时排除会使发动机的运动部件受到严重损坏,甚至使发动机不能正常运转。所以我们应该学会针对润滑系故障的诊断与排除方法。

润滑系常见的故障有:机油压力过低、机油压力过高、机油消耗异常等。

一、机油压力过低

1.现象

发动机在正常温度和转速下,油压报警灯闪烁。

2.原因

①机油压力传感器效能不佳。
②机油压力表失准。

③油底壳油面过低。
④燃烧室未燃气体漏入油底壳,将机油稀释。
⑤机油黏度降低。
⑥机油泵齿轮磨损、泵盖磨损或泵盖衬垫过厚,造成供油能力过低。
⑦内、外管路有泄漏。
⑧机油限压阀调整不当、关闭不严或其弹簧折断。
⑨机油集滤器滤网堵塞。
⑩曲轴主轴承、连杆轴承或凸轮轴轴承磨损或轴承盖松动、减摩合金层脱落或烧损。

3.诊断与排除

排除油压报警灯电路故障后,机油压力过低的故障诊断流程如图 7-18 所示。

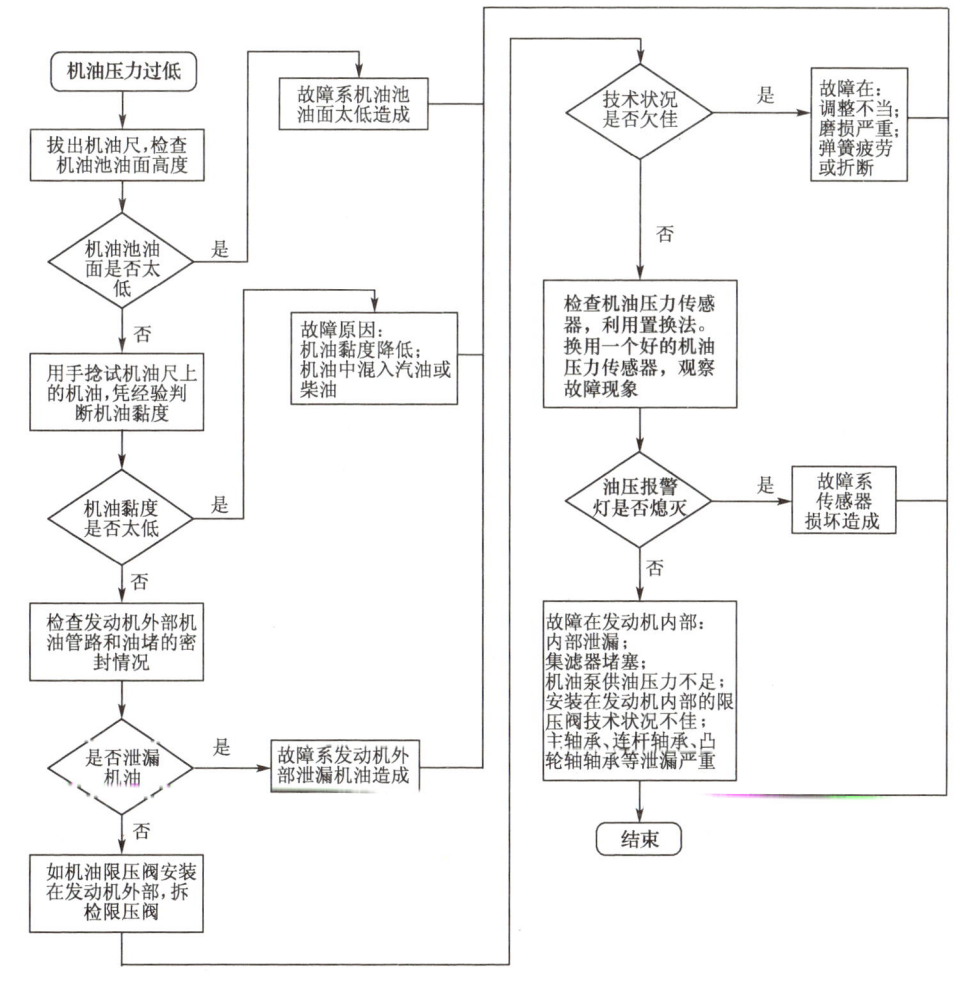

图 7-18 机油压力过低的故障诊断流程

二、机油压力过高

1.现象

发动机在正常温度和转速下,机油压力表读数高于规定值,或油压偏高,油压报警灯报警。

2. 原因

① 机油压力传感器失准。

② 油底壳油面过高。

③ 机油变稠或新换机油黏度过大。

④ 机油限压阀发卡或调整不当。

⑤ 通往各摩擦表面的分油道内积垢阻塞或主轴承、连杆轴承、凸轮轴轴承等间隙太小。

3. 诊断与排除

排除油压表及油压指示灯故障后，机油压力过高的故障诊断流程如图 7-19 所示。

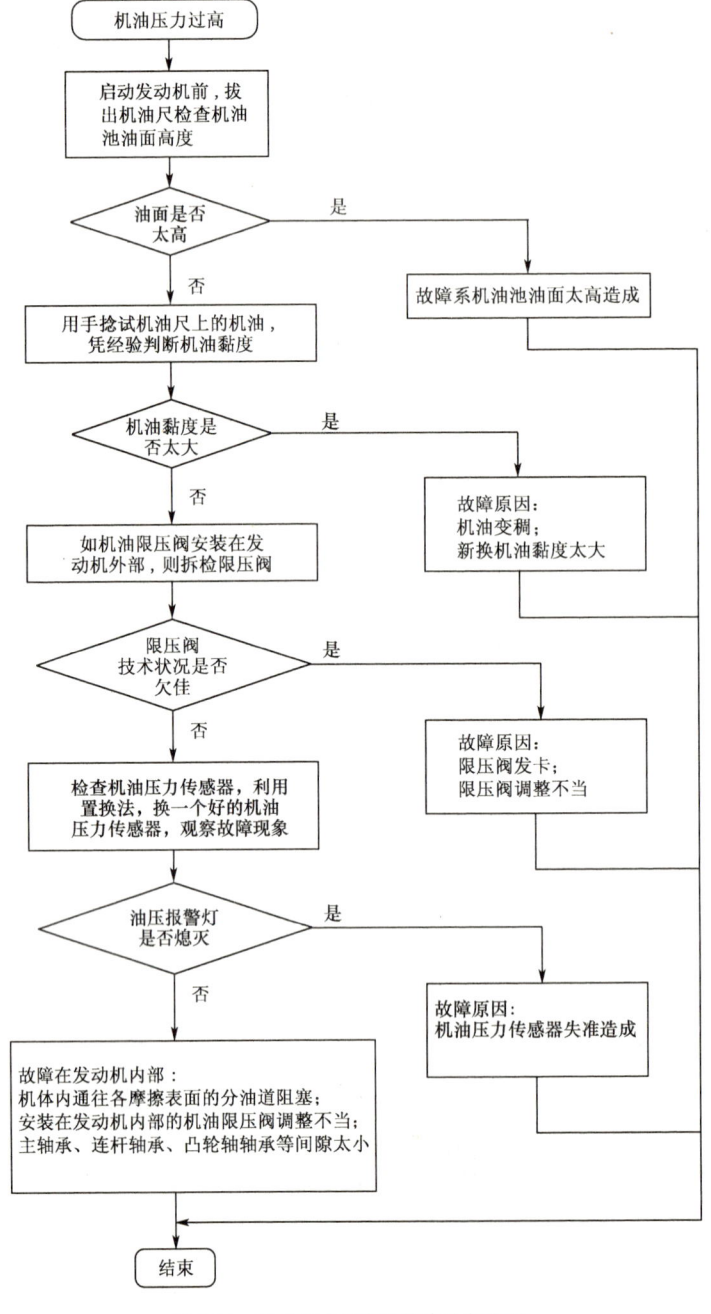

图 7-19　机油压力过高的故障诊断流程

三、机油消耗异常

1.现象

①机油平均消耗量超过相关标准规定。我国国家标准规定：汽车发动机额定转速、全负荷时机油/燃料消耗比不得超过 0.3％。如一辆百公里耗油量为 10 L 的汽车，其发动机的机油消耗量应少于 0.3 L/1 000 km。

②尾气冒蓝烟。

③积炭增多。

2.原因

①发动机密封件表面漏油；

②活塞与气缸间隙过大，机油泄漏量增加；

③曲轴箱通风不良。

3.诊断与排除

机油消耗异常的故障诊断流程如图 7-20 所示。

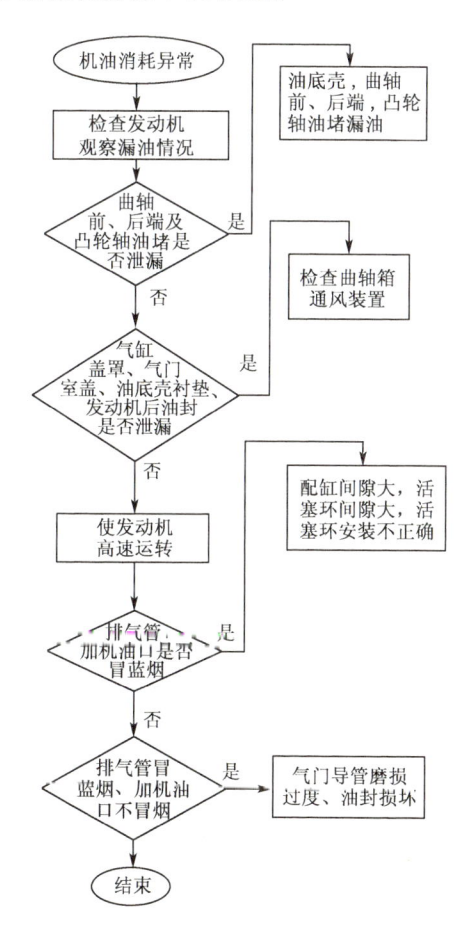

图 7-20 机油消耗异常的故障诊断流程

251

技能训练

实训　润滑系常见故障的诊断与排除

一、实训内容

润滑系常见故障的诊断与排除。

二、实训目的与要求

1.熟悉润滑系的常见故障现象。

2.掌握润滑系常见故障诊断与排除的方法和步骤。

强化练习

一、填空题

1.发动机的润滑方式有_____、_____、_____。

2.发动机润滑系的基本组成包括_____装置、_____装置、_____装置和机油压力表等其他装置。

3.集滤器可分为_____和_____两种。

4.机油散热器一般用于_____发动机。

5.机油粗滤器一般和主油道_____。

二、判断题

1.机油细滤器滤清能力强,经滤清后的润滑油直接进入主油道。由于它串联在机油泵与主油道之间,因此属于全流式滤清器。（　）

2.飞溅润滑是指发动机工作时,用运动零件飞溅起来的油滴和油雾润滑摩擦表面的润滑方式,它主要用来润滑外露表面、承受负荷较小的工作表面。（　）

3.发动机工作时,机油泵的泵油量和泵油压力与发动机转速无关。（　）

4.机油集滤器的作用是用来滤除润滑油中细小颗粒的杂质。（　）

5.现代轿车发动机上通常只设有集滤器和一个全流式机油滤清器。（　）

6.机油尺的作用是通过检查油底壳内润滑油液面高度,来判断润滑油的存量。（　）

7.曲轴箱的强制通风是靠排气管管口处的真空度将曲轴箱内的气体排出的。（　）

三、单项选择题

1.汽车发动机上相对运动的零件较理想的摩擦方式是（　　）。

A.干摩擦　　　　　　　　B.半干摩擦

C.液体摩擦　　　　　　　D.半液体摩擦

2.压力润滑主要用于承受负荷大、相对运动速度较高的摩擦表面,因此（　　）不属于压力润滑零件。

A.主轴颈　　　　　　　　B.连杆轴颈

C.凸轮轴轴颈　　　　　　D.活塞与气缸壁

3.润滑系中一般安装有机油压力传感器和（　　）,以监控润滑系的油压。

A.最低油压报警开关　　　B.机油泵中的限压阀

C.粗滤器上的旁通阀　　　D.细滤器中的限压阀

4.整体式机油滤清器发生堵塞时（　　）,润滑油不经过滤清器直接进入主油道,以确保润滑系的润滑油量。

A.安全阀开启　　　　　　　　B.安全阀关闭
C.旁通阀开启　　　　　　　　D.旁通阀关闭

5.使转子式机油滤清器内转子体做高速转动的是(　　)。

A.凸轮轴正时齿轮　　　　　　B.曲轴正时齿轮
C.凸轮轴上的斜齿轮　　　　　D.从转子体喷嘴高速喷出的润滑油

6.水冷式机油散热器安装时,与(　　)。

A.冷却水道并联　　　　　　　B.机油细滤器串联
C.主油道串联　　　　　　　　D.机油粗滤器并联

四、问答题

1.机油泵的作用是什么?齿轮式机油泵由哪些主要零件组成?

2.如何检查发动机内润滑油油量?润滑油油量过多或过少对发动机有何不利影响?

3.润滑系的功能是什么?画出常见润滑系的组成框图并说明其油路。

4.润滑系有哪些常见故障?如何诊断与排除?

单元 8

冷却系的构造与维修

8.1 冷却系的组成与工作原理

认知目标 / 掌握发动机水冷系组成、功用及工作原理。

能力目标 / 能对照实物正确说出冷却系各组成部件的名称。

冷却系的功用是使工作中的发动机得到适度的冷却,从而保持在最适宜的温度范围内工作。发动机工作温度过高或过低对发动机的工作性能都会产生不良影响。为了正确分析冷却系对发动机工作性能的影响,我们必须掌握冷却系的组成及工作原理等知识。

一、冷却系的功能

在可燃混合气的燃烧过程中,气缸内的气体温度可高达 2 500 ℃。直接与高温气体接触的零件(如气缸体、气缸盖、气门和活塞等)若不及时加以冷却,则其中运动零件将可能因受热膨胀而使正常配合间隙受到破坏甚至卡死,同时润滑油将在高温下失效而使发动机零件间不能保持正常的油膜。为保证发动机正常工作,必须冷却这些在高温条件下工作的零件。

应当指出的是,发动机的冷却必须适度。如果发动机冷却不足,会使气缸充气量减少,燃烧不正常,发动机功率下降,且发动机零件也会因润滑油黏度变小而润滑不良,加速磨损。如果冷却过度,发动机的温度将过低而不利于可燃混合气的形成和燃烧,使发动机的热量损失增大,造成有效功率下降。此外,润滑油黏度变大同样不能形成良好的润滑油膜,使摩擦损失加大,同样会使发动机有效功率下降。

二、冷却系的类型

发动机的冷却系按冷却介质的不同可以分为风冷系和水冷系。

将发动机中高温零件的热量直接散入大气而进行冷却的装置称为风冷系,而把这些热量先传给冷却液,然后再散入大气而进行冷却的装置称为水冷系。水冷系冷却均匀,效果好,目前汽车发动机上大都采用水冷系,只有少数汽车发动机采用风冷系。

1.水冷系

汽车发动机的冷却系为强制循环水冷系,即利用水泵提高冷却液的压力,强制冷却液在发动机水套和散热器中循环流动。汽车发动机水冷系的组成如图 8-1 所示,它包括水泵、散热器、风扇、节温器、补偿水桶(膨胀水箱)、发动机气缸体和气缸盖中的水套以及其他附属装置等。其中水套是发动机的气缸盖和气缸体中铸造出贮水的、连通的夹层空间,其作用是让冷却液接近受热的高温零件,并在其中循环流动。

冷却液在强制循环水冷系中的循环路径如图 8-2 所示。冷却液在水泵中增压后,经分水管进入发动机的气缸体水套和气缸盖水套内。冷却液从水套壁吸热之后经节温器及散热器进水软管流入散热器。空气经过风扇的强力抽吸,由前向后高速通过散热器,使受热后的冷却液在流经散热器的过程中向周围的空气散热而降温;最后冷却液经散热器出水软管返回水泵,如此循环不已。

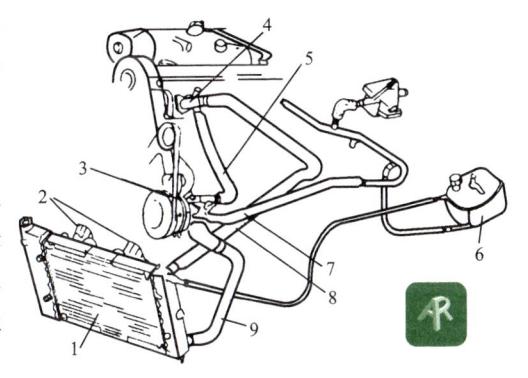

图 8-1 汽车发动机水冷系的组成
1—散热器;2—风扇;3—水泵;4—气缸盖出水口;
5—旁通水管;6—膨胀水箱;7—暖风机回水软管;
8—散热器进水软管;9—散热器出水软管

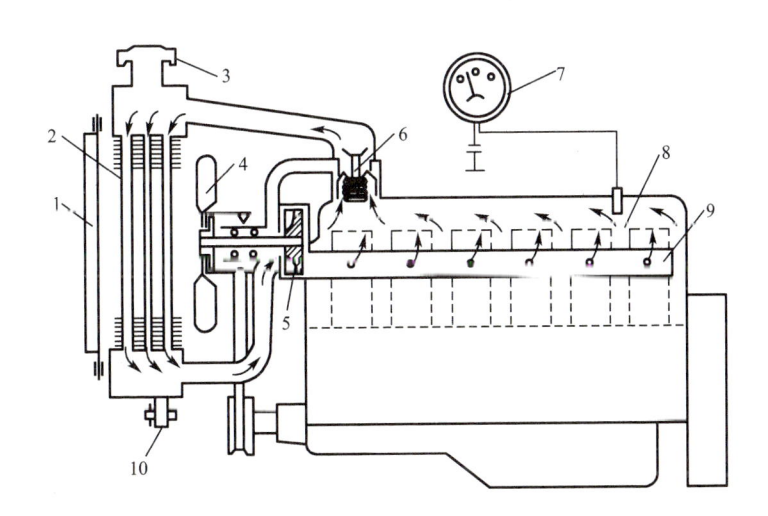

图 8-2 强制循环水冷系
1—百叶窗;2—散热器;3—散热器盖;4—风扇;5—水泵;6—节温器;7—冷却液温度表;8—水套;9—分水管;10—放水阀

冷却系中设有百叶窗、风扇离合器和节温器等部件,可以对发动机的冷却程度进行调节,以保证发动机在各种工况下都能在最适宜的温度范围内工作。

冷却液温度表装在汽车仪表板上,显示发动机冷却液的温度。

2. 风冷系

部分小排量汽车发动机的冷却系采用风冷系。现代风冷式发动机如图8-3所示。为了增大散热面积,一般在气缸体和气缸盖上制有许多散热片。发动机利用车辆前进中的空气流,或特设的风扇鼓动空气,吹过散热片,将热量带走。

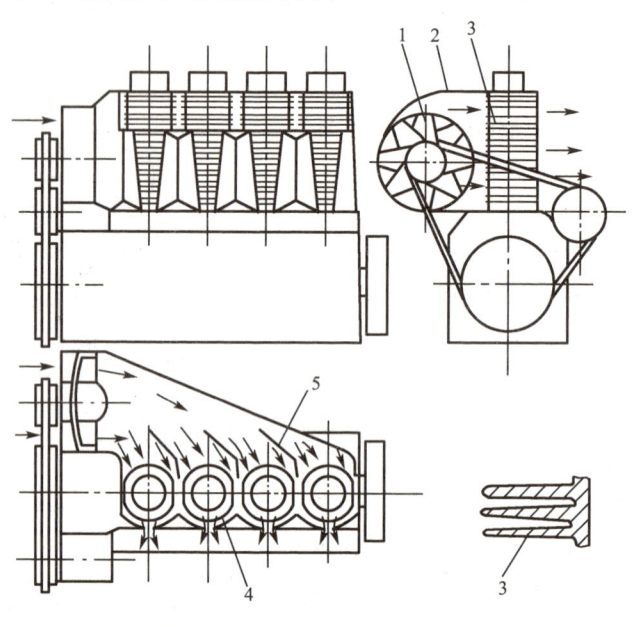

图8-3 现代风冷式发动机
1—风扇;2—导流罩;3—散热片;4—气缸导流罩;5—分流板

三、冷却液

冷却液是水与防冻剂的混合物。水在0℃时会结冰,如果发动机水冷系中的冷却液结冰,将使冷却液终止循环而影响发动机正常工作,甚至可能会使气缸体、气缸盖和散热器等因为水结冰时体积膨胀而胀裂。为了适应冬季行车的需要,在水中加入适量可以降低冰点的防冻剂制成冷却液,最常用的防冻剂是乙二醇。冷却液用水最好是软水,否则将在发动机水套中产生水垢,使气缸体、气缸盖传热效果变差,造成发动机过热。

在水中加入防冻剂还能提高冷却液的沸点,防止冷却液过早沸腾,例如,含50%乙二醇的冷却液在大气压力下的沸点是103℃。此外,防冻剂中通常还含有防锈剂和泡沫抑制剂。防锈剂可延缓或阻止发动机水套壁及散热器的锈蚀或腐蚀;泡沫抑制剂能有效抑制冷却液中的空气在水泵叶轮的搅动下产生妨碍水套壁散热的泡沫。在防冻剂中一般还要加入着色剂,使冷却液呈蓝绿色或黄色,以便于识别。

在发动机工作过程中发现冷却液大量耗损时,必须待发动机处于冷态时,方可添加冷却液,以免损坏发动机。

在使用过程中,防冻剂中的有效物质会逐渐消耗,因此应定期更换冷却液。

8.2 冷却系主要部件的构造与维修

认知目标 / 掌握水冷系主要部件的构造及工作原理。

能力目标 / 能正确拆装冷却系主要部件,掌握冷却系主要部件的检修方法。

冷却系的工作是否正常直接影响发动机性能的正常发挥。当发动机的工作温度出现异常时,为了能准确分析和诊断故障并进行排除,我们必须掌握冷却系主要部件的结构及检修方法。

一、散热器

1.散热器的结构

散热器的结构如图 8-4 所示,主要由进水室、出水室、散热器芯等组成。冷却液流经散热器芯时向空气散热。

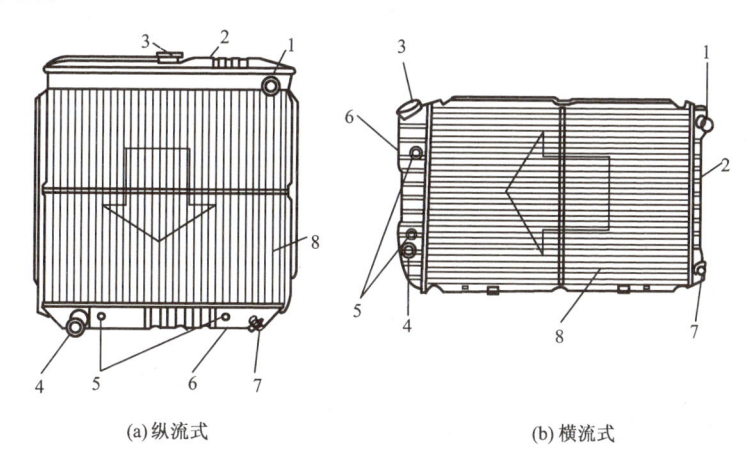

图 8-4 散热器的结构
1—进水口;2—进水室;3—散热器盖;4—出水口;5—变速器油冷却器进、出口;
6—出水室;7—放水阀;8—散热器芯

按照散热器中冷却液流动的方向,可将散热器分为纵流式和横流式两种。纵流式的散热器芯竖直布置,上接进水室,下连出水室,冷却液由进水室自上而下地流过散热器芯进入出水室[图 8-4(a)]。横流式的散热器芯横向布置,左、右两端分别接进、出水室,冷却液自进水室经过散热器芯到出水室横向流过散热器芯[图 8-4(b)]。大多数新型轿车采用横流式散热器,这样可以使发动机机罩的外廓较低,有利于改善车身前端的空气动力性。

(1)散热器芯

散热器芯有多种结构形式,常用的有管片式和管带式两种。图 8-5(a)所示为管片式散热器芯,它由许多散热管和散热片组成。散热管是焊接在进、出水室之间的直管,是冷却液的通道。散热管大多采用扁圆形断面,因为扁管与圆管相比,在容积相同的情况下具有较大的散热面积;当管内的冷却液冻结膨胀时,扁管可以借其横断面变形而避免破裂。此外,为了进一步提高散热效果,在散热管外面横向套装了很多散热片来增加散热面积,并增加整个散热器的刚度和强度。管片式散热器芯的优点是散热面积大,气流阻力小,结构刚度好及承压能力强。

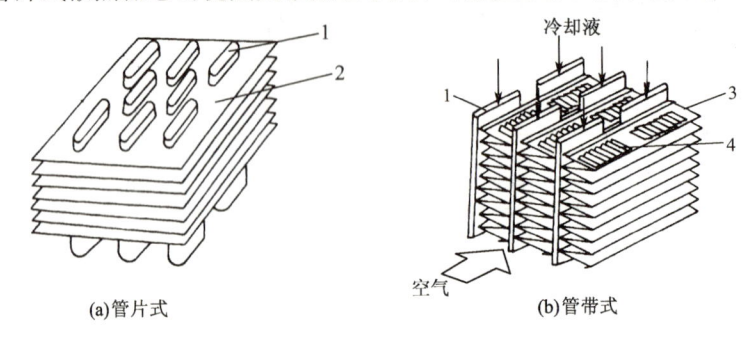

图 8-5　散热器芯的结构

1—散热管;2—散热片;3—散热带;4—缝孔

管带式散热器芯由散热管及散热带组成,如图 8-5(b)所示。其中散热带与散热管相间排列。散热带呈波纹状,为了提高散热能力,在散热带上一般开有形似百叶窗的缝孔。这种散热器芯与管片式散热器芯相比,具有散热能力强、制造工艺简单、质量小、成本低等优点,但结构刚度不如管片式散热器芯好,一般在使用条件较好的轿车上广泛采用。随着我国道路条件的改善,这种管带式散热器芯在中型货车上也开始采用。

散热器芯多用导热性好的黄铜制造,但近年来更多采用铝制造,有些散热器的进、出水室用复合塑料制造,使散热器质量大为减轻。

(2)散热器盖

现代汽车发动机强制循环水冷系都用散热器盖严密地盖在散热器加液口上,使水冷系成为封闭系统,通常称这种水冷系为封闭式水冷系。封闭式水冷系可使系统内的压力提高 98~196 kPa,冷却液的沸点提高到 120 ℃左右,从而增大了散热器与周围空气的温差,提高了散热器的换热效率,因此可以相应地减小散热器的尺寸。

散热器盖的作用是密封水冷系并调节系统的工作压力。常见水冷系的散热器盖内装有压力阀、真空阀和溢流管。当发动机工作温度正常时,阀门关闭,将冷却系与大气隔开,防止水蒸气逸出,减少冷却液外溢及蒸发损失。

散热器盖的结构及工作原理如图 8-6 所示。

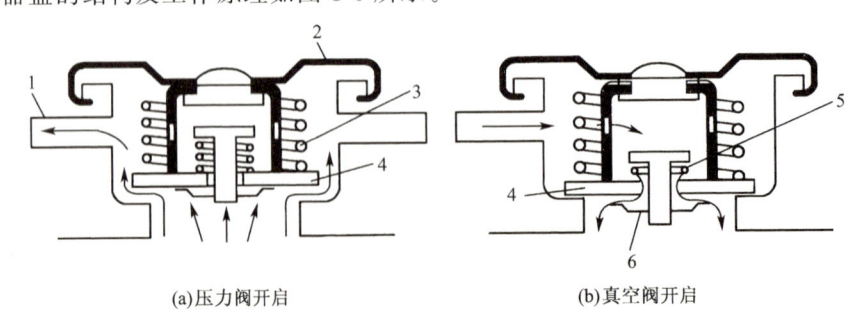

图 8-6　散热器盖的结构及工作原理

1—溢流管;2—盖;3—压力阀弹簧;4—压力阀;5—真空阀弹簧;6—真空阀

发动机工作时,冷却液的温度逐渐升高,体积膨胀,水冷系内的压力升高。当压力超过预定值时,压力阀开启,一部分冷却液经溢流管流入补偿水桶,以防止冷却液胀裂散热器。发动机停机后,冷却液的温度下降,水冷系内的压力也随之降低。当压力降到大气压以下出现真空

单元 8　冷却系的构造与维修

度时,真空阀开启,补偿水桶内的冷却液部分流回散热器,可以避免散热器被大气压力压坏。

在发动机热态下开启散热器盖时,应缓慢旋开,使冷却系内压力逐渐降低,以免被喷出的热水烫伤。

（3）补偿水桶

补偿水桶由塑料制造并用软管与散热器加液口上的溢流管连接,如图 8-7 所示。

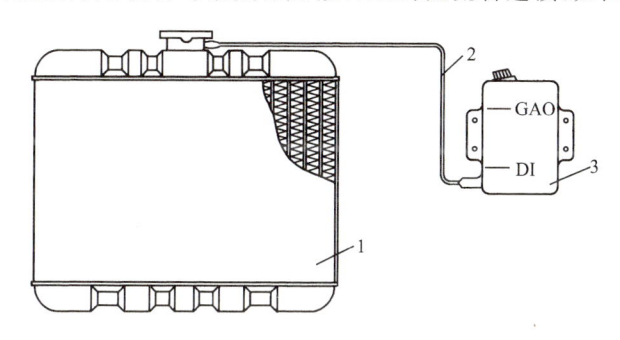

图 8-7　补偿水桶

1—散热器；2—软管；3—补偿水桶

补偿水桶的作用是减少冷却系冷却液的损失。当冷却液受热膨胀后,散热器内多余的冷却液流入补偿水桶;而当温度降低后,散热器内产生一定的真空度,补偿水桶中的冷却液又被吸回散热器内,所以冷却液不会溢出。

补偿水桶上印有两条液面高度标记线:"DI"（低）与"GAO"（高）或者是"ADD"（添加）与"FULL"（充满）。当冷却液温度在 50 ℃ 以下时,补偿水桶内液面高度应不低于"DI"（或"ADD"）线。若低于该线,则需补充冷却液。补充冷却液时可从补偿水桶口加入。在添加冷却液时,桶内液面高度不应超过"GAO"（或"FULL"）线。

（4）膨胀水箱

膨胀水箱用透明塑料制成,位置稍高于散热器,其结构及工作原理如图 8-8 所示。

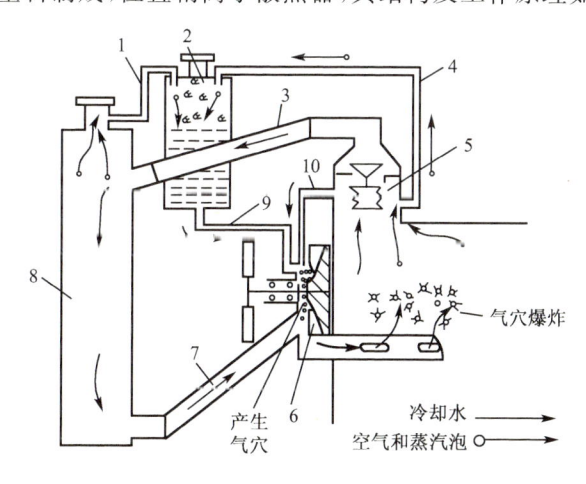

图 8-8　膨胀水箱的结构及工作原理

1—散热器出气管；2—膨胀水箱；3—水套出水管；4—水套出气管；5—节温器；6—水泵；7—水泵进水管；8—散热器；9—补充水管；10—旁通管

膨胀水箱上部通过散热器出气管和水套出气管分别和发动机散热器及发动机水套相连,膨胀水箱下端通过补充水管和旁通管相连。当发动机工作时,在散热器和水套内产生的水蒸

259

气通过出气管进入膨胀水箱,冷凝成液体后通过补充水管进入水泵。这样不仅可以减少冷却液的损失,还能消除水冷系中的气泡,提高冷却能力,并防止金属材料因水冷系中有空气而产生腐蚀。

2.散热器的修理

(1)散热器的清洗

散热器清洗的目的是清除水垢。清洗时可采用循环法,先用酸性溶液洗涤,再用碱性溶液冲洗中和。清洗时,应用除垢剂以一定的压力(一般为 10 kPa)在气缸体水套或散热器内循环。一般经 3~5 min 后即可清洗完毕。当散热器内积垢严重时,应拆去进、出水室,用通条疏通。

(2)散热器渗漏部位的检查

检查渗漏部位时应堵死散热器的进、出水口,在散热器内充入 50~100 kPa 的压缩空气,并将其浸泡在水中,检查有无气泡冒出。若有气泡冒出,则冒泡部位应做好标记,以便焊修。

(3)散热器盖与补偿水桶(膨胀水箱)的检查

对于具有压力-真空阀的散热器盖可用专用手动气泵检查。压力阀的开启压力应为 0.026~0.037 MPa,真空阀的开启压力应为 0.01~0.02 MPa。补偿水桶(膨胀水箱)应无渗漏,盖子密封良好,通气孔畅通。否则应立即更换。

(4)散热器的修理

散热器渗漏一般出现在散热管与进、出水室间的接触部位。渗漏不严重时,一般可用钎焊修复。散热管出现渗漏可采取局部封堵的方法,封堵的散热管数量不得超过管数总量的10%,切断散热片的面积不得大于迎风总面积的10%。

二、水泵

1.水泵的工作原理及结构

(1)水泵的工作原理

水泵的功能是对冷却液加压,使冷却液在冷却系中加速循环流动。目前汽车发动机上一般使用离心式水泵,其工作原理如图8-9所示。离心式水泵主要由水泵壳体、水泵轴、叶轮及进、出水管等组成。水泵壳体由铸铁或铸铝制成,叶轮由铸铁或塑料制成,叶轮的叶片一般是径向直叶片或后弯叶片,其数目一般为6~8个。进、出水管和水泵壳体铸成一体。当水泵工作时,叶轮旋转,水泵中的冷却液被叶轮带动一起旋转,在离心力的作用下冷却液被甩向叶轮的边缘,然后经壳体上与叶轮成切线方向的出水管压送到发动机水套内。同时叶轮中心处由于冷却液被甩出而压力下降,散热器中的冷却液在水泵进水口与叶轮中心的压力差作用下,经进水管流入叶轮中心处。

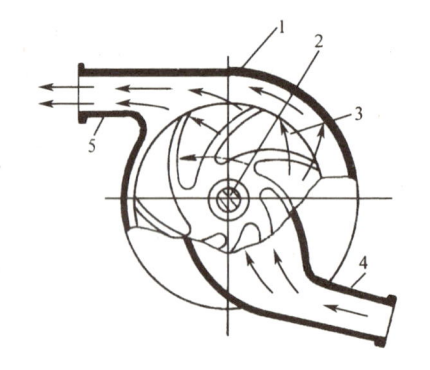

图8-9 离心式水泵的工作原理
1—水泵壳体;2—水泵轴;3—叶轮;
4—进水管;5—出水管

(2)水泵的典型结构

离心式水泵的典型结构如图8-10所示。水泵轴的一端用两个球轴承支承在水泵壳体内,其伸出壳体以外的部分用半圆键与安装风扇带轮的凸缘盘连接。水泵轴的另一端安装叶轮，并用螺栓紧固。在叶轮与球轴承之间装有水封，用来防止水泵内的冷却液沿水泵轴渗漏。水封中的弹簧通过水封环将水封皮碗的一端压在水封座圈上，而将水封皮碗的另一端压在夹布胶木密封垫圈上。夹布胶木密封垫圈在弹簧的压力下与水泵叶轮毂的端面贴合，该垫圈上有两个凸耳卡在水泵壳体上的槽孔内。因此，在水泵工作时，水封皮碗不随水泵轴旋转。

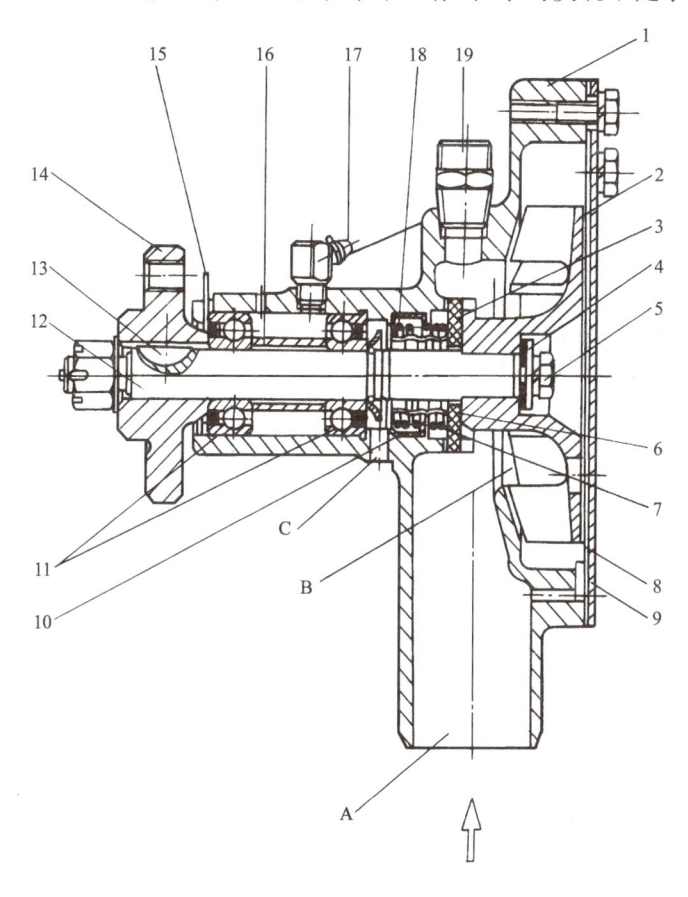

图 8-10 离心式水泵的典型结构

1—水泵壳体；2—叶轮；3—夹布胶木密封垫圈；4—垫圈；5—螺钉；6—水封皮碗；7—弹簧；8—衬垫；9—泵盖；10—水封座圈；11—球轴承；12—水泵轴；13—半圆键；14—凸缘盘；15—轴承卡环；16—隔离套筒；17—润滑脂嘴；18—水封环；19—管接斗；A—进水口；B—水泵内腔；C—泄水孔

水泵壳体上有泄水孔，一旦水封漏水，可从泄水孔泄出，以防止冷却液进入轴承而破坏轴承的润滑。若发动机停机后仍有冷却液渗漏，则表明水封皮碗已经损坏。

离心式水泵的优点是：结构简单、尺寸小、排量大且工作可靠。

水泵一般由曲轴通过 V 形带驱动，其传动带坏绕在曲轴带轮与水泵带轮之间。有些发动机的水泵由凸轮轴直接驱动。

2. 水泵的检修及装合后试验

水泵常见的损坏形式有：水泵壳体、卡环槽及叶轮破裂；带轮凸缘配合孔松动。

（1）水泵的检修

①检查泵壳（水泵壳体简称）和皮带轮有无损伤。泵壳若有裂纹可进行焊接修复或更换；泵壳与泵盖接合面变形大于 0.05 mm 时，应予以修平。

②检查水泵轴有无弯曲和轴颈的磨损程度,轴端螺纹有无损坏。水泵轴弯曲大于 0.05 mm 时,应冷压校直。

③轴承轴向间隙大于 0.50 mm 或径向间隙大于 0.15 mm 时,应予以更换。

④检查水泵叶轮的叶片有无破损,叶轮上的轴孔是否磨损过度。若叶片破损,则应进行焊接修复或更换;若叶轮轴孔磨损过度,则应进行镶套修复。

⑤检查水封、夹布胶木密封垫圈、弹簧等零件的磨损及损伤程度,如有损伤应予更换。

⑥检查皮带轮轮毂与水泵轴的配合情况。若泵轴孔磨损过甚,则应镶套修复或更换。

(2)水泵装合后试验

①水泵装合后,用手转动皮带轮,泵轴转动应无卡滞现象,水泵叶轮与泵壳应无碰擦现象。

②将水泵装在试验台上,按原厂规定的方法进行规定转速下的压力-流量试验。例如,大众车系发动机水泵在规定转速 6 000 r/min 时,进口压力为 0.1 MPa,系统压力为 0.14 MPa,出口压力为 0.16 MPa。

三、风扇

1.风扇的结构

风扇通常安装在散热器后方,且与水泵同轴。风扇的外径略小于散热器的宽度与高度,如图 8-11 所示。当风扇工作时,对空气产生吸力,使空气沿轴向流动。空气流由前向后通过散热器冷却管表面,使流经散热器冷却管内的冷却液加速散热,冷却发动机。为了提高风扇的效率,使通过散热器芯的气流分布得更均匀,且集中穿过风扇,减少空气回流现象,可以在风扇外围装设导风罩。

风扇的扇风量主要与风扇的直径、转速、叶片安装角度及叶片数目等有关。汽车用的水冷式发动机上大多采用螺旋浆式风扇,其叶片多用薄钢板冲压制成,横断面多为弧形;也可以用塑料或铝合金铸成翼形断面。塑料或铝合金风扇虽然制造工艺较复杂,但效率较高,功率消耗较少,在轿车等轻型汽车上得到了广泛的应用。其叶片数目通常为 4~6 片,为减少叶片旋转时的振动和噪声,叶片之间的夹角一般不相等。

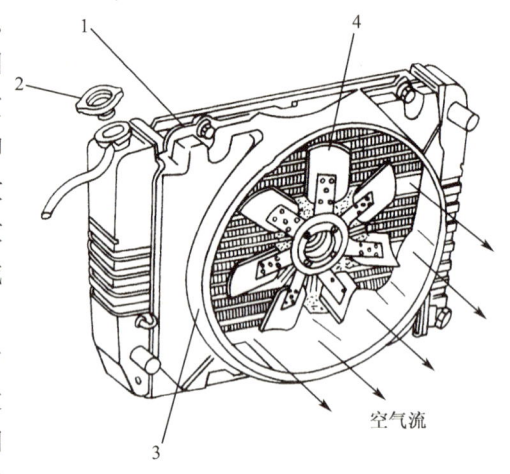

图 8-11 风扇和导风罩
1—散热器;2—散热器盖;3—导风罩;4—风扇

很多轿车发动机的水冷系采用电动风扇。电动风扇由风扇电动机驱动,其转速与发动机的转速无关。

轿车发动机采用的电动风扇如图 8-12 所示。温控开关装在散热器一侧,根据发动机冷却液的温度,自动控制风扇挡位来改变通过散热器的空气流量。

风扇 1 挡:工作温度为 92~97 ℃,关闭温度为 84~91 ℃,工作转速为 2 300 r/min;

风扇 2 挡:工作温度为 99~105 ℃,关闭温度为 93~98 ℃,工作转速为 2 800 r/min。

在有些电控系统中,电动风扇由电脑控制。冷却液温度传感器向电脑传输与冷却液有关的信号。当冷却液温度达到规定值时,电脑发出指令,使电动风扇投入工作。

单元 8　冷却系的构造与维修

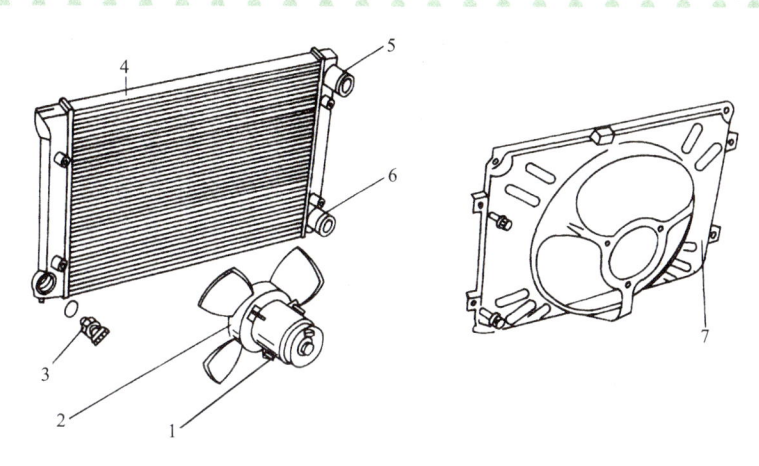

图 8-12　轿车发动机采用的电动风扇、散热器及导风罩
1—风扇电动机；2—电动风扇；3—温控开关；4—散热器；5—散热器进水口；6—散热器出水口；7—导风罩

2.风扇的检修

（1）风扇叶片的检修

风扇叶片出现变形、弯曲、破损后，应及时更换。如果由于风扇连接板强度不足或其他原因而使风扇叶片向前弯曲或扭转变形，将会破坏风扇叶片原设计的角度，使其丧失平衡性能。这样不但影响通过散热器的空气流速和流量，降低散热器的冷却效果，而且会打坏散热器，加速水泵轴承及水封皮碗的损坏，大幅度地增大风扇的噪声。

（2）风扇皮带松紧度检查

风扇常和发电机一起通过V形带驱动，如图 8-13 所示。通常将发电机支架做成可移动式，以调节皮带松紧度。风扇皮带必须松紧适宜，皮带过松将造成打滑，使发动机过热，发电机发电效率下降；皮带过紧时皮带不仅易断裂，还会增加轴承磨损。检查皮带松紧度时，用大拇指以 30～50 N 的力按下皮带中部，以使皮带产生 10～15 mm 的挠度为宜。如果不符合要求，可松开调整螺母，通过改变发电机的位置加以调整。

（3）电动风扇热敏开关的检修

发动机热态时，即使发动机已熄火，电动风扇仍可能转动。如果冷却液温度很高但风扇不转，则应检查熔断器。若熔断器完好，则应停机检查温控开关，必要时应检查电动机的功能或更换有关部件。

以大众车系发动机为例，检查电动风扇热敏开关的方法是：将电动风扇热敏开关放入加热的水中，用万用表测量风扇 1 挡，当水温达到 92～97 ℃时应导通，当水温降到 84～91 ℃时，应断开。对于风扇 2 挡，当水温达到 99 ℃时应导通，当水温降到 93～98 ℃时应断开，否则应更换电动风扇热敏开关。

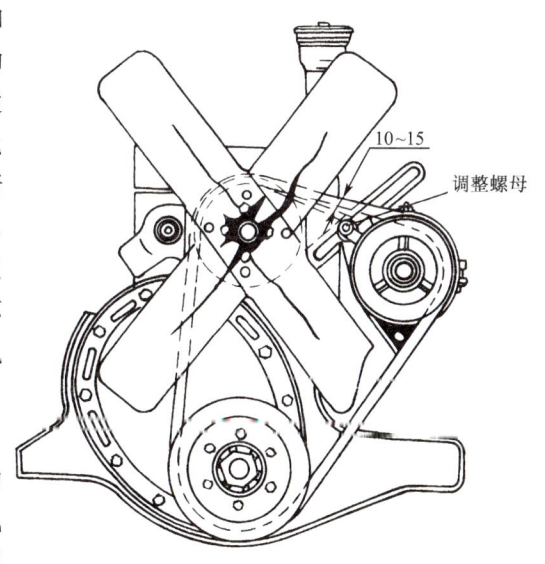

图 8-13　汽车风扇皮带张紧装置

微课 7
冷却系的检查
与冷却液的更换

263

四、冷却强度调节装置

冷却强度调节装置的作用是根据发动机的工况和使用条件，改变冷却系的散热能力，即改变冷却强度，从而确保发动机在最适宜的温度范围内工作。通过冷却强度的调节，还可以减少发动机的功率损失，节省燃料，降低发动机的噪声，延长发动机的使用寿命。改变冷却强度通常有两种方式：一种是调节通过散热器的空气流量；另一种是调节冷却液流经散热器的循环流量。第一种方式主要由百叶窗和风扇离合器来实现，第二种方式则由节温器来实现。

1. 百叶窗

百叶窗安装在散热器前面，如图 8-2 所示，一般由驾驶员通过装在驾驶室内的手柄来操纵。当冷却液温度过低时，可将百叶窗部分或完全关闭，以减少流过散热器的空气流量，使冷却液温度回升，以达到对冷却强度进行调节的目的。

百叶窗的开度可通过一套操纵机构由驾驶员控制。

2. 风扇离合器

风扇离合器安装在风扇带轮与风扇之间，其功能是根据发动机的工作温度自动控制风扇的转速，以达到改变通过散热器空气流量的目的。风扇离合器主要有硅油式、电磁式和机械式三种。下面以硅油式为例介绍风扇离合器。

(1) 硅油式风扇离合器的结构及工作原理

硅油式风扇离合器是一种以硅油为转矩传递介质，利用散热器后面气流温度控制的液力传动离合器，如图 8-14 所示。它结构简单，工作效果好，并具有明显节省燃油的优点。硅油式风扇离合器安装在风扇与水泵之间。

前盖、壳体和从动板用螺钉组装为一体，通过轴承安装在主动轴上，为了加强对硅油的冷却，在前盖上铸有散热片。主动轴与水泵轴一起转动，风扇安装在壳体上。从动板与前盖之间的空腔为贮油腔，其内部充满了黏度很大的硅油。从动板与壳体之间的空腔为工作腔，主动板固接在主动轴上，它与壳体及从动板之间均有一定的间隙。从动板上有进油口，若阀片偏转，则进油口可打开。阀片的偏转靠螺旋状的双金属感温器控制，并受从动板上定位凸台的限制。双金属感温器外端固定在前盖上，内端卡在阀片轴的槽内。从动板外缘有一个回油口，中心有漏油口，其作用是防止风扇离合器在静态时从阀片轴周围泄漏硅油。

当冷却液温度不高时，双金属感温器不带动阀片偏转，进油口关闭，工作腔内无油，主动板上的转矩传不到从动板上，风扇离合器处于分离状态。这时仅由于密封毛毡圈和轴承的摩擦，风扇随同离合器壳体一起在主动轴上空转打滑，转速很低，通过散热器的空气流量相对较小，冷却系的冷却强度相对较低。

当发动机的负荷增加而使吹向双金属感温器的气流温度超过 65 ℃时，阀片转到将进油口打开的位置，此时硅油从贮油腔进入工作腔，主动板利用硅油的黏性带动离合器壳体和风扇转动。此时离合器处于接合状态，风扇转速提高，以适应发动机需要加强冷却的要求。进入工作腔的硅油在离心力的作用下，经回油口从工作腔流回贮油腔。主动板转速高、离心力大，从动板转速低、离心力小，两离心力之差可以驱动硅油从工作腔流回贮油腔，然后再进入工作腔。如此反复，形成循环。硅油在循环时将热量传给铸有散热片的前盖和离合器壳体而得到冷却，

单元 8　冷却系的构造与维修

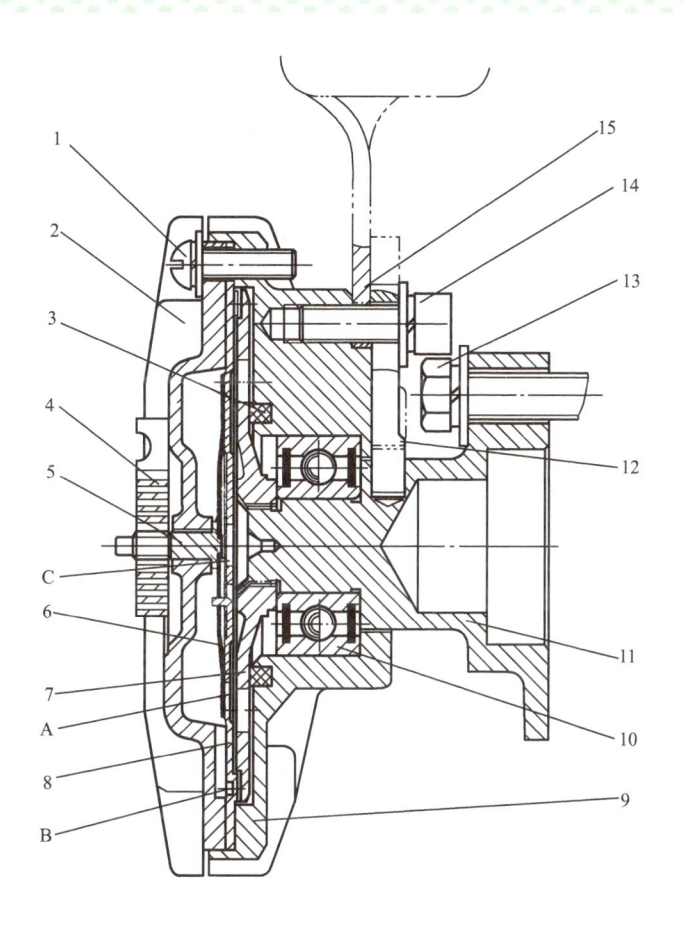

图 8-14　硅油式风扇离合器结构

1—螺钉；2—前盖；3—密封毛毡圈；4—双金属感温器；5—阀片轴；6—阀片；7—主动板；8—从动板；
9—壳体；10—轴承；11—主动轴；12—锁止板；13—螺栓；14—圆柱头内六角螺钉；15—风扇；
A—进油口；B—回油口；C—漏油口

以避免工作时硅油温度过高。流过散热器的气流温度越高，双金属感温器的变形越大，进油口的开度越大，进入工作腔中的硅油量越多，风扇的转速越高。

当发动机的负荷减小，流经双金属感温器的气流温度低于 35 ℃ 时，双金属感温器复原，阀片将进油口关闭，工作腔内油液继续从回油口流向贮油腔，直至甩空为止，这时风扇离合器又回到分离状态。

(2) 硅油式风扇离合器的检修

① 硅油式风扇离合器就车冷态检查：当汽车停放约 12 h 后，在发动机启动前用手指拨动风扇叶片，应感到有明显的转动阻力。发动机启动后，运转 1～2 min 后熄火，拨转风扇叶片，若感到转动阻力明显减小，则硅油式风扇离合器工作正常。

② 就车检查风扇离合器的接合与分离状况：检查时，把管式温度计插入风扇和散热器之间，测量风扇离合器开始接合与分离时散热器后面气流的温度，应符合原厂规定。

在进行发动机总成维修时，应先检查双金属感温器，若双层线胀系数不同的金属间出现脱层开裂（失去温控能力），则应予更换。

265

3.节温器

(1)节温器的构造与工作原理

节温器是控制冷却液流经路径的阀门,它根据冷却液温度的高低,打开或关闭冷却液流向散热器的通道,调节冷却液流经散热器的循环流量,使冷却强度改变。

汽车发动机多采用蜡式节温器,它有单阀型与双阀型之分。双阀型蜡式节温器的结构如图 8-15 所示。推杆的一端固定于支架的中心处,另一端插入胶管的中心孔中。胶管与节温器外壳之间形成的腔体内装有石蜡。发动机冷却液温度低于规定值时,石蜡呈固态,弹簧将主阀门推向上方,使之压在阀座上,主阀门关闭,而副阀门随着主阀门上移,离开阀座,如图 8-16(a)所示,来自发动机气缸盖出水口的冷却液,不流过散热器,只在水泵与发动机水套之间进行循环流动,使发动机温度迅速上升。这种循环方式称为小循环。

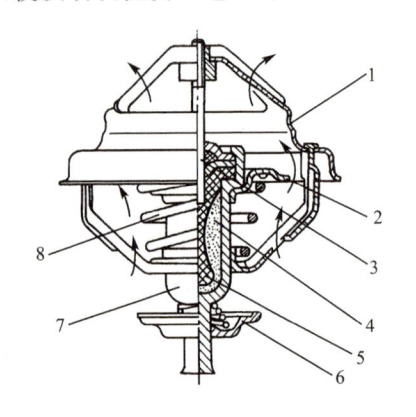

图 8-15 双阀型蜡式节温器的结构
1—支架;2—主阀门;3—推杆;4—石蜡;
5—胶管;6—副阀门;7—节温器外壳;8—弹簧

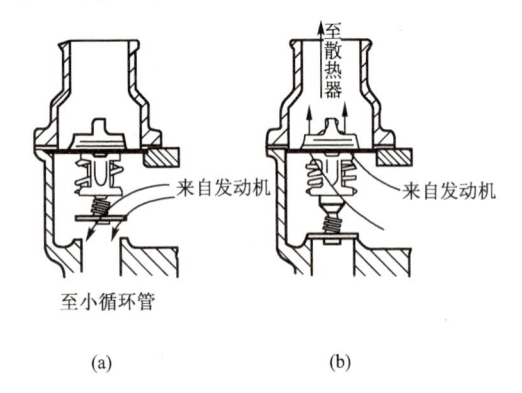

图 8-16 双阀型蜡式节温器的工作原理

当发动机冷却液温度升高时,石蜡逐渐变成液态,其体积膨胀,迫使胶管收缩,而对推杆锥状端头产生上举力,固定不动的推杆对胶管、节温器外壳产生向下的反推力。推杆对节温器外壳的反推力克服弹簧的预压力,主阀门开始打开。冷却液温度继续上升,当超过规定值时,主阀门全开,而副阀门正好完全关闭了小循环通路,如图 8-16(b)所示,这时来自气缸盖出水口的冷却液经节温器进入散热器,并由散热器经水泵流回发动机,发动机迅速散热。这种循环方式称为大循环。

大众车系发动机的节温器一般安装在水泵下端、进水口的前部。当冷却液温度低于 85 ℃ 时,节温器主阀门关闭冷却液流向散热器的通道,副阀门开启,冷却液经水泵返回发动机,进行小循环[图 8-17(a)]。当冷却液温度超过 85 ℃ 时,节温器主阀门开始打开,当温度达 105 ℃ 时,节温器主阀门全开,副阀门关闭,冷却液流经散热器后进入水泵,进行大循环[图 8-17(b)]。当冷却液温度在 85 ℃ 与 105 ℃ 之间,节温器主阀门、副阀门处于部分开启状态,发动机冷却液同时进行大、小循环,使发动机工作在适宜的温度范围内。

近年来,越来越多的发动机采用了如图 8-18 所示的电子节温器。与传统节温器不同的是电子节温器在膨胀元件内集成了一个加热元件。ECU 根据发动机负荷、转速、冷却液温度、进气温度等因素预先设定性能曲线,并监控发动机关键部位的温度,当超出预设点温度时,ECU 向加热电阻发送信号实现石蜡加热膨胀,使节温器实现更快的响应速度,同时不受冷却液温度变化速率的影响。

单元 8　冷却系的构造与维修

(a) 小循环

(b) 大循环

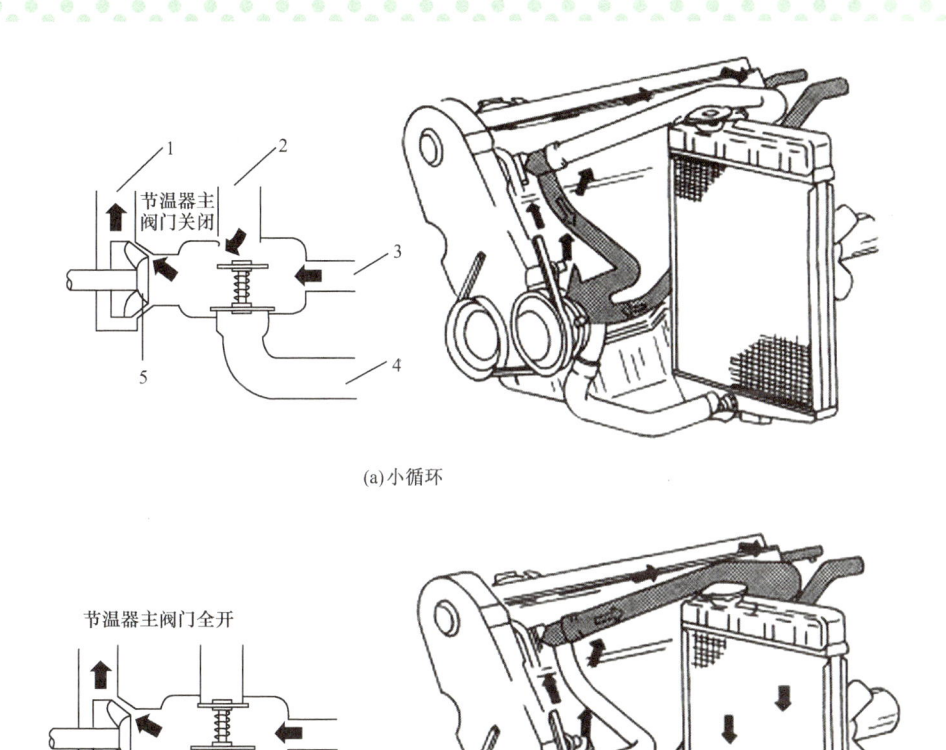

图 8-17　发动机冷却液大、小循环状态
1—通向发动机；2—来自发动机；3—来自暖气机；4—通向散热器；5—水泵

电子节温器不再仅仅依靠发动机冷却液温度而被动工作，它可以根据需要，按照 ECU 预先设定的性能曲线自主工作，进行温度调控，使得发动机温度恒定在工况最优点。

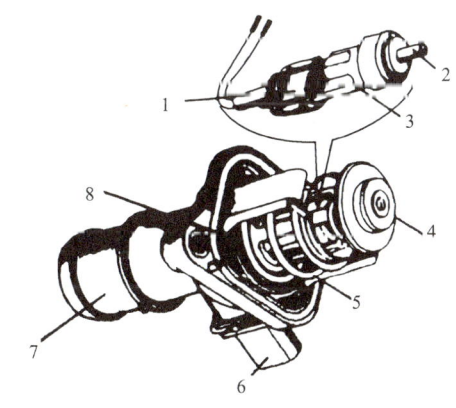

图 8-18　电子节温器
1—加热元件；2—升程销；3—膨胀元件；4—副阀门；5—压力弹簧；6—电气插头；7—壳体；8—主阀门

267

（2）节温器的检修

节温器的常见故障为阀门开启温度过高甚至不能开启，节温器关闭不严等。

对节温器的检查可按下述步骤进行（以奥迪100型轿车为例，如图8-19所示）：

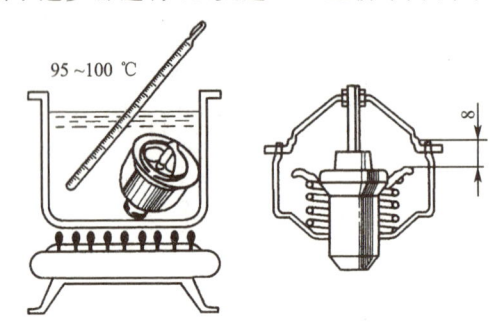

图 8-19　节温器的检修

①将节温器放在一个加满水的容器内加热，用温度表监测温度。
②当水温约为85 ℃时，节温器主阀门必须开启。
③当水温为95～100 ℃时，主阀门应完全打开，开启行程约为8 mm。

其他车型节温器主阀门的开启情况见表8-1。

表 8-1　节温器主阀门的开启情况

厂牌及车型	主阀门开启情况			
	开始开启温度/℃	完全开启温度/℃	全开启升程/mm
上海桑塔纳 66 kW	85	105	7
奥迪 100	85	105	8
捷达	87	102	7
天津大发 TJ1010T	80～84	95	>8
跃进 NJ1041	76±2	86	>10
东风 EQ1090E	76±2	86±2	>8.5
解放 CA1091	76±2	86±3	>9

节温器性能检测若不符合要求，则应予以更换。

此外，蜡式节温器的安全寿命一般为50 000 km。因其安全寿命较短，而且失效后无法修复，所以必须按照其安全寿命定期更换。

技能训练　　实训　水冷系的拆装

一、实训内容
1.观察水冷系的组成和冷却液的循环路线。
2.拆装、检验水冷系的主要部件。

二、实训目的与要求
1.掌握水冷系的组成和冷却液的循环路线。
2.掌握水泵拆装及检验的方法与步骤。
3.掌握节温器、风扇离合器、电动风扇热敏开关等部件的检验方法与步骤。

8.3 冷却系常见故障诊断与排除

能力目标 / 能对冷却系几种常见故障进行诊断与排除。

发动机工作温度过高、过低等是发动机常见的故障,如不及时排除会影响发动机的工作性能,使油耗增加、磨损加剧、动力下降等,甚至使发动机无法正常工作,所以我们应该学会针对此类故障的诊断以及排除方法。

要维持发动机在最适宜的工作温度下工作,冷却系的技术状况必须保持良好。经长期使用后,冷却系的技术状况将发生变化,再加上使用不慎、操作不当和机件损坏等,发动机会出现过热、过冷和漏水等常见故障。

一、过热

1.现象

①运行中的汽车,在百叶窗完全打开的情况下,冷却液温度表指针经常指在100 ℃以上,且散热器伴随有"开锅"现象。

②汽油机易发生爆燃或早燃,柴油机易发生工作粗暴。

③活塞膨胀,发动机熄火后不易启动。

2.原因

①冷却系中水量不足。

②风扇皮带打滑或断裂。

③点火时间或供油时间过迟。

④燃烧室积炭严重。

⑤风扇工作时机过迟。

⑥气缸盖衬垫太薄或气缸体、气缸盖接合面磨削过多。

⑦可燃混合气过稀或过浓。

⑧散热器下部出水管冻结或堵塞。

⑨散热器上部回水管凹瘪或堵塞。

⑩水泵泵水效能欠佳或水泵轴与叶轮脱开。

⑪节温器主阀门打不开或打开过迟。

⑫分水管锈蚀,分水能力丧失。

⑬散热器和水套内沉积的水垢、锈污太厚。

⑭油底壳油面太低、润滑油太稠、润滑油老化变质,导致润滑性能、散热性能降低。

⑮汽车超载、长时间用低挡行驶、爬越长坡、天气炎热或在高原地区行驶。

⑯冷却液温度表及其传感器损坏。

3.诊断与排除方法

当汽车在行驶过程中发动机突然过热,且冷却液沸腾时,切莫使发动机立即熄火,应急速运转约5 min,等冷却液温度下降后,再停机检查。如果在百叶窗打开的情况下发动机发生过热现象,而且确认冷却液温度表和冷却液温度传感器技术状况良好,可按图 8-20 所示方法诊断。

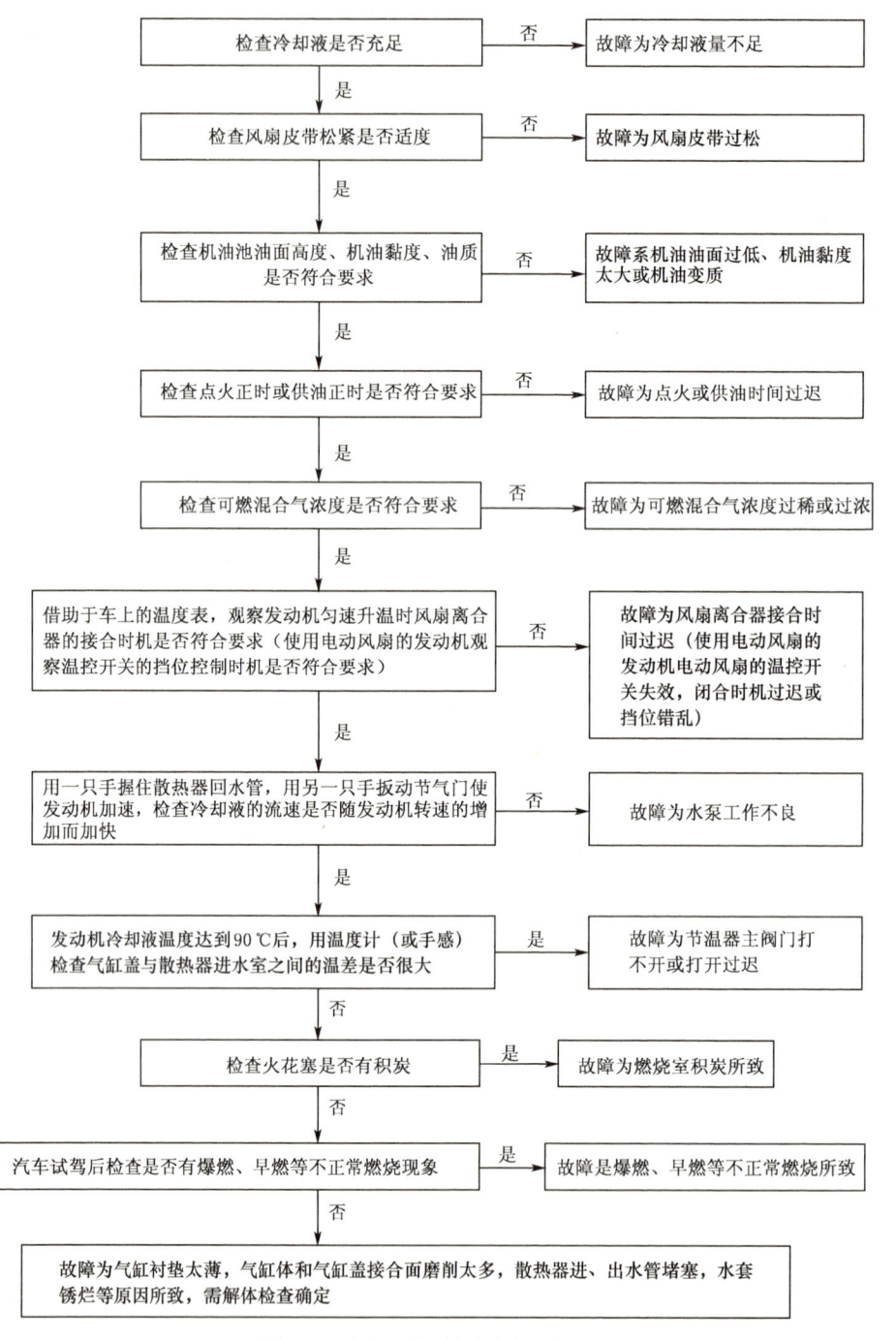

```
检查冷却液是否充足 ──否──→ 故障为冷却液量不足
        │是
        ↓
检查风扇皮带松紧是否适度 ──否──→ 故障为风扇皮带过松
        │是
        ↓
检查机油池油面高度、机油黏度、油质是否符合要求 ──否──→ 故障系机油油面过低、机油黏度太大或机油变质
        │是
        ↓
检查点火正时或供油正时是否符合要求 ──否──→ 故障为点火或供油时间过迟
        │是
        ↓
检查可燃混合气浓度是否符合要求 ──否──→ 故障为可燃混合气浓度过稀或过浓
        │是
        ↓
借助于车上的温度表,观察发动机匀速升温时风扇离合器的接合时机是否符合要求(使用电动风扇的发动机观察温控开关的挡位控制时机是否符合要求) ──否──→ 故障为风扇离合器接合时间过迟(使用电动风扇的发动机电动风扇的温控开关失效,闭合时机过迟或挡位错乱)
        │是
        ↓
用一只手握住散热器回水管,用另一只手扳动节气门使发动机加速,检查冷却液的流速是否随发动机转速的增加而加快 ──否──→ 故障为水泵工作不良
        │是
        ↓
发动机冷却液温度达到90℃后,用温度计(或手感)检查气缸盖与散热器进水室之间的温差是否很大 ──是──→ 故障为节温器主阀门打不开或打开过迟
        │否
        ↓
检查火花塞是否有积炭 ──是──→ 故障为燃烧室积炭所致
        │否
        ↓
汽车试驾后检查是否有爆燃、早燃等不正常燃烧现象 ──是──→ 故障是爆燃、早燃等不正常燃烧所致
        │否
        ↓
故障为气缸衬垫太薄,气缸体和气缸盖接合面磨削太多,散热器进、出水管堵塞,水套锈烂等原因所致,需解体检查确定
```

图 8-20 发动机过热的故障诊断流程

二、过冷

1.现象

①冬季行车时,冷却液长时间温度过低。

②发动机动力不足,加速困难,油耗增加。

2.原因
①冬季保温措施不良,百叶窗不能关闭。
②发动机两侧下部的挡风板失落或严重变形,不起挡风作用。
③风扇工作时机过早。
④未安装节温器或节温器损坏。
⑤冷却液温度表及其传感器损坏。

3.诊断与排除方法
①在冬季行车时,冷却液温度过低,应首先检查百叶窗是否不能关闭。
②若发动机冷车升温时间长,节温器不起作用,主阀门常开,没有形成小循环,则应检查节温器,确定其故障后应予更换。
③若冷却液温度低时,冷却风扇一直在转,则为风扇离合器或风扇电动机、温控开关及其导线短路,应逐个元件进行检测。
④若冷却液温度表指示温度低,而用手触试散热器却感觉冷却液温度并不低,则为冷却液温度表及其传感器或线路故障。

冬季运行的汽车,若在百叶窗完全关闭、冷却液温度表和冷却液温度传感器技术状况完好情况下,发动机达不到正常工作温度,则按图8-21所示方法诊断。

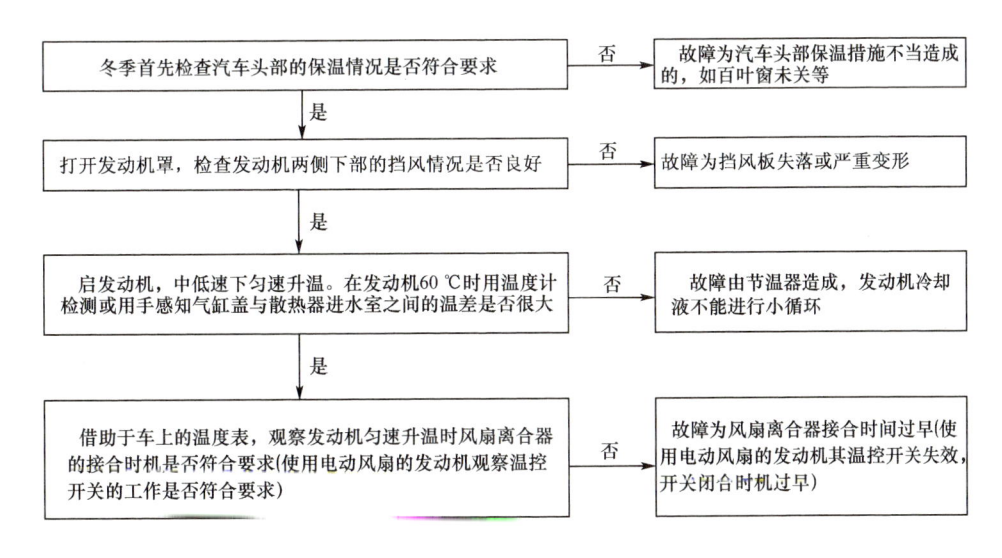

检查步骤	否	故障原因
冬季首先检查汽车头部的保温情况是否符合要求	否	故障为汽车头部保温措施不当造成的,如百叶窗未关等
打开发动机罩,检查发动机两侧下部的挡风情况是否良好	否	故障为挡风板失落或严重变形
启发动机,中低速下匀速升温。在发动机60℃时用温度计检测或用手感知气缸盖与散热器进水室之间的温差是否很大	否	故障由节温器造成,发动机冷却液不能进行小循环
借助于车上的温度表,观察发动机匀速升温时风扇离合器的接合时机是否符合要求(使用电动风扇的发动机观察温控开关的工作是否符合要求)	否	故障为风扇离合器接合时间过早(使用电动风扇的发动机其温控开关失效,开关闭合时机过早)

图 8-21 发动机过冷的故障诊断流程

三、漏水

1.现象
①停车后可明显看到发动机上有冷却液滴落地面。
②冷却液日消耗量较大。
③有时发现油底壳内有水。

2.原因
①气缸盖、气缸体变形或有裂纹。

②放水开关关闭不严。
③气缸盖螺栓松动或未按规定顺序上紧。
④水套侧盖衬垫损坏、螺钉松动或螺钉未按规定顺序上紧。
⑤气缸盖衬垫损坏。
⑥散热器及其进、出水胶管破裂漏水。
⑦机体上的水堵封水不严。
⑧水泵衬垫损坏、螺钉松动或水封失效。
⑨湿式气缸套下端封水不佳或密封条损坏。

3.诊断与排除方法

①在发动机运转时,首先检查冷却系外部是否漏水,可通过拧紧接头排除漏水部位。

②水泵泄水孔漏水,可用一根干燥、洁净的木条伸到水泵的泄水孔处,若木条上有水,则说明水泵漏水。

③若冷却系外部不漏水,则应考虑为冷却系内部漏水。如发现油底壳内有水,而气缸垫完好,缸盖螺栓也未松动,应为湿式气缸套下端封水不佳或密封条损坏。

技能训练

实训 冷却系常见故障的诊断与排除

一、实训内容
冷却系常见故障的诊断与排除。
二、实训目的与要求
1.熟悉冷却系常见故障的现象。
2.掌握冷却系常见故障诊断与排除的方法和步骤。

拓展案例

强化练习

一、填空题

1.汽车发动机常用的冷却方式有两种,即_____和_____。

2.水冷系中,冷却强度调节装置有_____、_____和_____。

3.节温器是通过改变冷却水的_____来调节冷却强度的,目前,汽车上大多采用_____式节温器。

4.冷却系大循环的水流路线是:水泵→气缸体水套→_____→_____→水泵。

5.冷却系小循环的水流路线是:水泵→气缸体水套→_____→水泵。

6.当冷却液温度不高时,风扇离合器处于_____状态,而当冷却液温度升高时,则处于_____状态。

二、判断题

1.风扇在工作时,风是向散热器吹的,以利于散热器散热。　　　　　　　　　　（　　）
2.风扇离合器的功能是自动调节水泵的转速,从而调节水泵的水量。　　　　　（　　）
3.当发动机冷却系"开锅"时,应立即打开散热器盖添加冷却液。　　　　　　　（　　）
4.冷却液及其添加剂均为有毒物质,应置于安全场所。　　　　　　　　　　　（　　）

5.冷却系的功能是降低发动机的工作温度。( )

6.在发动机热态下开启散热器盖时,应缓慢旋开,使冷却系内压力逐渐降低,以免被喷出的热水烫伤。( )

三、单项选择题

1.通过调节冷却液的流向和流量来调节冷却强度的是( )。

　A.百叶窗　　　　B.风扇离合器　　　C.节温器　　　　D.散热器

2.( )不是冷却液添加剂的作用。

　A.防腐、防垢　　　　　　　　　B.减小冷却系的压力

　C.提高冷却介质的沸点　　　　　D.降低冷却介质的冰点

3.制造散热器芯的材料多用( )。

　A.铝　　　　　B.铁　　　　　　C.铅　　　　　　D.锰

4.风扇皮带的松紧度,一般用大拇指以 30～50 N 的力按下皮带,以产生( )的挠度为宜。

　A.5～10 mm　　B.10～15 mm　　C.15～20 mm　　D.20～25 mm

5.若未装节温器,则在冬季行车时容易使冷却系温度( )。

　A.偏高　　　　　　　　　　　　B.偏低

　C.不影响　　　　　　　　　　　D.视具体情况而定

6.小循环中流经节温器的冷却液将流向( )。

　A.散热器　　　B.气缸体　　　　C.水泵　　　　　D.补偿水桶

7.冬季发动机启动时,百叶窗应该处于( )。

　A.关闭位置　　　　　　　　　　B.打开位置

　C.半开半闭位置　　　　　　　　D.任意位置

8.水冷系中,冷却液大、小循环路线由( )控制。

　A.风扇离合器　B.节温器　　　　C.水泵　　　　　D.百叶窗

9.若散热器盖上压力阀弹簧过软,会使( )。

　A.散热器内压力过低　　　　　　B.发动机工作温度降低

　C.散热器内压力过高　　　　　　D.冷却液不易沸腾

四、问答题

1.冷却系的功能是什么?发动机的冷却强度为什么要调节?如何调节?

2.何谓纵流式和横流式散热器?横流式相比纵流式有何优点?

3.散热器盖的工作原理是什么?

4.离心式水泵的功能和工作原理是怎样的?

5.试分析汽车在行驶时,发动机"开锅"的故障原因。

6.水冷系的节温器是否可以随便摘除?为什么?

7.发动机过热故障应怎样诊断处理?

8.发动机过冷故障应怎样诊断处理?

单元 9

发动机装配、磨合与发动机特性

9.1 发动机的装配与磨合

认知目标 / 1.了解发动机磨合的必要性及工艺规范要求。
2.掌握发动机装配的技术规范要求。

能力目标 / 掌握发动机装配的正确方法与原则,能熟练使用工具。

在对发动机故障进行检修时往往要对发动机相关部件进行拆装。这要求我们要掌握发动机拆卸和装配过程中的技术要求、拆装的正确方法和步骤,以及在装配过程中按技术要求对各部件之间的配合间隙进行调整的方法,熟悉对装配后的发动机进行磨合的规范。

发动机的装配是指把零件(新件、修复件)、符合技术要求的组合件和总成按照一定的工艺顺序和原则安装成为完整的发动机的过程。装配质量直接影响发动机的维修质量和使用寿命。

一、发动机的装配

1.发动机总装前的准备工作

发动机的装配精度要求很高,装配前必须认真清洗零件,不应有毛刺、擦伤、积炭和污垢。必须认真清洗工具,保持人员、设备、工作场地的清洁,特别应仔细检查和彻底清洗气缸体、曲轴上各润滑油道,并用压缩空气吹干净。清洁工作稍有疏忽,往往造成返工甚至带来严重事故。发动机总装前应准备必要的专用工具、量具,所有配件、通用件(各种紧固件、锁止件、垫片等),摩擦面涂用的新机油、石棉绳等用料,要求规格合适、数量充足、品种齐全、随用随有。

2.发动机总装的工艺原则及要求

发动机的装配过程一般都分为两步,即总成装配和整机装配。把维修合格、选配合适的一组零部件,装配成总成的工艺称为总成装配;把各总成和零部件组装成一台完整发动机的工艺,称为整机装配。

总成装配和整机装配虽然是两个装配阶段,但在实际操作中往往相互连续和交叉,并不是截然分开的,有些还是重复进行的,如曲轴主轴承和连杆轴颈的维修与装配等。

发动机的结构形式很多,导致整机装配程序不完全一致,有些总成、部件(如启动机、发电机、空压机和滤清器等)的装配顺序并不十分关键。

发动机装配时必须遵循以下工艺原则:

①装配时,必须保持零部件、总成、工具及装配场地的清洁。
②待装总成和零件,必须经过检查或试装确认合格。
③各部位不可互换的零件,如气缸体与飞轮壳、连杆与连杆盖,要按装配标记装回原位,不准装错。
④有规定要求的螺纹连接件,必须按规定力矩和顺序,分次拧紧。
⑤螺纹连接件的所有配套件,如开口销、保险垫片以及垫圈等,一定要按规定装配齐全,不能丢失或漏装。
⑥关键部位组合件间的配合间隙,例如活塞与气缸、曲轴轴颈与轴承以及轴类零件的轴向间隙、正时齿轮的啮合间隙、配气机构的配气相位、气门间隙等,都必须符合维修技术标准。
⑦装配过程中,应使用规定的工具,采用正确的操作方法和手段,防止产生非正常的零部件损伤,禁止野蛮操作。

3.发动机的装配步骤

下面以桑塔纳轿车发动机为例说明发动机装配的一般步骤。

(1)气缸体的装配

气缸体是基础件,在装配前,必须进行认真清洗和检查。即使是已清洁并安装好的气缸体,在装配前,也应再次进行此项工作。具体内容包括:检查气缸体的清洁度和装配质量,有无漏装、错装现象,各油道是否清洁,油道内的隔塞、螺塞是否安装;不能互换的配套件,其标记是否清楚无误,是否修配检查完毕,摆放整齐。

(2)曲轴飞轮组的装配

①将经过清洗、擦拭干净的曲轴、飞轮,选配或修配好的轴承、轴承盖及垫片等零件依次摆放整齐,准备装配。

②将曲轴安装在气缸体上。在第3道主轴颈两侧安装止推垫片,止推垫片上带油槽的减摩合金表面必须朝向曲轴。

注意:轴承盖应按序号安装,不得装错和装反,并由中间向外对称紧固螺栓(力矩为65 N·m);第1、2、4、5道曲轴轴瓦,只有安装在气缸体上的那片轴瓦有油槽,装在轴承盖上的无油槽,但第3道轴瓦(两片)均有油槽。

③安装曲轴前、后油封和油封座。

④安装飞轮和滚针轴承。新换飞轮时,还应在飞轮"0"标记(第1、4缸的上止点标记)附近打印上点火正时标记。

注意:曲轴后端孔内变速器输入轴的滚针轴承标记朝外(朝后),外端面距曲轴后端面1.5 mm。

⑤检查曲轴的轴向间隙。检查时,用撬棍将曲轴撬向一端,用塞尺在止推垫片处测量曲柄与止推垫片之间的间隙。装配新件的间隙应为0.07~0.17 mm,磨损极限为0.25 mm。若曲

轴轴向间隙过大,则应更换止推垫片。

注意:曲轴飞轮组标记。四行程直列四缸汽油机,在飞轮上刻有"1-4缸上止点"或"0"的标记,当该标记与飞轮壳前端的刻线对齐时,第1、4缸活塞处于上止点。

曲轴轴承上均有定位凸点,该凸点与轴承座上的凹槽相嵌合。同一道轴承的瓦盖和底座不能分开放置,以免错乱。

(3)活塞连杆组的装配

①活塞连杆组的检验

a.活塞圆度的检验

许多活塞都制成椭圆形,其短轴在活塞销方向上。活塞圆度的检验,应在圆度检验仪上进行。圆度值应为0.40 mm。

b.活塞环的检验

用塞尺检查活塞环的侧隙。标准间隙为0.02～0.05 mm,使用极限为0.15 mm。

用塞尺检查活塞环的端隙。新环端隙的标准值是:第1道气环为0.30～0.45 mm;第2道气环为0.25～0.40 mm;油环为0.25～0.50 mm;磨损极限值为1.0 mm。

②彻底清洗各零件,并用压缩空气将其吹干净。

③活塞销为全浮式,即正常工作时活塞销和连杆衬套及活塞销座之间均为间隙配合。在25±5 ℃时,将涂有机油的活塞销用大拇指仅需很小的力就可推入连杆衬套中,同时靠活塞销本身质量(垂直向下时)又会从衬套中滑出一点,且无松旷感。

若活塞销与活塞销座孔为过渡配合,则应将活塞置入水中加热到约75 ℃时取出,此时用大拇指可压入活塞销即为合格。

④安装活塞销锁环(锁环与活塞销端面应有0.15 mm的间隙,以满足活塞销和活塞热胀冷缩的需要)。

注意:安装活塞和连杆时,应认清标记、对正方向。活塞冷却后,再检测活塞裙部的圆度,如果发现有反椭圆现象,即表明活塞销过紧,应查出原因并予以纠正。

⑤安装活塞环:第1道气环是矩形环,第2道气环是锥形环,油环为组合环,应使用活塞环拆装钳依次安装好。

注意:"TOP"朝向活塞顶,三环开口应错开120°,第1道气环开口位置应与活塞销中心线错开45°。

(4)将活塞连杆组件装入气缸

①将第1缸曲柄转到下止点位置,对第1缸的活塞连杆总成(不带连杆轴承盖,上瓦片应放在座内、将油孔对正)各部位进行预润滑,并检验各环开口方向是否处于规定位置。

②用夹具收紧各环。按活塞顶装配标记将活塞连杆从气缸顶部装入气缸筒,用手引导连杆使其对正连杆轴颈,用木锤柄将活塞推入。

③按装配标记装合第1缸连杆轴承盖及轴瓦,并按规定力矩交替拧紧连杆螺母。标准拧紧力矩是:M9×1为45 N·m;M8×1为30 N·m。

④按步骤①～③装配其余各气缸活塞连杆组。

注意:M8×1的连杆螺栓为预应力螺栓,在按规定力矩拧紧连杆螺母时,连杆螺栓在弹性变形范围内被拉长,螺栓和螺母之间有较大而稳定的摩擦力,所以螺母不需要防松装置。但在维修过程中一旦拆过连杆螺母,就必须更换。

装配活塞连杆组时,应每拧紧一次即转动曲轴,直至确认转动灵活无阻滞感时,再进行第二次拧紧;如此操作直至达到规定力矩,以便及时发现影响曲轴正常旋转的故障并排除。否则,全部拧紧固定完毕后,若曲轴旋转困难,则需重新拧松全部螺栓。

(5)安装中间轴

将中间轴装入机体承孔中,在其前端装入O形密封圈、油封凸缘及油封。油封凸缘紧固螺栓应以 25 N·m 的力矩拧紧。最后安装中间轴齿带轮。

(6)安装配气机构及气缸盖

①安装气门:将各气门插入相应的气门导管中,检查气门与气门座的密封性(可用汽油进行渗漏检验),不符合要求时,应进行手工研磨。

取出各气门,安装好气门弹簧下座,用专用工具将气门油封压装到气门导管上。重新插入各气门,安装好气门弹簧、上弹簧座及新锁片(使用过的旧锁片不准再用),并用塑料锤轻轻敲击数次,以确保锁片安装的可靠性。

②检查凸轮轴轴向间隙,其轴向间隙应小于 0.15 mm。然后拆下凸轮轴。

③将液压挺杆浸入机油中反复推压,排除其内腔中的空气,然后按顺序将各气门挺杆装入挺杆承孔中。

④安装凸轮轴和油封

a.安装凸轮轴时,第1缸的凸轮必须朝上。

b.安装凸轮轴轴承盖时,注意轴承孔上、下两部分必须对正。

c.将凸轮轴放入各轴承座上,按拆卸的逆顺序安装紧固轴承盖(先对称紧固第2、4道轴承盖,后紧固第1、3、5道轴承盖),拧紧力矩为 20 N·m。

d.用专用工具安装凸轮前油封时,不要压到底,否则会堵塞油道。

e.放入半圆键,安装凸轮轴正时带轮并加以紧固,拧紧力矩为 80 N·m。

注意:凸轮轴转动时,曲轴不可位于上止点,否则会损坏气门和活塞顶部。

⑤安装气缸盖:气缸盖的安装顺序与拆卸顺序相反,但应注意以下几点:

a.气缸垫安装时,气缸垫上有"TOP"字样的一面朝向气缸盖。

b.将定位螺栓旋入第8、10号位的气缸盖螺栓孔内,以便起到定位作用。待气缸盖装合并拧紧螺栓后,再旋出定位螺栓,然后旋入第8、10号螺栓。

c.拧紧气缸盖螺栓的顺序按拆卸的逆顺序分四次进行:第1次力矩为 40 N·m;第2次力矩为 60 N·m;第3次力矩为 75 N·m;第4次用扳手再转动1/4圈。使用中不许将气缸盖螺栓再次拧紧。

d.安装气缸盖时,各气缸活塞不可置于上止点,否则气门会顶坏活塞。当任一活塞被确认为处于上止点时,必须再旋转1/4圈。

e.将机油道清洗干净,并用压缩空气吹通。

f.安装气门罩盖密封衬垫、密封条、气门罩盖、压条等,并以 10 N·m 的力矩拧紧其紧固螺母。

(7)安装齿形皮带、分电器和机油泵

①将齿形带套在曲轴和中间轴齿形带轮上。

②装上曲轴带盘(螺栓不必拧紧)并定位。

③将凸轮轴齿形带轮标记与气门罩盖平面对齐。

④使曲轴带盘上的上止点标记和中间轴齿形带轮上的标记对正。

⑤将齿形带套在凸轮轴齿形带轮上并检查其张紧度。

⑥拧紧中间轮紧固螺母,转动曲轴两周,再检查正时标记是否正确。

⑦拆下曲轴V形带盘,装上齿形带下护罩,再安装V形带盘,以20 N·m的力矩拧紧固定螺栓。安装好发电机、水泵及压缩机,套上发电机及压缩机三角皮带。

⑧转动曲轴,使飞轮上的点火正时标记与变速器壳上的标记对齐,分火头指向分电器壳上的第1缸标记,将分电器插入机体承孔中,并固定好分电器压板。

⑨使机油泵驱动轴的扁头对正分电器驱动轴的槽口,安装好机油泵、油底壳及其衬垫。

(8)安装其他附件

将机油滤清器、汽油泵、进(排)气歧管、启动机及齿带轮上护罩等依次安装到发动机机体上。

(9)发动机总成的装车

将发动机总成安装到汽车上,并连接好各管路及线路。具体操作可按拆卸的逆顺序进行,并注意以下问题:

①不要碰伤变速器输入轴。

②发动机橡胶支承块的自锁螺母应更换新件。

③将发动机装入支架座上,旋紧紧固螺栓。

④调好离合器踏板自由行程及节气门、阻风门拉索,安装排气管。

⑤连接启动机接线时,导线不得触及发动机。

⑥合理加注冷却液。

(10)发动机主要螺栓的拧紧力矩

桑塔纳轿车发动机主要螺栓的拧紧力矩见表9-1。

表9-1 桑塔纳轿车发动机主要螺栓的拧紧力矩

名　称	拧紧力矩/(N·m)	名　称	拧紧力矩/(N·m)
气缸盖螺栓	75	油底壳紧固螺栓	20
连杆螺栓	45(M9)	发动机支架螺栓	35
连杆螺栓	30 再转 180°(M8)	油箱紧固螺栓	25
主轴承盖紧固螺栓	65	进气管预热器螺栓	10
飞轮紧固螺栓	75	排气管接口螺栓	30
曲轴前、后油封凸缘螺栓	10	排气管夹箍螺栓	25
离合器紧固螺栓	25	发动机与变速器连接螺栓	55
凸轮轴轴承盖螺栓	20	机油泵紧固螺栓	20
油底壳放油螺塞	30	机油泵泵盖螺栓	10
齿带后护罩螺栓	30	散热器及支架螺栓	10
齿带轮紧固螺栓	80	机油滤清器支座螺栓	25
三角皮带轮紧固螺栓	20	气门罩螺栓	10
齿带护罩螺栓	10	风扇温控开关	25
中间轴油封凸缘螺栓	25		

发动机装配完成后还必须对发动机的怠速、点火时间、气门间隙等进行调整,以使发动机的工作性能达到最佳状态。

二、发动机的磨合

磨合是指发动机总成或机构组装后,改善零件摩擦表面几何形状和表面物理机械性能的运转过程。磨合是维修工艺过程的一个重要工序,通过磨合可提高零件摩擦表面的质量、耐磨性、疲劳强度和抗腐蚀性能,同时能及时发现和清除在零件维修和装配中由于偏离技术条件而引起的一些缺陷。发动机装配完成后必须进行磨合。

根据发动机磨合过程中转速与负荷的组合不同,可将发动机磨合过程分为三个阶段:冷磨合、空载热磨合和负载热磨合。由外部动力驱动总成或机构的磨合称为冷磨合,发动机自行空转称为空载热磨合,加载自行运转称为负载热磨合。发动机磨合规范主要由磨合转速、磨合负载、磨合时的润滑及磨合时间组成。

1.磨合转速的确定

(1)冷磨合转速

冷磨合起始转速一般选用 400～600 r/min,冷磨合终止转速为 1 000～1 200 r/min,它们的计算公式分别为

$$n_1 = (0.20 \sim 0.25) n_e \tag{10-1}$$

$$n_2 = (0.40 \sim 0.55) n_e \tag{10-2}$$

式中 n_1——冷磨合起始转速,r/min;
n_e——额定工作转速,r/min;
n_2——冷磨合终止转速,r/min。

试验表明(图 9-1),冷磨合时从起始转速过渡到终止转速,采用有级过渡较之采用无级过渡更有利,所以在冷磨合时通常采用有级过渡,每级磨合规范的转速间距为 200～400 r/min。

(2)空载热磨合转速

空载热磨合的起始转速,通常与冷磨合的终止转速相近,空载热磨合的目的是为检查热工况下发动机各部件的配合情况,对发动机进行必要的调整,并消除发现的缺陷,为负载热磨合做准备。因此,空载热磨合转速通常为 1 000～1 200 r/min 或按(0.40～0.55)n_e 来确定。

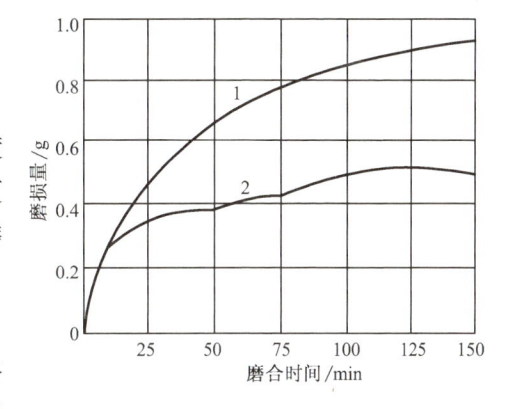

图 9-1 汽油发动机冷磨合时的磨损
1—转速无级调速;2—转速有级调速

(3)负载热磨合转速

负载热磨合的起始转速,通常根据能保证发动机主油道有足够的供油压力来确定,一般为 800～1 000 r/min。负载热磨合的终止转速,应根据发动机磨合后能承受 75%～85% 额定功率的负荷来确定。一般汽油机负载热磨合的终止转速为 $0.8 n_e$,柴油机为 n_e。

2.磨合负载的确定

负载热磨合的负载取决于磨合转速和磨合后配合副的承载能力的要求。一般情况下,起始负载为 $0.2 P_e$(P_e 为额定功率);终止负载为 $0.8 P_e$。

各维修企业发动机维修后的磨合试验规范应根据其工艺水平,参照各种类型发动机规定的磨合试验规范并通过试验来确定。

3.磨合时的润滑及磨合时间

发动机磨合使用的润滑油对磨合质量影响也比较大,润滑油不但要有很好的油性,而且应能很好地冷却摩擦表面。在润滑油中加入适量的活性添加剂,可明显改善磨合过程。

冷磨合转速采取四级调速方式,各级转速的冷磨合时间均为 15 min,共 60 min。热磨合规范的总磨合时间为 120～150 min。

技能训练　　实训　汽车发动机的拆装

一、实训内容

1.发动机的拆卸。

2.发动机的装配。

二、实训目的与要求

1.熟悉发动机的组成及其各主要机件的构造、作用与装配关系。

2.掌握发动机正确的拆装顺序、要求、方法及技术规范。

3.了解发动机的磨合方法。

9.2　发动机特性

认知目标　学会分析发动机的速度特性和负荷特性。

通过分析发动机的特性曲线,可以评价发动机在不同工况下的动力性、燃油经济性及其他运转性能,为合理地选用发动机提供有效的依据,同时还可根据特性曲线分析影响发动机性能的因素,寻求改进发动机性能的途径,从而使发动机的性能进一步提高。

一、概述

发动机特性是指发动机性能指标随调整情况和使用工况而变化的关系,通常用曲线表示,该曲线称为特性曲线。

发动机特性主要包括发动机调整特性和发动机使用特性。发动机调整特性是指发动机性能指标随调整情况而变化的特性,例如汽油机的燃料调整特性、点火提前角调整特性、柴油机喷油提前角调整特性等。发动机使用特性是指发动机性能指标随使用工况而变化的特性,如速度特性、负荷特性等。

下面介绍使用较多的发动机的速度特性和负荷特性。

二、速度特性

当节气门(或柴油机喷油泵供油拉杆)位置不变时,发动机性能指标随转速而变化的特性,称为发动机的速度特性。发动机的速度特性包括外特性(全负荷速度特性)和部分负荷速度特性。当节气门保持最大开度(或喷油泵供油拉杆位于标定功率的循环供油量位置)时所测得的速度特性,称为发动机的外特性;当节气门在部分开度(或喷油泵供油拉杆位于小于标定功率的循环供油量位置)时所测得的速度特性,称为部分负荷速度特性。外特性代表了发动机所能达到的最高动力性,是发动机的重要特性。一般汽油机铭牌上标示的有效转矩 M_e、有效功率 P_e 及相应的转速 n 都是以外特性为依据的。

为便于分析,通常由发动机台架试验测取一系列数据,并以发动机转速 n 为横坐标,以发动机的有效转矩 M_e、有效功率 P_e、有效燃油消耗率 g_e 等为纵坐标,绘制成速度特性曲线。

通过分析发动机的速度特性,可找出发动机在不同转速情况下工作时的动力性和经济性的变化规律,以及对应于最大功率 P_{emax}、最大转矩 M_{emax} 和最小燃油消耗率 g_{emin} 时的转速,从而确定发动机工作时最有利的转速范围。

1.汽油机外特性曲线分析

图 9-2 所示为车用汽油机的外特性曲线。

(1)有效转矩 M_e 曲线

在较低的转速范围内,随着转速的提高,M_e 逐渐增加;当 $n=n_M$ 时,M_e 达到最大值 M_{emax};若转速继续升高,则 M_e 迅速下降,曲线变化较陡。

(2)有效功率 P_e 曲线

在对应于 $M_e < M_{emax}$ 的转速范围内,转速 n 增加,转矩 M_e 也增加,有效功率 P_e 增加很快;当 $n=n_P$ 时,P_e 达到最大功率 P_{emax};此后,n 再增加,P_e 下降。

(3)有效燃油消耗率 g_e 曲线

当转速 n 很低时,有效燃油消耗率 g_e 较高;当转速 n 很高时,有效燃油消耗率 g_e 也很高;在某一中间转速,即当 $n=n_g$ 时,有效燃油消耗率达到最低值 g_{emin}。

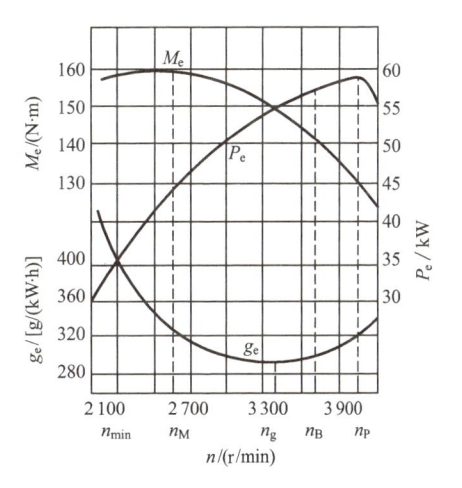

图 9-2 车用汽油机的外特性曲线

(4)汽油机的工作范围

为保证汽车具有较高的动力性,汽油机工作时的转速范围应在最大转矩转速 n_M 与最大功率转速 n_P 之间。当工作转速 $n>n_P$ 时,汽油机的动力性、经济性和可靠性均大幅下降,因而不能使用;当工作转速 $n<n_M$ 时,汽油机工作不稳定,也不能使用。

为保证汽车具有较高的经济性,汽油机工作时最有利的转速应介于最低燃油消耗率转速 n_g 和最大功率转速 n_P 之间,该转速范围可以作为选择汽油机常用转速范围的参考依据。

(5)标定工况

标定工况是指发动机铭牌上标示的功率及相应的转速。由外特性曲线可知:当转速增大到接近最大功率转速 n_P 时,功率提高缓慢;在转速超过 n_P 之后,转速增加,功率反而下降。转速经常过高,会使发动机的寿命下降。因此,载货汽车发动机常限制其转速为 n_B,n_B 称为限制转速或标定转速,一般情况下,$n_B \leqslant n_P$。发动机处于标定转速且节气门全开时所对应的功率称为标定功率。

通常使用两种方法来控制发动机,使其在不超过标定转速的情况下运转:一是车速不超过汽车说明书上所规定的最高车速;二是安装限速器,当转速超过 n_B 时,可自动减小节气门开度,以降低转速。

（6）转矩储备系数

当发动机在正常的转速范围内工作且节气门全开时，如果阻力矩增加，发动机转速将自动下降；当发出的转矩增大至与阻力矩平衡时，又可在另一较低转速下稳定运转。为了评定发动机适应外界阻力矩变化的能力，常用转矩储备系数 u 或适应系数 k 作为评价指标。其计算公式为

$$u = \frac{M_{emax} - M_B}{M_B} \times 100\% \tag{10-3}$$

$$k = M_{emax}/M_B \tag{10-4}$$

式中　M_{emax}——外特性曲线上的最大转矩，N·m；

　　　M_B——标定工况（或最大功率）时的转矩，N·m。

u 和 k 越大，转矩之差（$M_{emax} - M_B$）越大，即随着转速的降低，有效转矩 M_e 增加较快，在不换挡的情况下，爬坡能力及克服短期超载能力增强。

由于汽油机的外特性转矩曲线弯曲度较大，随着转速的增加，其下降较快。因此，当 u 为 10%～30%、k 为 1.2～1.4 时，发动机的适应性好，能满足汽车的使用要求。当汽车行驶阻力增加（如上坡）而迫使车速降低时，发动机能自动提高转矩，汽车能在不换挡的情况下克服较大的行驶阻力。

2. 柴油机外特性曲线分析

车用柴油机的外特性曲线如图 9-3 所示。

（1）有效转矩 M_e 曲线

在转速较低时，柴油机有效转矩 M_e 随转速 n 增加而缓慢增加；在中等转速范围内，M_e 随 n 变化很小；在较高转速范围内，M_e 随转速 n 增加而降低。

与汽油机相比，柴油机有效转矩 M_e 曲线随 n 的变化较平坦，转矩储备系数 u 比汽油机的小，仅为 5%～10%。因此，柴油机的转矩特性若不进行校正，则很难满足工作需要。

（2）有效功率 P_e 曲线

由于有效转矩 M_e 随 n 的变化不大，因而在一定转速范围内，有效功率 P_e 几乎是随 n 增加而成正比例增加。

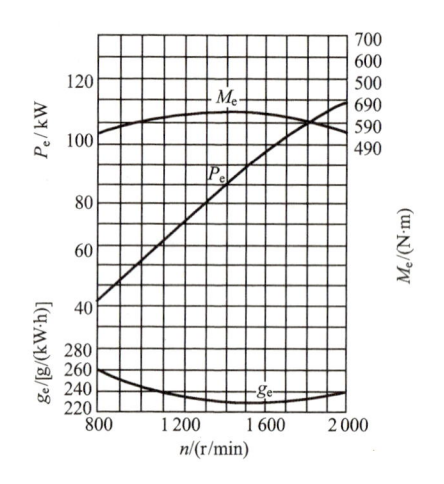

图 9-3　车用柴油机的外特性曲线

柴油机的最高转速由调速器限制，若调速器失灵，则功率随转速增加仍然继续增大。但当转速增大到某一特定值时，循环供油量的增加会使燃烧恶化，导致有效功率 P_e 下降，并伴有冒黑烟现象。因此，车用柴油机的标定功率受冒烟界限的限制。

（3）有效燃油消耗率 g_e 曲线

柴油机外特性的 g_e 变化趋势与汽油机相似，也是一条凹形曲线，但曲线凹度较小，说明柴油机在较大转速范围内都有较好的经济性。由于柴油机的压缩比较高，因而其最低燃油消耗率可比汽油机低 20%～30%。

三、负荷特性

发动机的负荷特性是指当发动机转速不变时,其经济性指标随负荷而变化的关系。发动机的负荷特性曲线,一般以发动机的有效功率 P_e、有效转矩 M_e 或平均有效压力 P_e 等负荷指标为横坐标,以每小时燃油消耗量 G_T、有效燃油消耗率 g_e(根据需要还可以排气温度 t_r、机械效率 η_m)等指标为纵坐标。分析发动机的负荷特性,可了解发动机在各种负荷情况下工作时的经济性以及最低燃油消耗率时的负荷状态。

1.汽油机负荷特性

图 9-4 所示为车用汽油机在某一转速下的负荷特性曲线。使转速保持在几种不同情况下,即可获得不同的负荷特性曲线,但各种转速下的负荷特性曲线是相似的。

(1)每小时燃油消耗量 G_T 曲线

当汽油机的转速一定时,每小时燃油消耗量 G_T 主要取决于节气门开度和可燃混合气浓度。当节气门开度由小逐渐加大时,充入气缸的可燃混合气量逐渐增加,G_T 随之上升;当节气门开度增大到约为全开时的 80% 以后,加浓装置开始工作,可燃混合气变浓,G_T 上升的速度加快,曲线变陡。

(2)有效燃油消耗率 g_e 曲线

发动机在怠速运转时,输出有效功率 $P_e=0$,g_e 趋于∞,随着负荷的增加,节气门开度加大,进入气缸的新鲜可燃混合气量增加,残余废气相对减少;发动机负荷增加,使燃烧室的工作温度提高,燃油雾化条件改善,燃烧速度加快,散热损失及泵气损失相对减小,故 g_e 迅速下降,直至降到最低值;当负荷继续增加,节气门开度增大到全开的 80% 左右时,燃料供给系供给发动机较浓的功率混合气,因燃烧不完全,故 g_e 又有所上升。

2.柴油机负荷特性

图 9-5 所示为车用柴油机的负荷特性曲线,其变化趋势与汽油机类似。

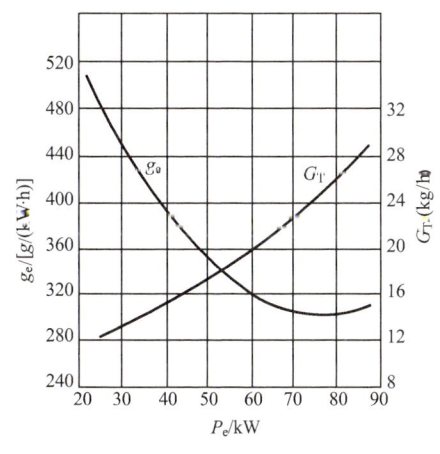

图 9-4 车用汽油机的负荷特性曲线

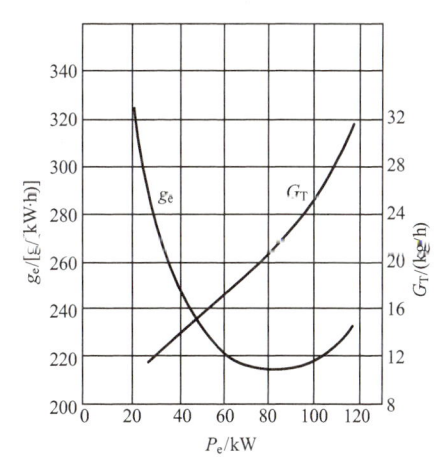

图 9-5 车用柴油机的负荷特性曲线

(1)每小时燃油消耗量 G_T 曲线

当转速一定时,柴油机每小时燃油耗油量 G_T 主要取决于每循环供油量 Δg。当负荷小于 85% 时,随着负荷的增加,Δg 增加,G_T 随之近似成正比地增加;当负荷继续增大到 90% 以后,随着 Δg 的增加,可燃混合气变浓,燃烧条件恶化,G_T 迅速增大,曲线上升更陡。

（2）有效燃油消耗率 g_e 曲线

当柴油机负荷为零时，g_e 趋于∞；在较小负荷范围内，随着负荷的增加，g_e 降低，直到某一中等负荷时，g_e 最小；在大负荷范围内，随着负荷的增加，g_e 增加；当负荷继续增加时，由于可燃混合气过浓，不完全燃烧显著增加，因而柴油机排气开始冒烟，g_e 增加越来越快。

从负荷特性曲线上可以看出：低负荷区的燃油消耗率 g_e 较高，随着负荷的增加，g_e 值降低，且低负荷区 g_e 曲线变化较大；在接近全负荷区时，g_e 达到最小值。

为了提高汽车的燃油经济性，应使发动机经常处于或接近燃油消耗率较低、负荷较大的经济负荷区运行，故在选配发动机以及汽车的使用过程中，应在满足动力性要求的前提下，尽量提高发动机功率的利用率，以提高燃油经济性。

强化练习

问答题

1. 发动机装配时应注意哪些问题？
2. 发动机装配后为什么要进行磨合试验？其磨合试验的规范是什么？
3. 什么是发动机的速度特性？试画出汽油机和柴油机的速度特性曲线并解释其变化趋势。
4. 什么是转矩储备系数？其值有何意义？
5. 什么是发动机的负荷特性？试解释负荷特性曲线的变化趋势，并对汽油机和柴油机的负荷特性进行比较。

参考文献

[1] 李雷.电控发动机维修(第二版).北京:机械工业出版社,2016
[2] 王正键,卢若珊.汽车发动机构造与维修.西安:西安电子科技大学出版社,2014
[3] 曹红兵.汽车发动机电控技术原理与维修.北京:机械工业出版社,2014
[4] 李伟.新型直喷、混合动力发动机构造原理与故障排除(第二版).北京:机械工业出版社,2014

附录

发动机故障诊断及检修常用工量具、仪器的使用

一、发动机故障诊断及检修常用工具的使用

1.常用工具

(1)螺钉旋具

①用途:螺钉旋具俗称螺丝刀,主要用于旋松或旋紧有槽螺钉。

②类型:螺钉旋具(以下简称旋具)有很多类型,其区别主要在于其尖部形状,每种类型的旋具都按长度不同分为若干规格。常用的旋具是一字螺钉旋具和十字螺钉旋具,如附录图1所示。

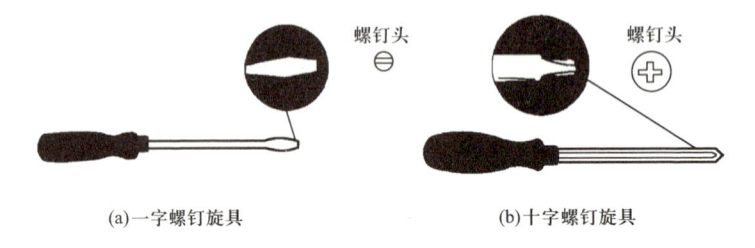

(a)一字螺钉旋具　　(b)十字螺钉旋具

附录图1　常用旋具类型

③注意事项

• 旋具应与螺钉头槽口的形状、厚度和宽度相适应,以防损坏螺钉头。

• 旋具的尖部磨损后,可在砂轮机上进行修磨,在修磨过程中应经常放入水中进行淬火,以保持其硬度。

• 旋具不可当撬棒使用,也不能承受过大的扭力,否则易损坏。

• 使用时,除施加扭力外,还应施加适当的轴向力,以防滑脱损坏零件。

(2)钳子

①用途:钳子多用来弯曲或安装小零件、剪断导线或螺栓等。

②类型:钳子有很多种类型和规格,常用钳子如附录图2所示。在发动机维修中,应根据作业内容选用适当类型和规格(按长度分)的钳子。

附录 发动机故障诊断及检修常用工量具、仪器的使用

③注意事项

使用过程中,不能用钳子拧紧或旋松螺纹连接件,以防止螺纹连接件被倒圆;不可用钳子当撬棒或锤子使用,以免损坏钳子。

(3)扳手

①用途:扳手主要用于拧松或拧紧螺栓或螺母。

②类型:常用扳手有开口扳手、梅花扳手、活动扳手、内六角扳手、套筒扳手、扭力扳手等类型。每种类型的扳手都有不同的规格,一般都成套购置。

• 开口扳手(附录图3)

按其开口宽度 S 的大小分为 8～10 mm、12～14 mm、17～19 mm 等规格,通常为成套装备,有8件一套、10件一套等。

附录图2 常用钳子

1—鲤鱼钳;2—夹紧钳;3—钩钳;4—尖嘴钳;5—组合钢丝钳;6—剪钳

为了防止扳手损坏和滑脱,应使扭力作用在开口较厚的一边。使用时应根据螺栓或螺母的尺寸,选择相应开口尺寸的开口扳手。

• 梅花扳手(附录图4)

两端内孔为正六方形,按其闭口尺寸 S 的大小分为 8～10 mm、12～14 mm、17～19 mm 等规格,通常为成套装备,有8件一套、10件一套等。

与开口扳手相比,由于梅花扳手扳动 30° 后,即可换位再套,适于狭窄场合下操作,而且强度高,使用时不易滑脱,因此应优先选用。为了方便操作,有的扳手一头是开口扳手,另一头是梅花扳手。使用时应根据螺钉或螺母的尺寸,选择相应闭口尺寸的梅花扳手。

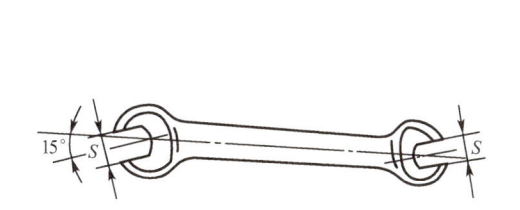

附录图3 开口扳手

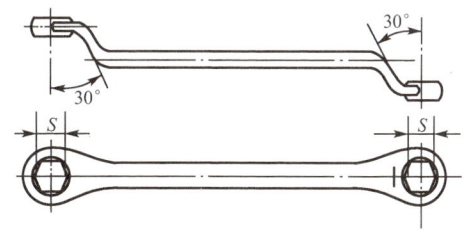

附录图4 梅花扳手

• 活动扳手(附录图5)

活动扳手的开口尺寸 S 能在一定范围内任意调整,其规格是以最大开口宽度(mm)×扳手长度(mm)来表示的。

活动扳手操作起来不太方便,需旋转蜗轮才能使活动扳手张开及缩小,而且容易从螺钉上滑移,应尽量少用,仅在缺少相应其他扳手时使用。使用时,应注意使扭力作用在开口较厚的一边。

• 内六角扳手(附录图6)

内六角扳手用于拆装内六角螺栓(螺塞),以六角形对边尺寸 S(3～27 mm)表示,有13种规格。

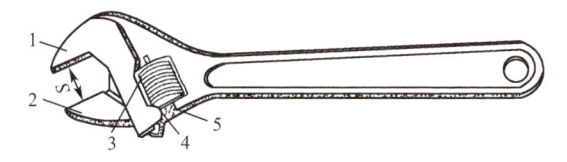

附录图5 活动扳手

1—扳手体;2—活动扳口;3—蜗轮;4—蜗杆;5—蜗杆轴

附录图6 内六角扳手

287

• 套筒扳手(附录图 7)

套筒扳手一般是由不同规格的套筒、加长杆和各种手柄等组成的成套工具,套筒的规格按标准螺纹连接件规格划分。因为使用套筒工具拆装螺纹连接件具有快速、高效的优点,且对拆装位置隐蔽、空间狭小处的螺纹连接件更具优越性,所以在汽车维修中它是使用频率最高的工具。

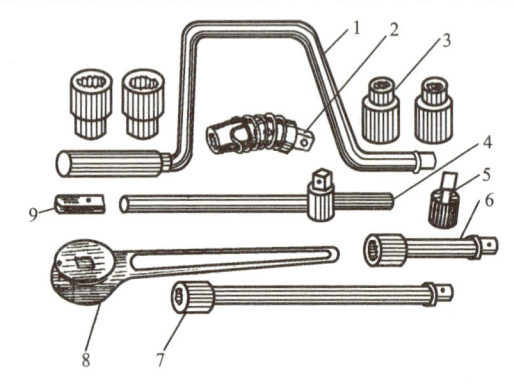

附录图 7 套筒扳手

1—快速摇柄;2—万向接头;3—套筒头;4—滑头手柄;5—旋具接头;
6—短接杆;7—长接杆;8—棘轮手柄;9—直接杆

• 扭力扳手(附录图 8)

扭力扳手通常需要与套筒扳手中的套筒头配合使用,可直接显示出所施加的拧紧转矩,用于拧紧对拧紧力矩有严格要求的螺纹连接件(连杆螺母、气缸盖螺钉、曲轴主轴承紧固螺栓、飞轮螺栓等)。其规格是以最大可测转矩来划分的。

附录图 8 扭力扳手

切忌在过载的情况下使用扭力扳手,以免造成读数失准或扳手损坏,用后应将扭力扳手平稳放置,避免重物撞压,造成扳杆或扳手指针变形而影响其测量精度。

(4)锤子

发动机维修中的常用锤子有手锤、木锤和橡胶锤,如附录图 9 所示。手锤通常用工具钢制成,规格按锤头质量划分。木锤和橡胶锤主要用于击打零件加工表面,以保护零件不被损坏。

(a)手锤　　　　(b)木锤　　　　(c)橡胶锤

附录图 9 常用锤子的类型

使用手锤时,切记要仔细检查锤头和锤把是否楔塞牢固,握锤时手应握在锤把后部。

2.专用工具

(1)火花塞套筒

①用途及结构:火花塞套筒是用于拆装火花塞的专用工具,为内六角筒式结构,筒身上加

工有手柄穿入孔,如附录图 10 所示。

②种类:火花塞套筒有两种规格,一种适用于 14.8 mm 的火花塞螺套,一种适用于 10 mm 的火花塞螺套。

(2)活塞环拆装钳

①用途及结构:活塞环拆装钳是用于拆装活塞环的专用工具,如附录图 11 所示。

②使用方法:使用时应将活塞环拆装钳上的环卡卡在活塞环的开口上,轻握手柄慢慢收缩,使活塞环张开,以便拆装。

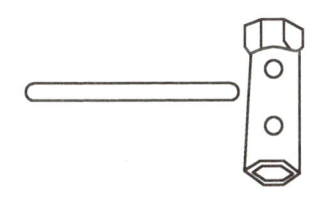

附录图 10　火花塞套筒

附录图 11　活塞环拆装钳

(3)气门拆装钳

①用途及结构:气门拆装钳是用于拆装气门的专用工具,如附录图 12 所示。

②使用方法:在拆装气门时,用气门拆装钳托架抵住气门,将压环对正气门弹簧座,压下手柄,即可使气门弹簧压缩,然后取出气门弹簧锁止零件,再慢慢放松手柄,便能很容易地取下气门弹簧和气门等。

(4)拉器

①用途:拉器是用于拆卸过盈配合安装在轴上的齿轮或轴承等零件的专用工具。

②使用方法:常用拉器为手动式,在一杆式弓形叉上装有压力螺杆和拉爪。使用时,在轴端与压力螺杆之间垫一块垫板,用拉器的拉爪拉住齿轮或轴承,然后拧紧压力螺杆,即可从轴上拉下齿轮等过盈配合安装的零件,如附录图 13 所示。

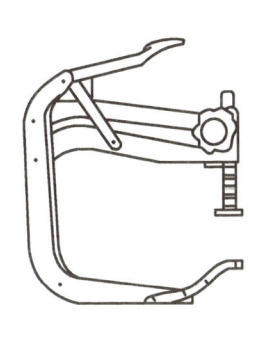

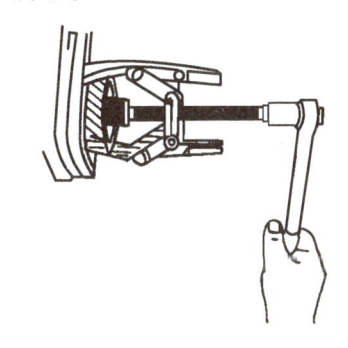

附录图 12　气门拆装钳

附录图 13　拉器

(5)卡环拆装钳

①用途:卡环拆装钳用于拆装轴承等零件轴向定位用的弹簧卡环。

②种类:根据用途不同,卡环拆装钳可分为外卡环(无孔)拆装钳、外卡环(有孔)拆装钳及内卡环拆装钳三种,如附录图 14 所示。

(6)跨接线

跨接线是一段专用导线,主要由两端的接线头或者鳄鱼夹及中间的导线组成,如附录图 15 所示。

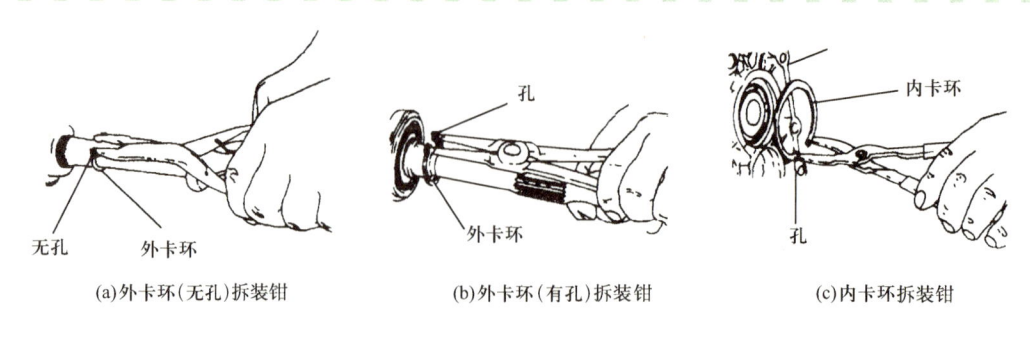

(a) 外卡环(无孔)拆装钳　　(b) 外卡环(有孔)拆装钳　　(c) 内卡环拆装钳

附录图 14　卡环拆装钳

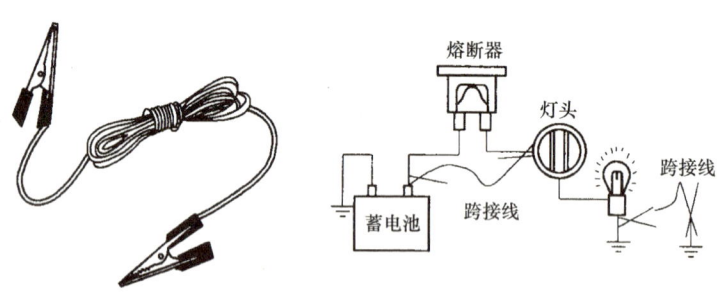

附录图 15　跨接线

①用途

a.如果某电控元件工作不正常,可使用跨接线将被检元件的"搭铁"端子直接搭铁,若该元件工作恢复正常,则说明该元件的搭铁线路有故障;同理,若将该被检元件的"电源"端子用跨接线连接到蓄电池正极,电控元件工作恢复正常,则说明该元件的电源电路有故障。

b.部分车系如丰田车系等调取故障码时,可以使用跨接线进行某些端子的连接。

②使用方法

a.使用跨接线接电源正极时,应该先弄清该电路元件的工作电压是否为 12 V(或 24 V),以免烧坏电路元件。

b.应注意不要用跨接线直接将电路元件的正、负极短接,避免烧坏电源。

(7)测试灯

测试灯主要用来检查电控元件电路的通断情况,并根据测试灯亮度判断被测电路的电压高低。常用的测试灯包括有源测试灯和无源测试灯两种。

①有源测试灯:有源测试灯如附录图 16 所示,可用于检查电路断路故障。

检查方法为:将自带电源测试灯跨接在被测线路的两端,如果测试灯不亮,则说明线路有断路故障。然后依次选择适当测点移动测针缩小测试范围,直到测试灯亮为止,即可确定电路的断开点在最后两个测点之间。

②无源测试灯:无源测试灯如附录图 17 所示,可用于检查电路的断路和短路故障。

若怀疑电控元件有断路故障,可先将测试灯的搭铁线搭铁,再用探针触其电源输入端子。若测试灯不亮,则说明被测电路有断路故障,可继续沿着电流流向选择测点,直到测试灯亮为止,即可确认断路故障在最后两个测点之间。

若怀疑电路有短路故障,可将测试灯直接跨接在熔丝处,然后依次断开待测线路中的线束插接器,直到测试灯熄灭为止,短路故障即发生在最后断开的两个线束插接器之间。

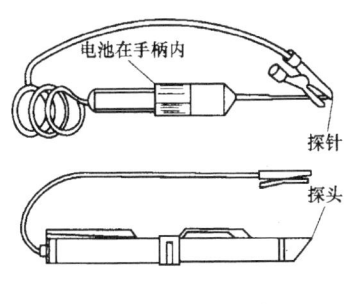

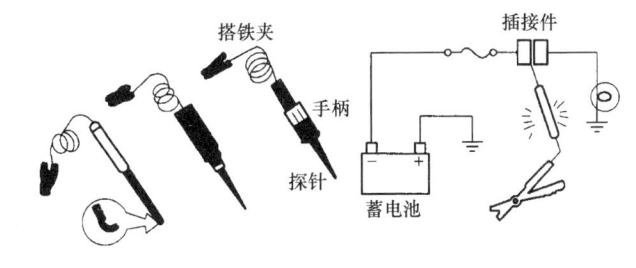

附录图 16　有源测试灯　　　　　　　　附录图 17　无源测试灯

(8) 点火正时灯

点火正时灯的作用是用来检查发动机的点火正时和点火提前角。

点火正时灯如附录图 18 所示,大多数点火正时灯有一个与第 1 缸火花塞高压线相连的夹线钳。老式的点火正时灯还有在第 1 缸火花塞与火花塞高压线之间串联用的导线。

(9) 汽车千斤顶

汽车千斤顶(附录图 19)放在汽车的工具箱里面,用于在更换备用轮胎时顶起车身。汽车千斤顶有气动千斤顶、电动千斤顶、液压千斤顶和机械千斤顶等,一般常用的是液压千斤顶和机械千斤顶。使用中,应该注意以下事项:

① 车辆被千斤顶顶起时,决不能启动发动机,因为发动机的振动或车轮的转动,都会使车辆从千斤顶上滑下来造成危险。

② 各种车型的汽车为确保安全,使用千斤顶时一般都有固定的位置,不能将千斤顶支在保险杆、横梁等部位。

③ 维修人员切勿在没有支承的车辆下工作,更换车轮时,乘客不能逗留在车上,因为他们的运动可能引起车辆从千斤顶上滑落下来。

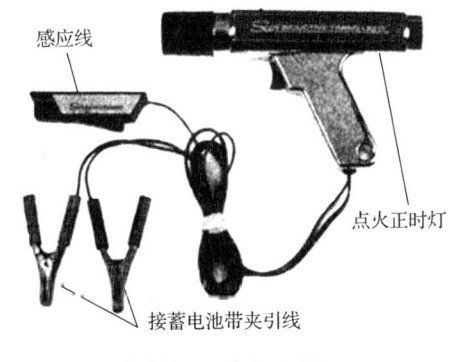

附录图 18　点火正时灯　　　　　　　　附录图 19　汽车千斤顶

(10) 举升机

举升机是汽车维修行业用于汽车举升的汽保设备。举升机可分为柱式举升机(附录图 20)和剪式举升机(附录图 21)两类。举升机在汽车维修养护中发挥着至关重要的作用,无论整车大修,还是小修保养,都离不开它,其产品性质、质量好坏直接影响维修人员的人身安全。举升机安全使用操作规程如下(柱式举升机):

① 使用前应清除举升机附近妨碍作业的器具及杂物,并检查操作手柄是否正常。

② 操作机构应灵敏有效,液压系统不允许有爬行现象。

③ 支车时,四个支脚应在同一平面上,调整支脚胶垫高度使其接触车辆底盘支承部位。

291

④支车时，车辆不可支得过高，支起后四个托架要锁紧。

⑤待举升车辆驶入后，应将举升机支承块调整移动到对正该车型规定的举升点。

⑥举升时人员应离开车辆，举升到需要高度时，必须插入保险锁销，并确保安全可靠才可开始车底作业。

⑦除小修及低保项目外，其他烦琐笨重作业，不得在举升器上操作修理。

⑧举升机不得频繁起落。

⑨支车时举升要稳，降落要慢。

⑩有人作业时严禁升降举升机。

⑪发现操作机构不灵、电动机不同步、托架不平或液压部分漏油时，应及时报修，不得"带病"操作。

⑫作业完毕应清除杂物，打扫举升机周围以保持场地整洁。

⑬定期（半年）排除举升机油缸积水，并检查油量，油量不足时应及时加注相同牌号的压力油。同时应检查润滑、举升机传动齿轮及链条。

附录图 20　柱式举升机　　　　　附录图 21　剪式举升机

此外，发动机故障诊断及检修专用工具还有滑脂枪（附录图 22）、工作灯（附录图 23）等，在此不再一一赘述。

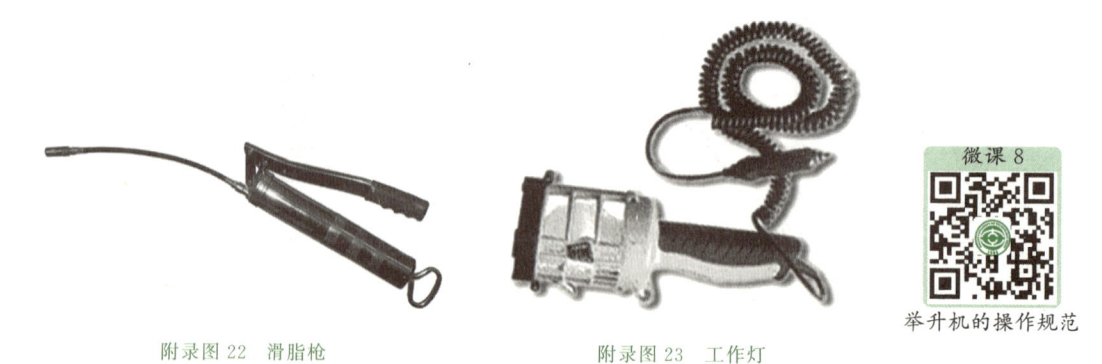

附录图 22　滑脂枪　　　　　附录图 23　工作灯

微课8
举升机的操作规范

二、发动机故障诊断及检修常用量具的使用

1. 游标卡尺

（1）用途及结构

游标卡尺是一种能直接测量工件直径、宽度、长度和深度的量具。游标卡尺由主尺、副尺、活动卡钳、固定卡钳和锁紧螺钉等组成，如附录图 24(a)所示。

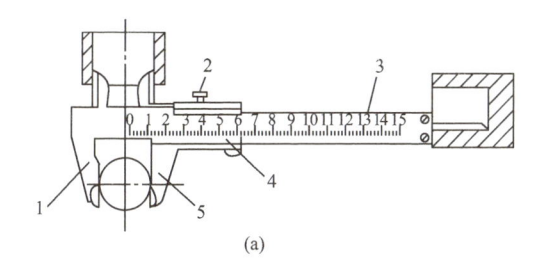

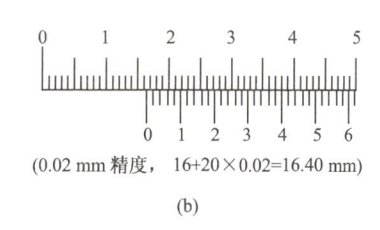

附录　发动机故障诊断及检修常用工量具、仪器的使用

(0.02 mm 精度，16+20×0.02=16.40 mm)

附录图 24　游标卡尺
1—固定卡钳；2—锁紧螺钉；3—主尺；4—副尺；5—活动卡钳

(2) 种类

游标卡尺按照测量功能可以分为普通游标卡尺和深度游标卡尺；按照测量精度可以分为 0.10 mm、0.05 mm、0.02 mm 等。目前常用游标卡尺的测量精度为 0.02 mm。

(3) 使用方法

①测量时应根据测量精度的要求选择合适精度的游标卡尺。

②使用前，将被测工件的表面和卡钳接触表面擦拭干净。

③测量工件内(外)径时，将活动卡钳向外移动，使两卡钳间距小(大)于工件内(外)径，然后再慢慢地推动副尺，使两卡钳与工件接触。

④测量工件内(外)径时，应使游标卡尺与工件垂直。测量内径时，记下最大尺寸；测量外径时，记下最小尺寸。

(4) 读数方法

①读出副尺"0"刻度线所指示主尺上左边刻度线的毫米整数值。

②观察副尺上"0"刻度线右边第几条刻度线与主尺某一刻度线对得最齐，将游标精度乘以副尺上的格数，即为毫米小数值。

③主尺上的整数值和副尺上的小数值之和即被测工件的尺寸，如附录图 24(b)所示。

(5) 注意事项

①使用时绝对禁止以游标卡尺的两个卡钳为扳手或刻线工具。

②使用中禁止硬卡硬拉，以免影响游标卡尺的精度和读数的准确性。

③使用后要把游标卡尺擦拭干净，涂油后放入卡尺盒中存放，切忌重压或弯曲。

微课 9
游标卡尺的使用方法

2. 千分尺

(1) 用途及结构

千分尺是一种用于测量加工精度要求较高的工件尺寸的精密量具，其测量精度可达 0.01 mm。千分尺由弓架、测砧、测微螺杆、固定套筒、活动套筒和限荷棘轮等组成，如附录图 25 所示。

(2) 种类

千分尺按照测量范围可以分为 0~25 mm、25~50 mm、50~75 mm、75~100 mm、100~125 mm 等不同规格，每种千分尺的测量范围均为 25 mm。

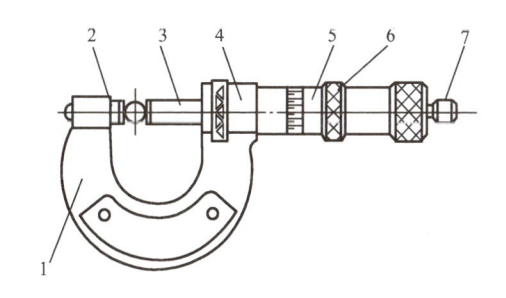

附录图 25　千分尺
1—弓架；2—测砧；3—测微螺杆；4—固定套筒；5—活动套筒；6—旋钮；7—限荷棘轮

293

(3)千分尺误差检查
①把千分尺砧端表面擦拭干净。
②旋转限荷棘轮,使两个测砧夹住标准量杆,直到限荷棘轮发出"咔咔"的声响时,检视指示值。
③活动套筒前端应与固定套筒的"0"刻度线对齐。
④活动套筒的"0"刻度线应与固定套筒的基准线对齐。
⑤若上述两者中有一个"0"刻度线不能对齐,则该千分尺有误差,应检查调整后才能用于测量。

(4)使用方法
①测量时应根据被测工件尺寸选择合适规格的千分尺。
②将工件的被测表面擦拭干净,并置于千分尺两个测砧之间,使千分尺螺杆轴线与工件中心线垂直或平行。若歪斜测量,则直接影响测量的准确性。
③旋转旋钮,使测砧与工件测量表面接近,这时改为旋转限荷棘轮,直到它发出"咔咔"的声响时为止,这时的指示数值即所测工件的尺寸。

(5)读数方法
①从固定套筒上露出的刻度线读出工件的毫米和半毫米整数。
②从活动套筒上由固定套筒纵向线所对准的刻度线读出工件的小数部分(百分之几毫米),不足1格数(千分之几毫米)可用估算读法确定。
③两次读数之和即工件的测量尺寸,如附录图26所示。

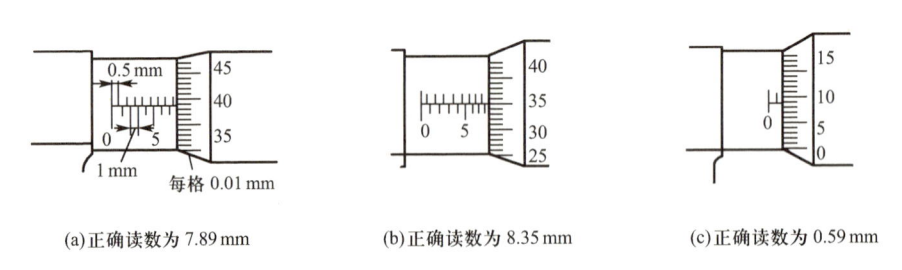

(a)正确读数为7.89 mm　　(b)正确读数为8.35 mm　　(c)正确读数为0.59 mm

附录图26　外径千分尺的读数方法

(6)注意事项
①不准测量毛坯或粗糙的工件,不准测量正在旋转发热的工件。
②读数时,应特别注意半毫米刻度线是否露出。
③使用结束后,应将千分尺擦拭干净,薄薄地涂抹一层工业凡士林后放入盒中存放,切忌重压或弯曲,且两个测砧不得接触,以免影响测量精度。

微课10
千分尺的使用方法

3.百分表

(1)用途及结构
百分表是一种比较性测量仪器,主要用于测量工件的尺寸误差、几何误差及配合间隙。在使用时,百分表一般要固定在表架上,如附录图27所示。

(2)种类
常见百分表有0~3 mm、0~5 mm和0~10 mm等规格。

(3)使用方法
①测量时,必须首先调整支架,使测杆触头与零件表面保持垂直接触且有适当的预压缩

量,并转动刻度盘使指针对正刻度盘上的"0"刻度线。

②按一定的方向缓慢地移动或转动工件,测杆则会随着零件表面的移动自动伸缩,观察百分表刻度盘上指针的偏转量。

(4)读数方法

百分表的刻度盘一般为 100 格,大指针转动一格表示 0.01 mm,转动一圈为 1 mm,小指针可指示大指针转过的圈数。测杆伸长时,指针顺时针转动,读数为正值;测杆缩短时,指针逆时针转动,读数为负值。指针的偏转量即被测工件的实际误差或间隙值。

(5)注意事项

使用结束后,应将百分表擦拭干净,并在金属表面薄薄地涂抹一层工业凡士林,将百分表水平地放置于盒中存放,严禁重压。

4.内径百分表

(1)用途及结构

内径百分表是百分表的变形品种,是用于测量孔径的比较性量具,主要由百分表、表杆和一套不同长度的接杆等组成,如附录图 28 所示。它主要用于测量发动机气缸和轴承承孔的圆度误差、圆柱度误差或工件磨损情况等,其测量精度为 0.01 mm。

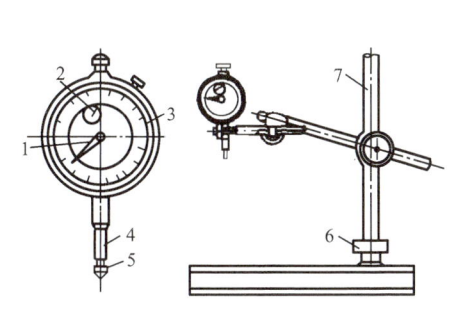

附录图 27　百分表
1—大指针;2—小指针;3—刻度盘;4—测杆;
5—测头(触头);6—磁力表座;7—支架

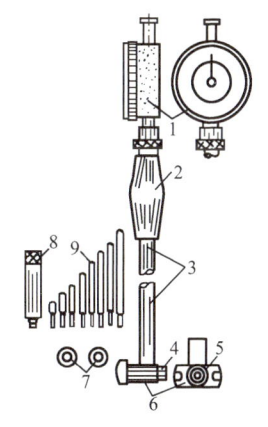

附录图 28　内径百分表的结构
1—百分表;2—绝缘套;3—表杆;
4—接杆座;5—活动测头;6—支承架;
7—固定螺母;8—加长接杆;9—接杆

(2)使用方法

①测量时首先根据气缸(或轴承承孔)的直径选择长度合适的接杆,并将接杆固定在内径百分表下端的接杆座上。

②将千分尺调到被测气缸(或轴承承孔)的标准尺寸,再将内径百分表测杆校正到千分尺的尺寸,并使活动测头有 2 mm 左右的压缩行程,旋转刻度盘使指针对准零位后,即可进行测量。

③测量过程中,一只手拿住绝缘套,另一只手尽量托住表杆下部,轻轻摆动表杆,使内径百分表测杆与气缸(或轴承承孔)轴线垂直(可通过观察百分表指针摆动情况来判断,当指针指示到最小数值时,即表示测杆已垂直于气缸轴线),读出百分表头指示数值。

④根据不同测量点的测量结果计算出圆度误差、圆柱度误差或工件的磨损情况。

(3)注意事项

①使用过程中,应缓慢地使活动测头与工件接触,不准硬拉硬卡,否则会影响测量结果的

准确性。

②使用结束后,应将内径百分表擦拭干净,并在金属表面薄薄地涂抹一层工业凡士林,将内径百分表水平地放置于盒中存放,严禁重压。

5. 塞尺

(1) 用途与特点

塞尺由多片不同厚度的钢片组成,每片钢片的表面刻有表示其厚度的尺寸值,如附录图 29 所示。在发动机维修中,塞尺常用来测量零件之间的配合间隙,如气门间隙、曲轴轴向间隙等。

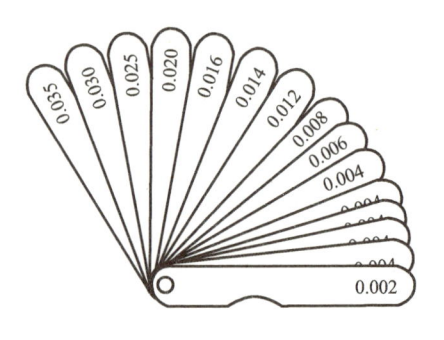

附录图 29　塞尺

塞尺的规格以长度和每组片数来表示,长度常见的有 100 mm、150 mm、200 mm、300 mm 四种,每组片数有 11～17 片等多种。使用时,可以用一片测量,也可以由多片组合在一起进行测量。

(2) 使用方法

将塞尺片插入被测间隙中来回拉动,若拉动时感到稍有阻力,则表明该间隙值接近于塞尺片上所标出的数值。若拉动时感到阻力过小或过大,则该间隙值大于或小于塞尺片上所标注的数值。

(3) 注意事项

①使用前应用干净布将塞尺片上的油污擦拭干净,否则会影响测量结果的准确性。

②为防止塞尺片损坏,测量过程中不允许剧烈弯折塞尺片,或用较大的力硬将塞尺片插入被检测间隙中。

③测量结束后,应将塞尺片擦拭干净,并薄薄地涂上一层工业凡士林或机油,然后将塞尺片收回夹片中,以防塞尺片锈蚀、弯曲或变形。

6. 万用表

万用表可测量电路及元器件的电压、电流、电阻等多种参数,也可测量各种电路及电气设备的通断情况,而且在附加一些其他装置之后,还可进行其他电气性能项目的测试,所以在汽车维修领域应用十分普遍。目前在汽车维修中广泛应用的有三种万用表,即指针式万用表、数字式万用表和汽车专用万用表。

指针式万用表有 500 型、MF9 型、MF10 型、MF47 型等多种型号,由于结构简单、操作方便、价格低廉,因而在基本电路故障诊断检测中应用较广。但指针式万用表不能用来检测电控系统的故障。

数字式万用表有 DT890 型、DT9205 型等,具有检测精度高、测量范围广、抗干扰能力强、输入阻抗高等特点,因而在汽车维修行业得到了广泛的应用,如附录图 30 所示。

微课 11　万用表的操作规范

汽车专用万用表有 ADD 型系列、OTC 型系列、EDA 型系列、KM300 型系列等,它也是一种数字式万用表,除具有普通数字式万用表的优点外,还具有一些汽车专项测试功能,如转速、温度、频率、闭合角、占空比、脉宽等,有些汽车专用万用表甚至还具有传感器模拟功能。由于汽车专用万用表功能齐全、测量准确,因此在汽车维修(特别是中、高档轿车维修)中的应用越来越广泛,如附录图 31 所示。

微课 12　蓄电池的检查

296

7.燃油压力表

燃油压力表(附录图32)简称油压表,主要用来测试燃油系统的压力。燃油系统压力达到额定标准是发动机正常工作的前提,在不同的载荷条件下,发动机燃油系统压力值会有所不同。使用时应选择量程与被测系统压力范围相适应的燃油压力表。

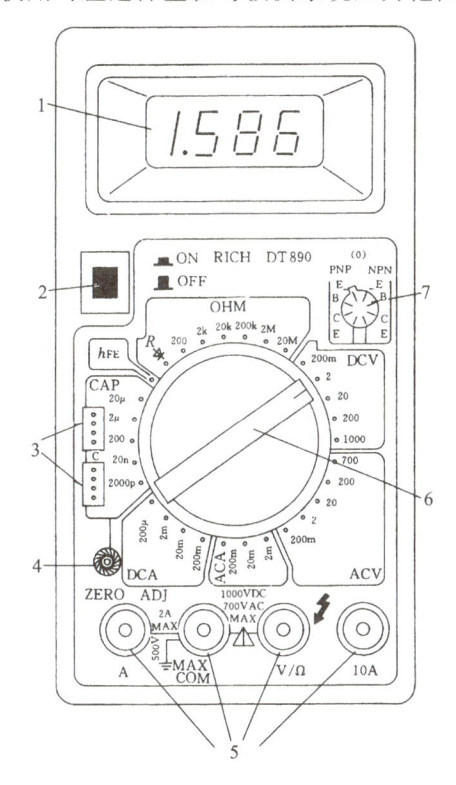

附录图30　DT890型数字式万用表
1—液晶显示器;2—电源开关;3—电容插孔;
4—测电容零点调节旋钮;5—输入插孔;
6—功能(量程)选择开关;7—hFE插孔

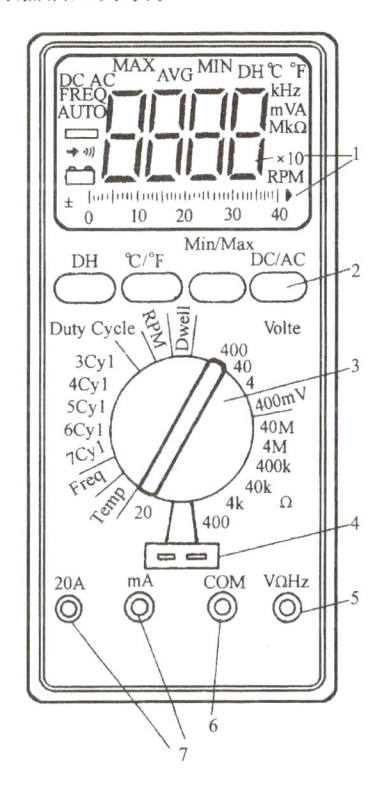

附录图31　汽车专用万用表
1—数字显示屏;2—功能按钮;3—功能选择开关;
4—测量温度插孔;5—公用插孔;
6—公共接地插孔;7—测量电流插孔

附录图32　燃油压力表

三、发动机故障诊断及检修常用仪器的使用

发动机故障诊断及检修仪器种类繁多,这里仅对一些典型的仪器做简单介绍。

297

1. 汽车专用示波器

附录图33所示为汽车专用示波器，它能将在汽车工作中随时间变化的各种电量（指电压、电流等）进行显示和记录，以供维修人员根据波形分析判断电控系统故障。它不但能进行电路系统整体运行状态的分析，而且还能进行某一段电路或某一电气元件的故障分析。汽车专用示波器有两种基本类型：数字式示波器和模拟式示波器。现代汽车检测普遍采用数字式示波器。其主要功能如下：

①测试各种传感器、执行元件、电路和点火系统的电压波形。

②数字式示波器还能够对测试内容进行记录、回放。

③数字式示波器具有汽车万用表功能。有些示波器还具有汽车数据库和标准波形存储功能，使故障诊断更为方便。

④能够提供在线帮助，如系统工作原理、测试连接方法、接线颜色等。

目前国内使用的汽车专用示波器主要有 FLUKE98 型、KAL550 型、APC2000 型、OTC3850 型、MT-3000 型等几种。此外，国内外众多生产厂家所生产的各种发动机综合测试仪也均具有示波器功能。

2. 发动机综合测试仪

附录图34所示为发动机综合测试仪，又称发动机综合性能检验仪，是一种技术含量较高、检测项目齐全的汽车维修检测诊断设备，它能对发动机进行不解体综合测试，并配备有标准的数据及专家分析系统，可通过对测试结果与标准数据的比较，全面检测、分析、判断发动机在各种不同工况下的工作性能及技术状况。其主要功能如下：

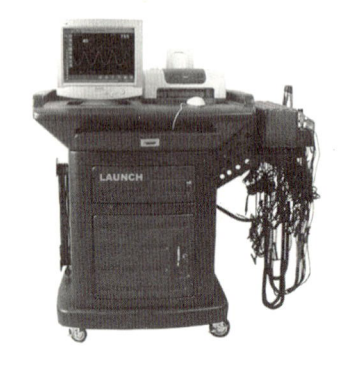

附录图33　汽车专用示波器　　　　附录图34　发动机综合测试仪

①汽油机性能检测。可检测分析初级点火信号、次级点火信号、点火提前角，进行动力平衡测试、气缸效率测试、启动电流（电压）测试、充电电流（电压）测试、气缸相对压缩压力测试、进气管真空度波形测试、温度测量、废气分析、转速稳定性分析、无负载测功等。

②柴油机性能检测。可进行柴油机喷油压力检测、喷油提前角检测、启动电压（电流）测试、充电电压（电流）测试、自由加速烟度测试、转速稳定性测试、无外载测功等。

③电控发动机参数检测。可进行转速（相位）传感器检测、温度传感器检测、进气管内真空度传感器检测、节气门位置传感器检测、爆燃信号传感器检测、氧传感器检测、空气流量传感器

检测、喷油脉冲检测、车速传感器检测等。

④测试记录。可进行信号分析与回放、测试结果查询等。

3.故障诊断仪

随着汽车上电控装置的增多，凭人工经验来诊断已越来越无能为力了，而普遍使用电控系统故障诊断仪（俗称解码器）来完成。电控系统故障诊断仪用来与汽车各电控系统的控制单元ECU进行数据交流，是一种多功能的诊断检测仪器。主要功能如下：

①快速、方便地读取或清除故障码。

②对发动机控制系统进行动态测试，显示瞬时信息，为诊断提供依据。

③能在静态或动态下向电控系统各执行元件发出检修作业需要的动作指令，以便检查执行元件的工作状况。

④在车辆允许或路试时监测并记录数据流。

⑤具有万用表功能、示波器功能和打印功能。

⑥有些故障诊断仪能显示系统控制电路图和维修指导，以供故障诊断和检修时参考。

⑦有些功能强大的专用故障诊断仪能对控制单元ECU进行某些数据的重新输入和更改。

目前常用汽车解码器的类型主要有两种。

(1) 专用型解码器

专用型解码器是由汽车制造厂家为检测本厂生产的汽车而专门制造或指定的、只能检测某一品牌或某一车型的解码器，它不能用来检测其他厂家生产的汽车。专用型解码器一般只配备在4S店，其主要目的是提供良好的售后服务，有实力的汽车生产厂家都有专用型解码器，如大众汽车用V.A.G 1551、V.A.G 1552解码器（附录图35）、宝马汽车用MODIC解码器、奔驰汽车用HHT解码器等。

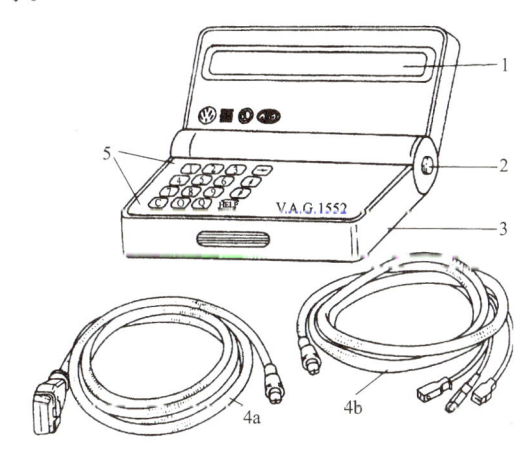

附录图35 V.A.G 1552解码器及其附件
1—显示屏；2—插孔（与被测车辆连接）；3—软件（程序）卡插座；
4—测试电缆及接头（4a为带16针接头，4b为带2针接头）；5—键盘

(2) 通用型解码器

通用型解码器不由汽车生产厂家提供或指定，而由其他专门生产检测仪器设备的公司制造，它可以检测不同汽车生产厂家制造的多种车型，通过配备不同的检测接头，可以检测几十

299

种乃至上百种不同厂家的车型,因而一般配备在综合性维修企业。如由美国生产并曾在我国红极一时的红盒子 MT2500 解码器、德国 BOSCH 公司生产的 KTS300/600 解码器(附录图 36)、美国生产的 OTC 系列解码器及国内生产的电眼睛(431ME)、车博士、修车王、仪表王等都属于通用型解码器。就具体车型来讲,通用型解码器的使用效果一般不如专用型解码器。由于通用型解码器不是专门为检测某一种车型而生产的,因此对有些车型的某些电控系统故障检测不出来。

附录图 36　德国 BOSCH 公司 KTS600 解码器

微课 13

KT600 汽车故障诊断仪的操作规范